全国高职高专公共基础课规划教材

人际沟通与交流
（第 3 版）

麻友平　主　编

刘建清　赵　敏　副主编

清华大学出版社
北京

内 容 简 介

本书是本着切实提高各类高职高专院校学生的人际沟通与交流能力的目的而设计的，它未将视野局限在某一专业或某一领域，而是着眼于各类高职高专院校学生的整体，讲述并训练适合于所有高职高专学生的基本而又特别重要的人际沟通与交流的技能，以适应与满足企业和社会对高职高专学生的能力要求。

本书内容的安排遵照循序渐进、突出技能的原则。全书由三部分组成：基础篇主要从宏观角度介绍人际沟通与交流的有关基础知识；技能篇主要从微观角度介绍高职高专学生最常用的六个方面沟通技能的培养和训练方法；拓展篇主要介绍人际沟通与交流过程中的一些共性问题，是对技能篇的延伸和拓展。本书的主要特色是：聚焦高职高专学生，突出实用技能训练，强调课内课外学习互动。

本书可作为高等职业技术学院、高等专科学校、成人高校及本科院校开办的二级职业技术学院和民办高校的各类专业学生的人际沟通与交流课程的教材，也可供企业职工培训及社会各行各业的人员使用和参考。

本书封面贴有清华大学出版社防伪标签，无标签者不得销售。
版权所有，侵权必究。举报：010-62782989，beiqinquan@tup.tsinghua.edu.cn。

图书在版编目(CIP)数据

人际沟通与交流/麻友平主编. —3版. —北京：清华大学出版社，2016 (2024.8重印)
(全国高职高专公共基础课规划教材)
ISBN 978-7-302-43644-7

Ⅰ．①人… Ⅱ．①麻… Ⅲ．①人际关系学—高等职业教育—教材 Ⅳ．①C912.1

中国版本图书馆 CIP 数据核字(2016)第 083597 号

责任编辑：桑任松
封面设计：刘孝琼
责任校对：周剑云
责任印制：刘海龙

出版发行：清华大学出版社
网　　址：https://www.tup.com.cn, https://www.wqxuetang.com
地　　址：北京清华大学学研大厦 A 座　　邮　编：100084
社 总 机：010-83470000　　邮　购：010-62786544
投稿与读者服务：010-62776969, c-service@tup.tsinghua.edu.cn
质量反馈：010-62772015, zhiliang@tup.tsinghua.edu.cn
课件下载：https://www.tup.com.cn, 010-62791865

印 装 者：三河市龙大印装有限公司
经　　销：全国新华书店
开　　本：185mm×260mm　　印　张：18.75　　字　数：447千字
版　　次：2009年9月第1版　2016年7月第3版　印　次：2024年8月第12次印刷
定　　价：48.00 元

产品编号：067962-02

全国高职专公共基础课规划教材编写委员会

主　任　杨小庆

副主任　黄　海

委　员　(排名不分先后)

蔡录昌　陈福明　陈光谊　陈静梅　陈思慧
陈兴焱　耿云巧　龚泗淇　郭凤安　胡习之
蒋红梅　刘玉平　刘天飞　麻友平　任春华
阮　航　舒晓楠　斯静亚　宋明玉　涂登宏
王艳玲　辛　菊　许德宽　颜　进　杨巧云
张晓丹　章启辉　朱世德

Preface 前言

我们每个人都生活在现实的世界中,生存于这个地球上,可以说,人类的文明史就是一部生存史。人类为了生存而奋斗、进取,进而创造了辉煌的人类文明。当辉煌闪亮在眼前时,人们感到陶醉,为人类生存的力量而喝彩。然而,时空跨越到了当代,人们却无暇理会生存的魅力了。人们开始感叹,生存的结果竟然是生存空间越来越狭小,比如社会竞争激烈,人与人之间的感情疏远、距离拉大等。其实,过失不在于生存空间,而在于人们自己,人们忽视了正确处理人与社会、人与人之间的交往关系。我们要拓展生存空间,就必须首先学会人际沟通,学会与人共处。

个人与社会需要进行正常的沟通与交往。个人是社会的一分子,个人与社会是相互联系、相互制约的关系,个人是构成社会的元素或细胞。人类社会是一个大集体,一个人的生存和发展,无论其愿意与否,都离不开这个集体。可以说,个人对社会集体的依赖,就像鱼儿离不开水一样。

人与人之间也需要进行广泛的人际沟通与交流。无数事实表明,建立良好的人际关系是个人生存和发展必不可少的条件。无论社会如何进步、科学技术如何高度发展,个人都不可能孤立存在。每个社会成员为了正常生活、工作和学习,都必须与他人沟通思想、交流感情、传递信息和协调关系。良好的人际关系,可以增强集体的凝聚力和战斗力,激发和调动人们的积极性和创造力,推动社会的进步。在和谐、融洽的人际交往中,人的个性可以受到良好的熏陶,得到健康发展。

目前,各类高职高专院校的学生比较缺乏的是人际沟通与交流能力,这使得他们在就业面试及今后的工作中面临重重困难。而用人单位对学生的人际沟通与交流能力的要求却越来越高,他们不仅要求应聘者具有扎实的专业知识与技能,而且要求他们有较强的沟通与交流能力,要求他们能和各种各样的人和睦相处,能和各种不同性格的人组成工作团队。各类高职高专院校的学生要获得这种能力,只靠自学和模仿是不够的,或者说是不行的,他们必须接受正规的教育和训练,只有这样,才能真正拥有这种企业和社会所要求的能力。

《人际沟通与交流》(第 2 版)出版已经有三年多时间了,在该教材的使用过程中,我们发现教材中仍然存在一些错误,为了进一步提高教材的质量,我们在对上一版教材进行勘误的基础上,推出了《人际沟通与交流》(第 3 版)。

本书的特点是:①它既没有把目光聚焦在某个行业或领域,也没有把注意力分散到所有的人群,而是以高职高专学生的阅历和实际情况为背景,以他们今后将要涉足的各个工作领域为对象,讲解和训练他们最需要的、最基本的人际沟通与交流的技能;②本书的内容安排遵照循序渐进、突出技能的原则;③本书不进行系统的理论阐释,而是把重点放在解决具体问题上,以实际训练为主、以理论指导为辅,真正做到实用、能用和够用;④本书将课内教学与课外练习相结合,以弥补课堂教学课时数不足的问题,同时通过课外的实际训练使学生真正掌握课堂上所学的知识和技能。

本书共 14 章,分为三部分。第 1 部分为基础篇,由第 1~5 章组成,内容包括人际沟

通概说、倾听技巧、独白式口语沟通、对白式口语沟通和非语言沟通。第2部分为技能篇，由第6~11章组成，内容包括应酬沟通、交友沟通、异性沟通、团队沟通、职场沟通和家庭沟通。第3部分为拓展篇，由第12~14章组成，内容包括沟通礼仪、跨文化沟通和化解沟通难题。每章均有章首语及思考与练习，便于学生明确学习目标及课后复习巩固所学知识。

    本书由麻友平任主编，刘建清、赵敏任副主编，参加编写的有麻友平(第1、3、4、7、8、10、11章)、罗明焕(第12~14章)、刘建清(第5、6章)、赵敏(第9章)、王使璋(第2章)。全书由麻友平构架并统稿，由张方明教授、宋贤钧教授主审。

    本书在编写过程中，参考了多位专家学者的著作，同时，清华大学出版社也给予了诸多指导和帮助，在此一并表示衷心的感谢。

    由于编者水平有限，书中难免存在不足之处，敬请广大读者批评指正。

编 者

Contents 目录

第1部分 基础篇

第1章 人际沟通概说 1
- 1.1 人际沟通的类型 1
  - 1.1.1 沟通的含义 1
  - 1.1.2 沟通的类型 2
  - 1.1.3 语言沟通 2
  - 1.1.4 非语言沟通 3
- 1.2 人际沟通的基本原则 5
  - 1.2.1 尊重的原则 6
  - 1.2.2 理解的原则 6
  - 1.2.3 赞美的原则 7
  - 1.2.4 真诚的原则 8
  - 1.2.5 宽容的原则 9
  - 1.2.6 互动的原则 10
- 1.3 人际沟通中的修辞 10
  - 1.3.1 比喻 10
  - 1.3.2 象征 11
  - 1.3.3 夸张 12
  - 1.3.4 比拟 12
  - 1.3.5 借代 13
  - 1.3.6 对照 13
  - 1.3.7 引用 13
  - 1.3.8 排比 14
  - 1.3.9 双关 15
- 1.4 人际沟通中的障碍 16
  - 1.4.1 跨越心理障碍 16
  - 1.4.2 消除语言障碍 18
  - 1.4.3 克服人际障碍 20
  - 1.4.4 摆脱环境障碍 20
  - 1.4.5 超越文化障碍 21
- 思考与练习 21

第2章 倾听技巧 23
- 2.1 倾听概述 23
  - 2.1.1 倾听的含义 23
  - 2.1.2 倾听的过程 24
  - 2.1.3 倾听的作用 25
- 2.2 倾听障碍与策略 27
  - 2.2.1 倾听障碍 27
  - 2.2.2 倾听策略 29
- 2.3 有效倾听的技巧 32
  - 2.3.1 有效倾听的方法 32
  - 2.3.2 倾听的注意事项 34
- 2.4 倾听中的提问与反馈 35
  - 2.4.1 倾听中的提问 35
  - 2.4.2 倾听中的反馈 36
- 思考与练习 37

第3章 独白式口语沟通 39
- 3.1 口述 39
  - 3.1.1 口述的含义及特性 39
  - 3.1.2 口述的种类 40
  - 3.1.3 口述的基本要求 41
- 3.2 解说 41
  - 3.2.1 解说的含义及特性 41
  - 3.2.2 解说的种类 42
  - 3.2.3 解说的基本要求 44
- 3.3 评说 45
  - 3.3.1 评说的含义及特性 45
  - 3.3.2 评说的种类 46
  - 3.3.3 评说的基本要求 46
- 3.4 讲话 47
  - 3.4.1 讲话的含义及特性 47
  - 3.4.2 常见的几种讲话类型 48
  - 3.4.3 讲话的基本要求 51
- 3.5 演讲 52
  - 3.5.1 演讲的本质及特性 52
  - 3.5.2 演讲的目的、作用与分类 53
  - 3.5.3 演讲的题目和主题 55
  - 3.5.4 演讲材料与演讲结构 55
- 思考与练习 56

目录 Contents

第4章 对白式口语沟通...... 58

4.1 闲谈 58
- 4.1.1 闲谈的含义及特性 58
- 4.1.2 闲谈的误区 59
- 4.1.3 闲谈的技巧 61

4.2 会谈 63
- 4.2.1 会谈的含义及特性 63
- 4.2.2 会谈的通则 64
- 4.2.3 常用的会谈技法 65
- 4.2.4 常用的几种会谈 65

4.3 电话交谈 69
- 4.3.1 电话交谈及其研究的意义 69
- 4.3.2 电话交谈的技巧 70

4.4 谈判 71
- 4.4.1 谈判的含义 71
- 4.4.2 谈判的类型 72
- 4.4.3 谈判活动的过程 73
- 4.4.4 谈判的原则与技巧 74

4.5 论辩 76
- 4.5.1 论辩的含义及特性 76
- 4.5.2 论辩的类型 77
- 4.5.3 论辩的技巧 77

思考与练习 79

第5章 非语言沟通 82

5.1 非语言沟通概述 82
- 5.1.1 非语言沟通的含义及特性 82
- 5.1.2 非语言沟通与语言沟通的关系 84
- 5.1.3 非语言沟通的习得和解读 85

5.2 身体动作 87
- 5.2.1 肢体动作 87
- 5.2.2 身体姿势 89

5.3 面部表情 90
- 5.3.1 眼睛 90
- 5.3.2 眉毛 91
- 5.3.3 鼻子 91
- 5.3.4 嘴 92
- 5.3.5 微笑 92

5.4 服饰仪态 92
- 5.4.1 服饰 92
- 5.4.2 仪态 94

5.5 副语言 95

5.6 环境沟通 96
- 5.6.1 空间与距离 97
- 5.6.2 办公室布置 98

思考与练习 99

第2部分 技 能 篇

第6章 应酬沟通 101

6.1 介绍 101
- 6.1.1 自我介绍时的沟通 101
- 6.1.2 居中介绍时的沟通 102
- 6.1.3 集体介绍时的沟通 103

6.2 称呼 103
- 6.2.1 称呼的原则 103
- 6.2.2 称呼的礼俗 104
- 6.2.3 称呼的忌讳 105

6.3 拜访 106

6.4 迎访 107

6.5 问候 109
- 6.5.1 问候的形式 109
- 6.5.2 问候的方式 110
- 6.5.3 问候的礼节 110

6.6 探望 110

思考与练习 111

第7章 交友沟通 113

7.1 交友的基本原则 113

7.2 交友沟通的技巧 115
- 7.2.1 结交志同道合的朋友 115
- 7.2.2 与朋友谈笑自如的技巧 116
- 7.2.3 与朋友寒暄的多种方式 118

		7.2.4	朋友之间应保持适当的距离	119
		7.2.5	好朋友也要"明算账"	120
		7.2.6	尊重朋友的隐私	122
		7.2.7	对朋友保持忠诚	123
		7.2.8	别伤了朋友的自尊	124
		7.2.9	对朋友讲客气话要适度	125
		7.2.10	巧语化解误会	126
	7.3	交友沟通的忌讳		127
	思考与练习			128

第 8 章　异性沟通 ... 130

- 8.1 与异性沟通的基本技巧 ... 130
  - 8.1.1 话语投机的技巧 ... 130
  - 8.1.2 缩短心灵距离的技巧 ... 131
  - 8.1.3 保持适度的神秘感 ... 133
  - 8.1.4 赞美异性的技巧 ... 133
- 8.2 恋爱中的异性沟通 ... 135
  - 8.2.1 恰当地表达爱意 ... 135
  - 8.2.2 初恋的沟通技巧 ... 137
  - 8.2.3 约会的技巧 ... 139
  - 8.2.4 感情升温的方法 ... 140
  - 8.2.5 恋爱中"斗嘴"的技巧 ... 141
  - 8.2.6 初见对方父母的沟通技巧 ... 142
  - 8.2.7 恋爱沟通的禁忌 ... 144
  - 8.2.8 否定恋人意见的技巧 ... 146
  - 8.2.9 拒绝求爱的技巧 ... 147
- 思考与练习 ... 148

第 9 章　团队沟通 ... 150

- 9.1 团队沟通概述 ... 150
  - 9.1.1 团队基本分析 ... 150
  - 9.1.2 高效团队的特征 ... 154
  - 9.1.3 团队沟通的要素及特点 ... 156
- 9.2 团队沟通技巧 ... 158
  - 9.2.1 团队沟通的程序 ... 158
  - 9.2.2 团队沟通中的障碍 ... 160
  - 9.2.3 团队沟通的方法 ... 163
  - 9.2.4 团队沟通的注意事项 ... 164

思考与练习 ... 166

第 10 章　职场沟通 ... 169

- 10.1 与领导的有效沟通 ... 169
  - 10.1.1 向领导请示汇报的程序和态度 ... 169
  - 10.1.2 与各种性格的领导沟通的技巧 ... 171
  - 10.1.3 掌握与领导相处的技巧 ... 172
  - 10.1.4 努力赢得领导的重视 ... 173
  - 10.1.5 在公共场合给足领导面子 ... 174
  - 10.1.6 不要表现得比领导高明 ... 175
  - 10.1.7 巧妙应对"糊涂"领导 ... 176
  - 10.1.8 说服领导的技巧 ... 178
- 10.2 与同事的和谐沟通 ... 179
  - 10.2.1 新员工的沟通要则 ... 179
  - 10.2.2 应酬可以增进同事感情 ... 181
  - 10.2.3 与同事的竞争要光明正大 ... 182
  - 10.2.4 恰当的赞美可以缩短人际距离 ... 183
  - 10.2.5 让"黑状"无用武之地 ... 185
  - 10.2.6 妥善解决同事间的矛盾 ... 186
  - 10.2.7 要谨防小人的造谣中伤 ... 188
  - 10.2.8 与同事相处的禁忌 ... 189
- 10.3 与部下的真诚沟通 ... 192
  - 10.3.1 下达命令的技巧 ... 192
  - 10.3.2 赞美部下的技巧 ... 193
  - 10.3.3 不要在下属面前摆架子 ... 195
  - 10.3.4 学会跟下属开玩笑 ... 196
  - 10.3.5 可以和下属交朋友 ... 197
  - 10.3.6 放手让下属去做 ... 198
  - 10.3.7 升职后应与原本是同事的下属和谐相处 ... 200
  - 10.3.8 批评部下的方法 ... 201
- 10.4 做一个职场上人人放心的人 ... 202
- 思考与练习 ... 205

第 11 章　家庭沟通 ... 207

- 11.1 家庭沟通的障碍和问题 ... 207

目录 Contents

　　11.1.1　家庭沟通的障碍 207
　　11.1.2　家庭沟通的问题 209
11.2　夫妻语言沟通 212
　　11.2.1　充满爱意的夫妻语言 212
　　11.2.2　夫妻争吵应有度 213
　　11.2.3　如何结束家庭冷战 214
11.3　长辈与晚辈的沟通 215
11.4　晚辈与长辈的沟通 217
11.5　婆媳关系的沟通之道 218
　　11.5.1　婆婆与儿媳友好相处的沟通技巧 218
　　11.5.2　儿媳与婆婆和睦相处的沟通技巧 220
11.6　家庭角色沟通 221
思考与练习 223

第3部分　拓　展　篇

第12章　沟通礼仪 225

12.1　个人礼仪 225
　　12.1.1　微笑的礼仪 225
　　12.1.2　站姿的礼仪 226
　　12.1.3　坐姿的礼仪 227
　　12.1.4　行走的礼仪 229
　　12.1.5　手势的礼仪 230
12.2　职场礼仪 231
　　12.2.1　领导对下属的礼仪 231
　　12.2.2　下属对领导的礼仪 233
　　12.2.3　下属汇报工作的礼仪 234
　　12.2.4　同事之间的礼仪 235
　　12.2.5　办公室语言的礼仪 236
12.3　语言礼仪 236
　　12.3.1　交谈中拒绝的礼仪 236
　　12.3.2　批评的礼仪 237
　　12.3.3　插话的礼仪 238
　　12.3.4　倾听的礼仪 239
　　12.3.5　开玩笑的礼仪 239
12.4　家庭礼仪 240
　　12.4.1　子女对父母的礼仪 240
　　12.4.2　同辈之间的礼仪 241
　　12.4.3　夫妻之间的礼仪 242
　　12.4.4　邻里之间的礼仪 244
　　12.4.5　家庭宴请的礼仪 245
思考与练习 246

第13章　跨文化沟通 248

13.1　文化与跨文化沟通 248
　　13.1.1　文化 248
　　13.1.2　跨文化沟通 249
13.2　文化差异 250
　　13.2.1　东西方的文化差异 250
　　13.2.2　东西方在沟通方式上的差异 251
13.3　跨文化沟通的策略和技巧 253
　　13.3.1　跨文化沟通的策略 253
　　13.3.2　跨文化沟通的技巧 253
　　13.3.3　跨文化沟通的忌讳 255
13.4　跨文化沟通礼仪 256
　　13.4.1　部分亚洲国家的沟通礼仪 256
　　13.4.2　部分欧美国家的沟通礼仪 258
　　13.4.3　其他国家的沟通礼仪 260
思考与练习 261

第14章　化解沟通难题 263

14.1　沟通地点与时间的选择 263
　　14.1.1　沟通地点的选择 263
　　14.1.2　沟通时间的选择 265
14.2　应对难沟通的人 267
　　14.2.1　滴水不漏应对笑里藏刀的人 267
　　14.2.2　沉默应对清高傲慢的人 267

Contents 目录

  14.2.3 远离搬弄是非的人 268
  14.2.4 宽容对待贪便宜的人 269
  14.2.5 热情对待性格孤僻的人 269
  14.2.6 冷静迁就脾气暴躁的人 270
  14.2.7 宽厚平和对待尖酸刻薄
      的人 271
  14.2.8 大度忍让心胸狭窄的人 272
 14.3 应对难处理的事 273
  14.3.1 巧妙避开左右为难的选择 273
  14.3.2 机智应对别人的有意刁难 274
  14.3.3 及早逃离苦恼的是非之地 275
  14.3.4 不失礼节地拒绝他人的
      请求 276
  14.3.5 用策略打破谈判中的僵局 ... 278
  14.3.6 沉着应对别人的指责 279
  14.3.7 恰当地安慰失意者 280
  14.3.8 严格控制自己的情绪 282
 思考与练习 283

参考文献 285

第1部分 基 础 篇

第1章 人际沟通概说

知识、能力是社交的硬件，沟通、交流是社交的软件。所谓沟通，就是把有关的信息或意思传达给对方，并且能够被对方所感知的一种行为。这种行为可以是语言的，也可以是非语言的，可以是有意识的，也可以是无意识的。只要能传情达意，就是沟通。

当今社会，人们的联系日趋广泛，人与人之间的沟通越来越频繁。随着以人为本的文化理念的深入以及和谐社会构建的需要，人们越来越趋向"软语言"交流。得体语言、礼貌语言是对人际沟通的基本要求；从缺点中看出优点，在激烈的批评中流露出真情，更有"良药未必苦口"的新论，从另一方面给沟通展示了难度，使人们越来越关注语言的沟通了。

当开口说话时，张口结舌、脸红心跳、言不尽意是件遗憾的事，巧舌如簧、夸夸其谈、言过其实也会适得其反；而落落大方、言为心声、一语中的自然会使沟通达到目的——人际关系得到改善，生活增添色彩，工作机遇无限。

良好的语言沟通足以立身，足以成事。常言道："病从口入，祸从口出""良言一句三冬暖，恶语伤人六月寒"。会说话的人具有强大的亲和力，能迅速与人打成一片，往往三言两语就达到目的，轻松获得成功。

通过本章的学习，应了解人际沟通的类型，熟悉人际沟通的基本原则，掌握人际沟通中的各种修辞方法，学会克服人际沟通中的种种障碍，从而为后续的学习打下一个坚实的理论基础。

1.1 人际沟通的类型

1.1.1 沟通的含义

沟通可以被认为是涉及信息传递和某些人为活动的过程。《大英百科全书》是这样定义"沟通"一词的：沟通是用任何方法彼此交换信息，即指一个人与另一个人之间以视觉、符号、电话、电报、收音机、电视或其他工具为媒介，从事交换信息的方法。而《韦氏大词典》对"沟通"的定义是：沟通是文字、文句或消息之交流，思想或意见之交换。可见，沟通就是信息交流，是指两人或两人以上相互经过一定的途径，交换资料、观点、意见或情感，以获得共同的理解、信任与行动的协调。

从这些对沟通的定义中可以看出，完整的沟通大致包括以下几层含义。

(1) 沟通是信息的传递。

(2) 沟通不仅要被传递，更要被充分理解。
(3) 有效的沟通是准确地理解信息的含义，而并非沟通双方达成一致的意见。
(4) 沟通是一个双向、互动的反馈和理解的过程。

1.1.2　沟通的类型

　　根据信息载体的异同，沟通可以分为语言沟通和非语言沟通。语言沟通通常是指建立在语言文字基础上的沟通方式，它又可以细分为口头沟通和书面沟通。口头沟通也就是我们通常所说的交谈，是人们最常用的交流方式。常见的口头沟通包括演讲、正式的一对一讨论或小组讨论、非正式的讨论以及传闻或小道消息传播。书面沟通包括信件、电子邮件、传真、备忘录、组织内发行的期刊、布告栏及其他任何传递书面文字或符号的手段。

　　非语言沟通指的是那些不是通过讲话或文字而是通过某些媒介来传递信息的沟通形式。非语言沟通的内涵十分丰富，包括身体语言沟通、面部表情、服饰仪态、副语言、环境沟通和空间距离等多种形式。一个人的衣着打扮、谈话时的一举一动无不向别人传递着某种信息。

　　在一个正式组织中，成员间所进行的沟通，可因其途径的异同分为正式沟通与非正式沟通两类。正式沟通是指在组织中依据规章条例明文规定的原则进行的沟通。例如，组织内部召开会议、文件传达、上下级之间的定期情报交换，以及组织之间的公函往来等，都属于正式沟通。

　　非正式沟通是因为组织成员的感情和动机上的即时需要而形成的，所以与正式沟通不同，它的沟通时间、对象和内容等方面都是未经计划和难以辨别的。非正式沟通的途径超越了部门、单位以及层级，充分利用了组织内部的各种社会关系。

1.1.3　语言沟通

1. 口头信息沟通

　　在现实生活中，绝大部分的信息都是通过口头传递的。口头信息沟通的方式灵活多样。它既可以是正式的商谈，也可以是非正式的闲聊；既可以是群体中的雄辩，也可以是两人之间的谈心；既可以是有备而来，也可以是即兴发挥。

　　口头信息沟通是所有沟通形式中最直接的方式。口头信息沟通的最大优点是传递速度快，并且能即时反馈。也就是说，这种沟通方式可以使信息在最短的时间内被传递，并且能够在最短的时间内得到对方的回复。所以，这种沟通方式可以立即澄清信息传递中的含糊之处，即如果接收方对发送方所传递的信息有所怀疑时，可以迅速反馈给发送方，使发送者及时检查其中表达不够明确的地方并予以改正，这样，可以将误解发生的可能性降到最低。同时，口头信息沟通可以使沟通者清楚地看到对方的面部表情，听到语调的变化，从而提高沟通的效果。此外，在上级与下属的面谈中，这种沟通方式也可以使下属感到被尊重、被重视。由此可见，口头信息沟通大大有助于对问题的了解。

　　但是，口头信息沟通也并不是完美无缺的，它自身也存在着缺陷。比如，在信息"接力"中，每个人都可以根据自己的偏好增删信息，以自己的方式诠释信息。所以，当信息从其发送者经过起点传递到达终点时，其内容往往与最初的含义存在重大偏差，甚至偏离信息发送者的初衷。由此可见，在口头信息沟通中，信息失真的可能性相当大。另外，口头信息沟通通常无法留下书面记录，有时还会浪费时间。

2．书面信息沟通

书面信息沟通能保持长久的书面记录，书面记录具有有形展示、长期保存、法律保护依据等特点，对于现在日益增加的诉讼问题和广泛的政府、组织的工作来说，这类沟通都是必需的。因为一般情况下，信息的发送者与接收者双方都有沟通的记录，沟通的信息可以长期保存下去，如果双方对信息的内容有疑问，过后完全可以查询。书面信息沟通的方式，还可以使沟通者对自己所要传达的信息更加认真地思考，精心组织，在正式发表之前还可以反复修改，以减少情绪干扰，使所要表达的内容更加周密，逻辑性更强，条理更清楚。这样，作者所要表达的信息能被充分、完整地表达出来。

当然，书面信息沟通也有自己的缺陷。首先，准备起来比较麻烦。这需要良好的写作技能，而这些技能又不是天生的，需要沟通者通过学习来掌握。其次，书面沟通需要精心准备，并对信息的接收者、沟通可能出现的预期结果保持高度的敏感性。这又增加了准备的复杂性。相对于口头信息沟通而言，书面沟通的另一个缺点是不能及时提供信息反馈，也无法确保发出的信息被接收到，即使接收到，也无法确保接收者对信息的解释正好是发送者的本意。发送者往往要花很长的时间来了解信息是否已被接收并被准确地理解。

1.1.4 非语言沟通

当一个人摔门而去时，无论他怎样辩解说自己没有生气，都很少会有人相信；一位领导在台上作演讲，虽然下面坐满了听众，但却没有人在认真听，而是窃窃私语或东张西望，由此我们已经知道这并不是一场精彩的报告；等等。理解对方的意思往往不仅仅是通过言语沟通的方式，即不仅仅是听他说了些什么和看他写了些什么，对方的眼神、面部表情、身体语言、空间、时间、距离、外表等，所有这些非语言因素都会影响信息接收者对信息的理解。美国的伯德惠斯特尔在一系列研究之后曾断言：在绝大多数的情况下，语言交流仅仅表达了我们思想的 30%~35%，而 65%以上的信息是由非语言形式传递的。更有一项关于人际沟通的研究发现，对一些信息的"看法"只有 7%来自语言，而另外多达93%的信息内容均来自非语言信息。

非语言沟通的内容十分广泛，为我们熟知的领域有以下几个方面。

1．副语言沟通

副语言沟通是通过非语词的声音，如声调、音量、速度、节奏，以及哭、笑、感叹声等来实现的。心理学家称非语词的声音信号为副语言，又叫辅助语言。副语言在沟通过程中起着十分重要的作用。所以，我们理解一句话的含义时，通常不仅仅要明白其字面所表达的意思，而且还要搞清楚其字里行间所表达出来的"弦外之音"。语言表达方式的变化，尤其是语调的变化，可以使字面完全相同的一句话表达出完全不同的含义。比如，一句简单的口头语"真棒",当音调较低、语气肯定时,它表示由衷的赞赏;而当语调升高、语气抑扬时,则完全变成了刻薄的讥讽和幸灾乐祸。

2. 身体语言沟通

身体语言沟通是通过动态无声的眼神、表情、手势等身体运动或者是静态无声的身体姿势及衣着打扮等形式来实现沟通的。

(1) 眼睛是"心灵的窗户"。虽然沟通者不能直视对方的灵魂,但眼睛最能准确地流露出一个人的真实情感与态度,信息发送者能够通过与接收者的视线接触来了解对方的注意力是否集中,是否表示出真诚、尊敬,以及对自己的观点是否赞同等。相反,对于信息的接收者来说,通过目光的碰撞、交流,可以看出说话者是否自信、真诚与可靠。

(2) 面部表情同样有助于人与人之间的沟通。人类的祖先为了适应自然环境,达到有效沟通的目的,逐渐形成了丰富的表情,这些表情随着人类的进化而不断发展、演变,成为非言语沟通的重要手段。据研究,人类的面部表情可以有 250 000 种之多,可见人类表情的丰富。虽然一些人在与别人交谈的时候,会竭力控制自己的感情,掩饰自己的表情,尽量做到面无表情,但是多多少少还会流露一些。这些自觉或不自觉的面部表情对言语信息来说起到了一种补充作用,甚至可能完全替代语言信息。人们通过表情来表达自己的情感、态度,也通过表情理解和判断他人的情感和态度,因此有效的人际沟通离不开表情。

(3) 简单的身体姿势和动作也能传达信息。在日常生活中,我们经常采用身体姿势或身体动作来与别人交流信息、传达情感。比如,摆手表示制止或否定;搓手或拽衣领表示紧张;拍脑袋表示自责;耸肩表示不以为然或无可奈何;触摸也能表达一定的情感和信息,因而也常被人们用作沟通的方式。但是,身体的接触或触摸是受一定社会规则和文化习俗限制的。身体语言大致有以下四方面作用。

① 象征。不同民族、不同文化背景的人们通常对身体的姿势和动作有不同的理解,他们约定俗成的身体语言也具有不同的象征意义。例如,有的地方用点头表示不同意,用摇头表示同意,而大多数地区对此的象征意义则正好相反。

② 说明。身体姿势或身体动作常常作为言语沟通的补充说明。

③ 调节。身体姿势或身体动作在沟通过程中能够调节沟通过程,强化或弱化沟通者传达的意义、节奏和情感。

④ 情感表露。在沟通中,沟通者的坐姿、站姿、走姿等也传达着很多信息,特别是情感信息。例如,情感亲密的人坐在一起的时候就会面对面,形成一个包围的小圈子,以排除外来人的干扰或介入;而相互憎恨的人之间的动作则大大不同,他们往往会有更高的说话声调,动作会比较激烈等。

(4) 一个人的外表能形成一个整体印象,由此可以推断出这个人的社会地位、职业、个性与潜质等。正如一位人际关系专家所说的那样:"如果你不能使自己看起来像模像样,那么你就很可能错失良机。"比如,沟通者的服饰往往扮演着信息发送源的角色。一个简单的例子是我们关于"蓝领"与"白领"的区分。有位学者在经过广泛的调查研究后指出,在企业环境中,组织成员所穿的服装可以传达出关于他们的能力、严谨和进取性的

清楚信号。例如，该学者研究认为，黑色雨衣会给有抱负的男管理者带来不利影响。他声称，黑色雨衣标志着"较低的中等阶层"，而米色雨衣在公司内外会得到"管理者"的待遇。

3．环境沟通

除了运用身体语言外，人们也可以通过物体的运用、环境的布置等手段进行非语言的沟通。不论是一间卧室、客厅、办公室还是一个部门，人们通过家具摆放和室内设计，都会显露自己的性格。一般来说，布置越正式，沟通氛围也就越正式、越封闭。公司经理如果让来访者坐在桌子对面，则表示希望保持一定的距离或者表示冷漠；而在圆桌会议上的气氛则大不一样，这表明公司经理希望更坦率、平等地进行交流。

4．时间和距离

安排和运用时间的方式能透露一个人的性格和态度，传达一个人的沟通信息。比如，在面试的时候，如果部门经理延长了与面试者的谈话时间，那么他就以这种方式发出了非语言信号，表明他对交谈的话题感兴趣或者对接受面试者感兴趣和尊重；相反，如果部门经理在刚刚开始的时候就试图匆匆结束面试，那很可能说明他对面试者及其交谈的话题不感兴趣。

每个人都有令自己感觉舒适的私人区域，所以，人与人之间的交谈总是要保持一定的距离。而距离就是一种非语言信息。实践证明，人与人之间的亲近或疏远都与其感情变化有直接关系，人际距离潜在地表现着交流者的情感性质和情感的度量。通常，亲密则相互之间具有较近的人际距离，疏远则相互之间具有较远的人际距离。人际距离传达的意义也具有文化特色，有的民族喜欢双方保持近距离，而另一些民族则与之相反。通常，陌生人之间的空间距离会较大，但在特定情况下则不然。在拥挤的公共汽车上或拥挤的电梯上，人们由于距离太近，会产生紧张感，会避免面对面或目光接触。

一般而言，非语言沟通比语言沟通能更丰富、自然、亲切、准确、细微地反映出表达者的心理状态，更多地用以说明思想。当然，两者在不同的场合和条件下，各自的重要性是不同的。在需要用语言交流的情境中，如阐述思想、传递信息和传授知识时，唯有语言才能够准确、详细、深刻和明晰地表达所要传递的信息。但要自然、亲切、真实、丰富、细致入微和感人肺腑地表达某种情感、态度、需要和意向时，非语言形式则更为合适。不过，在更多的情况下，语言形式和非语言形式是彼此配合、相得益彰的，严格来说，两者是不能截然分开的。在语言沟通过程中，必然伴随着非语言沟通，不论是有意还是无意。

1.2 人际沟通的基本原则

人们要想有效地与他人沟通，除了需要具备良好的文化素养和语言表达能力之外，还得掌握一些基本的原则。所谓基本原则有两层含义：一是说这些原则对于任何人都适用，任何希望在人际沟通中获得成功的人，都可以运用它们；二是说这些原则是其他任何沟通技巧的基础，如果违背这些原则去追求表面的技巧，多半不会奏效。所以，这部分内容是说话、行事的准则。

1.2.1 尊重的原则

美国行为科学家马斯洛在他 1943 年发表的最著名的《人类动机理论》中提出了著名的人类基本需要层次论，其中尊重需要属于第四层次。尊重需要包括自我尊重的需要和获得别人尊重的需要。人一方面要感到自己的重要性，另一方面也必须获得他人的认可，包括给予尊重、赞美、赏识和承认地位，以支持自己的感受。这样才能产生自信、声望和力量的感受。

被尊重是人的本质需要，人们渴望被人肯定，受到称赞，就像哲学家杜威说的那样，人类本质里最深远的驱动力就是"希望具有重要性"。既然我们如此渴望尊重，那毫无疑问，尊重是人际沟通的首要原则。

在人际沟通中，人们只有学会尊重，才会有真正意义上的沟通。玫琳凯化妆品的创始人阿什女士特别重视沟通和人际关系，这是从实际工作中得到的启发。没创业前，她为了同公司的副总裁握手，足足排了三个小时的队，而当副总裁同她握手、打招呼时，阿什注意到，他的眼睛却瞧着自己身后，看等待接见的队伍还有多长。阿什后来回忆说，一想起那件事她就伤心。今天的阿什成为被人们朝觐的人，她总是尽力使每个人感到自己被重视、被尊重。这也是她成功的秘诀。美国哈佛大学前校长查理·爱略特说过："生意上的往来，并无所谓的秘诀……最重要的是，要专注眼前同你谈话的人，这是对那人最大的尊重。"好的企业文化就是使员工感到被重视、被尊重。

尊重是不分对象的，学会善待每一个人，有时你会得到意外的收获。尊重是一种涵养，而无论对方的地位和身份如何，尤其是对弱者和身处逆境的人更要尊重。尊重是相互的，只有尊重他人，才能赢得他人的尊重。

在沟通中实现尊重还可以采用含蓄的暗示。暗示是为了保全他人的自尊和面子，可以成为他人行动的动力，人们在接受暗示时，已经感到了受尊重，就会主动帮你达到你渴望的结果。暗示可以让人心甘情愿地和你沟通。

不是所有的沟通都能达成共识，观点冲突、意见相左是常有的事。我们要学会尊重差异，不要马上就否定对方的观点，要抱着谦虚的态度，智者千虑还必有一失呢。必要时我们可以乔装成弱者，做个陪衬，突出他人，这也是对他人的尊重。

1.2.2 理解的原则

沟通不仅是信息的传递，更是对信息的理解和把握，准确地理解信息的意义才是良好的沟通。理解又是人际沟通的润滑剂，凡事一被理解就顺畅了。我们常说理解万岁，懂得理解的人，他的沟通能力一定很强，并很受欢迎。

促进理解的最佳方式是站在对方的角度看问题。就是当你不知道他人的想法和需要时，你不妨换位思考，设身处地地想一想。因为人的想法和需要，往往是由他所处的身份所决定的。在人际沟通中，凡事多问几次"如果我是他，那么……"，你就不难理解对方

的做法，了解他的处境了，这样能比较容易赢得他人的信任和好感。多站在对方的立场上考虑问题，就会避免很多误解和摩擦，也容易达成共识。

儒家传统思想倡导的"絜矩之道"与这种看问题的方式有近似的地方。所谓"絜矩之道"，就是：如果你不希望自己的上级采用某种方式对待你，那么你也就不要采取这种方式去对待你的下级；如果你不希望你的下级采用某种方式对待你，你就不要采用这种方式对待你的上级。对左对右，对父母兄弟，对任何人，都可以依次类推。《大学》记载曾子的话说："所恶于上，毋以使下；所恶于下，毋以事上；所恶于前，毋以先后；所恶于后，毋以从前；所恶于右，毋以交于左；所恶于左，毋以交于右。此之谓絜矩之道。"

儒家圣人孔子也提倡与人交往，应该遵循一定的规则。《中庸》记载他的话说："施诸己而不愿，亦勿施于人。君子之道四，丘未能一焉：所求乎子，以事父，未能也；所求乎臣，以事君，未能也；所求乎弟，以事兄，未能也；所求乎朋友，先施之，未能也。"

曾子所提倡的"絜矩之道"和孔子所说的"君子之道"，实际上与我们所说的"站在对方的角度看问题"一脉相通。从伦理学的角度来看，这是一种善良的品德，是一种关爱他人的、与人为善的、高尚的处世方式，同时，这也是一种行为策略，人际沟通的原则。

古今中外得到宠信的佞臣，多半精通这种策略。他们靠这种方法揣摩君王的心理，顺着君王的喜好办事，因此能博得君王的欢心，只不过他们利用这种方法为己谋私利，而现代人际交往中是为了达到自己的沟通目的。

1.2.3 赞美的原则

不吝啬赞美和鼓励，你会得到更多的朋友。人们除了吃饱穿暖和必要的安全保障外，渴望被人重视，通过赞美和鼓励，人们能获得这方面的满足。即使是那些负责最不起眼工作的人也渴望得到别人的肯定。

无论是谁，你都可以找到他的某些值得称赞的优点。我们可以通过赞美使人感到快乐，并且不会给我们自己造成任何损失，既然如此，我们为什么不这么做呢？富兰克林始终遵循一个处世原则："不说别人的坏话，只说大家的好处。"

赞美和鼓励，目的是帮助别人发现自身的价值，获得一种成就感。它与讨好、献媚"貌合神离"，稍微细心一点，就可以分辨出来什么是真诚的赞美，什么是虚伪的奉承。有效的赞美应该注意以下几点。

(1) 赞美必须出自真诚。有些人知道赞美对于人际沟通有好的作用，于是遇到任何人，不管是不是值得赞美，一开口就是一大堆风马牛不相及的夸赞之辞。这种赞美没有一点儿内在的真诚，被赞美的人听到这样的赞美，不但没有一点儿愉快的感觉，反而会头皮发麻，浑身不自在。言不由衷的夸奖，一般会给人留下虚伪的印象，只会增加对方的戒备心理。

(2) 赞美应该有独到之处。有些赞美是人们常用的，例如看起来比实际年龄显得更年轻，外表长得漂亮，有领导能力等。这类习惯性的赞辞，虽然也可以用，但用多了效果并不好，有时甚至会感到说话的人只不过是完成一个习惯性的交往程序，其实对自己并没有真正了解。所以，要想使赞美真正起作用，就应该尽量使自己的赞美新颖一些，与对方有可能经常听到的赞美有所不同，因为新鲜的东西更能引起人们的重视。要想做到这一点，就必须对你要赞美的人细心观察，发现他不易为常人发现的优点。

（3）赞美要找准时机。当有很多学生在场的时候，你如果赞美一位年轻的教师活泼好学，肯定会让对方尴尬。当对方的上司在场的时候，你如果夸奖他具有领导才能的话，不但会使被赞美者无所适从，而且有可能引起对方上司的不快。赞美要选准时机，否则，即使你很有诚意，也可能造成负面效果。一定要眼观六路、耳听八方，在最合适的场合表达你由衷的赞美。

（4）要针对对方的好恶进行赞美。有些人最关心自己的内在修养，别人对他外表的过分称赞，可能会使他感觉到是暗示他涵养不够好。因此，你一定要洞悉对方的喜好，让他听到自己渴望听到的评价。有一对夫妇，养了一个智力有些缺陷的女儿，所以他们一般不太愿意与别人谈起孩子。在这种情况下，你如果不加注意，对他们的苦衷不太了解，见到他们的女儿时，习惯性地夸奖孩子如何乖，他们有可能觉得你是话中带刺。因此，一定要用心地观察你赞美的对象，尽可能对他们多加了解，知悉他们的喜好和忌讳。

（5）让赞美显得自然。赞美别人的时候，无论是开诚布公地直接赞美，还是委婉含蓄地由衷称道，都应该让自己的话显得自然，千万不要矫揉造作。赞美是为了使对方感到高兴，如果你的用词没有把握好分寸，就起不到使对方愉悦的效果。因此，直接赞美时最好不要使用那些过分的用语，要既准确又得体，尽量显得优雅大方。使用含蓄的方式时，则应该语句清楚，忌讳支支吾吾、犹豫不定，否则会让人感到你缺乏诚意。

（6）不妨试一试背后赞美的方法。当面赞美收获较快，能够在很短的时间里赢得对方的好感，这是人们最常用的方式。但是，孙子兵法讲究虚实结合、奇正相生，在赞美别人的时候，除了正面直接的方式外，不妨试一试背后赞美的方式。人们对背后的坏话恨之入骨，是因为相信背后的评价更能体现人们内心的真实想法。因此，当人们知道一个人在背后赞美自己的时候，就会感到更加高兴。不必担心背后的赞美别人听不到，"没有不透风的墙"。退一万步，即使你的赞美传不到他本人的耳朵，别人也会因为你在背后夸奖人而增加对你的敬意。

（7）有时沉默也是一种赞美。除了将你的赞美付诸语言之外，有时沉默也是一种赞美。如果你希望与某人建立良好的关系，而恰巧别人都在当面指责这个人，那么，你的沉默就有可能赢得他的好感。这种情况也并不少见。例如，柯林斯先生之所以得到副经理的位置，原因就在于他适当地运用了沉默的方法。在一次所有业务人员都在场的会上，除了柯林斯之外，几乎所有的人都对富布斯经理的管理方式提出了非议，结果两周之后，富布斯将他叫进办公室，把副经理的工作交给了他。而柯林斯一贯的好人缘，并没有使他因此得罪其他人。

当然，除了以上几点外，你还可以在实际工作中发现更好的赞美方式。重要的是，你必须使你的赞美具有成效。

1.2.4 真诚的原则

日本企业之神、著名国际化电器企业松下电器公司的创始人松下幸之助有句名言：

"伟大的事业需要一颗真诚的心与人沟通。"松下幸之助正是凭借这种真诚的人际沟通艺术，驾轻就熟于各种职业、身份、地位的客户之中，赢得他人的信赖、尊重和敬仰，使松下电器成为全球电器行业的巨人。

有人做过一个统计，从描述人品的词语中选出你认为最重要的几个，真诚被排在了第一位。崇尚真诚是时代的主旋律。真诚既然是人心所向，因此在沟通中我们更应该坚持它。沟通最基本的心理保证是安全感，没有安全感的沟通交往是难以发展的，只有抱着真诚的态度与人沟通，才能使对方有安全感，才会觉得你可信，从而容易引起情感上的共鸣。用真诚去沟通，会收到意想不到的效果，一个人尽管不善言辞，但有真诚就足够了，没有什么比真诚更能打动人。

真诚不仅表现在语言上，更体现在行动上，沟通也是一种行动。例如，20岁的小李技校毕业，在一家机械公司当推销员。他很珍惜这份工作，工作起来很卖力，半年内就跟33位顾客做成了生意。之后，他发现他们公司卖的设备比别的公司同样性能的机器贵。小李深感不安，他想如果下订单的客户知道了，对他的信用会产生怀疑。于是他决定逐家逐户地去拜访客户，老老实实地说明了情况，承诺以后会以优惠的价格交易，如果客户不满意，也可以解除合同。这种真诚的态度，使大家都深受感动，没有一个人悔约。小李的客户不仅没有少，反而越来越多。真诚具有惊人的魔力，它像强力的磁石一般具有无比强大的吸引力。

1.2.5 宽容的原则

宽容是一种胸怀、一种自信、一种修养，是一种人生境界。宽容能够使自己对别人的言语行为给予理解，尊重差异，不轻易把自己认为"正确"或者"错误"的东西强加于他人。虽然我们也有不同意别人的观点或做法的时候，但应该学会尊重别人的选择，给予别人自由思考和选择的权利。

宽容会带来自由。记得胡适先生说过，如果大家希望享有自由的话，每个人均应采取两种态度：在道德方面，大家都应有谦虚的美德，每个人都必须持有自己的看法不一定是对的态度；在心理方面，每个人都应有开阔的胸襟与兼容并蓄的雅量来容纳与自己不同甚至相反的意见。换句话说，采取了这两种态度以后，你会容忍我的意见，我也会容忍你的意见，这时大家都享有自由了。

宽容是建立良好人际关系的法宝。清末红顶商人胡雪岩，钱庄生意兴隆时，当初在他落魄时不见踪影的朋友纷纷现身，请求投资或重修旧好。胡雪岩一概没有拒绝，这种宽宏大度，带来了人气，人气就是面子，面子就是本钱。

"不以爱恶喜厌定交往"乃处世至理。在北宋朋党纷争的政局中，王安石一意推行新法，忽略了协调旧派势力以求人和政通，是他遭受旧派全力攻击的主要原因，也是新法推行的主要阻力。

成熟的人应该了解，世界上的人都是千差万别的，完全相同的人是不存在的。要有容人之过的雅量，金无足赤，人无完人。只要不"以恶为仇，以厌为敌"，奉行宽以待人的沟通原则，就能广建人脉、成就大业。

1.2.6 互动的原则

沟通是互动的，需要双方共同参与，有传递有反馈，有说有听，才有双方意见的交流，在来来回回的互动中达成共识。那么，如何实现互动呢？

共享说话权力是互动的前提。在与人交谈时口齿伶俐固然是件好事，但是用之过度，独自一人滔滔不绝地大发议论，就是不识趣了。谈话是不该一个人唱独角戏的，每个人都有表现的本能欲望，所以共同支配时间对沟通尤为重要。尽可能长话短说，言简意赅。给别人时间，听听他人的高见，既是对对方的尊重，也会让你有所收获。克林顿就说过，他在倾听别人时能学到很多东西。还有在交流时，不能只谈论自己，更不可自我吹嘘，这种炫耀会影响你的形象，必要的神秘感反倒会增加你的魅力。

沟通从"你"开始。在众人聚会的场合，最糟的莫过于将所有的话题集中在自己身上。只要场合及语法恰当，应尽可能用"你"做每个句子的开头。这样会立刻抓住听者的注意力，同时能得到他人正面的回应。

要想得到对方的反馈，需要有一定的策略。罗斯福的方式很简单，就是在与人接触的前一个晚上，花点时间研究一下这个人的背景，于是一见面，共同的话题就源源不断，谈话自然会顺利进行。

将自己的愿望变成对方的，就能达到双赢。威森为一家画室推销草图，他经常去拜访一位著名的服装设计家，设计家从不拒绝接见，但也从来不买他的东西。威森在经历多次失败后，改变了思路，他把未完成的草图带到买主的办公室。"如果你愿意，希望你帮我一个小忙，"他说，"这是一些尚未完成的草图，能否请你告诉我，我们应该如何把它们完成才能对你有所帮助？"这位买主默默地看了那些草图一会儿，然后说："把这些图留在我这儿几天，然后再回来见我。"三天以后威森又去了，得到了他的某些建议，取了草图回到画室，按照买主的意思把它们修饰完成。结果呢？这些全部被这位买主接受了。

1.3　人际沟通中的修辞

1.3.1　比喻

比喻就是打比方，即以彼物比此物。具体来说，就是当人们在语言交际中要表达某一事物或道理时，运用联想或想象，引进另一种事物或道理，以便把要表达的事物或道理反映得更具体、更贴切、更生动、更富有感染力，使听者爱听，听得明白，从而留下深刻印象。

例如，刘向的《说苑》中有这样一个生动的故事。有人对梁王说："惠子这个人说话善于打比喻。假若大王您不让他打比喻，那么，惠子就没法说话了。"于是，梁王对惠子说："希望你今后说话时不要打比喻了。"惠子回答说："假若一个人不知道'弹'为何物，您告诉他弹就是'弹'，他能明白吗？"梁王说："当然不明白了。"惠子说："我要把我知道的事物告诉不知道这事物的人们，您说不打比喻行吗？"梁王说："不打比喻是不行的。"这个故事中，本来梁王是不让惠子再打比喻，可是惠子又悄悄地打了一个比喻，说服了梁王。

比喻一般由本体、喻体和喻词三部分组成。本体是被比喻的事物；喻体是用来作比的事物或对象；喻词则是标明比喻关系的词语，如"好像""恰似""像……一样"等。例如，毛泽东曾说，有些人写文章长而空洞，就像"懒婆娘的裹脚布，又臭又长"。这里，长而空的文章就是本体，臭而长的"裹脚布"是喻体，"就像"是喻词。

再看一个例子，一次，有人问爱因斯坦什么是相对论，爱因斯坦解释说："你同你最亲爱的人坐在火炉边，一个钟头过去了，你觉得好像只过了五分钟；反过来，你一个人孤孤单单地坐在热气逼人的火炉边，只过了五分钟，但你却觉得像坐了一个小时。这就是相对论。"爱因斯坦用人们日常生活中的真切体验来解释高深玄妙的相对论原理，从而让普通人也能理解。

人们说话是为了描绘事物，或阐述道理，或表达情感等，要把这些东西表述得生动具体，使别人印象深刻，并不是一件容易的事。如果能运用贴切的比喻，就能化难为易，具有说服力。当然，也不能滥用比喻，否则就会出现"比喻不当"的毛病，或落入老生常谈的俗套。

1.3.2 象征

象征是比喻的延伸和扩大，它是借助于特定的具体事物，来寄寓某种精神品质或抽象道理的修辞手法。

一般来讲，象征可分为明征和暗征。明征就是象征客体、象征意义、联系词在话语中同时出现，这类象征意义比较明显、固定。例如，"人民英雄纪念碑是用一万七千块坚硬的花岗石和洁白的汉白玉砌成的。它象征着先烈们的丰功伟绩，寄托着全国人民对先烈的怀念和敬仰之情……"

暗征则是通过对象征客体的精细、巧变的说法来暗示其象征意义，以期引发人们丰富的联想和想象。例如一位医学院的教授在给刚入校的新生们讲第一堂课时的开场白：在暴风雨后的一个早晨，一个男人到海边散步。沙滩上有许多被昨夜暴风雨卷上岸的小鱼，被困在浅水坑里，挣扎着，想要回到大海的怀抱。走着走着这个男人发现远方有一个瘦小的身影，不知疲倦地忙碌着。走近一看，原来是一个七八岁的小男孩，他正弯腰捡起水洼里的小鱼，然后再用力地扔回大海，一条又一条不停地重复着相同的动作。男人问道："孩子，这海滩上有成千上万条小鱼，你一个人救不过来的。""我知道。"小男孩头也不抬地回答着，但并没有停止动作。"既然知道，干嘛还干傻事呢？"男人又问。小男孩只是默默地捡起小鱼，再把它们扔回大海，并不回答。男人忍不住又问了一句："你这么做，又有谁在乎？"小男孩边扔边说："这条小鱼在乎！这条，还有这条……"

讲完这个故事，教授接着说："今天，你们在这里开始了大学生活，从此每一个人都将在这里学会如何去拯救生命。虽然你们救不了所有的病人，但是你们可以救一部分人，为他们减轻痛苦。因为你们的存在，人们的生活从此有所不同，你们可以使大家的生活变得更加美好，这是你们能够而且必须做到的。"

这位教授在演说中，先是讲述一个富有哲理的小故事，然后借助这个小故事所喻示的精神品质，告诫他的学生们作为一名医务工作者应该具有起码的职业道德。

1.3.3 夸张

夸张是为强调事物的某种特征而故意言过其实，或者夸大事实，或者缩小事实，让听者对所要表达的内容有一个更深刻的认识和了解。合理地运用夸张技巧，一是便于揭示事物的本质；二是能加强说话的感染力；三是能启发听者的想象力。运用夸张，必须以现实生活为基础，不能漫无边际，要做到言过其实而又合情合理，不似真实而又胜似真实。

夸张既然是在某些方面"言过其实"而又有真实性作为基础，这就有利于突出事物的特殊性，可以引发人们的想象，收到突出个性形象的效果。例如，有三个人在一起谈论如何节约，其中第一个人说："我认识一个人，为了节约墨水，无论写什么，字都写得像芝麻粒儿一样大小。"第二个人说："我认识一个人，为了减少手表的磨损，天一黑，就把手表给停了。"第三个人说："你们说的都一般，我认识一位老先生，为了节约眼镜，连报纸都不看了。"现在我们来看，如果说为了保护眼睛连报纸都不看了还不为夸张，那么为了节约眼镜连报纸都不看了就不能不是夸张了。可以想象，这位节约眼镜的老先生用节约精神去做其他事情时，又该是何等节约啊！

还有一个笑话，说一个老人很健忘，去浴缸洗澡时竟忘了脱衣服，但衣服一点儿也没打湿，原来他忘了开水龙头了。其实再健忘的人也不至于到这种程度。

夸张虽然言过其实，但不等于浮夸，它必须以客观事实为基础，必须反映客观事物的本质特征，做到"夸而有节""饰而不诬"，才能产生强烈的震撼效果。

1.3.4 比拟

比拟是根据一定的想象把物当作人或把人当作物，或把此物当作彼物来表达的一种修辞技巧。比拟可分为拟人和拟物两种。拟人又叫"人格比"，就是赋予大自然、动物、抽象事物等人的言行或思想感情。拟物即把人当作物或把此物比拟为彼物。

比拟能使人产生联想，以获得话语的形象感和生动感。毛泽东同志曾多次告诫全党同志不要因为革命胜利而骄傲自大起来，他曾用"牛皮不要吹得太大，尾巴不要翘起来"作比拟。尾巴本来只有动物才有，这里却用来比拟人的自大情绪，这就是拟物，既形象生动，又引人联想。

例如，一位来自新加坡的老太太在游武夷山时，不小心被蒺藜划破了裙子，顿时游兴大减，中途欲返。女导游见状微笑着走近老人身旁说："这是武夷山对您有情啊！它想牵住您，不让您离去，好请您多看她几眼。"几句话把老人的不快吹得无影无踪。武夷山的热情好客是机敏的女导游所赋予的，这里就用了拟人的手法，而且表达得十分得体。

再如，在一个欢迎日本青年代表团的宴会上，热情的中国朋友用著名的"人参母鸡汤"来款待客人。不料这可为难了在场的翻译，原来他没有记住日语"母鸡"这个词。只见他机灵地站起来，指着汤，笑着对客人介绍说："这是用公鸡的太太和人参做的汤，请诸位品尝。"这里的"公鸡的太太"用的就是拟人手法，显示了翻译的机敏和幽默。

1.3.5 借代

借代就是不直接说出该人或该事物，而借与要说的人或事物有密切关系的其他事物来代替的修辞技巧。借代的客观基础是事物的相关性，运用这种技巧可以使语言具体形象，富于变化。

例如，三国时期，马家有五兄弟，这五个兄弟的名字里都有一个常字。五兄弟中以马良的才学最高，刘备派他去办理外交事务，他每次都不辱使命地载誉而归。因此，当时就流传一句话，叫作："马家的五个常，白眉毛最优良。"原来，马良的长相有个特点，眉毛像雪一样白得闪光。这里不说"马良最优良"，而是说"白眉毛最优良"，用"白眉毛"这个长相特征来代指马良。

1.3.6 对照

对照是指把两种不同事物或同一事物的两个不同方面放在一起相互比较，通过比较可使事物的性质、状态和特征等更加鲜明突出，并且鲜明地表现出说话人的立场和观点。在生活中我们将两种不同的事物进行对比，通常是为了使好的显得更好，坏的显得更坏，大的显得更大，小的显得更小；将同一事物的两个不同方面进行对比，往往是为了把事物说得更透彻、更全面、更鲜明。

鲁迅在《战士和苍蝇》一文中这样说过："有缺点的战士终究是战士，完美的苍蝇也终究是苍蝇。"这里鲁迅把"战士"和"苍蝇"拿来对照比较，尖锐地讽刺了那些诬蔑革命者的可耻奴才，坚决地支持了坚持革命的勇敢战士。

再如，闻一多先生在《最后一次演讲》中多次运用对照技巧，如讲到国民党特务暗杀李公朴，还嫁祸于共产党，并说是什么桃色事件时，闻先生说："这是某集团的无耻，恰是李先生的光荣。"把国民党反动派的无耻和李公朴为革命而献身的光荣相对比，鲜明地表达了闻一多先生的爱憎感情。

1.3.7 引用

引用这种修辞方法用途十分广泛，是指在语言交际中引用名言警句、熟语、典故等，来证明事物、阐述道理。运用这种修辞手法可以增强说服力和感染力，使语言表达言之有据、生动形象。

引用可以贯通古今中外的多种语言、多种智慧的精华，显示说话者知识的渊博。因为一个人的语言表达能力无论多强，毕竟是有限的，引用就在于借助于多种多样的语言材料，使其熔为一炉，产生以少胜多、言简意赅、韵味无穷、寓意深刻的表达效果。

引用的方式有许多种，常用的有暗引、正引、反引和撷引。

1. 暗引

暗引即暗示、引用。例如，"鲁迅有两句诗'横眉冷对千夫指，俯首甘为孺子牛'应该成为我们为人处世的座右铭。"这句话中引用鲁迅的两句诗作为激励、警戒自己的格言，简洁凝练，令人回味。

2. 正引

正引即用其原意原句。例如，在一个教师节的晚会上，一名学生在回答教育的作用时说："'在一个文盲的国家里，是不能建成社会主义的。'(列宁语)'一个受了不良教育的孩童，等于走失了方向。'(肯尼迪语)'知识才是引导人走到光明与真实境界的灯烛。'(李大钊语)所以，'教育是廉价的国防。'(亚里士多德语)'教育的根是苦的，但它的果是甜的。'(约翰逊语)教育的根就是我的根。"这一段话引用了列宁、肯尼迪、李大钊、亚里士多德等著名历史风云人物的名言、警句，揭示了教育为本的深刻内涵，生动深刻，效果突出。

3. 反引

反引即反其意而用之。例如，毛泽东同志在《质问国民党》一文中讲道："照你们的说法，'破坏团结'的也是共产党，你们则是如何如何的'精诚团结'主义者，那么，你们以三个集团军的大兵，手持刺刀，配以重炮，向着边区人民前进，也可以算作'精诚团结'了？"

毛泽东同志这一段反用，以其人之道，还治其人之身，没有比这精妙的反引更具说服力的了。

4. 撷引

撷引是撷取原句中部分词语而用之。例如，毛泽东同志在《论联合政府》这篇著名演讲中将"上以风化下，下以风刺上，主文而谲谏，言之者无罪，闻之者足以戒，故曰风"句，巧妙地撷用成"言者无罪，闻者足戒"这一闪烁着真理光芒的名句。这样的撷引精炼地阐述了人民内部对于批评所应采取的正确的态度，倡导和张扬了民主作风和批评与自我批评的精神，不但言简意赅，而且通俗易懂。

运用引用技巧时，要力求精当；所引用的内容必须对阐述问题确有价值，其内容既具有权威性、说服力，又不是老生常谈。

运用引用应注意两点：一是保持引文的完整性，切忌断章取义；二是将引文与所要表达的意思融为一体，成为论说的有机组成部分，不能硬凑生拼，甚至"贴标签"。

1.3.8 排比

运用排比可使语意表达层次清晰、语势强劲、节奏鲜明、语意畅达。这种修辞手法一般是由三个或三个以上结构相同或相似、内容密切关联、语气一致的词组或语句排列而成，用以表达同一范围、同一性质的事物，以增强语势，增强节奏感和旋律美，加强语言的力度。

例如，马丁·路德·金在 1968 年 8 月 28 日美国华盛顿黑人集会上发表了一场精彩的演说，其中有这样几段话。

第1章 人际沟通概说

"一百年前,一位美国伟人签署了《解放宣言》。现在我们就站在他纪念像投下的影子里。这份重要的文献为千千万万在非正义烈焰中煎熬的黑奴点起了一座伟大的希望灯塔。这文献犹如结束囚室中漫漫长夜的一束欢乐的曙光。

"然而,一百年后的今天,我们却不得不面对黑人依然没有自由这一可悲的事实;一百年后的今天,黑人的生活依然悲惨地套着种族隔离和歧视的枷锁;一百年后的今天,在物质富裕的汪洋大海中,黑人依然生活在贫乏的孤岛之上;一百年后的今天,黑人依然在美国社会的阴暗角落里艰难挣扎,在自己的国土上受到放逐。所以,我们今天到这里来,揭露这骇人听闻的事实。

……

"这就是我们的希望。这就是我们带回南方的信念。怀着这个信念,我们能够把绝望的大山凿成希望的磐石。怀着这个信念,我们能够将我国种族不和的喧嚣变为一曲友爱的乐章。怀着这个信念,我们能够一同工作,一同祈祷,一同奋斗,一同入狱,一同为争取自由而斗争,因为我们知道我们终将得到自由。"

在马丁·路德·金的这几段演讲词中,第二段以"然而,一百年后的今天"领起的排比句,从黑人没有自由,受着种族隔离和歧视,过着贫乏的生活乃至受虐待遭驱逐的政治、经济、法律待遇等方面集中地揭露了黑人悲惨严酷的生活现状,给人以心灵的震撼;最后一段以"怀着这个信念"领起的排比句,表述了所要进行的不懈努力、斗争原则和奋斗目标。文中排比句式的运用,如江河奔腾,气势磅礴,既淋漓尽致地表达了演讲者的思想和感情,又产生了激动人心的修辞效果。

1.3.9 双关

双关就是有意识地使用同一个词或同一句话,在同一个言语环境中兼有两重意思,表面上是说这件事,实际上是指另一件事。一语双关,能使话语含蓄、幽默、饶有风趣,还能加深语意,引人思考,给人以深刻的印象。我们可以从下面的几个例子中,体会一下双关语运用的技巧。

例一,有个女婿,能言善辩,一次同媳妇一块儿到老丈人家去串门。老丈人是个吝啬鬼,在午餐席上,只摆盘生柿子和几样蔬菜。女婿伸手拿过生柿子,连皮一块儿吃。媳妇在屋里看见了,连连说:"苦!"女婿一边吃,一边回答说:"苦倒不苦,只有些涩(啬)。"这里,苦涩的"涩"与吝啬的"啬"同音,女婿借此讥讽老丈人的吝啬。他吃柿子连皮一块吞,逗引他媳妇发问,以讥讽他的老丈人。在词语的选择上,女婿也是煞费苦心,不说柿子苦,而说涩,旨在运用谐音双关,虽然嘴受了点罪,却达到了讥讽以泄不满的目的,足显其机智了。

例二,纪晓岚与和珅同朝为官。纪晓岚任侍郎,和珅任尚书。有一次,两人同饮,和珅指着一条狗问:"是狼是狗?"纪晓岚非常机敏,立即意识到和珅是在转弯抹角地骂自己,就马上给予还击。他泰然自若地回答道:"垂尾是狼,上竖是狗。"这"是狼"与"侍郎"谐音,"上竖"与"尚书"谐音,和珅用谐音攻击纪晓岚,自以为稳操胜券、聪明卓绝,没想到纪晓岚用同样的技巧以其人之道,还治其人之身,使狡猾的和珅没有占到丝毫便宜。

例三，三个朋友到一家小酒店喝酒，店里只剩下一个空位子。三个人各不相让，争吵不休，最后商定："谁吹的牛大，谁就坐这个位子。"三个人中有一个是瞎子，他抢先说："我目中无人，该我坐这个位置。"另一个是矮子，他说："且慢，我不比常(长)人，应该由我来坐。"第三个人是驼背，他不慌不忙地说："你们都别争了，其实，你们都是直(侄)背(辈)的，这个位子，理所当然应由我来坐。"这三个人，皆用谐音技巧，真是各有千秋，难分上下。

1.4 人际沟通中的障碍

由于受沟通者自身素质或外在因素的影响，造成沟通失败或误解是常有的事，要有效地沟通就要克服这些障碍。障碍既有有形的也有无形的，包括生理、心理、观念及外在文化环境等。

1.4.1 跨越心理障碍

见生人脸红，与领导讲话结巴，甚至千不怕万不怕，就怕当众讲话，这些都是心理素质差、缺乏锻炼的表现，有效的沟通在很大程度上依赖于良好的心理素质。还有很多人存在某种程度的心理障碍，如嫉妒、猜疑、孤僻、自卑等，这些不但影响人际沟通，对整个人生都有严重影响。

1. 恐惧与害怕

恐惧与害怕是所有障碍中最需要克服的一项。但应该指出，你并不是唯一害怕当众讲话的人，几乎所有伟大的演说家，刚开始都很糟糕，马克·吐温初上台时，紧张得感到嗓子里塞满了东西，宋庆龄早年也很羞怯，不敢当众讲话。据美国学校调查，百分之八九十的大学生选修说话课时，刚开始都会害怕走上讲台。害怕演说的最重要的原因是不习惯、缺乏锻炼和没有自信，唯有练习方能摆脱这种恐惧心理。只要有了成功的开始，你的演说能力就会渐入佳境。

适度的讲台恐惧是有用的，这是我们人类的本性，是在环境中遭到不寻常挑战时的本能反应。适度紧张可促使你快速思考，说得更流畅。卡耐基等专业演说家证实，他们从来不曾完全摆脱讲台恐惧，在说话前的几分钟内，他们心里其实都是恐惧的，这是职业应付出的代价。

2. 嫉妒

嫉妒也许是人类的一种普遍情绪，因为人总有一种要求成功的愿望，有一种超过别人的冲动。然而一旦走向极端，嫉妒就成为一种可怕的东西，如生气、难过、闹别扭、拆台、散布谣言，乃至团体攻击等，这对人对己都是有百害而无一利。大家都知道杨修之死的故事，其实，杨修是死于曹操的嫉妒心。

嫉妒心的消除可以从几个方面来进行：其一，改变错误的认识；其二，使自己的生活充实；其三，学会比较的方法；其四，多做自我反省；其五，驱除个人主义。

3. 自卑

自卑是一种心理问题，产生的原因因人而异，但都是夸大了自己的不足和缺点，在交往活动中表现为想象成功的体验少，想象失败的体验多。这种心理在与权威、长者、名人交往时，表现尤为突出。由于自卑胆怯，在交往沟通时经常处于被动，不引人重视，由此失去很多机会。克服自卑，其一要提高自己的交往沟通期望；其二通过沟通增强情感的愉快体验；其三自我鼓励，勇于面对挫折。

与自卑的人交往沟通，应多给予鼓励和赞扬，不揭其短处。犯人的普遍心理障碍是自卑。有一次，曲啸去一所监狱做报告，犯人们开始是怀着各种猜疑、恐惧心理来听他"训话"的。为了缩短交际距离，曲啸首先在称呼上斟酌了很多："叫同志吧，不行，对方不够资格；叫罪犯吧，也不行，因为犯罪的人很讨厌这个词。"经过反复思考，他最后用了"触犯了国家法律的年轻朋友们"这一称呼。结果，话一出口，激起了在场人的热烈掌声，有的还落下了眼泪，交际双方的距离一下子就拉近了，讲话收到了很好的效果。

4. 孤僻与封闭

孤僻与封闭是指不随和、不合群，属于孤芳自赏、自命清高者。这些人往往缺乏自我解剖精神，不敢正视自己的弱点。要冲破这一心理障碍，关键在于要转变思想，看到别人的长处和优点。就整个社会而言，一个人的本事再大，知识再丰富，见解再深刻，也永远是沧海一粟。人人都有自尊心，别人不会因为你孤僻就特别央求于你；相反，他们会疏远你。请记住先哲庄子的忠告：水至清则无鱼，人至洁则无朋。

封闭者本着"井水不犯河水"的原则，把自己圈在最小范围里。这与一个相互依赖、相互合作、互利互惠的现代社会格格不入。封闭者的另一个担心是怕公开自己的思想观念、身世经历后，人家就会瞧不起并疏远自己。打开封闭之门是正确的决断。如果因为你公开了自己的"秘密"而有人疏远了你，那也不值得惋惜，也许反而是好事。

5. 失败与挫折

遇到失败和挫折，身处逆境，总是给人带来不愉快的情绪，而过重的精神压力会使人紧张困扰，甚至一蹶不振。英国的索冉指出："失败不该成为颓丧、失志的原因，应该成为新鲜的刺激。"唯一避免犯错误的方法就是什么都不做，有些错误确实会造成严重的影响，所谓"一失足成千古恨，再回头已是百年身"，重要的是从失败中吸取教训，别总穿新鞋走老路。

摆脱失败阴影的办法有：自我安慰法——不后悔且乐观；自我宣泄法——可倾诉及痛哭；灵活应变法——识时务巧应对；心理丰富法——不认命再拼搏。

6. 多虑与疑心

过去有"害人之心不可有，防人之心不可无"的说法。现在情况大不相同，如果总忧虑重重，对他人不信任，不仅不可能发展良好的人际关系，而且会挫伤别人的感情。另外多虑还表现为求知交，而不愿广泛结友，这不符合现代的人际关系要求。在现代社会中，已打破了时空限制，朋友遍天下，既要知交，又结泛友，保持不同的交往层次，建立不同水平的交往圈，有助于避免要么拘谨冷淡，要么毫无保留的两极分化。

7. 干涉癖与强迫癖

干涉癖是指爱打听、传播和干预别人的私事和秘密。这种人被瞧不起，人人疏远之。干涉癖主要是通过提高自身修养来消除的。

强迫癖有两类：一类是将自己喜爱的东西强加于人，否则认为别人瞧不起自己，或跟自己过不去；另一类是将自己不喜欢的东西强加给人。与这种人在一起，你会产生一种被剥夺自由和主动权的感觉，乃至不欢而散。克服的办法在于真正懂得了解和尊重他人的需要和情感，过分热情和强求对他人是一种负担。

1.4.2 消除语言障碍

语言障碍包括两个方面：一是口头语言障碍，二是书面语言障碍。比如模棱两可的语言，难以辨认的字迹，表达能力不强、词不达意，或逻辑混乱、艰深晦涩等，存在于沟通过程的各个环节之中，严重影响沟通的效果。在人际沟通中，要竭力避免做令人生厌的说话者或听话者。

1. 令人生厌的说话者

(1) 不良习惯者。这是说话中最主要的障碍。不良的说话习惯有面无表情、动作过多、眼神飘移、声音欠佳、有口头禅等。克服的办法是对着镜子看着自己说话时的表情是否过于严肃，利用录音机审查自己的语音条件，说话时保持双唇的距离，尽量用胸腔发音，除非你在说件秘密的事，否则不要使用低声细语。大声朗读，检查自己的声音是否单调，控制好自己说话的速度，说话时动作不宜太多，要与听众进行眼神交流。

(2) 出口粗俗者。粗俗的语言上不了大雅之堂，并严重影响说话者的形象。言语间看修养，这种人常被看作缺少思想能力和知识浅薄。消除的方法是加强自身修养，用词当心，注意对象。

(3) 好为人师者。这种人喜欢给人忠告，喜欢指出别人的不足，爱把自己的想法强加于他人。有些忠告是好的，但要注意方式方法，大多应采取含蓄委婉的暗示，让别人自觉为好。

(4) 啰里啰唆者。这种人总是想把一件非常琐碎而无趣味的事情说得有趣而重要，因而滔滔不绝。要改变啰里啰唆的习惯，最好做点有意义的事情，见些大世面，想些大问题，不要生活在一个狭窄的圈子里。

(5) 自说自话者。这种人的心目中有一个比世界上任何一个话题都好的题目，他不管他人接受不接受，就自顾自地把它拉进谈话中来。对付这种人的方法是应尽力使话头转向，不让其有机会可以自说自话。

(6) 固执己见者。这种人心胸太狭窄，固执己见，一旦他认准的理，十头牛都拉不回来，沟通起来很费劲，不能成为一个很好的谈话对象。和这种人谈话你会感觉很不舒服，常常会有紧张空气存在。这种人应广结朋友，广听不同的意见。

2. 令人生厌的听话者

(1) 感情用事者。这是听话中最关键的障碍，可以分为夸张、淡化和忽略三个方面。所谓夸张，就是错误地夸大了某条信息的重要性。听者把注意力放在几句话上，从而忽略了对方后面的话。例如，当有人骂我们自私时，脑海中就只有这个词，而忽略了其他的话，感到受了不公正的评价。由于对这个评价的气愤，就难以听下去了。那么，怎样避免夸张呢？当感到自己夸大某条信息时，要力求理解整体，不要停留在某一环节上；承认分歧并解决它，坚决抵制由于一句评论而影响整个听话的内容。

淡化意味着我们在别人的讲话突出重点之前降低其重要性，整条信息都被淡化了，以致没有什么明显的内容留在听者的脑海里。你的一位好友极力称赞《英雄》这部电影很好，可你对武打片不感兴趣，所以你将他的话听成了："这部影片还可以。"避免淡化的最好办法就是从你所听到的话中找出主要的信息，尽量抓住说话人最主要的意愿，寻找一些能表示他对某个话题特别感受的表述。

忽略是一种消极的方式，决定我们是否应该忽略说话者讲话的两个因素是能力和信任，如果判断出说话者是无能的或是靠不住的，我们就可能忽略他说的话。

(2) 插嘴插舌者。这类人不让别人讲完，你话说到一半，他已插进来了，有时竟把你的结论也代为说出。这样的人让人讨厌，然而他并不觉察，还得意洋洋炫耀自己的光彩。更有甚者，在你毫无准备的情况下，突然插话道"我知道你这个故事的结果"，使你不得不偃旗息鼓。这类人请你学会做个好听众。

(3) 心不在焉者。这类人在他人说话时，经常注意力分散，等要他回答时，只得很尴尬地说："对不起，你刚才讲什么？""对不起，我刚才没有注意听。"也许这是你的错，你的讲话很难吸引他，即便如此，他也不可原谅。要改变自己的不良习惯就要专注于讲话者，盯着说话人就没问题了。

(4) 自作聪明者。这类人常把一个讨论得很好的话题转了方向，把别人正发表的意见或极严肃的话题打断。要这类人改其毛病，只当他不在场，不予理睬，几次之后，他就会自感没趣了。

(5) 与你辩论者。就是我们常说的那种喜欢"抬杠"的人，经常发表与别人相反的观点。这类人需改变其好斗的天性，练习怎么与他人和平共处。

(6) 轻视他人者。由于自我感觉良好，或对说话人瞧不起，喜怒形于色，会对说话者造成一定的心理压力，乃至沟通失败。请体谅讲者，给予鼓励支持，哪怕是你极不喜欢的话题或是与你相反的意见，都不要流露不满。

(7) 交头接耳者。这类人就像上课讲话的学生，开会讲话的员工，当别人讲话时，他在下面叽叽咕咕，评头论足，不尊重说话的人。请注意，只有尊重他人才是充分尊重自己。

(8) 随便离席者。尤其是开会，有的人进进出出，随便离席。这是对正在讲话的人最大的不尊重。请离席者将心比心,如果是你在演讲,他人这样对你,你会有何感想?

1.4.3 克服人际障碍

在人际沟通中,一些不利因素会引起沟通交往的障碍,主要有以下几个方面。

1．语言差异障碍

语言不通,或是对同一词汇或句子有不同的理解,很难进行交流和沟通。克服的办法是选择共同的语言,少说方言,注意专业术语,形成共同语境,并用身体语言弥补。

2．年龄差异障碍

由于年龄差异出现代沟,主要是对于社会上的现象持有不同的态度和观点,比较难以交流和沟通。克服的办法是尽可能换位思考,用与时代同步的意识观念沟通。

3．各种偏见障碍

人们常常持有一些偏见,如阶级的偏见、种族和民族的偏见、地区偏见、性别偏见等,形成了态度障碍。人们还经常以貌取人,凭借第一印象就下结论,如果一个人穿一身破旧衣服,就认为不整洁;如果看到一个女司机,就认为驾驶技术一定不怎么样等。克服的办法是力求用客观公正的视角看问题。

4．认知差异障碍

交往双方文化程度、认知方式、观点意见、兴趣爱好以及经历背景等各方面的显著差异,将不可避免地引起双方认知失调,从而妨碍进一步交往。克服的办法是尽可能向对方靠拢。

5．自我认知障碍

有些人在认识上容易发生较大偏差,表现为过度自负或过度自卑。前者自视过高,盛气凌人,脱离人群;后者自惭形秽而远离人群,两者均会引起人们的反感,难以交往。克服的办法是融入人群,融入社会。

6．个性特征障碍

良好的个性特征可以促进人际沟通,不良的个性特征自然会破坏人际关系。典型的不良特征有自私、粗鲁、贪婪、虚伪、冷酷、不友善、狭隘、嫉妒、猜疑等。实践表明,这些不良个性是导致沟通失败最重要的原因。克服的办法是提高品德修养,谦虚好学,养成乐观、诚信、宽仁、友善的美德。

1.4.4 摆脱环境障碍

环境障碍包括两个方面:一是小环境,二是大环境。

1．小环境

小环境障碍有场所的限制、噪音较大、光线黑暗、空气污浊、色彩失调、距离不当等。如何克服这些小环境障碍呢？

(1) 选择合适的场所。在公众场合下，应避免在噪音比较大的地方交谈，如施工场所、十字路口，应尽量寻找安静、舒适、雅致、有格调的咖啡厅、茶室等，同时力求避免电话、手机和他人干扰。如果是在家中聚会，有必要将电视音量关小，保证室内空气清新、舒适。

(2) 选择恰当的时间。公众场合都有自己的高峰期，如餐馆在中午、下午 6 点以后客人较多，应尽量避开高峰期。选择恰当的时间对沟通效果有直接的影响。

(3) 保持一定的距离。说话者跟听话者感情好，私下交谈时则相互挨得紧，恋人更是如此。但如果在正式场合，不论亲疏，都应保持一定距离：过远，则不容易听清；过近，容易使说话者感到不快。

2．大环境

大环境障碍是指跨地域，尤其是跨国的环境障碍。跨国公司特别重视克服大环境所造成的沟通不畅问题。美国的麦克尼利斯集团采取的是"5-15 报告"工程程序法来加强企业内部员工之间的沟通。其方法是每位职员每周须提交一份报告，报告必须在 15 分钟内写完，然后在 5 分钟内读完，而且每位职工都能得到全部报告，人人都可平等地获得信息。这种报告成为维持员工之间私人关系的一个重要渠道，化解了大环境障碍带来的沟通难题。

当然，大环境除了自然环境外，还有政治环境。人际沟通要与当时的政治环境相适应，否则，会给自己带来麻烦甚至丢掉性命。这并不是说在险要的政治环境中，就完全不能发表自己的看法，但一定要说得巧妙。

1.4.5　超越文化障碍

文化主要是指一个群体的思维方式和核心价值体系，由于历史渊源、地域气候、风土人情的不同，自然形成了不同的文化。在人际沟通中，不了解彼此的文化，很容易造成沟通双方的误解。

全球化已经成为不可阻挡的趋势，国际交流合作、留学、旅游甚至跨国婚姻也越来越普遍，为了适应这种发展趋势，就必须超越文化障碍，培养跨文化沟通素质。

思考与练习

1. 试举例说明人际沟通的类型。
2. 简述人际沟通的基本原则。
3. 试结合下面的一则案例，说说在人际沟通中尊重他人、以礼待人的重要性。

走进店里，他照常和柜台上的营业员打招呼，再到里面去见店主。店主见到他很高兴，笑着欢迎他，并且比平常多订了一倍的货，这个业务员对此十分惊讶。店主指着柜台上一个卖饮料的男孩说："你是到店里来的推销员中唯一会同他打招呼的人，他告诉我，

如果有什么人值得与其做生意，就应该是你。"从此店主成了这个推销员最好的主顾。这个推销员说："我永远不会忘记，关心、尊重每一个人是我们必须具备的特质。"

4. 阅读下面的一则寓言故事，请从人际沟通的基本原则出发，并结合这则寓言故事的启示，说说当有人要和你争论或吵架时，你应该如何去做。

赫拉克勒斯独自行走在一条仅仅能够通过一个人的小路上，发现脚边落下了一个苹果大小的圆球，他就使劲儿地向圆球踩下去。可是，那个圆家伙一下子膨胀了一倍大。赫拉克勒斯大吃一惊，于是更起劲儿地乱踩一通。圆家伙越踩膨胀得越大，竟然膨胀得堵住了整个道路。"怎么办啊？"不能继续前进的赫拉克勒斯一筹莫展。这时，雅典娜出现在了他的面前。

"别踩了！这家伙是争论和吵架的精灵。你不动它，它就始终保持原来的样子。可是你要是想打败它，它就会不断地膨胀。"

赫拉克勒斯因为踩了那个原本苹果大小的家伙，结果使它堵住了自己前进的道路。

5. 结合下面的一则案例，说说在人际沟通中遇到别人的不满和抱怨时，应该如何加以应对。

某旅馆的王经理正在处理客户小可的投诉，原因是小可抱怨说他的一份紧急传真在前台竟然被耽搁了一天一夜，第二天才通知他，这浪费了他不少时间。王经理针对他的具体问题做出了解释："原来是这样啊！我非常抱歉，竟然发生了这样的事情，这当然对您很不公。请您相信我，我一定使您在余下的几天里过得舒心。先生，不知道您是否愿意帮我一个忙？我们旅馆的副总裁就是专门接受客户意见和投诉的，不知您能不能详细地告诉他到底发生了什么？"的确，小可为无人告诉他传真的事而气愤不已，但现在他会认为自己是一个非常重要的人，旅馆的副总裁居然要和他谈话，这说明旅馆的负责人对他很重视，这正是他想要的，而且对方还采取了弥补措施，还有什么气可生呢？

第2章 倾听技巧

语言能充分展示出一个人的职业、身份和知识水平。根据一个人每天的谈话，不仅能判断出他每天的工作成绩与效率，更能了解他的情绪如何。可是与他人成功地交谈，并没有什么秘诀，专心地注意与你说话的人，是非常重要的，再也没有比这么做更具有恭维的效果了。

人生来就爱听人讲话，不知道你是否注意到，一个正咿呀学语的婴儿是多么专心地在听大人教他说话！但是随着年龄的增长，我们有些人开始厌倦听人讲话，总喜欢让他人听自己滔滔不绝地讲。听他人讲话，是我们每个人生活和工作中的一个至关重要的方面。对于任何一个公司来讲，都需要那些善于听取他人意见者及解决问题的能手，而最不需要那些夸夸其谈却眼高手低的人，因为这样的人往往一事无成。一些研究表明，大多数人只用了25%的潜能来听取和理解他人的谈话。他们建议，对于那些身居高位的经理，应花60%~75%的时间来听取他人的意见，获得所需的信息。

我们大多数人在阅读、写作、说话等方面都受过正规训练，然而很少有人学过如何去听人讲话。在信息交流的全过程中，听在一个人的一生中用得最多。研究人际交往的专家认为，人们听他人讲话的时间比自己阅读、写作和讲话的时间要多得多，约占一个人一生中46%的时间。但是，无论是在正规教育还是在非正规教育中，对这一技能却教得最少，或者根本没人教你，致使许多人不善于听他人讲话。

事实上，良好的听人讲话的能力已成为大多数人进行个人交往和社会活动的重要因素。正确地听取他人讲话，应是语言交流的一个重要组成部分。在商务交往中，人们都希望他人听取自己所说的内容，因此，听他人讲话的能力将对一个人进行高层管理的潜能产生重大影响。你要对他人的讲话做出准确的回应，就必须听清事情的来龙去脉，理解他人所说的全部内容。

学完本章后，应能够了解倾听的过程，并有意识地根据倾听过程的五个阶段理解倾听的含义；明确倾听的作用；熟知倾听过程中的障碍及应对策略，掌握有效倾听的技巧，并学会在倾听过程中正确地提问与反馈。

2.1 倾听概述

2.1.1 倾听的含义

苏格拉底提醒我们："自然赋予人类一张嘴、两只耳朵，也就是要我们多听少说。"沟通首先从倾听开始。

一般来说，在沟通过程中最常用到的能力是洗耳恭听的能力和能说会道的能力。洗耳恭听，就是在听的态度上要做到用耳朵去听、用头脑去思考、用心灵去感受，它强调的是倾听的能力。所谓能说会道，就是在沟通中要善于言辞、以理服人，它强调的是语言表达能力。但人们在实践中往往重视语言表达能力的训练而忽视了倾听能力的提升，结果是说的多、听的少。其实，站起来发言需要勇气，而坐下来倾听也需要勇气，沟通的最大困难不是如何把自己的意见、观点说出来，而在于如何听出别人的心声。因此，相对于语言表达能力而言，倾听的能力则更为关键。

有些人认为，倾听能力是与生俱来的，不需要训练。所以，一谈到沟通人们往往想到的是如何说，而很少有人想到该如何倾听。其实恰恰相反，人们在沟通中产生的许多问题往往是由于不善于倾听导致的，也就是说，不善于倾听所导致的失误要比不善于表达所产生的问题多得多。这也验证了俗话所说的"会说的不如会听的"。理论和实践都告诉我们，是否善于倾听是衡量一个人沟通水平高低的重要标志。

说到倾听，许多人常把它与听混为一谈。事实上，听与倾听是有根本区别的。听只是一个生理过程，它是听觉器官对声波的单纯感受，是一种无意识的行为，只要耳朵能够听到别人说话，就表明在听。而倾听虽然也以听到声音为前提，但更重要的是人们对声音必须有所反馈。也就是说，倾听不仅仅是生理意义上的听，更应该是一种积极的、有意识的听觉与心理活动。在倾听的过程中，必须思考、接收、理解说话者传递的信息，并做出必要的反馈。倾听的对象不仅仅局限于声音，还包括更广泛的内容，如语言、声音、非语言等。可见，倾听不仅要接收、理解别人所说的话，而且还要接收、理解别人的手势、体态和面部表情；不仅要从中得到信息，而且还要抓住人的思想和感情。

概括地讲，倾听就是用耳朵听，用眼睛观察，用嘴提问，用脑思考，用心灵感受。换句话说，倾听是对信息进行积极主动搜寻的行为。

2.1.2 倾听的过程

倾听是一个能动的过程，是一个对感知到的信息经过加工处理后能动地反映自己思想的过程，这个过程大致可分为预言、感知信息、选择信息、组织信息、解释或理解信息五个阶段。这五个阶段相互影响，任何一个阶段出现问题，倾听都可能是无效的。

1. 预言

倾听在沟通中起着承上启下的作用。可以凭借对将要与之沟通的人以往的了解，预测他可能做出的反应。例如，如果你做的一个项目失败了，上司批评你，你所能做的只能是认真倾听，而不是辩解。听者在实际听之前可以预言到将要发生什么。

2. 感知信息

对方发出信息，传到人们的耳膜中，产生刺激，成为人们所获得的信息。当人们只是听时，听到的是声音或词语说出的方式；而在倾听时，人们则要做出更多的反应。也就是说，听只是一种涉及听觉系统的生理过程，而倾听是涉及对他人整体的更加复杂的知觉过程，需要同时理解口头语言和非口头语言所传达出的信息。人们的言语信息来自听觉，但倾听效果却是各种因素的综合。假如听到有人叫你"滚开"，而你发现这话出自一位满脸怒气的壮汉之口，与此同时他还举着拳头向你扑来，这足以令你逃之夭夭了；反之，若你

听到这话出自一个妙龄女子之口,而她说这话时面含微笑,一副娇嗔的模样,你虽听到了"滚开"却是无论如何也不会走开半步的。

3. 选择信息

并不是任何信息都为人们所接收,人们总是对一部分信息表示特别的关注和感兴趣,同时又忽视另外一些信息。例如,在喧哗的场合,大家都在交谈,突然从背后传来叫你名字的声音,这时你会回头去看。这就是人们接收信息的选择性。

4. 组织信息

在倾听的过程中,当你决定注意某些信息时,接下来就是对信息进行组织加工,包括识别、记忆、赋予信息含义等一系列过程。通常,人们会把杂乱无章的信息分门别类地集中储存起来,把那些过于简略的信息加以扩充,把过于冗长的信息进行浓缩,使它们成为自己所拥有的知识和经验的一部分。虽然人们不可能记住所有的语言信息和非语言信息,但对于那些重要的信息,他们会想方设法将其存储在自己的大脑中,而通常采取的方法就是记笔记。

5. 解释或理解信息

对于收集、过滤后的信息,人们会调动大脑储存的知识和经验,通过判断、推理,获得正确的解释或理解。在这一阶段,人们会对信息进行评价,并用自己的知识和经验来衡量对方所说的话,或者质疑说话者的动机和观点。在理解说话者所表达的词语的同时,人们也赋予说话者的腔调、手势、表情一定的含义。

以上五个阶段是一次倾听活动的全部过程,虽然看起来复杂,但人们都是本能地以惊人的速度来完成的,其具体过程并非泾渭分明、按部就班,它们之间常常是互相重叠的。

2.1.3 倾听的作用

倾听是通向心灵的道路,是人际沟通与交流的基石。倾听能够使人们与周围的人保持接触,失去倾听能力也就意味着失去与他人共同工作、生活与休闲的可能。一般来讲,人们很少只为消遣而倾听,而多是为了以下目的而倾听:获得事实、数据或别人的想法;理解他人的思想、情感和信仰;对听到的信息进行选择;肯定说话人的价值。有人说:"会倾听的人到处都受欢迎。"的确,在人际交往中,倾听有着十分重要的意义和作用。

1. 倾听可获得重要信息

倾听可以获得重要的信息。事实上,交谈中包含着很多有价值的信息,有时它们常常是说话人一时的灵感,而他自己又没意识到,但对听者来说却是启发。"听君一席话,胜读十年书",一个随时都在认真倾听他人讲话的人,在与别人的交谈中就可能成为一个信息的富翁。通过倾听,不仅可以了解对方要传递的信息,感受到对方的感情,同时还能够据此推断对方的性格、目的和诚恳程度。不仅如此,通过耐心地倾听,还可以减少对方的防范意识,得到对方的认同,甚至使对方产生找到同伴和知音的感觉,从而加深彼此之间

的了解。在一些特殊的情境下,如果你对别人谈论的话题一无所知,或未曾考虑,或对别人提出的问题不便于直接回答,这时最好的办法是认真倾听,并保持沉默。另外,倾听还可以弥补自己的不足。当自己对某些问题了解不多或难以做出决定时,最好先倾听一下别人的意见和想法,并通过对别人意见的归纳和总结提出自己的看法。在倾听中,可以通过适时提问澄清不明之处,或是启发对方提供更完整的资料。倾听可以训练我们以己推人的心态,锻炼我们的思考力、想象力和客观分析能力。

2. 倾听能够产生激励作用

善于倾听的人能及时发现他人的长处,并使其发挥作用。倾听本身也是一种激励方式,能提高说话者的自信心和自尊心,加深彼此之间的理解和感情,因而也就激发了对方的谈话热情与沟通诚意。在很多情况下,倾诉者的目的就是倾诉,即"一吐为快",而并没有更多的要求。甚至有些时候,只要你倾听了倾诉者的倾诉,问题也就解决了。日本、英美一些企业的管理人员常常在工作之余与下属一起喝咖啡,其目的也正是在于给下属一个自由倾诉的机会。

3. 倾听能够给人留下良好的印象

一般来说,人们都喜欢发表自己的意见,如果你愿意给他们一个机会,他们会觉得你和蔼可亲、值得信赖。戴尔·卡耐基曾举过这样一个例子:在一个宴会上,他坐在一位植物学家旁边,专注地听着植物学家跟他谈论各种有关植物的趣事,几乎没有说什么话,但分手时那位植物学家却对别人说"卡耐基先生是一个最有意思的谈话家"。可见,学会倾听,实际上已踏上了成功之路。

4. 倾听能激发对方的谈话欲望

谈话是人与人之间沟通的重要途径,它能帮助人们解决问题,创造新点子,发现新方向,让人们觉得不再孤单,比较有自信,比较受赏识,比较有价值。因此,在谈话过程中,如果一方能够主动倾听,让对方觉得自己的话有价值,他就能说出更多更有用的信息。并且,倾听不仅能激发对方的谈话欲望,而且能启迪对方产生更多或更深入的见解,从而使谈话双方均受益匪浅。

5. 倾听是说服对方的关键

如果沟通的目的是为了说服别人,那么交谈中多听他人的意见会有助于你的说服。因为通过倾听你能从中发现他的出发点和弱点,即是什么让他坚持己见,这就为你说服对方提供了契机。同时,你又向别人传递了一种信息,即你的意见已充分考虑了他的需要和见解,这样他们会更愿意接受。

6. 倾听可以掩盖自身的弱点和不足

俗话说:"言多必失。"人总有"聪明一世,糊涂一时"的时候,一个人不可能对所有的事情都抱着客观的态度,也不可能对所有事情都有所了解。因此,他的观点不一定都是正确的。此时,静默可以帮助他在若干问题上持保留态度。如果你对别人所谈的问题一

无所知,或未曾考虑,保持沉默便可以不表明自己的立场;如果你喋喋不休,不仅让人发现了你的无知,更使人觉得你刚愎自用与狂妄。

2.2 倾听障碍与策略

2.2.1 倾听障碍

人们似乎更倾向于彼此进行语言交流,而不是彼此去倾听。在倾听过程中,由于受到环境、倾听者、说话者等众多因素的影响,倾听往往难以达到应有的效果。

我们都做过列队传话的游戏:十几个人排成一列,由第一个人领来纸条,记住上面的话,然后低声耳语告诉第二个人,第二个人将听到的句子再耳语给第三个人,如此重复,直至最后一个人,最后一个人再将他听到的话写出来,结果是,与开头纸条上的句子往往有天壤之别。

事实表明,尽管倾听在沟通活动中所占的时间比例最大,但遗憾的是许多人并不具备有效倾听的能力,其不良的倾听习惯会导致误解甚至曲解。一般来说,倾听的障碍主要表现在以下几个方面。

1. 环境因素引起的障碍

任何沟通都是在一定的环境中进行的,环境因素是影响倾听效果最重要的因素之一。环境因素不仅包括客观环境因素,如谈话场所的选择、环境布置、噪音大小、光照强弱、温度高低、气候状况、座位安排等,而且包括主观环境因素,如交谈双方的心情、性格、衣着以及谈话人数、话题等。

环境因素主要从两个方面影响倾听的效果:①干扰信息传递的过程,消减、歪曲信号;②影响沟通双方的心情。这正是人们为什么在沟通时很注重挑选环境的原因。例如,上级在会议厅里向下属征询建议,下属会十分认真地发言,但若是换在餐桌上,下级可能会随心所欲地谈自己的看法,甚至谈一些自认为不成熟的想法。出现这些差别就是由于在不同场合人们的心理压力和情绪以及交谈氛围大不相同。另外,说话者和倾听者在人数上的差异也影响倾听的效果。在交谈中,是一个人说话一个人倾听,还是一个人说话多个人倾听,或者多个人说话多个人倾听,这种不同的对应关系也会产生不同的倾听效果。当一个人说话一个人倾听时(如两人促膝谈心等),会使倾听者感到自己角色的重要性,注意力自然集中;当一个人讲话多个人倾听时(如听课、听报告等),会使听者感到压力较小,所以经常开小差;而当倾听者只有一位,发言者为数众多时(如多家记者向新闻发言人提问等),那么倾听者将是全神贯注,丝毫不敢懈怠。

此外,由于倾听是感知的一部分,它的效果受听觉器官、视觉器官的限制,如果生理上有缺陷,必然会影响倾听的效果。

2. 倾听者引起的障碍

倾听者在整个交流过程中具有举足轻重的作用。不仅倾听者本人的知识水平、文化素质、职业特点、理解信息的能力直接影响倾听效果，而且倾听者对说话者个人的态度也会影响倾听效果。所以，在尽量创造适宜沟通的环境条件后，倾听者要以最好的态度和精神状态面对发言者。一般来说，来自倾听者本身的障碍主要表现在以下几方面。

(1) 理解能力。倾听者的知识水平、文化素质、职业特点及生活阅历往往与他本身的理解能力和接受能力紧密联系在一起，具有不同理解能力的倾听者必然会有不同的倾听效果。有效的沟通要求倾听者与讲话者在沟通的内容方面有相通之处，否则就是"对牛弹琴"了。

(2) 倾听习惯。在倾听过程中，不同的人有不同的习惯，有些不良习惯会直接影响到倾听效果。不良的倾听习惯有以下几种。

① 急于发言。人们都有喜欢发言的倾向，很容易在他人还没有说完的时候就迫不及待地打断对方，或者口中没说心里早已不耐烦了，这样往往不能把对方的意思听懂、听全。于是会经常听到有人这样说："你听我把话讲完，好不好？"这正说明急于发言并不利于双方的沟通。其实，许多时候只要认真听完别人的话，就会发现心中的疑问已经消除，而无须发言了。

② 忙于记要点。有的倾听者觉得应记下说话者所说的每一个字，于是在听的时候忙于记笔记。糟糕的是，在说话者说到第三点时，他才给第一点画上句号，以至于忽略了完整的倾听。

③ 吹毛求疵。有的倾听者并不关注讲话者所讲的内容，而是专门挑剔讲话者的毛病，如讲话者的口音、用字、主题、观点都可能成为倾听者挑剔的对象，甚至抓住某个细微错误而贬低说话者的综合素质。这种个人的偏颇观念时常导致敌对情绪的产生，从而影响倾听。

④ 缺乏耐心。有的倾听者过于心急，经常在说话者暂停或者喘口气时插话，帮助说话者结束句子，而往往忽略了说话者正要说的话题。

⑤ 以自我为中心。有的倾听者表现出过于自我的心态，对说话者的每个话题他都有意无意地以自己生活中的事件回应。比如，他会说："那让我想起，我……"这便打断了说话者的思路，甚至引开了话题。

⑥ 忙于私活。有的倾听者从开始就没有停下手中的事情，他可能在谈话中拆信、接电话或整理办公室。见此情景，通常说话者都会尽快结束谈话并离开。

(3) 感情过滤。人人都爱听奉承话，好听的话即使说得言过其实，也不会引起听者的反感；而难听的话即使说得恰如其分，也不会给听者以满足。每个人都是选择自己喜欢听的来听，当某人说到一些自己想听的话时，我们会"竖"起耳朵，接收所有的信息，不管是真理、部分真理，还是谎言和谬误；相反，遇到不想听的内容时，会本能地排斥，而不管这些内容对自己是否有用。可以说，在倾听过程中，情感起到了听觉过滤器的作用，有时它会导致盲目，而有时它排除了所有倾听的障碍。例如，你会很满足地从别人口中证实自己的思想，并由此感到快乐。但要注意，运用感情过滤信息，可能无法正确地倾听并理解说话者所讲内容的含义。

(4) 心理定式。每个人都有自己的好恶，都有根深蒂固的心理定式和成见，所以与看

似不喜欢或不信任的人交流时很难以客观、冷静的态度接收说话者的信息。比如，当一个自己讨厌的人在台上讲得手舞足蹈时，你会认为他太虚伪，是乱吹一气，因此不屑于听他讲话，甚至会东张西望，或用手不停地敲打桌面，向对方发出"你有完没完，我已经不想听了"的信号。再如，当一个平时比较啰唆的人要求与你谈话时，你会有心无心地听他讲，因为你会觉得他讲的许多都是废话，实际上这样也会错过一些有用的信息。

(5) 心智时间差。正常人大脑的运转速度极高，每分钟能处理 500 个字以上，而普通人的说话速度是每分钟 150 个字左右，这便产生了听者的心智时间差问题。也就是说，人们思考的速度比说话的速度快许多。为了填补这一段时间的空白，在听的同时，你的大脑很自然的会游走到其他的想法上去，但是当你回过神来时会发现，这段时间你走神走得太远了而遗漏了许多重要的内容。应该说，这是正常心理反应的结果，但为了更好地倾听，这一过程还是应该控制的。

3. 说话者引起的障碍

(1) 语言因素引起的障碍。语言因素引起的障碍包括以下几方面。

① 语言层次。语言是说话者表达观点和想法所使用的基本工具。使用不同的语言工具以及不同的语言背景和习惯，都会影响倾听的效果。

② 声音层次。这是人们利用听觉器官接收说话者的信号的层次，不同的音量、音调、语调等传递着不同的内容。

③ 语法层次。不同的语言表达方式、表达习惯会使同样的语言产生不同的表达效果，甚至意思完全相反。

④ 语意层次。这是说话者所要表达的语意层次。语意表达不明会给倾听者带来障碍。

(2) 身体语言障碍。身体语言是沟通的重要组成部分，恰当的身体语言有助于倾听者的理解，而身体语言运用不当则会给倾听者带来障碍甚至误解。例如，有人说话不喜欢与人有目光接触，缺乏目光接触将不可避免地减少听话人对说话人的注意力和兴趣。

另外，口头语言与身体语言不相符，也能造成倾听障碍。比如，当你说 3 时，却伸出了 5 个手指，如果倾听者注意到你的动作，必然会产生迷惑。

2.2.2 倾听策略

倾听环境、倾听者、说话者这三个因素无疑是引发倾听障碍的主要因素，因此，克服倾听障碍也应该从这三个方面做起。

1. 创造良好的倾听环境

倾听环境对倾听的质量和效果具有重要的影响，交谈双方如果能够选择并营造出一个良好的倾听环境，就能够在很大程度上改善倾听的效果。一般来说，良好的倾听环境包括以下内容。

(1) 适宜的时间。如果有可能，可根据沟通的需要，慎重选择有助于倾听的时间。某些人工作效率最高的时间是早晨，所以对于他们适合把重要的汇报安排在早晨。对多数人来说，一天中心智最差的时间是午餐后和下班前，因为在饱食后很容易疲倦，而人们在下班前不愿被过多地耽搁。因此，应尽量避免在这些时间内安排重要的倾听内容。另外，在时间长度上要尽量避免时间限制。如果你只有几分钟的时间，而这个谈话又很重要或很复杂，需要更多的时间，那么最好把它定在另一个时间段。这样做时你可向对方解释，说明你需要足够的时间深入地与他探讨，对方一般会很乐意与你重新确定谈话的时间。

(2) 适当的地点。谈话地点的选择也很重要。地点的选择必须保证交谈时不受干扰或打扰，要尽量排除所有分心的事，告诉秘书代为接听你的所有电话，或者摘下电话听筒，或者在门上挂一块免扰牌。另外，还要适当安排办公室里的家具及座位，要使家具安放的位置不至于妨碍谈话，座椅的摆放应能够使交谈双方直接看到对方的眼睛，这样不仅能够集中双方的注意力，而且易于观察对方的非语言行为。

(3) 平等的氛围。要根据交谈内容来营造氛围。讨论工作上重要的事情时，应该营造一种严肃、庄重的氛围；而在联欢晚会上，则要营造一种轻松、愉快的气氛。要知道，同样的一句话在不同的氛围下传到听者耳朵里的效果是不同的。但不管哪种氛围的营造，都要遵循平等、信任、协调的原则，这样才能使谈话的氛围成为有利的条件，而不至于变成沟通的障碍。

2．提高倾听者的倾听技能

倾听者是倾听过程的主体，倾听者的知识水平、理解能力、倾听态度以及精神状态等直接影响着倾听的效果。因此，克服倾听的障碍，关键在于提高倾听者的倾听技能。提高倾听技能应该从以下几方面入手。

(1) 完整、准确地接收信息。在交谈中，倾听者仔细聆听讲话者说出的话是非常重要的，因为它告诉我们说话者在想什么。但是，好的倾听者不仅要听讲话者说出来的信息，还要能够听出言外之意，即不仅要听说出的事情，而且要听某事是如何说出来的。许多时候，人们的非语言行为透露了人们真实的意图，所以倾听时尤其要注意观察与语言表述相抵触的那些非语言行为，这样才能避免接收信息时的偏颇和遗漏。为了完整、准确地接收信息，倾听者应该注意以下几点。

① 精心准备。要求倾听者在谈话前列出自己要解决的问题，以便在谈话过程中注意倾听对方对这些问题的回答。

② 摘录要点。对于谈话中涉及的一些关键问题要一一记下来，可以适当重复对方的话来验证所获得的信息，也可以换个角度说明对方的信息，这样既可以帮助你获得正确的信息，同时也是对说话者的一种反馈。

③ 会后确认。在会谈接近尾声时，应向对方核实自己的理解是否正确，尤其是关于下一步该怎么做的安排，这样有利于按照对方的要求正确地采取下一步的行动。

(2) 正确地理解信息。交谈双方文化水平、社会环境的差异常造成双方对同一事件的不同理解。产生误解的一大原因就是习惯思维。一个人在对问题的理解上总是先调动自己以往的经验，然后推测将来的发展趋势。因此，为防止误解的产生，倾听者要尽量做到以下几点。

① 从对方的角度出发，考虑他的背景和经历，想想他为什么要这么说，他希望自己

听完之后有什么样的感受。倾听者要试着让自己掌握说话者的真正意图，而不是让说话者觉得谈话索然无味。

② 消除成见，克服思维定式的影响，客观地理解信息。一个人总会被自己的好恶感所左右：喜欢某个人，只要那个人讲句话，不管对与错，都认为是正确的；讨厌某个人，连见一面都觉得难受，更别说坐下来耐心地听他讲话了。其实，这种倾听方式对双方的沟通会造成很大影响，容易使信息失真。

③ 不要自作主张地将自己认为不重要的信息忽略，最好与信息发出者核对一下，看看自己对信息的理解是否存在偏差。可以说，有相当多的沟通问题都是由于倾听者个人对信息随意理解而造成的。

(3) 适时、适度地提问。作为一个倾听者，尽管其主要任务在于倾听他人所说，但是如果倾听者能以开放的方式询问所听到的事，成为谈话的主动参与者，就会增进彼此间的交流和理解。可以说，提问既是对说话者的一种鼓励，即表明你在认真倾听，同时也是控制和引导谈论话题的重要途径。提问既有利于倾听者把自己没有倾听到的或没有倾听清楚的内容彻底掌握，同时也有利于讲话人更加有重点地陈述、表达。但需要注意的是，提问必须做到适时和适度，要多听少问。如果倾听者满脑子考虑的是如何问问题，或提问像连珠炮似的，问起来没完没了，那么这种提问就失去了应有的价值，有时还会引起说话者的反感和不满。

(4) 及时地给予反馈。说话者会根据倾听者的反馈做出适当的调整，这样会更加有利于倾听者的倾听。因此，在倾听时对说话者的信息做出反馈是十分必要的。反馈可以是语言的，也可以是非语言的，但要注意反馈应清晰，易于为人所了解、接受。比如，问问题、查验信息，或以其他的感觉和反应形式表达，都是较恰当的反馈方式。当倾听者做出反馈时，说话者能根据倾听者的反应来检查自己行为的结果，从而知道自己所说的是否被准确接收和正确理解，并由此决定接下来如何说和做。非语言反馈是由身体姿态、动作、表情来传达的，当你站、坐、皱眉、微笑，或者看起来心事重重时，都是在反馈给对方某些信息。

(5) 防止分散注意力。注意力分散是有效倾听的最大障碍之一。在倾听时，能使人分散注意力的因素有很多，如一定的生理疲劳会使人们感到厌倦，而其他的新异刺激也能将人们的注意力转移到其他的人或事上。除了周围的噪音，演讲者的口音和方言也可能让倾听者分心。不感兴趣的主题或组织得不好的演讲，也会很快让倾听者失去热情而将注意力分散到其他事情上。但是，好的倾听者会排除干扰，并努力倾听说话者信息中的要点。他们常采取良好的坐姿，使自己保持觉醒和兴奋状态，以帮助自己克服分心。另外，适当地记笔记也是保持注意力集中的好方法。

3．改善说话者的说话技巧

一切沟通技巧从本质上说只为两个目的服务：让别人懂得你以及让你懂得别人。如果你的谈话方式阻碍了其中任何一个目的的达到，你就步入了危险的沟通雷区。讲话者常犯的毛病主要有以下几个。

(1) 说话速度太快。高频率的长篇大论只会给人以喋喋不休的感觉，听众没有时间完全理解讲话者要表达的意思。

(2) 太注重细节。在说明一个问题的时候，总想把所有的细节都解释清楚，可是到最后往往连自己也不知道要讲的主要问题是什么了。

(3) 过于紧张。有些人觉得在很多人面前发言是一件很可怕的事情，并且因为紧张连发言也莫名其妙地颠三倒四。

(4) 对人不对事。"每次和别人有争执的时候，我都会觉得脑袋里的血呼地一下往上涌，然后我说出来的话就不那么理智，有点儿意气用事的味道了。"这也是人们经常会遇到的问题。

讲话者这些毛病和缺点的存在，直接影响着倾听的质量和效果，因此，作为谈话中的引导者，讲话者应该克服这些毛病，引导倾听者的兴趣，从而提高倾听效率。

2.3 有效倾听的技巧

2.3.1 有效倾听的方法

有效倾听既是一种技巧，又是一种极富警觉性与极费心思的历程。在面对面沟通的场合，倾听者不仅要做到"耳到"，还要做到"眼到""心到"与"脑到"。所谓"眼到"，就是倾听者要用眼睛去观察对方的表情、眼睛、手势、体态与穿着等，以判断他的口头语言的真正含义。所谓"心到"，就是倾听者要以换位思考的态度站在对方的立场与角度，去体会他的处境与感受。所谓"脑到"，就是倾听者要运用大脑去分析对方的动机，以便了解他的口头语言是否话中有话、弦外有音。掌握了倾听的一些方法和技巧，有助于培养和提高倾听的能力。

1. 努力培养倾听的兴趣

在倾听时，倾听者既要保持良好的精神状态，又要以开放的心胸和积极的态度去倾听，这样不仅能听到谈话的主要内容和观点，而且能够很容易地跟上说话者的节奏。即使自己对说话者的内容不感兴趣，也要努力试着倾听正面的及有趣的信息。一个有效的倾听者，常常会在倾听过程中思考以下问题。

(1) 说话者谈论的主要内容和观点是什么？
(2) 采取了什么样的表达方式？
(3) 哪些内容和观点对自己具有借鉴价值？
(4) 从说话者身上自己能够学到什么？

这些问题不仅能帮助倾听者培养倾听的兴趣，而且能够让倾听者从倾听过程中学到很多东西，这正是所谓的"从听中学"。但遗憾的是，人们在倾听时总是以自己的好恶进行取舍，只愿意听自己感兴趣的，而对自己不感兴趣的往往充耳不闻。事实上，在交谈过程中，"没有无趣的主题，只有无趣的人"，关键在于自己能否培养出兴趣。

2．保持目光交流

眼睛是心灵的窗户。一位细心、敏感的倾听者会适当地注视对方的眼睛，并保持与说话者的目光接触，而不是看窗外或天花板。如果直视他人的眼睛很困难，你也可以用弥漫性的目光注视对方的眼睛周围，如发际、嘴、前额或颈部等。目光接触是一种非语言信息，表示"我在全神贯注听你讲话"。试想一下，如果你在说话时对方却不看你，你的感觉会如何？你很可能会认为对方冷漠或对自己所说的不感兴趣，即使有重要的话题也不愿意再继续下去。

3．了解对方的看法

倾听时你可以不同意对方的看法，但至少要认真接纳对方的话语，可以点头并不时说"原来如此""我本来不知道"等，以鼓励对方继续说下去。说不定他说的是正确的，你或许也能从中获益。如果你不给对方机会，就永远不知道他说的对不对。

4．采取开放式的姿势

人的身体姿势会暗示出对谈话的态度和兴趣。自然开放性的姿态代表着接受、容纳、尊重与信任。调查研究发现，攻击的、恳求的或不悦的声调以及弯腰驼背、手臂交叠、跷脚、眼神不定等肢体语言，都代表并传递着负面的信息，并影响沟通的效果。所以，在倾听过程中，使用使人感兴趣的、真诚的、高昂的声调会使人自信十足；恰当的肢体语言，如用手托着下巴等，会显示出倾听者的态度诚恳，这些都能让说话者感受到倾听者的支持和信任。

5．及时用动作和表情给予呼应

有效的倾听者不仅会对听到的信息表现出兴趣，而且能够利用各种对方能理解的动作与表情及时给予回应和反馈。例如，可以用赞许性的点头、恰当的面部表情与积极的目光接触相配合，向说话人表明你在认真倾听；也可以利用皱眉、迷惑不解等表情，给讲话人提供准确的反馈信息以利于其及时调整。

6．学会复述

复述是指倾听者用自己的话来重新表达说话者所说的内容。有效的倾听者常常使用这样的语言："我听你说的是……""你是否是这个意思……""就像你刚才所说……"复述对方说过的话既表示了对说话者的尊重，同时又能用对方的观点来说出自己的想法。这样，倾听者不仅能赢得说话者的信任，而且还能找到沟通语言，从而拉近彼此之间的距离。但需要注意的是，复述如果运用不当往往被看作对说话人的一种不信任。可见，复述需要掌握一定技巧。例如，运用表情、体态来说明你并非怀疑，而只是想证实一下自己倾听到的与说话人所要表达的是否相符合。

7．抑制争论的念头

沟通中难免会出现不同的认识和看法，当自己的意见和看法与别人不一致的时候，倾听者一定要学会控制自己的情绪，尽量抑制内心争论的冲动，要有耐心，放松心情，一定

要等对方把话说完，再表达自己的看法和见解。有效的倾听者绝不会随意打断对方的谈话，更不会轻易动怒或争论。要记住，倾听的关键是"多给别人耳朵，少给声音"，倾听的目的是了解而不是反对或争论。

2.3.2　倾听的注意事项

倾听是一种最值得重视的沟通技巧，但是，很多人却不愿意在如何有效倾听上下功夫。实际上，倾听能力是可以通过训练获得的。在倾听训练过程中应注意以下问题。

1．不要多说

大多数人乐于畅谈自己的想法而不愿倾听他人所说。尽管说话可能更有乐趣，而沉默使人不舒服，但我们不可能同时做到听和说。一个好的信息接收者，是能够做到多听少说的。

2．不要中途打断说话者

打断别人说话，不仅是一种不礼貌的行为，而且不利于倾听。即使对方在反复说一件相同的事，你也要耐心等候，这样做的收获会比插嘴说话的收获大得多。倾听者一定要让说话者讲完自己的想法，当他说完时你就会知道他说的是否真的有价值。

3．不要轻易下结论

对说话者的肢体语言、面部表情或音调所传递的信息，如果自己心存疑惑，最好开口询问。如果不好意思问，也可以用非语言方式表达出自己的想法。不能凭借自己听到的只言片语轻易下结论，一定要把说话者的真正目的和意图了解清楚后再作出判断。

4．不要心存偏见

人们在与别人沟通、交流之前，总是以自己的主观印象或思维定式来推测对方的动机，戴着有色眼镜和偏见去看待别人，结果是对方还没有开口说话，自己就表现出了不想听、不耐烦或不感兴趣，从而错过了倾听一些有用的或重要的信息。因此，倾听时应尽量不心存偏见，要诚实地面对，承认自己的偏见，并且倾听对方的观点，容忍对方的偏见。

5．避免分心的举动和手势

在倾听时，注意不要进行下面几类活动：看表、心不在焉地翻阅文件、拿着笔乱写乱画等。这些会使说话者认为你很厌烦或对他说的话不感兴趣。更重要的是，这也表明你并未集中精力，因而很可能会遗漏一些说话者想传递的重要信息。

6．不要臆测

臆测是指倾听者在倾听过程中凭自己的主观臆断对说话者的话进行推测或猜想。臆测是沟通的障碍，它常常会使人产生曲解或误解。所以，倾听者要尽量避免对别人进行臆测，虽然有时候臆测可能是正确的。

2.4 倾听中的提问与反馈

2.4.1 倾听中的提问

提问能使倾听更具有含金量。在倾听的过程中,恰当地提出问题,与对方交流思想、意见,往往有助于人们互相沟通。沟通的目的既是为了获得信息,也是为了知道彼此在想什么和要做什么。适时、适度地提问,不仅能够促进、鼓励讲话人继续谈话,而且能够从对方谈话的内容、方式、态度、情绪等方面获得更多的信息,从而促进双方和谐关系的建立,因为这样的提问往往有尊重对方的意味。

提问应掌握一些必要的技巧。恰当的提问能够使倾听的效果锦上添花,而不恰当的提问不仅使倾听的过程变得本末倒置,还有可能带来许多问题和矛盾,甚至引起别人的厌烦和不满。概括而言,要做到适时、适度的提问需要注意以下方法和技巧。

1. 提出的问题要明确

进行有效的提问是沟通双方共同的责任,因为它可以使双方受益,即双方都能从提问和回答中获得对事物更深刻的认识。但不管由谁来提问,提出的问题一定要明确具体。这里所说的明确具体,既包括表述问题的词义明确具体,便于理解,也包括问题的内容明确具体,便于回答。如果提出的问题含糊不清或过于抽象,不仅回答者难以回答,还有可能造成曲解或误解。另外,在提问时要尽量做到语言精练、观点明确、抓住重点。在很多情况下,人们在提问之前总愿意加上一些过渡性的语言来引出自己所提的问题。这里需要说明的是,过渡性的语言一定要精练、简短,不要过于啰唆;否则,回答者可能还没有听到你的提问就对问题或你本人产生了反感。

2. 提出的问题要少而精

恰当的提问有助于双方的交流,但太多的提问会打断讲话者的思路,扰乱其情绪。至于提多少问题比较合适,不可一概而论,要根据谈话的内容、交谈双方的个人风格特点而定。如果你有爱提问题的习惯,在交谈时一定要控制自己提问的数量,最好做到少问或不问;如果你从不愿意提问题,在与别人进行交流时最好预先设计一些问题,到时尽量把它提出来,以锻炼自己的胆量和勇气。但是,不管你具有什么样的个人风格和特点,在交谈时都必须牢记一点,那就是多听少问。

3. 提出的问题应紧扣主题

提问是为了获得某种信息,提什么问题要在倾听者总目标的控制掌握之下,要能通过提问把讲话者的讲话引入自己需要的信息范围。这就要求倾听者提一些紧紧围绕谈话内容和主题的问题,而不应该漫无边际地随意提问,因为这既会浪费双方的时间,又会淡化谈话的主题。

4．提问应注意把握时机

提问的时机十分重要，交谈中如果遇到某个问题未能理解，应在双方充分表达的基础上再提出问题。过早地提问会打断对方的思路，而且显得十分不礼貌；而过晚地提问会被认为精神不集中或未能理解，也会产生误解。一般情况下，在对方将某个观点阐述完毕后应及时提问。及时提问往往有利于问题的及时解决，但"及时提问"并不意味着反应越快越好，最佳的时机还需要倾听者灵活地捕捉。如果在不适当的时机提出问题，可能会带来意想不到的损失。

5．提问应采取委婉、礼貌的方式

提问时应讲究方式，避免使用盘问式、审问式、命令式或通牒式等不友好、不礼貌的问话方式和语气。如果交谈的气氛较为紧张，有些人会对他人的行为、语调或话语产生防卫性反应。解决方法之一就是用开放性的、友好的问句代替"为什么"型的问题，因为简单地问一问"为什么"易被看作威胁性的提问。例如，为避免造成紧张的防卫气氛，我们最好不说"你为什么没准时到，让我们误车了"，而应说"由于你没能准时到场，我们误了车，以后如果再有类似情况，请事先通知我们一声好吗"。

此外，提问还应适应对方的年龄、民族、身份、文化素养、性格等特点。有的人率直、热忱，你也应坦诚直言，否则他会不喜欢你的狡猾、不坦率；相反，有的人生性狡黠多疑，你最好旁敲侧击，迂回进攻，否则很可能当场碰钉子。

2.4.2 倾听中的反馈

人们每天都在要求别人给予反馈，也都在对别人做出一定的反馈。反馈是有效倾听的一个重要组成部分，如果只是倾听而毫无反馈，对于信息提供者来说就好比是"对牛弹琴"。有效反馈是有效倾听的体现，在管理过程中，管理者应通过倾听获得大量信息，并及时做出有效反馈，这对于激发员工的工作热情、提升其工作绩效具有重要作用。不仅如此，反馈还能把谣言降到最低，因为谣言的产生往往是由于不能及时得到准确消息。另外，有效反馈还能建立领导和员工们之间的有力联系，更能防患于未然。

在倾听过程中，有效反馈可以起到激励和调节的作用。但要做到有效反馈，不仅需要沟通双方努力创造良好的沟通氛围，建立起相互信任的关系，而且还要注意以下几点。

1．反馈语言要明确具体

反馈要使用具体明确、不笼统、不抽象和不带有成见的语言。例如，"你的任务完成得很好啊"就不如"这次会展的组织工作完成得非常好，达到了我们预想的目的"，后者更明确具体。有时人们只顾把自己的结论反馈给对方，却忘记了有义务和责任提供更多的细节。如果人们接收到不明确的反馈，可以再对之反馈，以引导谈话向更有利于信息交流的方向发展。例如，当听到对方"你的任务完成得很好"这样不太明确的评价时，可以这样反馈："你认为这次任务成功在哪里？有什么需要注意的吗？"进行这样的有效反馈是双方共同的责任，也可使双方受益，能使双方共同获得对事物的更深认识。

2．反馈的态度应是支持性的和坦诚的

这一特点反映了反馈过程中人性化的一面，有助于沟通双方建立起理解和信任的关系。反馈要明确具体，但不能不照顾对方的感受。真正的双向沟通和反馈，是一个分享信任、取得共识的过程，而不是其中一方试图主导交流或评审对方的过程。要达到沟通的目的，必须把对方置于与自己同等的地位，任何先入为主、盛气凌人的做法都是不可能被接受的。例如，一位经理当着大家的面对一位下属的报告进行这样的反馈："你的报告提交得太晚了，不仅如此，字号还小得像蚂蚁一样。重新打印一份马上交给我！"这样的反馈虽然具体明确，但却完全没有心理上的平等沟通，因而是无法与对方建立起信任和理解的关系的。

3．营造开放的氛围，避免引起防卫性的反馈

在沟通的过程中，开放、坦诚的氛围不仅有助于加深彼此间的理解与交流，而且有助于调解矛盾和冲突。因为在建设性的、满意度较高的气氛中，尽管人们持有不同意见，但他们对事不对人，是在共同向需要解决的问题挑战。而防卫性气氛却没有积极作用，它往往将人们导向批判的、对立的价值体系中去。

4．把握适宜的反馈时机

一般情况下，应给予对方及时的反馈，及时反馈往往有利于问题的解决；否则矛盾逐渐积累，会越发不可收拾。但是，及时反馈并不意味着立刻做出反应，人们还必须灵活地捕捉最佳时机。有时需要及时反馈，而有时反馈应在接收者准备接收时给予。例如，当一个人情绪激动、心烦意乱、对反馈持有抵触心理时，就应推迟反馈。另外，反馈时机还与谈话者言语中所表现出的感情有关。善于反馈的人应能识别对方言语中哪些是真情实感，哪些是表面情绪，并只对对方的真情实感进行反馈。

5．反馈必须适度

尽管反馈在沟通中十分重要，但反馈也必须适度，因为不适当的反馈会让对方感到窘迫，甚至产生反感。如果以判断方式作为反馈，这类判断最好能保持中立态度，不要简单地评论，如"这简直是大错特错！"另外，应记住的是，反馈只能是反馈，不能直接作为建议，除非对方有这样的要求。

思考与练习

1．结合你的人际沟通实际，谈谈在倾听的过程中应该注意哪些问题。

2．你是一个善于聆听的人吗？试结合自己的人际沟通实际，说说自己在倾听过程中存在的问题及解决方法。

3．健谈是一种能力，而沉默却是一种修养。结合下面的一则案例，谈谈人际沟通中随意妄语的弊害，并说明如何才能做到当言则言、不当言则止。

从前，有一个地方在某一年碰上多年不遇的干旱，一只乌龟所居住的湖泊完全干涸了，它自己也不能爬行到有食物的水草丰泽之地。当时，有一群大雁居住在湖边，也准备迁往他方，乌龟就向它们苦苦哀求，要求把它带离此地。一只大雁就用嘴叼着这只乌龟，往高空飞去。大雁经过一座城镇，乌龟忍不住向大雁问道："你这样不停地飞，到底要飞到何处？"大雁听了，只好回答，才一张口，叼在嘴里的乌龟就径直从高空落下，摔在地上，一命呜呼。

4. 提问与反馈在倾听过程中具有极其重要的作用，分析下面一则案例中某甲和某乙各自的缺失。

某甲生性耿直，说话直来直去，无所隐瞒，偏偏碰上了喜欢说话绕弯的某乙。一天清早，某乙刚从厕所出来，正遇上某甲。某甲就大声问道："从哪儿来？"某乙见有他人在场，且有两位女同事，便随手一指："从那儿来。"某甲却不明白："那儿是哪儿？"某乙只好含糊地说："W.C。""W.C"原意是英文厕所的缩写，某甲偏偏不知，又不甘心，继续大声问："W.C是什么东西？"某乙见他人都注目两人，便悄悄扯扯某甲的衣服，小声道："一号。"某甲环顾四周，正好一号房间是某女同事的宿舍，大为惊讶："大清早你上小王屋里干什么？"某乙面红耳赤，无地自容。

5. 倾听是人际沟通中的重要一环，它能使沟通更有价值。结合下面的一则案例，说说应该如何积极地培养自己良好的倾听习惯。

报纸上刊登了一家公司招聘员工的信息，有一个人前去应聘。他事先打听到这家公司总经理过去的一些事迹，一见面就对这位总经理说："我将十分荣幸能在这里工作，我更愿意追随在您左右努力工作！因为我知道在十几年前，这个办公室里只有一台打字机和一个职员，经过您的艰苦奋斗和努力经营，才会有今天的成就，这是多么令人敬佩的事啊！"

这位总经理本来对来应聘的人大都瞧不上眼，所以应聘的人虽然络绎不绝，结果都扫兴而归。可是他这么一说，正中那位总经理的下怀，引起了他的很大兴趣，于是就向他大讲自己的奋斗史。

总经理一谈起自己的成功史，就兴高采烈、眉飞色舞，那个人只是在旁边侧耳恭听，表示敬佩。谈了半晌后，总经理也没有问他的学历、技能，就对坐在旁边的副经理说："我看这位小伙子很不错，我们就定下要他吧。"这份工作，就在他倾听了总经理的成功史后，稳稳地拿到手了！

第3章 独白式口语沟通

从传播学的角度来看,根据信息发出者和接收者的地位是否变换,口头沟通存在着单向和双向的区别。据此,口语形成了两个系列:独白系列和对白系列。

本章要学习的是单向口头沟通,即口语的独白系列。单向口头沟通以信息的发出者为起点,经过语言媒介,以信息的接收者为终点,是一个单向的直线运动过程。在整个过程中,说者自始至终都是说者,听者也从头到尾都只是听者,双方的地位是不平等的,说者总是处于主动,而听者总是处于被动。

独白,原系戏剧名词,指剧中角色独自一人说话,借用到社会交际中,指一人说别人听的单向说话。独白系列一般包括口述、解说、评说、讲话、演讲等形式。它常用于一个人向众多的人提供信息的交际过程。

独白时,说者的思想一般只需一条线,只需清楚地讲出自己单方面的意见。独白时,沟通过程完全由说话者一人控制,所以话题集中、连贯,充分展开,前后的逻辑性强。独白是对白的基础,不会独白便一定不会对白。

通过本章的学习,应懂得口述、解说、评说、讲话和演讲这五种主要独白形式的含义及特性;熟知其种类;牢固掌握其基本要求;通过训练,能自如地运用它们进行沟通与交流。

3.1 口　　述

3.1.1 口述的含义及特性

1. 口述的界定

口述是以口头叙述为基本表达方式,以事物的发展变化或人物的活动经历为主要内容的一种独白形式。它的应用范围很广,讲经历、说见闻、道情况、谈历史等,都属于口述。

(1) 口述不同于叙述。口述是一种独白形式;而叙述则是一种表达方式。口述仅存在于口头;叙述则口头上可以运用,写作时也可以运用。口述以叙述为主要表达方式,但并不排斥说明、议论、描写、抒情;而叙述就是叙述,它独立于说明、议论、描写、抒情而自成一类。

(2) 口述也不同于口头复述。口头复述所依据的材料是书面的;而口述所依据的材料则既有书面的,也有说者亲身经历或道听途说的。口头复述是把书面材料用自己的话说出来,依据的材料产生于说话之前;而口述所依据的材料既有产生于说话之前的,也有产生于说话之时的。口述以叙述为主要表达方式;而口头复述则既可以叙述为主要表现方式,也可以说明或议论为主要表达方式。

2．口述的特性

口述具有记述性、纯一性和情意性的特性。

(1) 记述性。如果说口语是文字产生的基础，那么，口述就是记叙性文章发展的源头。与记叙性文章一样，口述也具有记述性。它所表现的事情或人物是活动、变化着的，都有一个变化、活动的过程而呈现出时间上的延续或空间上的位移。因而，口述在内容上一般都要交代清楚时间、地点、人物、事件、前因、后果这六要素，在形式上也就形成了一个开头→发展→结尾的格局，主要采用叙述的方式。

(2) 纯一性。口述与记叙性文章相似，但又不同于记叙性文章。从表达上看，写文章可以从容地组织材料、穿插结构、修改、加工；而口述则是"一言既出，驷马难追"，不可能再做推敲、润色。从接受上看，读者如果看了后面忘了前面，可以翻回来重新阅读，两遍看不懂还可以看第三遍；而听者则只有一次机会。因此，日常生活中的口述一般不追求戏剧性，难以像记叙性文章那样表达纷繁的事件、众多的人物，而只能局限于表述人物较少、事情简单、情节起伏变化不大的内容；不用记叙性文章中常见的"花开几朵，先表一枝"的复线结构，而只是单线发展，围绕一人、一事组织结构，极少旁骛他涉。

(3) 情意性。口述的内容都是具体可感的人物和事件，它们都会不同程度地对口述者产生作用，或有所感触，或产生兴趣，或受到震动。这就使口述者在口述的时候带上主观的感情意图。有的时候，口述者的感情意图通过抒情直接表露；也有的时候，口述者是将感情意图渗透在词句里，让听者从那看似客观的讲述中去体味。

3.1.2 口述的种类

按照口述时间与所述内容产生的时间是否一致，口述可以分为即时性口述和回忆性口述两大类。在现实生活中，回忆性口述的使用范围和频率远远大于即时性口述。

1．即时性口述

即时性口述，就是把眼前发生着的事情或活动着的人物讲述出来。一般用于向不在现场的人介绍自己耳闻目睹的正在变动着的事情、人物。我们在广播中听到的现场报道就属于这一类。即时性口述的材料都是正在亲身经历着的事情。作这类口述须有敏锐的观察力和较强的驾驭口语的能力，要紧紧扣住事情的进程，抓住听者最为关注的因素，尽可能与事情的进程同步，把事情的最新动态、变化及时地讲述出来，使听者获得强烈的现场感。

2．回忆性口述

回忆性口述，就是把感知到的信息加以理解、加工、储存，然后再根据一定的语境要求，将记忆的信息内容转换为口语表述出来。回忆性口述的内容不仅包括亲身经历过的，而且还有大量从书本上获取的间接性的东西。根据所述内容与原材料的关系，回忆性口述又可分为再现式、简略式和摘选式等几种。

(1) 再现式口述。

再现式口述，就是详细地把已发生的事情讲述一遍，常用描述的方法，力求使所述内容与人物或事件的原貌完全一致。

(2) 简略式口述。

简略式口述，就是抓住材料的主干，舍去次要的成分，提纲挈领地把原材料讲述一遍。它是对原材料的浓缩，要求保持原材料的完整。

(3) 摘选式口述。

摘选式口述，就是根据需要从原材料中摘选出自己所需要的部分，或详细或简略地讲述出来。

3.1.3 口述的基本要求

1．交代清楚

交代清楚是口述最基本的要求。它包括以下两个方面。

(1) 要交代清楚时间、地点、人物、事件、前因、后果等要素，特别要注意交代其转换变化，使听者对所述的事情、人物、环境有清楚的了解。

(2) 要交代清楚线索。线索是口述者组织材料的思路在口述内容中的反映。口述必须有一条贯穿始终的线索，或者以时间的推移为线索，或者以空间的转移为线索，或者以人物的活动为线索，或者以事情的进程为线索。无论线索是什么，都要清楚分明。

2．详略相宜

详略相宜包括以下两个方面。

(1) 依据一定的目的，选用合适的口述种类。需要让听者详细了解的就用再现式；只需让听者了解大概的，可以用简略式。

(2) 根据听者对所说内容感兴趣的程度，以及与所要表达的主旨的关系，确定口述的详略。

3．形象感人

口述应当是形象的再现，而不是概念的罗列。口述者应当把自己的思想感情融化、渗透到所表现的可感人的形象当中，把特定的生活情形再现于听者眼前，使之受到感染和影响。

3.2 解　　说

3.2.1 解说的含义及特性

1．解说的界定

在日常生活中，人们常常通过口头表达来解释、说明事物。这种以口头解释说明为主要表达方式，以事物的性质、状态、构造、特征、功用、成因、原理、发展以及事物间的相互关系等为内容的独白形式，就是解说。解说不同于说明、解释、介绍和口述。

(1) 解说不同于说明。解说是一种独白形式，只存在于口头；而说明则是一种表达方式，既可用于口头表达，也可用于书面表达。解说以说明为主要表达方式，但不排除叙述、议论、描写、抒情；而说明则是与叙述、议论、描写、抒情相并列的表达方式。

(2) 解说不同于解释。解释只是一种说明方法；解说既可以运用解释进行说明，又可以运用其他的说明方法。

(3) 解说不同于介绍。解说的对象可以是有形的物体、无形的事情、抽象的事理，但不能是社会意义上的人；而介绍的对象则既可以是物，也可以是人。解说是介绍的一种，是较为细致、深入的介绍，是对事物的分析说明，常常不仅要说明"是怎么样"，而且要说明"为什么这样"；而介绍并不仅仅包括解说——它可以是细致、深入的，也可以是概括、浮浅的。

(4) 解说不同于口述。解说的主要表达方式是说明；而口述的主要表达方式是叙述。解说的内容是事物的性质、状态、特征、功能、成因、发展等；而口述的内容则是事物的发展变化或人物的活动经历。解说的目的是使人了解事物的性质状态，明了事理缘由，给人以知，授人以用；而口述的目的则在于让人了解事物的过程或人物活动的历史，用情感去打动人。

2．解说的特性

解说具有说明性、知识性、客观性和浅易性的特性。

(1) 说明性。解说的主要表达方式是说明，这就决定了它具有说明性。说明性是解说最基本的特性，是解说区别于口述的重要标志之一。进行解说的时候，虽然有时也运用叙述、描写、议论、抒情，但是贯穿始终的基本表达方式一定是说明。

(2) 知识性。知识性是就解说的内容而言的。解说是应人们传播知识的实际需要产生的。解说的目的就是要给人以知，授人以用。解说应当给人以知，但并不是所有能给人以知的独白都是解说，只有以传播、介绍知识为目的的独白，才有可能是解说。解说的目的和内容都体现出鲜明的目的性。

(3) 客观性。解说的客观性是指在进行解说时应当根据客观的事物或事理作如实介绍，而不能出于主观感情，随意改变对象的客观情况。当然，解说具有客观性，并不意味着说话人丝毫不能发表主观看法，只是说，解说者的目的不在于发表主观看法，而在于介绍客观知识，解说者应当尊重客观事实，实事求是。

(4) 浅易性。解说与说明性文章有着密切的源流关系，而又与说明性文章不同。受口语表达特点的制约，解说很难像说明性文章那样可以把复杂的事物、深奥的事理介绍得一清二楚，而一般只能介绍、传播比较浅显易懂的事物或事理。

3.2.2 解说的种类

在实际解说当中，人们有的时候可以结合外物进行，有的时候则什么外物也无从依托。据此，解说可以分成辅助型解说和独立型解说两大类。

1．辅助型解说

辅助型解说是指在人们通过视觉、听觉等感觉认知外物的时候，为了加深其对所认知事物的认识和理解而作的解说。这种解说是与其所解说的外物共同作用于认知者的。在这种场合，认知者一方面通过自己的视觉、听觉等感觉直接地认识外物，另一方面又通过聆听解说者的介绍间接地认识外物。辅助型解说的应用十分广泛，常见的有以下几种。

(1) 导游解说。这是人们在游览山水名胜时，为了帮助游客更好地观览、欣赏以取得更多的收获而进行的解说。游览山水名胜，主要是依靠视觉，而有些景观仅仅依靠视觉是无法领略其意义的，这就需要导游及时进行解说。进行导游解说必须注意两点：一是要使解说成为游客视觉观赏的指南，引导他们欣赏那些易被忽略而又富有价值的景观；二是要使解说成为游客视觉欣赏的补充，多多介绍景观中仅靠视觉而无法了解的传说、典故等人文方面的知识，以显露出景观丰富的内涵。

(2) 屏幕解说。这是为了突出屏幕所映图像的主题，帮助观者领悟其中的奥妙，以获得更为深刻的感受而进行的解说。它包括影视片解说、投影解说等。进行屏幕解说必须注意：在内容上，要成为图像显示的补充，做到图详少说，图略多说；在形式上，要坚持扣图说话，图话同步，图完话止。

(3) 广播解说。这是为了帮助听众更好地欣赏所播的影剧录音等而做的解说。收听广播时，只能靠听觉去感知，而无法用视觉去观察，这就要求解说者把只有视觉才能感知而听觉无能为力的内容清楚地介绍给听众，以弥补其听觉感知的不足。另外，为了让听者有身临其境之感，解说者还可以适当运用一些描绘手法，将影片中的气氛、人物的情绪等渲染、再现出来。

(4) 展览解说。这是展览会上运用的一种旨在介绍陈列物的解说。展览会是有主题的，因此，这些陈列物既具有独立性，又具有作为同一展览会的展品的共性。解说时，既要针对物品有的放矢，又要考虑到整个展览的统一、和谐；既能说出每一物品的个性，又能体现整个展览的精神。另外，进行展览解说时，还要注意揭示展品的内涵。在形式上，展览解说应当扣物(可以是实物，也可以是模型、图片等)说话，要做到物话相应。

(5) 演示解说。这是为了介绍诸如物品的制作、使用，实验的操作，身体的锻炼等知识，而结合人物示范性的动作所做的解说。这种解说常常由演示人边做边说，也有一人演示，另一人解说的。进行演示解说，一要按动作间的内在关系和先后次序把动作过程分解成几个环节，逐个环节地加以解说；二要边说边做，说做同步；三要让听者清楚地看到所做的演示，最好能让他跟着一起做。解说是辅助着演示来说明介绍的，不能只顾解说而忽视了演示。

(6) 音乐解说。这是为了帮助听者更深入地欣赏、理解音乐而做的解说。音乐是通过乐音来表达各种感情的，其语言是非语义性的，因而在理解上具有不确定性。也就是说，不同的人，或者同一个人在不同的心情下听同一段音乐，有可能得到不同的感受。所以，要准确地解说音乐作品，就必须了解作者、创作背景、音乐的标题(对声乐作品，应了解歌词或相关的情节)、作者对作品的解说等材料。在此基础上，进行定向的想象和联想，用形象的语言将每个音符所蕴含的思想感情表达出来。

2．独立型解说

独立型解说是指在不借助外物的情况下所做的解说。这种解说可以独立承担向听者传播和介绍知识的任务，听者只要听了这种解说，就能清楚地认识某种事物(或事理)。在这种场合，听者对事物的认识完全依赖于解说。故此，独立型解说对事物(或事理)的介绍比辅助型解说全面、具体、详细。

独立型解说一般有下列几种。

(1) 对有形事物的解说。对有形事物，最好能结合事物(如模型、图片等)采用辅助型解说。但是，有时受种种条件限制而无法这样，这时就只能运用独立型解说。解说事物，重点在于说明"事物是怎样的"。而在做这种解说的时候，由于听者无法直接感知解说对象，解说者尤其应当把自己看到的事物的结构、形状、色彩等介绍清楚。既要有整体上的介绍，又要有局部的说明，要尽可能地把事物的形象再现在听者面前。

(2) 对无形事物的解说。无形事物是客观存在的，诸如风、电、某门学科、某种情绪等。这类事物比有形的事物抽象，解说起来难度较大。在运用独立型解说介绍这些事物的时候，要努力化无形为有形，变抽象为具体。

(3) 对抽象事理的解说。事理，就是事物的道理。解说事理，重点在于说明事理"是怎样的"以及"为什么是这样的"。在做这种解说的时候，要注意介绍事物的纵向关系和横向联系，交代事物发展变化的原因，既让人知其然，又让人知其所以然。

3.2.3 解说的基本要求

上文在介绍解说种类的时候，针对各种解说分别谈了一些运用技巧和基本要求。下面将介绍所有种类的解说都应当遵循的基本要求。

1. 内容要抓准重点

抓准重点，离不开对语境的分析、研究。只有弄清楚"所说的是什么""对什么人说""为什么说"等语境要素，才能抓准解说的重点。

(1) 弄清楚"所说的是什么"。这是指要弄清楚所解说的事物的特征。一切事物都有区别于其他事物的特征，解说时只有抓住特征，才能让人们确切地了解所解说的事物。这就要求在解说之前，对所说的事物做一番深入细致的观察、分析、研究，融会贯通、烂熟于心。

(2) 弄清楚"对什么人说"。就是要了解听者，听者对所解说的事物的了解情况，是确定解说重点的依据之一。一般来说，听者了解的，就应不说或少说；而听者不了解的，就要多说。说给内行听，可以说得深一些；说给外行听，就应避免太专太深。说给成人听，可以深一些；说给小孩听，就要浅一些。

(3) 弄清楚"为什么说"。就是要明确说的目的。解说同一事物，目的不同，解说的重点也就不同。

2. 组织要井然有序

解说的组织顺序，有时间顺序、空间顺序和逻辑顺序三种。

(1) 按时间顺序组织，就是按照事物产生、发展、运动、变化的先后次序划分阶段，依次介绍。解说运动、变化的事物，常按这种顺序组织。

(2) 按空间顺序组织，就是按照事物的方向或位置来介绍，可以是从上到下、从左到右、从前到后、从外到内、从中间到四方、从整体到局部……解说静止不变的事物，常按这种顺序组织。

(3) 按逻辑顺序组织，就是按照事物内在的逻辑关系，或总分、或主次、或并列、或因果、或递进来安排解说的顺序。解说事理，常按这种顺序组织。

3. 语言要准确通俗

解说的目的在于传播、介绍知识。要使介绍的知识科学，就必须做到语言准确。唯有语言准确，才能保证知识介绍的客观。所以，就解说来讲，其语言的准确是同"严密"等含义联系在一起的。

解说语言要通俗是由口语转瞬即逝、难以重现的特性决定的。这里的通俗包括三层意思：一是要求解说者不用生硬冷僻的字词，不造艰涩难懂的长句，不说佶屈聱牙的书面语，而尽量运用纯正的口语；二是要根据听者的理解能力来解说，遇到听者可能听不明白的地方要多做解释说明；三是对深奥、抽象的事物(或事理)要多用比喻等形象的说明方法。

3.3 评　　说

3.3.1 评说的含义及特性

1. 评说的界定

评说有广义和狭义的区别。广义的评说是说话者对客观事物所做的口头评论，既包括有准备的成篇论述，也包括无准备的片言只语式的评点。狭义的评说，则是专指后者，它是说话者对客观事物所做的即时口头评价和指点。这里的评说是狭义的评说。那种成篇的、论证式的评说，实际上就是表态性讲话。

(1) 评说不同于议论。评说是一种独白形式；议论则是一种表达方式。评说是一种口语活动；议论则在口头、书面表达中都可以运用。评说以议论为主要表达方式，可以兼用叙述、说明、描写、抒情；而议论则在性质上与叙述、说明、描写、抒情相排斥。

(2) 评说不同于解说。评说的主要表达方式是议论；解说的主要表达方式则是说明。评说的内容是说话人对客观存在的认识、看法；解说的内容则是事物的性质、状态、特征、功用、成因、发展等。评说的目的在于晓人以理；解说的目的则在于给人以知。

2. 评说的特性

评说具有即时性、评判性、概括性的特性。

(1) 即时性。评说不像口述、解说那样可以事先有所准备，它是说话人受某个客观事物的触发或者是受别人的临场邀请而即时进行的。评说者往往没有思考的时间，只能边想边说，边说边想，完全依赖于临时发挥。

(2) 评判性。所谓评判，就是对客观事物的好坏、是非、优劣、高下等发表意见，做出评价。这种意见、评价应当旗帜鲜明，切忌模棱两可。

(3) 概括性。所谓概括，就是抓住事物的特点、问题的关键，用极简洁的话表述出来。评说常常只是三言两语，有时甚至可以是一个词，不像议论文那样铺陈论据，反复论证。评说一般没有完整的论证过程，而只是把结论说出来。

3.3.2 评说的种类

依据动因的不同，评说可以分为主动型评说和被动型评说。

1．主动型评说

主动型评说就是说话人有感于某一客观事物而自动进行的评说。这种评说源于说话人有感于客观存在而产生的不说不过瘾的欲望，表达时容易感情冲动而言过其实，因此需要克制冲动，谨慎措辞。

2．被动型评说

被动型评说就是评说者本来不想去评说，由于被人追问、邀请，无法回避而进行的评说。说话者不想评说，主要有两种情况：一是出于主观原因，即对客观事物缺乏了解、认识而无话可说；二是出于客观原因，就是虽然对客观事物有自己的看法、评判，但所处的环境不适合表达这种看法而有话不便说。既然事出有因，那么，在被人邀请、追问时，就应该说明原因，表示不能或不便而尽量回避。

3.3.3 评说的基本要求

1．角度恰当、别致

角度，就是审视事物的出发点。客观事物是个多面体，我们可以从多个角度去观察，角度不同，得到的结论也就不同。所谓仁者见仁，智者见智。要使评说深刻、精当，就要选择最佳的角度，使之既符合客观需要和评说者的思想愿望、身份地位、主观能力，又能令人耳目一新。

那么，怎样做到恰当、别致呢？

(1) 要善于把握构成语境的各个要素。抓住构成语境的各个要素的特点，了解、熟悉了语境，才能选取切合语境的评说角度。

(2) 要善于思索。要避开常人的角度，独辟蹊径，才能见人所未见。

(3) 要具备丰富的知识。无论从哪个角度评说，都需要具备相应的知识。也只有具备了一定的知识，才能找到相关的新角度。

2．观点鲜明、公允

评说就是对客观事物进行评判。是赞扬，还是批评；是拥护，还是反对；是肯定，还是否定，都必须有个鲜明的表示，而不能在相互排斥的观点之间徘徊、看风使舵。有的时候，出于某种原因，说话人不便鲜明地表示出观点，那种八面玲珑的模棱话就不是评说。也有的时候，由于某种需要，说话人口是心非、言不由衷地发表评说，尽管评说的观点与评说人内心的观点相对立，也依然应当鲜亮、分明。只有表达了鲜明的观点，才能称为评说。

观点不仅要鲜明，而且要公允。评说所表达的是个人的认识和态度，带有强烈的感情色彩。但是，评说不能因此而感情用事，主观片面，违背科学，有失公允。评说应当客观准确地反映事物的本来面目，经得起历史、实践的检验。

3．表达活泼、简练

评说应当生动活泼，寓理于趣，而不能板着面孔说教。要在选词、造句、修辞等方面多下功夫，努力使话语显得灵活、生动、奇巧、有趣。

评说应当精练、简洁、干净、利索，具有"短、平、快"的风格，而不能啰唆拖沓。简练指的是形式，却也离不开内容。只有立场坚定、观点鲜明、思维清晰，才能做到精当而又简练。

4．态度平和、自然

评说的目的不在于"说出来"，而在于让对方"听进去"。这就要求听者有一个与说话者相容的开放的心理状态。而听者的心理状态又是由评说人的言行、态度决定的。所以，我们在评说的时候，除了应当注意言行得体之外，还应表现出恰当的态度。所谓恰当，一是平和，二是自然。平和，就是平易和气，把自己摆在与听者平等的地位上，心平气和，尊重对方，多用商量的口吻，既不卑躬屈膝、低三下四，也不倨傲自大、狂妄霸道。自然，就是既不拘束，也不放肆，使表情、语气与评说的内容相协调，而不矫揉造作、扭捏作态。

3.4 讲　　话

3.4.1 讲话的含义及特性

1．讲话的界定

讲话是以口头议论为主要表达方式，以阐述对某个问题或事物的想法、做法、意见为主要内容，面向众人的一种成篇的独白样式。讲话通常运用口头形式。有时，限于条件，比如讲话人无法亲临或者时间不允许等，也可以用书面形式替代，叫作"书面讲话"。这里研究的对象是口语，所以，这里讲话仅指口头的。

(1) 讲话不同于议论。它是一种独白形式；而议论则是一种表达方式。讲话以议论为主，也可兼用叙述、说明、描写、抒情等表达方式；而议论在地位上是与叙述、说明、描写、抒情相并列的，在性质上是与它们不相容的。

(2) 讲话不同于口述、解说。讲话与口述、解说不仅在主要表达方式、主要内容上不同，而且在思维方式、目的等方面相异。讲话主要运用逻辑思维，口述则主要运用形象思维；讲话要求有严密的逻辑性，解说对逻辑性的要求则没有这么突出。口述以让人感动为目的，解说以给人知识为目的；讲话的目的则既可以让人感动，也可以给人信息，还可以使人相信。口述、解说可以对一个人进行，也可以对许多人进行；讲话则是讲给众人听的。

(3) 讲话不同于评说。第一，讲话的内容比评说的广泛。第二，讲话具有论点、论据、论证，说理过程比较具体；评说则只有片言只语，没有具体的论证过程。第三，讲话可以有准备，可以事先列提纲，甚至可以写出讲稿；而评说则是无准备的，即时发表的。第四，讲话一定得有称呼；评说则没有。第五，讲话是面向众人的；评说则既可以面向众人，也可以只面对一个人。

2．讲话的特性

讲话具有议论性、倾向性、针对性和简单性的特性。

(1) 议论性。讲话的议论性表现在它以议论为主要表达方式，通过讲道理来表达一定的想法、意见。讲话的时候，虽然也常常用到叙述等其他表达方式，但从总体上说，它一定是以议论为主的。

(2) 倾向性。倾向性又称表态性，是指人们的讲话总会流露出一定的态度，或支持，或反对；或承认，或否认；或赞成，或批评……讲话的倾向性是由人们的社会性决定的。由于人们的政治立场、思想水平、道德水平、文化程度、思维方式乃至性格特点的差异，对某一问题的态度便会出现不同，反映在讲话上，就是表露出一定的倾向性。

(3) 针对性。讲话的针对性包括两层意思。一是指话题的选择要切合现实的需要。讲话的话题应当是现实生活中迫切需要解决的问题，应当是听众所关心的、希望得到解答的问题。二是指在确定了话题之后，要根据听众的特点选择恰当的角度、确立合适的重点。听众的特点不同，讲话的角度、重点也应有所不同。

(4) 简单性。事物是从简单向复杂发展的。与议论性文章相比，作为其发展源头的讲话要简单得多。它只就某一现实问题发表看法，而不做高深的纯理论性的探讨，一般不做深入的分析、复杂的论证。它的内容浅显，让人一听就懂。

3.4.2 常见的几种讲话类型

1．指导性讲话

指导性讲话是为了对听者的社会实践进行指导而做的讲话。发表这种讲话的人往往比听众地位高、知识多或者年龄大。发表指导性讲话，应当注意以下三个方面。

(1) 要有正确的指导思想。这是使讲话具备指导性的首要条件。正确的指导思想既应符合上级的指示精神，又切合下级的实际情况。

(2) 要有具体可行的路子和办法。发表指导性讲话的目的在于指导听众变革社会，所以，不仅要说清楚做什么、为什么做，而且要明确怎样去做；不仅要有正确的指导思想，而且要有具体可行的实施方法，要把抽象的指导思想变成具体的行动步骤。

(3) 要态度谦逊，平等待人。发表指导性讲话的人，在地位、知识或年龄等方面一般要比听众高一些，但绝不能因此而看低听众，指手画脚，发号施令，不可一世，而要做到态度平易亲切，语气平和委婉，多用商量、征询的口吻。

2．表态性讲话

表态性讲话是为了表明对某件事情、某个人物或某一问题的看法而发表的讲话。表明态度是一切讲话的共性。不管何种类型的讲话，也不管是针对什么问题发表的讲话，都可以找到讲话者的看法。但是，将表明看法作为讲话目的的却只有表态性讲话。

发表表态性讲话，一要明朗，二要谨慎。

(1) 明朗。明朗是说态度明显，赞成什么，反对什么，黑白清楚、泾渭分明，绝不含糊其辞，模棱两可。当然，这并不意味着对任何事物都要么赞成，要么反对。赞成、反对固然是两种明朗的态度，既不赞成也不反对也应当被认为是一种明朗的态度。对于那些既无害亦无益的事物，我们就应当持这样的态度。既然如此，我们表示赞成，就不能说不反对，表示反对，就不能说不赞成，否则，就是不明朗。

(2) 谨慎。谨慎是说表态应当小心慎重，不可马虎轻率。世界是纷繁复杂的，如果不深入实际，审查探究，不了解事物的真相，抓不住其本质，就有可能被假象所蒙蔽而对事物产生错误的看法。而对事物的态度，不仅反映了表态者的思想道德素养、文化知识水平、价值观念，而且可以表现出他的人格品质。所以，表态应当是深思熟虑的结果，而不是信口开河的儿戏。

3．汇报性讲话

汇报性讲话是为了向众人报告思想成果而发表的讲话。所谓思想成果，可以是从生活、工作、学习中悟出的经验、道理，也可以是科学研究中的新发现、新发明；可以是某一经历给自己的感受启发，也可以是读书以后的心得体会……它可以是讲话者自己的思想成果的展示，也可以是对他人思想成果的转述。这种讲话广泛应用于总结汇报以及经验、心得、学术的交流活动，是使用频率较高的一种讲话。

发表汇报性讲话，应当注意以下两点。

(1) 应当说清楚所报告的思想成果是自己的还是他人的。如果是报告自己的，则不应将别人的经验、发现、发明、感受等说成是自己的；如果是转述他人的思想成果，就要交代清楚是转述什么人的哪一次讲话，并且应当在完整、准确地领会他人思想成果的基础上进行，完全忠实于原有的讲话，而不能根据自己的好恶断章取义、任意阉割，更不能偷梁换柱，用自己的思想取代别人的思想。

(2) 应力求做到内容新颖。就是说，讲话的内容应当是听众所不了解的。汇报性讲话的意义在于使思想成果为更多的人所了解、分享，使别人听了能有所收获。如果讲话内容为听众所熟知，那么，讲话也就失去了其应有的意义。因此，这类讲话应在"新"字上做文章。

4．劝告性讲话

劝告性讲话是为了使人改变态度——改正错误或者接受某种意见而发表的讲话。这种讲话通过说理来使对方信服，是建立在通过论证说理使听众同意的基础上的。在劝告人们改变态度的过程中，起决定性作用的有两个因素：劝告者的威望与劝告的吸引力及可信程度。一般而言，劝告者的威望越高，劝告越具有吸引力及可信度，劝告就越具有说服力，听众就越容易接受劝告、改变态度。

5. 礼仪性讲话

1) 礼仪性讲话的概念及分类

礼仪性讲话是为了表示礼节而在某种仪式上所做的讲话，包括祝词、悼词、答词、开幕词、闭幕词等。

(1) 祝词。祝词就是在婚礼、寿礼、生日庆祝、开工(如开张、开学等)典礼及会议等喜庆仪式上，表示良好愿望或庆祝的讲话。由于是喜庆场合，所以，发表这类讲话要热情洋溢，欢快轻松，多说赞美性、吉祥性、庆祝性的话语。一般先说祝贺的事由、意义，表达自己的心情，再回顾往昔，或阐述取得的功绩、成就，或追忆喜事的由来，最后提出希望、祝愿，以"祝……"等形式结尾。

(2) 悼词。悼词就是在追悼仪式上对死者表示哀悼、怀念，对死者家属及亲友表示慰问的讲话。它包括主悼词和一般悼词。主悼词是由死者所在单位的领导人所做的悼词。而一般性悼词是在主悼词之后，由亲友发表的。发表这类讲话时要素服简装，洗尽铅华，表情庄重、严肃，语气沉缓，表现出对死者的痛惜、悼念，以及对其亲属的同情、关心。

(3) 答词。答词就是在某种仪式上对别人给予的奖励、祝贺、吊唁、慰问等表示感谢的话。进行这类讲话时要表现出真诚和谦逊——真心诚意地感谢别人给予的关心、支持、帮助，把功劳归功于大家。还可以谈谈自己下一步的计划，表达对继续得到大家帮助、支持的愿望。

(4) 开幕词。开幕词是较为大型隆重的会议或活动开始时，由主持人或主要领导人发表的带有祝贺会议(或活动)召开(或举行)和介绍会议基本情况的一种讲话。一般先谈开会的前提依据、作用、意义，对会议的召开表示祝贺；接着，介绍到会的人员，会议的目的、任务、内容、秩序、要求；最后，预祝大会圆满成功，取得成果。

(5) 闭幕词。闭幕词是较为大型隆重的会议或活动结束时，由主持人或领导人发表的祝贺大会成功和总结会议情况的一种讲话。一般要对会议的情况、所取得的成果进行总结，并提出对今后工作的打算和要求。

2) 发表礼仪性讲话应当注意的问题

(1) 把握气氛。在现实生活中，各种仪式的典礼的气氛是不一样的。有的轻松愉快，有的热烈喧腾，有的沉重悲伤，有的严肃庄重。发表礼仪性讲话，必须把握仪式的气氛，这样才能取得良好的交际效果。

(2) 遵照程序。礼仪性讲话必须合乎礼节。各种仪式都有一定的程序，只有遵照既定的程序，适时发表讲话，才能符合礼节，否则便是失礼。

讲话的种类有很多，上述五种讲话是依据其基本意向的不同来划分的。在实际运用中，它们之间并不彼此排斥，而是可以相互兼容的。指导的同时可以有表态，表态的同时

也可以有劝告，它们常常是被综合起来加以运用的。

3.4.3 讲话的基本要求

1．观点正确、集中、鲜明

观点正确是一切说话活动所应达到的基本要求，除此之外，讲话还要做到以下两点。

(1) 集中。集中是指讲话时应当只围绕一个话题，持有一个观点。口头讲话一般只宜抓住自己感受最深的事物、问题发表看法。讲话时，可以从不同角度反复谈一点，而不宜浮光掠影、贪多求全地谈几个观点。有时，由于事先有过准备，或者是语境有一定的要求，而要在一次讲话中谈几个观点，就需要注意这几个观点必须集中到一个贯穿于整个讲话的主要观点上。否则，就会观点分散、混乱，听众就会摸不着头脑。

(2) 鲜明。鲜明是指讲话者的观点应明确地表达出来。是赞成，还是反对，或者是既不赞成也不反对，都要明朗、清楚。鲜明是以集中为基础的。观点相悖混乱，固然不能做到鲜明；观点相通而分散，也难以做到鲜明。鲜明也是以正确为基础的，只有抓住事物的本质，把握事物发展的规律，才能保证讲话具有鲜明的观点。

2．材料真实、典型、充足、概括

材料真实是一切说话活动所要达到的基本要求，除此之外，讲话还要做到以下三点。

(1) 典型。典型是指材料具有代表性，能够反映事物的本质。典型是以真实为前提的，但真实又不等于典型。新中国有小脚妇女，这是事实，但是，如果据此得出新中国的妇女都是小脚这一观点，那就错了。判断一个材料是否典型，要以事物的总体为对象作具体的量的分析。所以，发表讲话时不能把偶然的、个别的事例作为材料，而要注意材料的典型性。

(2) 充足。充足是指讲话具有足够数量的典型材料。材料的作用在于使观点得到充足的支撑。所以，讲话的材料是否充实，不能仅以简单的数字为标准，而要看材料是否有力地支撑了观点。材料典型，但是数量不够，不能充分支撑观点，固然不能叫作充足；而材料有一大堆，但是没有经过分析、选择，不具备典型性和针对性，也不能称作充足。

(3) 概括。概括是指材料的表述应当简明扼要。讲话就是讲道理，需要进行论证。这就只能运用概括性的材料，而不能像口述、解说那样详陈细述。引述理论材料时，应当在忠实于原著的基础上引用最能说明观点的内容；列举事实材料时，应该舍去细枝末节，进行高度的浓缩，而不应铺叙、描绘。

3．说理充分、严密

讲话是通过说理来表达一定的想法、意见的。说理的过程，就是运用材料证明观点的过程。

(1) 说理充分。说理充分就是要把道理讲透彻，因此要多角度、多层次地运用充足的典型材料与多种论证方法来证明观点。

(2) 说理严密。说理严密就是要把道理讲周全，没有破绽，因此要运用论证方法在观点和材料之间建立起必然的联系，做到观点与材料的统一。

4．组织清晰合理

讲话的主体通常由开头、中间、结尾三个部分组成。开头部分，往往揭示活动的性质、意义，概括讲话的主旨，以引出话题。中间部分围绕主旨进行阐述、分析，反复强调讲话的主旨，这一部分可以用纵式组织，也可以用横式组织。可以运用序码提示法，第一、第二、第三……或者首先、其次、再次……地讲下去；可以将各层次的中心意思概括成一句话，放在各个层次的开头；也可以运用设问句把各层次所要谈的问题凸显出来。务求层次分明，让听众一目了然。结尾部分或总括全篇，得出结论；或表达希望，发出号召；或交代任务，提出建议……但都要能收住全篇，突出主旨。整个讲话，应当针对听众的接受心理，按轻重缓急安排好先后，处理好详略。

3.5 演　　讲

3.5.1 演讲的本质及特性

1．演讲的本质

所谓演讲，是指在特定的时空环境中，以有声语言和相应的体态语言为手段，公开向听众传递信息，表述见解，阐明事理，抒发感情，以期达到感召听众的目的。它是一种直接的带有艺术性的社会实践活动。

作为人类的一种社会实践活动，演讲必须具备四个条件，即演讲者(主体)、听众(客体)、沟通主客体的媒介与主客体共同的时境(时间、环境)。演讲者要想通过演讲活动发表自己的意见、陈述自己的观点、阐述自己的主张，从而达到影响、说服、感染、鼓舞他人的目的，还必须通过与其内容相一致的传达手段，即有声语言、态势语言和主体形象。

(1) 有声语言。有声语言主要是通过讲来实现的，是演讲活动最主要的表达手段，是信息传达的主要载体。它主要由语言和声音两种要素构成。它以流动的声音运载着思想和情感，直接诉诸听众的听觉器官，产生效应。

(2) 态势语言。态势语言主要是通过演讲者的姿态、动作、手势、表情、眼神等的表演来实现的。它以流动着的形体运动辅助有声语言，运载着知识和感情，诉诸听众的视觉器官，产生效应。态势语言要求准确、自然、鲜明和轻灵，要有表现力和说服力，有弥补有声语言不足的作用。但态势语言不能直接或独立地表现思想感情。

(3) 主体形象。演讲者是以其自身出现在听众面前进行演讲的，必然以体形、容貌、衣冠发型、举止神态等整体形象直接诉诸听众的视觉器官。这就要求演讲者在自然美的基础上，还要具有角色性格化和形象艺术化的装饰美。一般要求演讲者在符合演讲思想感情的前提下，讲究服饰的自然得体，举止神态的优雅大方，气质风度的潇洒高雅。演讲就是靠着这些手段，组成一个综合、完整的传达系统，来达到演讲的目的。演讲切忌不讲艺术，或者过度追求表演化的倾向。在演讲实践活动中，演与讲的关系不能平分秋色，应以

"讲"为主,以"演"为辅,互相交织、相互渗透。

2. 演讲的特性

作为艺术化的语言交际形式,作为应用性很强的演讲活动,其主要特性是现实性与原则性,帮助听众了解、掌握或者认清复杂的社会现象,解决一些问题。演讲者对现实的观察、思考、评价和判断,主要是通过诸多事实、概念和理论主张来表达的,而这一切又必须通过判断、论证、推理等逻辑手段来实现。它不像艺术创作那样是以典型的艺术形象来反映生活。也就是说,演讲不是用典型的艺术形象来充当演讲者思想的基本体现形式,演讲是现实的活动,是面对听众直接表达的。

演讲不同于其他语言交际形式,总体来说,它具有现实性、艺术性、鼓动性和工具性的特性。

(1) 现实性。从演讲者的活动来看,演讲者是现实的自我。走上讲台的是自己,面对听众公开发表的意见或主张是自己的,阐述的观点、立场也是自己的。从表现形式上看,演讲活动以讲为主,演讲者根据自己所要表明的观点、表达的思想、情感的需要,真实地进行演讲。演讲虽说也有演的成分,但它是次要的、从属的,是为讲服务的。

(2) 艺术性。说演讲是现实活动而不是艺术活动,是就其社会性质而言的;说演讲也是一种艺术,是指它是现实活动的艺术。演讲之所以优于其他的口语表达形式,具有较大的感染力和艺术魅力,关键就在于演讲具有统一的整体感和协调性,具有多种艺术样式的某些因素。这些因素有机地统一在一起,才使演讲具有艺术性。

(3) 鼓动性。鼓动性是演讲的一个显著特性,可以说,没有鼓动性就不能称为演讲。著名军事统帅拿破仑堪称鼓动的高手,他在对一支需要整顿的部队演讲时说:"士兵们,你们没有衣服穿,吃的也不好,我想带你们到世界上最富庶的国家去。"几句话说得士兵们精神大振,战斗力大增,后来一举征服了意大利。可见鼓动性是演讲取得成功的力量所在。

(4) 工具性。语言是思想的衣裳,是人们交流思想的工具。所有人都可以利用演讲这一形式,借助有声语言和态势语言传播和交流思想和发明创造。可以说,演讲是人类最基本的传播手段和工具之一。

3.5.2 演讲的目的、作用与分类

1. 演讲的目的

人们的任何社会实践活动都有着明确的目的性。演讲的目的主要在于:演讲者与听众取得共识,改变或激励听众的思想和行为,征服听众的心灵,引导听众的行动,达到说服人、感染人、教育人和培养人的目的。

2. 演讲的作用

(1) 演讲对演讲者的作用。通过演讲训练,既能培养演讲者的口头表达能力,又能提高其普通话水平;既能展现演讲者的才能,又能起到广交朋友、建立良好人际关系的

作用。

(2) 演讲对社会的作用。演讲可以宣传真理，鼓舞民众，传播科学文化知识，促进人们思想道德文化素质的提高，培养听众对语言的感受能力。

总之，演讲活动既能提高人的观察与思维、分析与判断、想象与联想等能力，又能给人以力量和鼓舞，以及美的教育和美的享受。

3. 演讲的分类

1) 从表达形式上划分

演讲从表达形式上可以分为命题演讲、即兴演讲和论辩演讲等。

(1) 命题演讲。顾名思义，命是命令、指派、指定的意思，题即题目。所谓命题演讲，就是由别人拟定题目或由别人拟定演讲范围，经过准备以后所做的演讲。命题演讲又分为全命题演讲和半命题演讲两种形式。全命题演讲指的是由别人来拟定演讲题目的演讲，一般是由演讲活动的组织部门来确定。其优点是主题集中鲜明，针对性强；不足之处是局限性较大，演讲者较难讲深讲透，容易雷同。半命题演讲指的是演讲者根据活动组织单位限定的拟题范围，自己拟定题目而进行的演讲。其优点是：灵活性较强，主题容易深化。

命题演讲的要求是：主题鲜明，针对性强，内容相对稳定，结构完整。

(2) 即兴演讲。兴是兴致、兴趣的意思。即兴演讲是指演讲者在事先未做准备的情况下，就眼前的场面、情境、事物、人物有感而发，临时因兴起而发表的演讲。这种演讲形式出现在人们生活的方方面面。例如，致欢迎词、祝婚礼词、聚会演说、丧事悼念等，都需要人们临时做即兴演讲。其特点是：有感而发，是演讲者真实情感的自然流露，时境感强，体现了见什么人说什么话的特点。另外，主题单一、篇幅短小也是其特点。

(3) 论辩演讲。论辩演讲指的是由两方或两方以上的人因对某个问题产生不同意见，展开面对面的语言交锋。其目的在于：坚持真理，批驳谬误，明辨是非。

2) 从思想上划分

演讲的分类是由客观现实生活所决定的，并为客观现实生活所服务。按思想内容不同，演讲可分为社会政治演讲、学术演讲、法庭演讲、社会生活演讲、宗教神学演讲等。

(1) 社会政治演讲。凡是为了一定的政治目的或出于某种政治动机，就某个政治问题以及与政治有关的问题而发表的演讲，均可称为社会政治演讲。社会政治演讲是对有关经济政治、文化教育、伦理道德、风俗习惯以及科技进步等问题进行的公开演讲。这类演讲应具有高度的严肃性、鲜明的思想性、严密的逻辑性和强烈的鼓动性。

(2) 学术演讲。学术演讲是指就科学领域中的学术问题，进行系统的分析研究，向听众传授学术理论、发表学术见解、表述科研成果的演讲。内容的科学性、论证的严密性、思想的深刻性、高度的逻辑修养和语言的准确严谨为其主要特点，同时还有一套专门的术语。

(3) 法庭演讲。法庭演讲指的是公诉人、辩护人、诉讼代理人在法庭上所发表的演讲。法庭演讲是演讲艺术中最古老的类型之一。法庭演讲作为一种特殊的演讲形式，其主要特点是讲究内容的客观性与论证的针对性。

(4) 社会生活演讲。社会生活演讲主要是指祝词、贺词、宴会上的演讲、祝酒词以及祭文或悼词等。社会生活演讲题材广泛，形式多样。它既不像政治演讲那样严肃，又不像学术演讲那样严密。无论是讴歌人们的真、善、美，还是鞭挞生活中的假、恶、丑，生活演讲都具有题材的广泛性、现实的针对性和形式的生动性，是人们最常用、最喜爱以及最具魅力的演讲形式。

(5) 宗教神学演讲。宗教神学演讲是指那些与宗教仪式、宗教宣传有关的演讲，是一种古老的演讲类型。布道演讲是其基本类型，进行伦理道德方面的说教是其典型特征。

演讲的分类是一个比较复杂的问题，除了上述按表达形式和思想不同划分之外，还可按准备情况不同，分为宣读式演讲、背诵式演讲、提纲式演讲、即兴式演讲等；按演讲场合不同，分为集会演讲、视播演讲、课堂演讲、法庭演讲等；按内容的性质和感情色彩不同，分为政治演讲、就职演讲、辩论演讲、主题演讲、学术演讲、礼节演讲和道贺演讲等；也有人根据演讲的方式不同把它分为报告型演讲、论辩型演讲和谋划型演讲，或分为鼓动型演讲、伦理型演讲、陈述型演讲和辩论型演讲等。

3.5.3 演讲的题目和主题

1．演讲的题目

演讲标题的确定可以事先进行，以便思维在标题的范围限定下运作构思，也可以在内容和方式构架酝酿成熟后确定，还可以在讲稿完全形成后再赋予。

演讲标题要求贴切、简明、醒目，即标题所蕴含的宽窄、大小要与演讲的思想内容所涵盖的界域一致，并与演讲稿的体裁风格一致，尽量做到字少而意多，具有直觉刺激性，避免千篇一律，不能故弄玄虚或哗众取宠。

演讲标题的常见类型，主要包括提要型、比喻(象征)型、设问型、警醒(启迪)型、含蓄型、并列型、抒情型和未定型(一般由后人追加的)。

2．演讲的主题

主题是演讲的灵魂和统帅，如果一个演讲者有许多深刻的见解、生动感人的例证和富有哲理的名言，但没有一个鲜明的思想观点把它们统一组织起来，那就犹如一个四肢发达却没有头脑的躯壳。可见，一个正确、鲜明、集中、深刻的主题对整个演讲来说是多么的重要。

演讲主题的选择是十分重要的，即要选择和提炼与听众的切身利益有关的重要思想观点。选择正确的立场和世界观，主题要鲜明新颖，提出的见解与抒发的感情要有独特性。此外，演讲的主题还要集中深刻，调动一切演讲手段，紧紧围绕主题，把问题讲深讲透，从而给听众留下深刻的印象。

3.5.4 演讲材料与演讲结构

1．演讲材料

演讲者要想使自己的演讲获得成功，就必须占有大量的材料。一切成功的、具有独特

风格的演讲,几乎都是占有材料的结果。如果说演讲是火,那么材料无疑就是燃料。

如何正确地选择材料呢?有人说,真实是演讲的生命。要达到真实,就应选择发生在眼前或周围的真实动人的事迹,用精彩的语言给听众描绘出栩栩如生的视觉形象。运用的材料要准确、典型、具体和鲜明。所谓准确,就是要全面、正确、清晰。只有选择的材料深而精,才能达到准确的要求;只有选择的材料具体而又有代表性,才能起到震撼听众心灵的作用。

2. 演讲结构

对演讲者来说,最重要的是如何安排演讲内容。如果演讲内容杂乱无章,就会使演讲陷入难以自拔的困境。尽管演讲的结构形式千变万化,但不同的客观事物之间还是存在着某些共同的规律,因此,演讲存在一些通用的基本结构方式。

(1) 纵式结构。这类结构的特点是思想观点和例证沿着纵向展开,例如按照事物发展时间和自然顺序来安排的时序法;按照事物发展过程顺序或者从因到果(或者以果溯因)的程序法;还有根据事物相互联系有不同层次,由表及里、由浅入深,逐层深入的递进结构法。

(2) 横式结构。横式结构是指思想观点和例证横向展开。具体来说,横式结构主要有:空间法,就是按照事物的空间位置的某种顺序来安排结构;总分法,即先总述,再分述;并列法,即把几个独立的问题逐次安排为并列结构。

(3) 合式结构。该结构的特点是:思想观点的阐述和例证的展开纵横交合,步步深入。其优点是:既有条理,又有气势,是比较全面而灵活的结构方式。

思考与练习

1. 讲故事是最常见的口述形式,请给你的同伴讲一个神话故事,要求声情并茂,语言得体,有吸引力。

2. 邀请你的朋友参观你所在的大学校园,并按照解说的要求向他解说校园的建筑、设施等客观环境,使其对你所在的大学校园有一个清楚的了解。

3. 仔细阅读下面的一则故事,然后当众将这则故事复述出来。

有一个人在沙漠中艰难地行走着,看着无边无际的沙漠,他摇着空空的水壶,看着似火的骄阳,酷暑难熬,没有水喝,他饥渴难耐,拖着如同灌了铅的双腿,慢慢走着,他感觉自己是一步一步向死亡靠拢。为了生存,他不得不拖着疲惫而又沉重的身体在沙漠里找啊找啊,他突然发现了一块不起眼的小石板,在小石板旁边,他又发现了一个形状如同吸水机一样的机器。起先他还不敢相信,以为是自己渴久了,产生了幻觉。当他仔细检查并确认这真的是一台吸水机时,他迫不及待、使劲地抽水,但是滴水全无。他毫不放弃地试了很多次,但是每一次都是滴水全无,他非常绝望,心想:天要亡我啊。正在他心灰意冷的时候,却发现旁边还有一个小水壶,壶上盖着塞。他心中大喜,正当他拿起水壶准备一饮而尽的时候,看到水壶上面的字条写着这样几行字:"由于天长日久,水壶里也许只剩

第3章 独白式口语沟通

下半壶水了。你必须先舍得把这半壶水灌进吸水机中才能打出满壶水来。记住，走之前一定要把水壶灌满。"

他小心翼翼地拔开塞子，看到里面果然有半壶清水。望着半壶清水，他开始犹豫起来，是马上倒进干渴的喉咙，解放自己疲惫的身体？还是照字条所写先倒进吸水机？他正在为此而发愁，因为他心里想着，如果倒进吸水机而打不出水来，自己就只能渴死了。

最终，他还是果断地把水倒进吸水机，果然打出了清冽的泉水，他痛快地喝了个够，一种说不出的舒服从喉咙流入肚腹，又从心里洋溢出来。

休息了一会儿，他把水壶装满水，盖上塞子，然后在字条上加了几句话：请相信我，字条上的话是真的，你只有先舍得半壶水，才能打出满壶的水来。

4. 认真阅读下面的一则案例，然后以"独占与分享"为题，进行一次有准备的公开演讲。

荷兰是郁金香的故乡，有许多农庄都有种植郁金香的传统。有一个花农，培育了一种花大、鲜艳、气味芬芳的郁金香，附近许多花贩听到消息，纷纷前来订货，这位花农因此发了一笔不小的财。

当地其他的花农看到他的成功，都想借用他的种子。但这位花农认为，物以稀为贵，别的花农也种植这样的种子后，自己的花就不会那么好卖了，自己的收入就会减少，于是拒绝了所有来要种子的人。

第二年春天，这位花农看到其他人种植的还是以前的旧品种，心中暗暗窃喜，今年一定又能赚上一笔。几个月后，花农的郁金香竟然开出了与附近其他花农家一模一样的花。花农非常困惑，便去问专家。专家告诉他，由于附近都种了旧品种郁金香，只有他的是新品种，所以去年开花时，经过蜜蜂、蝴蝶和风的传播，把他的品种杂交了，他的郁金香已经不是他培育出的郁金香了。

专家的话对花农的触动很大，他非常后悔，第二年就把刚刚培育出的新品种免费发给附近的花农，让附近农庄都种植他培育的优良品种。这样，不但他培育的郁金香越来越美丽，而且他们的城镇也成了远近闻名的郁金香镇。

5. 快速阅读下面的一则案例，然后以"赞美的力量"为题，在全班进行一次即兴演讲。

在同一家公司任职的李小姐和苏小姐素来不和。

有一天，李小姐忍无可忍地对另一个同事王先生说："你去告诉苏小姐，我真受不了她，请她改一改她的坏脾气，否则没有人愿意搭理她！"

王先生说："好！我会处理这件事。"

后来李小姐遇到苏小姐时，苏小姐是既和气又有礼，与从前相比，简直判若两人。

李小姐向王先生表示谢意，并且好奇地问："你是怎么说的？竟有如此的神奇效果。"

王先生笑着说："我跟苏小姐说'有好多人称赞你，尤其是李小姐，说你既温柔，又善良，而且脾气好、人缘更佳！'如此而已。"

第4章 对白式口语沟通

对白系列是口语的第二个系列，属于双向口头沟通，这是相对于独白系列和单向口头沟通而言的。双向口语沟通是在单向口语沟通的基础上增加了语音反馈，是一种双向的循环运动过程。说者通过发出一连串包含着特定意义的语音传递信息；而听者通过听到的语音而领会其蕴涵的信息，同时做出适当的语音反应。在这里，说者和听者的地位在不断变化中求得了平衡，己方是说者，对方即为听者；当对方变为说者时，己方就变成了听者。

与独白一样，对白原来也是戏剧名词，是剧中角色相互间的对话，借用到社会交际中，指交谈双方所做的双向口头沟通。对白系列一般包括闲谈、会谈、电话交谈、谈判、论辩等形式。它是用于两个人或多个人之间互通信息的交际过程。

对白时，只表述自己的感受是不够的，说者的思想需要有两条线，除表达出自己的思想感情外，还要同时接受对方所表达的思想感情，对话者必须综合这两条线进行思考，随时问答。对白时，沟通过程由交际双方控制，有问有答，相互维持；话题常常转换，不做展开，前后的逻辑性也比较差。对白是独白的拓展，会独白，却不一定会对白，因为对白不仅需要独白能力做基础，还要具备准确把握对方所表达的思想感情的能力。

通过本章的学习，应懂得闲谈、会谈、电话交谈、谈判及论辩这五种主要对白形式的含义及特性；熟知其种类和基本原则；牢固掌握其沟通技巧；通过训练，能熟练地运用它们进行沟通与交流。

4.1 闲 谈

4.1.1 闲谈的含义及特性

1. 闲谈的含义

闲谈，就是漫无边际地随意谈说，是人们在日常生活中运用的最普遍的双向言语形式。闲谈以其葡萄藤式的传播方式给交谈双方带来快捷、广泛的信息，是极其重要的信息资源。闲谈可以融洽人际感情，密切人际关系，变路人为朋友，化陌生为友情，是很好的公关润滑剂。

2. 闲谈的特性

闲谈一般具有如下特性。

(1) 目的模糊。闲谈在客观上起着传递或交换信息、融洽感情的作用，可是，在主观上，它并没有明确的目的。闲谈是即时产生、随机进行的。人们只是出于彼此交往、沟通的需要来进行闲谈，并不指望通过它来达到什么具体目的。

(2) 话题多变。闲谈的话题不集中，经常变换。这是由其目的的模糊性决定的。闲谈是即兴式的，并无事先确定的内容，也无须就某个话题得出结论或达成协议。就某一次闲谈而言，它的话题往往如行云流水，游移不定，是"兴之所至，言之所至"，是随着参与者兴趣的变化而变化的。

(3) 形式自由。闲谈没有一定的模式，不需要正式邀请，不需要主持人，参加者地位平等，畅所欲言，完全是临时自发地参与的。它既可以把一个话题谈完再转入另一个话题，也可以丢下谈了一半的话题而转入新的话题，时间可长可短，话语可多可少，不受制于场地和方式。

4.1.2 闲谈的误区

有言语能力的人都经历过闲谈，然而，不是人人都善于闲谈。闲谈存在着一系列误区。若涉足误区，就会感到无话可谈、话不投机；而只有避开了误区，才能有话可谈，谈得投机。闲谈的误区一般包括以下几个方面。

1．话题难找

难以找到合适的话题，是不善于闲聊的人最头痛的事儿。每逢闲谈，他们只觉得腹中空空，而不知道应该如何开口，或者搜肠刮肚才挤出一两句，便再也无话可说。他们以为，即便是闲谈，话题也必须动人心魄、妙趣横生，或者高雅深奥、富有学识，而日常生活、凡人琐事是不值一谈的。其实，这是一种误解。星球大战、股票狂跌、火车相撞等固然有助闲谈，而吃饭、买菜、打球、天气等日常小事也都能成为话题，而且丝毫不逊色于那些怪诞的巧合、惊险的经历或高深的研究。

2．随意插话

有的人在别人发言时随意插话，扰乱别人的思路，破坏别人的节奏，他们过于喜好表现自己的聪明而常在别人说出一半"谜面"的时候就揭开"谜底"，弄得大家趣味索然；也有的人急于发言而随意打断别人的谈话，以致受人白眼……这些都是修养不佳、缺乏风度的表现。应该记住：任何人都不愿意自己的谈话被别人打断；只有耐心地听他人讲完后，才能指望他人专心地听自己讲，而不至于白费口舌。

3．言过其实

有的人一口一个"总是如此""肯定这样"，喜欢一概而论，把话说死，把事物绝对化，似乎他有十足的把握，俨然一副专家、权威的派头；也有的人信口开河，吹得天花乱坠，以求轰动效应，等到别人"棒喝"时，才明白是在班门弄斧；还有的人对什么都说好，对一切都赞成，溢美过誉之词不绝于口，令人发腻……这些不仅仅是口语修养问题，还关系到人的道德品质。闲谈应当实事求是，做到言有尺度，话有分寸。

4．含混啰唆

含糊其辞，语无伦次，前后矛盾，说了半天，也没说出个所以然；或者唠唠叨叨、喋喋不休，因细节太多而淹没了中心，都是闲谈中易犯的毛病。闲谈的作用之一是互换信息。只有说个清楚，道个明白，才能起到这一作用，才能吸引对方谈下去。

5．造作卖弄

本可以用流畅规范的语言，却为了显示自己"博学多才"而生造词语，滥用时髦词汇、俚语和外语，以为如此这般便能让人刮目相看。其实，这种做法与"含混啰唆"异曲同工，只能破坏双方的交流氛围。

6．争执抬杠

为了某个观点的是与非、事实的真与假而各执一词，争论不休，搞得剑拔弩张、肝火大发，断送了好端端的闲谈，使自己成为不受欢迎的人，这是"好辩者"常犯的毛病。闲谈并无明确的目的，只强调气氛的融洽、和谐，而不追求结论的一致、圆满。争执抬杠通常不会有结果，就是争出了结果，也于闲谈有百害而无一利。

7．唯我独尊

唯我独尊不是以与人平等的身份出现，而总是试图驾驭整个闲谈，成为众人瞩目的中心；盛气凌人，声嘶力竭，指天画地，一口气可以谈出好几个话题，却没有注意到别人对他所谈话题的兴趣如何，无视闲谈的各方是平等的原则，忘记了愉快的闲谈所涉及的话题应当是所有参与者都感兴趣的这一重要因素。

8．漫不经心

对别人的谈话漠不关心，对别人要求回答的问题只是机械地应之以"啊""哈"，或者默不作声，一副心不在焉、无动于衷的神情。这样去闲谈是断然谈不好的。闲谈是参与者乐而为之的合作，需要彼此的呼应，需要全神贯注。

9．道人长短

借闲谈之机，或出于恶意而飞短流长、论黄数黑，或为了炫耀自己消息灵通而指东画西、说长道短。这样做，只能树敌招恨，自食其果。有话当面说，不朝背后戳。背后道人长短，不论有意无意，都为君子所不齿：无意是疏忽，有意是卑鄙。

10．触人隐私

说话大大咧咧，不看对象，不假思索，触犯了别人的隐私而不自知，这样会使对方窘迫尴尬，甚至拂袖而去；而出于猎奇穷问不舍，更会使对方极为不快，甚至大光其火。人人皆有隐私，别人既不愿意公开，闲谈时就应当警觉地避开，而不应当去刺探、追问。

11．冷落一方

在有多方参与的闲谈中，只与自己熟悉的或者感兴趣的人交谈，而冷落了坐在一旁沉默不言的人，这也是不善闲谈的表现。沉默不言，并不一定表示无话可说，也许他在思考，也许他掌握的信息正合你的需要。所以，你应当把热情友善的目光投向每一个人，特别要与那些沉默不言、表现拘束的人多谈几句。

4.1.3 闲谈的技巧

1. 寻找话题的技巧

(1) 到何处去寻找话题。话题究竟在哪里？其实话题就在我们的身边。只要注意观察、聆听、分析身边的人、事、景、物、话，便不难"就地"获取合适的话题。自己的心情、别人的话语、屋里的摆设，乃至于房屋本身的朝向、楼层、面积、装饰等都可以成为闲谈的话题。

(2) 寻找话题的方法。闲谈的话题必须是双方都感兴趣的。熟人之间彼此了解，要找到共同的话题并不困难，而生人之间就不同了。事先打探对方固然是个可取的做法，然而，闲谈是随机的、无准备的，在绝大多数情况下，是无法事先打探的。对方先发话，那也好办，可以边谈边了解他。但是，假如既无法事先打探，对方又不先开口，那该怎么办呢？碰到这种情况，就应当结合语境寻找合适的契机，运用问话、赞美以及自言自语等方法引发对方说话。

① 问话法。问话既能反映自己的谦逊，又能表现对别人的尊重。一句谦逊恭敬的问话，最能博得别人的好感。"如何""什么""为什么"是寻找话题的三个问话法宝。

② 赞美法。赞美对方最容易引起感情共鸣，消除陌生感，去掉戒心，形成闲谈的契机。如，"哦，真是名不虚传，到底是国优名牌！""你这皮鞋哪儿买的？好漂亮！"不要小觑此等看似无足轻重的赞美，它们往往能为你带来愉快的话题。当然，这种赞美必须表现得真诚、自然，不能夸大其词，有意奉承，不能让人觉得虚伪、做作。

③ 自言自语。看上去是在自言自语，实际上是说给对方听，是在借用态势语辅助口语引对方发话。它比问话法、赞美法间接、委婉，即使对方不理会，自语者也不会觉得尴尬。如果你担心别人不理会问话或赞美而使你难堪，就可以采用这种方法。

(3) 如何使话题恰当。闲谈的话题十分广泛，然而，就某次闲谈而言，也不是什么都可以拿来作为话题的。这除了因为人们并不是对什么都感兴趣之外，还有两个原因：一是有些内容根本就不宜作为话题；二是并非任何内容都与语境相协调。对此，有人做过专门的研究，认为话题的深浅可以分为四个层次，即蜻蜓点水的第一层次、泛泛而谈的第二层次、真情流露的第三层次和无话不谈的第四层次。了解了这些，我们在寻找话题时，就应当避开那些不宜谈论的话题，按照与对方的关系来决定话题的深浅，做到话因人异、话循境发，以保证话题选择得恰当。

2. 持续闲谈的技巧

山间的溪流尽管曲折盘桓，却总是连绵不绝、头尾相连的。闲谈也是这样，虽然它没有固定中心，不拘形式，但应该是持续不断、前后连续的整体。然而，对不善言谈的人来说，这却是件不容易的事。他们好不容易找到了话题，可三言两语便又无话可说了；或者随便转移话题，把闲谈拦腰截断，让对方感到突兀、不自在。那么，怎样才能使闲谈顺畅地持续下去呢？充实"肚才"，发挥想象、联想，激发别人发言，巧妙地转换话题，是行之有效的办法。

(1) 充实"肚才"。所谓"肚才"，就是肚里的知识和学问。口才是流，"肚才"是源。肚中无才，何来口才？知识、学问这个源头广博了、深厚了，才能口若悬河，滔滔不绝。

(2) 发挥想象、联想。有了"肚才"之后，闲谈的时候还要发挥联想、想象，把"肚才"引发出来。要善于从眼前发现能够引发出自己"肚才"的出发点；要善于从现在想到过去(或未来)，从他人想到自己，从此处想到彼处；要学会依托自己的"肚才"，通过想象、联想来丰富、充实谈资。

(3) 激发别人发言。舞台上有独角戏，闲谈中却不能搞一言堂。一人聊，他人听，这样的"闲谈"，就成了故事会。闲谈是双向的或多向的，参与闲谈就意味着参与交流。每一位参与者都应当激发别人的谈话热情，给别人说话的机会，逗引别人发言。激发别人发言最简单的办法是提出他们了解而又需要经过一番思索才能回答的问题，表现出你对问题的浓厚兴趣，并尽力用这种兴趣去感染他，使他也产生兴趣。

(4) 巧妙地转换话题。转换话题是闲谈过程中经常出现的情形。转换得好，可以给闲谈注入活力；反之，则会破坏气氛，甚至使闲谈中断。

转换话题需要看准时机。闲谈各方对话题的兴趣下降，即将或开始冷场的当口，是转入新话题的最佳时机。不能因为自己没了兴趣，而在对方兴趣盎然时把话题猛然扯开；也不能在一些不重要的细节上节外生枝，游离正谈得热乎的话题。

转换话题还需要掌握一些方法，以求灵活、自然、顺畅。在不同的情况下，转移话题的方法是不一样的。出现了冷场，可以径直提出新的话题；如果尚未冷场，那就要注意新旧话题的衔接，可以借老话题的最后余兴，逐步过渡到新话题上来。假如你感到所谈的是不宜作为话题的，或者是自己所不愿谈的内容，则可以毫不迟疑地微笑着说"换个话题吧""换个话题好吗"。

3. 倾听的技巧

作为双向沟通，良好的闲谈一半要靠倾听。倾听是细心地听，积极能动地听，不仅要用耳朵，而且要用头脑、心灵和整个身心去理解、领会听力这种生理机能所接收到的信息。听与说同等重要。只有认真、用心地听，才能了解对方，才能决定自己该说什么，不该说什么。只有认真聆听，才能赢得对方的好感，才能使闲谈顺畅地持续下去。然而，倾听并不是一件容易的事情，需要我们从多方面去提高自己的素质。

(1) 具备不受干扰的心理素养。倾听需要宁静的心绪，心绪不宁，注意力就难以集中，也就无法倾听。干扰心绪的因素大致有三种：第一，环境的干扰，如噪声、有人走来走去等；第二，对方的干扰，包括语音方面的(如方言严重、口齿不清)、举止方面的(如抠鼻孔、晃腿)和感情方面的(如话语伤人)；第三，自我干扰，如心情烦躁、思想走神等。在这些因素中，第一种、第二种因素一般无法消除，只能尽量减少其影响。第三种因素则可以通过加强自控能力，忘却导致烦恼、分神的事物，从根本上加以制止。无论是哪种干扰，都必须具备不受干扰的心理素养。

(2) 做出与对方相呼应的表示。倾听的时候，内心要宁静，而外表却不能呆板。双目

迟滞、沉默不语、呆若木鸡，只能使对方的谈兴荡然无存。倾听的时候，必须做出与对方相呼应的表示：眼睛应看着对方，不时地首肯、应答，流露出自己的情感，表现出对方的话在你身上产生的种种影响。

(3) 善于筛选归纳，抓住主旨。闲谈是即兴的，不可能像写文章那样字斟句酌，删改润色，一般都会有许多偏离主旨的冗余成分。这些冗言赘语往往会搅乱条理、淹没主旨。所以，倾听的时候就要从对方的话语中区别主次、理出头绪、抓住要旨，就要边听边想，用思维这把筛子筛选对方的话，除去冗言赘语，兜住关键词语。

4．插话的技巧

插话俗称插嘴，是在别人发言的中间插进去说几句话。对闲谈来说，插话就像烹调中的胡椒粉，用得恰当，能增添兴趣；用得不当，则会令人大倒胃口。要做到恰当，首先要把准时机。那么，什么时候插话让人生厌？什么时候插话受人欢迎呢？中外口才专家总结出了以下一些规律。

(1) 不宜插话的情况。对方正在兴头上的时候；众人听得入神的时候；对方的意思尚未表达完的时候；对方卖关子的时候；对方咬错字，但大家并未发觉的时候。

(2) 可以插话的情况。发言中途，对方没话茬的时候；对方表达完意思的时候；众人对发言不感兴趣，产生反感的时候；对方与别人争执的时候；对方话题不恰当的时候。

插话不仅要抓准时机，还要注意插话的内容必须紧扣对方的话题。任何情况下，都不能为了插话而以不相关的话去打断别人。插话还要注意礼貌，常常要冠以"对不起，我打断一下可以吗"的问句，待对方同意后再接着说。

4.2 会　　谈

4.2.1 会谈的含义及特性

会谈，这里是相对于闲谈来说的，是指为了实现某一意图而进行的交谈。它可以使会谈者在短时间内能动地定向传递、获取大量的信息。人们常用的调查、荐举、求助、说服、批评、讨论类交谈都属于会谈的范畴。

会谈与闲谈有着密切的联系，它们都是对白，都属于双向交流。有些会谈是采用闲谈的方式进行的。比如，小李想求助于一位与他交情不深的人，他把握不准对方是否会应诺，生怕遭到拒绝而尴尬难处，便采用了拉家常的方式与对方商议。有的闲谈也会转变成会谈。比如，在行进的列车上，座位相邻的两位不相识的旅客天南地北地闲聊起来。他们中间一位是推销员，另一位是采购员，谈着谈着，发现成了会谈，最后做成了一桩买卖。不过，会谈又与闲谈不同，与闲谈相比，它具有以下特性。

1．目的明确

会谈是主观目的十分明确的交谈。虽说参加会谈的各方所抱有的目的可能一致，也可能相异，但在会谈当中无论哪一方都有着明确的意图。例如，教师批评犯有错误的学生是为了纠正他的错误；被批评的学生找老师，要么是去承认错误，要么是为自己开脱。顾客与推销员会谈，顾客的目的在于了解商品的性能、价格、用法以便决定是否购买；推销员的目的则在于劝说顾客购买……这些与那种漫无目的的闲谈都有着质的不同。

2．内容集中

会谈的内容不像闲谈那样游移不定、漫无边际，而是紧紧围绕着目的展开的。有时，会谈的内容看似游离了目的，实际上却正是说话人为实现其目的而采取的"迂回战术"。所以，"集中"并不意味着句句都直接紧扣目的，而是说它句句都在为实现目的服务。

3．讲究方式

会谈的方式有多种，但对某一次会谈来说，并不是任何一种方式都适用的。会谈的方式应当适合于会谈的内容，服务于会谈目的的实现。有些问题在办公室里谈不拢，到餐桌上却一拍即合；有的人听到文绉绉的话就反感，与他会谈就不妨粗放一些；有的人言无高声，与他会谈就不宜粗声大嗓。因此，为了更快地实现会谈的目的，有经验的人总要精心选择、准备、安排会谈的方式。有些会谈，其方式看起来十分随意，似乎与闲谈别无二样，但这只是会谈组织者为了实现会谈目的而采取的手段。采用自由闲谈的方式，而不采用其他的方式，这本身就是一种讲究。

4.2.2　会谈的通则

1．言之有的，话由旨遣

言之有的，是说会谈有明确的宗旨、目的。这是由会谈的性质所决定的。话由旨遣，是说在会谈的时候，人们说什么、怎么说是受一定目的制约、调控的。这是由人们的言语活动规律所决定的。只有目的明确，才能恰当地准备谈资，合理地选择谈话的方式，从而决定采用哪些技巧。

会谈有长有短。有时会谈的目的不是一下子就能实现的，要通过实现若干个阶段性的小目的才得以最后实现。会谈的这一客观存在，要求我们在坚持言之有的、话由旨遣的原则时，不但要紧扣会谈的总目的，而且要切合各个阶段的小目的。这就要求我们密切注意会谈的进展情况，敏捷地调控好自己的言语，一旦发现目的有变，随即调整，做到言之有的、话由旨遣。

2．求同存异，不伤感情

会谈是为了实现某个目的而进行的，尽管确定目的的情形不同，但谋求与他人的合作却是共同的。而要谋求所有参与者的合作，最基本的条件就是要保证感情上的彼此相容。那些不善于交际、不明了言语之道的人往往会被吸进去而唇枪舌剑地"厮杀"起来，直"杀"得嗓子冒烟、感情破裂而再也游不到"合作"的彼岸，会谈也就成了白谈。所以，参加会谈，除了做到言之有的、话由旨遣外，还要遵守第二个通则——求同存异，不伤感情。

学会求同存异，是做到不伤感情的前提。那么，怎样才能做到求同存异呢？

(1) 要有谦虚的态度。学会随时考虑对方的意见，不要做一个固执的人。

(2) 要灵活点儿。要能灵活变通，善于另辟蹊径，找到双方的共同点。

(3) 要策略点儿。也就是要注意会谈的方式方法，讲究会谈的艺术。当听到自己所同意的观点时，要立即表示赞同，而不可有丝毫的迟疑，以免被误认为是有所保留；而当听到自己所不同意的意见时，不要急于反驳，而要细加分析，找出自己不同意的究竟是在哪一点上，然后表示自己同意哪些，不同意哪些，做到"先顺后逆"，而千万不能"以异掩同"，轻率地全盘否定对方。

(4) 要具备建设性的态度。人们的分歧不管有多大，只要愿意坐下来会谈，就应当采取积极合作的态度，艺术地表明自己的观点，耐心地听取别人的观点。对非原则性问题，也要"硬话软说"，具备充分的耐心。

3. 察言观色，深究细味

闲谈是漫无目的的，闲谈的时候，人们直来直去，有什么就谈什么，用不着拐弯抹角、遮遮掩掩。而会谈则不是这样，由于它有着十分明确的目的，会谈者也就总是非常讲究表达的方式，以求目的顺利实现。只有学会了察言观色，能够把对方传递的信息综合起来深究细品，琢磨出它的意蕴，才能顺利地进行会谈。这就要结合具体的语境，根据语气等语言因素来做出判断。

4.2.3 常用的会谈技法

常用的会谈技法有以下几种。

(1) 直截了当法。直截了当法就是开门见山地与对方谈论自己想谈的内容。运用此法要开诚布公，抓住重点，简明扼要。

(2) 迂回曲折法。迂回曲折法就是先不正面接触想谈的话题，而是从对方身边的事情或对方关心的事情谈起，兜个圈子、绕个弯子之后再谈及想谈的内容。

(3) 借题发挥法。借题发挥法就是借用语境中出现的人、事、景、物、言，作为触发点来加以引申和发挥，巧妙地说出自己的意思。

(4) 巧言激发法。巧言激发法就是从某种利害关系上用话语来刺激、振奋对方的情绪，使他按捺不住，觉得非说不可而倾吐。

(5) 避而不谈法。避而不谈法就是通过转移话题来回避自己不愿谈论的或不能谈论的内容。

(6) 假痴充愣法。假痴充愣法就是用假装糊涂的方法来保护自己，应对对方。可以装聋作哑，也可以笨言拙语；可以含糊其辞，也可以答非所问。

4.2.4 常用的几种会谈

1. 调查类会谈

调查类会谈是交谈的一方为了向另一方了解某一人物或事物的实际情况而进行的会谈。进行这类会谈时，需要掌握以下技巧。

1) 接近技巧

调查的第一步是接近调查对象，接近的技巧表现在以下两个方面。

(1) 称呼技巧。如何称呼自己和对方是接近被调查者的时候所要碰到的第一个问题。无论是称呼自己，还是称呼别人，都应当做到以下三点。

① 能够准确体现自己与对方的关系，符合对方的心理承受能力。不倨傲，也不奉承；不可拒人千里，也不能过于亲昵。

② 合乎当地、当时的习惯、风俗。应当随时随地地了解当时当地的习惯，入乡随俗。

③ 切合对方的身份。应当辅之以细致的观察，在把握了对象的年龄、性别、仪表特征和具体的交际环境之后加以确定，使称呼具有"个性"。

(2) 搭桥技巧。在一些场合，交谈双方有特定的身份，对调查的内容也都心中有数，在这种场合，称呼之后不需搭桥就可以进入正题了。而在另外一些场合，被调查者不清楚调查者的身份、目的，调查者在确定了称呼之后，还需要采取适当的方法过渡。最常见的方法是正面接近：先做自我介绍，直接说明调查的内容、目的，然后再进行调查。还有一种方法是迂回接近，即先不说出自己的意图，而在某种共同活动的过程中，在寻求与被调查者的共同点的过程中接近对方。

2) 问答技巧

调查类会谈主要是借助于问答来进行的，调查者的发话以问为主；而被调查者的发话以答为主。

(1) 提问技巧。提问是为了求答，它是调查者获取材料的基本手段。是否善于提问的关键不仅在于问什么，而且在于怎么问，在于能否掌握并且灵活运用恰当的提问方式，能否遵守提问的基本要求。为了实现会谈的目的，调查者应力求做到以下几点。

① 要掌握各种问法的应用技巧。比如，运用诱问要隐蔽自己的意图，运用追问要安排好几个问题的先后次序等。

② 要与被问者的具体情况相适应。彼此生疏或者关系不好，就要问得委婉曲折；双方熟识亲密，则可以简捷、直率一些等。

③ 要与问题本身的性质、特点相适应。一般来说，实质性问题注重提问范围的适度和提问内容的客观，功能性问题强调提问的自然连贯与灵活巧妙。对比较尖锐的、敏感的问题，宜用婉转的方法提问；对平和的、非敏感的问题，则可以正面直问。

④ 要平等友善，尊重对方，不能强人所难，伤人自尊。不应探听别人不愿公开的秘密，不应把追问变成逼问。

⑤ 要认真聆听，不应随便打断对方的回答。比如，遇到听不懂的地方，应先记下来，等对方的回答告一段落之后再借机请求解答等。

(2) 应答技巧。应答是对提问的反馈。常见的应答方法有直接回答、间接回答、以问代答、模糊回答、答非所问、避而不答等。直接回答，就是针对问题直截了当地予以答复。间接回答，就是避开对方的锋芒，不直接说出答案，而从新的角度、层面予以回答，让对方去思考回答者的话，并从中寻找答案。以问代答，就是在三言两语难以说清楚或者不便明说的时候，用反问的方法诱导对方自己找出答案。模糊回答，就是采用一些有伸缩

性的、不甚精确的、可作多种解释的话语或者采取避实就虚的方法来回答。答非所问，就是表面看似回答，实际上岔开了话题，答案不触及提问的实质。避而不答，就是回避某些不便或不能回答的敏感问题，巧妙地加以拒绝。

3) 引导技巧

所谓引导，就是在会谈过程中帮助被调查者正确理解、回答提出的问题。在调查类会谈中，一旦调查遇到障碍，无法按计划顺利进行下去时，就应当及时引导。引导得法，可以使会谈越过障碍，继续深入；引导不当，则会使会谈中途夭折或者停留在表面上。

4) 结束技巧

结束调查类会谈，一要适时，二要礼貌。

(1) 适时。适时就是要把握好会谈的进程，在完成调查任务后，应当及时终止交谈，或者转入新的阶段。

(2) 礼貌。礼貌就是结束会谈要做到谦虚恭敬。

2. 荐举类会谈

荐举类会谈是会谈的一方为了把人或事物向另一方介绍，希望对方任用或接受而进行的会谈。荐举类会谈有四个要素：一是荐举者，即主动进行荐举会谈的人；二是荐举对象，即荐举者所荐举的人或事物；三是被荐举者，即会谈的另一方，接受荐举对象的人(或组织)；四是荐举语言，这是荐举会谈所借助的工具。进行这类会谈时，应掌握以下几个技巧。

(1) 必须以满足被荐举者的需求为前提。荐举者进行会谈的目的是为了让对方任用或接受所荐举的人或事物，而对方之所以要任用或接受所荐举的人或事物，是为了满足其自身的需求。因此，荐举者只有准确把握住对方的需求，有的放矢地予以荐举，才能取得积极的效果。

(2) 把握好荐举的环节。从被荐举者接受荐举的过程来看，荐举一般由知晓、注意、权衡、决定四个阶段构成。荐举者应当根据各个阶段的特点来确定谈话的内容。知晓阶段，是被荐举者了解荐举对象的阶段；注意阶段，是被荐举者对所荐举的人或事物发生兴趣而予以注意的阶段；权衡阶段，是被荐举者考虑如若接受荐举会有哪些利弊得失的阶段；决定阶段，是被荐举者做出是否接受荐举决定的阶段。

(3) 实事求是，客观准确。荐举者总是希望，并且采取种种方法促成对方接受自己的荐举。为使荐举成功而采取各种方法是正常的，但必须实事求是、客观准确，对被荐举者负责。

(4) 给被荐举者以良好的印象。首先，荐举者要注意外表、举止、言谈的优雅；其次，要表现出积极诚恳的态度；最后，要保持自己的独立人格。

3. 求助类会谈

人们在生活、学习、工作中，常常需要通过交谈来获得别人的支持和帮助。这种以请求援助为目的的交谈，就是求助类会谈。进行求助类会谈时，应掌握以下技巧。

（1）求助的对象要恰当。这包含两层意思：一是被求助者应当确有相助的能力，二是所求的援助不应大大低于求助对象所具有的相助能力。

（2）要选择好时机。求助者应当选择对方心情舒畅、有闲暇、有精力的时候去求助。如果发现对方心情不好、精力不济，或者抽不出空，就不宜开口。

（3）要说清楚自己的要求。只有让被求助者明确、具体地知道你所请求的援助，他才能考虑是否给予或给予多少援助，你才能达到求助的目的。

（4）要保护人格尊严。既然有求于人，当然就应表现得谦恭、温顺一些。但是，求助者绝不能为了得到别人的援助而卑躬屈膝、阿谀奉承、不顾原则、丧失立场，或扭曲乃至丧失自己的人格。

（5）求助失败也要有礼貌地分手。求助之前就应做好求助失败的心理准备。在对方爱莫能助时，求助者要表示理解，并友好地与其告辞。

4．说服类会谈

说服，就是一方用理由充分的话语使对方改变原有的观点或主张，转而接受新的观点或主张。这种为说服别人而进行的会谈便是说服类会谈。进行说服类会谈，除了遵守会谈的通则之外，还必须掌握一些说服的技巧。

（1）要真诚以待，不能怀有敌意。说服必须真诚。所谓真诚，就是话语是从心底里发出来的，是完全真实的。用真诚的态度去说服，可以平息事端，促人悔悟，攻破对方的固执和冷漠。

（2）要知己知彼，不要瞎子摸象。"一把钥匙开一把锁"，说服者只有从被说服者的实际情况出发来决定会谈的形式、内容，才能使自己的观点在被说服者身上产生共鸣。所以，说服者要知己知彼，了解对方，摸准思想，找出根源，有的放矢地进行说服。

（3）要委婉温和，不要直率鲁莽。"人活脸，树活皮"，要说服对方，就要尽力使他感觉不到威胁，就要讲究委婉礼貌，而不能直率鲁莽，伤人脸面。

（4）要启发诱导，不要威逼胁迫。进行说服是要对方放弃旧的观点，接受新的观点。这种接受不只是口头的应诺，而应是心悦诚服。这只有在自愿的情况下才能真正做到。说服，只能通过"说"去使人"服"，而不能压服、逼服。

（5）要有耐心韧性，不要匆促性急。不懂说服艺术的人往往操之过急，反复催促对方，立即要对方答复。殊不知，欲速则不达，在这催命般的穷追不舍之下，对方原本可能同意的事情便变得毫无指望了。

5．批评类会谈

批评有两种意思：一种是指出优点和缺点，另一种是专指对缺点和错误提出意见。这里的批评是后一种意义上的批评。这种对别人的缺点和错误提出意见的会谈就是批评类会谈。进行批评类会谈时，应掌握以下技巧。

（1）应当与人为善。批评，不是要抓住别人的缺点、错误穷追猛打，把他批倒、批臭，而是为了让他充分认识自己的缺点、错误以改正、克服，这就要求批评者具有与人为

善的动机。批评者应当时刻牢记：批评不是目的，而只是手段；批评不是要置人于死地，而是要治病救人。

(2) 应当就事论事。批评的目的只是为了使对方改正某些缺点、错误，那种指望通过一次批评就使对方变得完美无缺的企求是不现实的。批评应当具有明确的针对性，要就事论事，而不要东拉西扯，追源祸始，任意扩大。

(3) 应当明确、具体。要让被批评者改正错误、消除缺点，批评就一定要明确、具体，就一定要指出错误出在什么地方，该朝什么方向改正。

(4) 应当多指"正"，少指"误"。批评是对缺点或错误提出意见。这种意见有两种提法：一是指出错在哪里，会有什么危害；二是指出如何去做才正确。真正懂得批评的人总是把重点放在指明"正"的该怎么去做上面，少指责或者不指责对方的错误。

(5) 应当允许对方辩解、倾诉。在介绍说服类会谈时提到，说服者应当控制辩驳的天性，避免与人辩驳。而在充当批评者时，却不仅要让对方辩解，还要仔细聆听。

6. 讨论类会谈

讨论类会谈是就某一问题所做的交换意见式的交谈。进行讨论类会谈时，应当注意以下几点。

(1) 讨论之前必须做好准备。无论是自由讨论，还是正式讨论，都应当事先认真选择、研究讨论的话题，考虑好自己的意见。可以在总的话题下，从是什么、怎么样、为什么、如何做等方面准备好对一些具体的小问题的意见。

(2) 发言要紧扣话题，谈自己的看法。讨论的时候，应当围绕大家正在谈论的或者主持人宣布的话题发表意见，可以多侧面、多层次地谈自己的看法，但不能离题万里、不着边际。

(3) 要尊重交谈的对方。参加讨论时，要谦逊、平和，不能以势压人，垄断会场。如果你不同意别人的意见，可以提出自己的看法，也可以展开辩论，但要说明理由，注意方式、方法，不可以讽刺挖苦、搞人身攻击。

4.3 电话交谈

4.3.1 电话交谈及其研究的意义

电话交谈是指使用电话所做的交谈。

通过电话进行交谈是一种特殊的会谈。说它是会谈，是因为它具备会谈的特点；说它特殊，是因为它又有不同于一般会谈的地方。一般的会谈，双方总是面对面的，而在使用电话的时候，双方则是互不见面的。进行电话交谈时只能借助于有声语言沟通信息，而不能像一般会谈那样，在借助声音媒体的同时，还可以借助态势语言。因为它是会谈，所以前面所讲的有关会谈的技巧都适用于它；又由于它具有特殊性，所以它又有一些与一般会谈所不同的技巧。

4.3.2 电话交谈的技巧

1. 声音运用的技巧

声音是电话交谈者的唯一使者。在使用电话的时候，必须完全依靠自己的声音来沟通信息，因此电话交谈特别讲究声音运用的技巧。

(1) 保持正确的姿态，使声音和谐，富有弹性。使用电话交谈时，耳朵应当尽量贴近耳机，嘴巴应当与话筒保持半寸左右的距离，不要陷坐在沙发中，不要把话筒夹在肩部和下颌之间，不然就会使声音走调、失真。

(2) 采取正确的态度，使声音充满热情与善意。使用电话的时候，虽然对方看不到你的面部表情，但是你的态度会随着声音而传递过去。你和蔼可亲，声音里就会充满温暖与笑意；你愤怒，尽管并未提高嗓门，声音里却仍然会充满愤怒。厌烦伴有厌烦的音调，紧张则会带有紧张的感觉。

(3) 音量适中。有的人一拿起话筒，声音就高了八度，大喊大叫，唯恐对方听不到；也有的人开始打电话的时候声音不高，但是越谈嗓门越大，这些都给人以缺乏修养风度的感觉。

(4) 控制语速节奏，防止过急过快。使用电话的时间越长，交纳的话费就越多。这一压力使得许多人在使用电话的时候语速过快，以致含混不清。

(5) 发挥语气的表情达意功能。由于电话交谈的时候，双方互不见面，所以语调的作用就显得尤其重要。

2. 打电话的技巧

(1) 按电话号码之前应当做好充分的准备。首先，必须考虑打电话的必要性。其次，必须明确打电话的目的——是为了什么事情去打电话的。最后，必须理顺思路，要把准备陈述的内容按一定的顺序组织好。

(2) 打电话的时间要控制好。这包括打电话的时间选择和电话交谈所需要的时间的控制。除了紧急情况，在对方休息、就餐或者临近下班的时间(如果是长途，应当考虑到时差)不适宜打电话过去。如果需要较长的交谈时间，就应当在开始的时候说明并且征得对方的同意。如果对方脱不开身，就应当另约时间。

(3) 要有礼貌、有耐心。电话接通后，一般先要核实一下接通的是否是自己所要找的那个单位(部门)或者那个人，随后通报自己的姓名(公务电话则通报自己的单位名称)，然后再找要找的人，再谈要谈的事。有时候，电话打过去，对方却没有马上接，这时要耐心等一会儿，而不应匆忙挂断。

(4) 表达要清晰，防止产生歧义。汉语中存在着大量音同义异的词语，在口耳传播中容易造成歧义。所以，在使用电话时就特别需要讲究表达的清晰、严密，对所传播的重要的、关键的信息，如数字等，可以适当重复。

(5) 问话的时候要给对方留有回旋的余地。如果发现对方拿不定主意，应当主动表示过后再联系，而不应当催促。

(6) 要注意聆听。想从对方那里获取信息，固然需要认真聆听，即便是向人传达信息，也要注意通过聆听来了解对方的反应以决定接下去说什么和怎么说。

(7) 若拨错号码，应该报出自己所要联系的号码，然后向对方道歉，而不应当询问对方的电话号码。

3．接电话的技巧

(1) 接答要及时、友好。及时接答电话是对对方的礼貌。一听到铃声，就应当尽快去接。拿起话筒后，首先要做自我介绍。如果因手上的工作一时放不下来而拖延了时间，自我介绍之后就应当向对方解释、致歉。心情不好时，要克制住烦恼的情绪，坚持用友好、热情的态度去接答电话。

(2) 接答要谨慎、清楚。在大多数情况下，接电话的人并不知道对方要在电话里谈什么，思想上没有什么准备，加上电话交谈节奏紧凑，很容易因考虑不周而在接答时出现错误。所以，接答电话时要谨慎。对一时定夺不了的，不要匆忙作答，但一般都应说明原因。

(3) 如果遇到人事打扰，不得不终止通话，则要向对方说明理由。如果时间极短，可以不挂电话。如果需要先挂上电话，则应向对方致歉，并约定再次通话的时间，届时主动打过去。

(4) 要认真聆听，并用"嗯""对"等词语应答对方。电话机旁边应当备有纸和笔，对于重要的信息应随时记下，并向对方重复一遍，以验证记录的正确性。

(5) 结束通话要适时有礼。打电话的一方通常应该主动提出结束通话。若碰到对方喋喋不休，则可以找一个借口打断他的话，把电话挂断。结束通话后，应当轻轻地将话筒放于机座上，而不能"啪"的一摔。如果对方的身份比自己高，就应等对方放下话筒之后，再挂掉。

(6) 当外面打进电话请求传呼你的同事的时候，不要冒昧地追问对方的工作单位、姓名以及与被传呼人之间的关系。如果对方要找的人不在，应当尽可能说清楚他的去向，而不宜答以"不知道"就挂掉。如果你要热心地替人代接，应当先向对方说明自己和被传呼人之间的关系，然后再说"我能为你传达吗？"或者"我让他明天给你电话好吗？"如果对方愿意，就应当将来电话的时间、内容、对方的姓名、电话号码清楚地记下来，并负责转交到被传呼人手中。

4.4 谈　　判

4.4.1 谈判的含义

谈判是涉及问题的各方为了解决问题而进行平等协商、洽谈以达成协议(包括口头的和书面的)的双向言语活动。谈判中所解决的问题不是各方立场上的矛盾斗争，而是各方利益的矛盾。谈判的实质是为了调和各方矛盾的利益而达成协议。

4.4.2　谈判的类型

1. 按照性质划分

按照性质来分，谈判可以分为日常性协商和专门性洽谈。

(1) 日常性协商。这是为解决日常生活中碰到的形形色色的问题而进行的谈判，是谈判中最简单、最常见的一种，通常是随时发生、即时进行的。比如，一家人在餐馆里商量点菜、在车站与搬运工人协商搬运费等。

(2) 专门性洽谈。这是在政治、经济、文化等专门领域中进行的谈判。它包括政治洽谈、经济洽谈和文化教育洽谈等。

2. 按照谈判的态度划分

按照谈判的态度来分，谈判可以分为创造性谈判和分割性谈判。

(1) 创造性谈判。这是各方为谋取更大利益、创造最大可能的一致性而进行的谈判。这种谈判是诚挚、坦率和富有建设性的，各方配合默契，乐于提供信息、提出积极的建议，以使谈判达成协议，使双方获得更大的利益。

(2) 分割性谈判。这是谈判各方为调和对立冲突的利益关系而进行的谈判。分割性谈判又有传统模式和现代模式两种。

① 传统模式。传统模式又称棋赛式或输赢式，谈判的结果就像棋赛的结果那样，表现为一方输一方赢。

② 现代模式。现代模式又称互惠式或双赢式，谈判的结果是使各方都得到好处，都成为赢家。

3. 按照谈判地点划分

按照地点来分，谈判可以分为主场谈判、客场谈判和中立地点谈判。

(1) 主场谈判。这是指在己方区域(本单位、本地、本国)之内进行的谈判。

(2) 客场谈判。这是指在对方区域内进行的谈判。

(3) 中立地点谈判。这是指在双方"领地"之外的第三地进行的谈判。

4. 按照谈判主题的构成划分

按照谈判主题的构成来分，谈判可以分为单一型谈判和统筹型谈判。

(1) 单一型谈判。这是指主题只由一个问题构成的谈判。

(2) 统筹型谈判。这是指主题由多个问题构成的谈判。

统筹型谈判的主题是一个复合性问题，复合性问题一般有两种形式：并列式和链条式。并列式复合性问题是由各自独立存在、相互之间没有隶属关系的小问题构成的问题。链条式复合性问题是由彼此间存有逻辑联系，像链条那样一环扣一环逐层展开的小问题所构成的问题。在谈判实践中，这两种复合性问题所适用的谈判方式是不同的。因此，统筹型谈判又可以分为横向谈判和纵向谈判。

① 横向谈判。横向谈判就是把准备洽谈的问题一个个铺开，人为地规定谈判的轮数次序以及每轮要洽谈多少个问题、要用多少时间，然后再一轮一轮地进行谈判。

② 纵向谈判。纵向谈判就是把要洽谈的问题按照其内在的逻辑联系整理成一个系列，然后再依次进行谈判。

谈判的类型有很多，我们学习这些知识的目的，在于选择最佳的谈判形式，争取最大的谈判成果。

4.4.3 谈判活动的过程

正规的谈判活动通常由准备、接触、总结三个阶段组成。它们有其特定的任务，谈判者只有明确并完成了这些任务，才算是完成了一次谈判。

1．准备阶段

谈判的准备阶段担负着组建谈判班子、确定谈判目标、搜集情报资料以及确定谈判的时间和地点等任务。

(1) 组建谈判班子。谈判班子一般包括首席代表、专业人员、法律人员、翻译人员以及文秘人员。

(2) 确定谈判目标。谈判是以目标的实现为导向，是促使开展谈判的出发点。

① 硬性目标。这是谈判所必须达到的利益目标，是由谈判者的主要需求所决定的。

② 中性目标。这是必须力争达到的、非万不得已不应该放弃的利益目标，是由谈判者的次要需求所决定的。

③ 软性目标。这类目标不影响整体利益，并不是谈判者的实质性需求，可以为了换取其他目标的实现而放弃或改变。

(3) 搜集情报资料。搜集情报资料是为了进行科学的预测。谈判之前，需要搜集的情报资料大体有两类：一是背景材料，二是对方的材料。

(4) 确定谈判的时间。谈判时间的确定应当有利于加强己方的谈判地位。

(5) 选择谈判的地点。如果谈判只进行一轮，那么，应当力争在己方区域内进行。倘若对方不答应，那么至少也要选择一个中立地点。

2．接触阶段

接触阶段是各方正式坐下来谈判的阶段，一般包括以下六个环节。

(1) 导入。该环节的中心任务是消除彼此的防范，为谈判创造一种良好的气氛。

(2) 概说。该环节的中心任务是亮出自己的基本想法(包括条件、利益与意图)，同时摸清对方的基本想法(包括条件、利益与意图)，使大家相互了解对方，做到心中有数。

(3) 明示。该环节的中心任务是明确各方希望通过谈判所获得的利益目标。

(4) 交锋。该环节的中心任务是通过磋商找出双方妥协的范围。

(5) 妥协。该环节的中心任务是在经过充分交锋后，找出在双方妥协范围的基础上，可能做出的让步，使双方的利益目标在各自做了修正之后趋向一致，并在主要的分歧点上达成共识。

(6) 协议。该环节的任务是整理谈判的结果，形成书面文件，由各方代表正式签署。

在谈判实践中，上述六个环节并不是截然分开的，而是前后贯穿、紧密相连的有机整体，有时还可能会重复或穿插进行。

3．总结阶段

不管谈判的结果如何，在接触阶段结束以后，谈判班子都要认真、及时总结谈判工作的基本情况与经验教训，形成书面材料并报送有关方面。总结的内容一般包括评价谈判工作、总结经验教训、储存对方的资料等。

(1) 评价谈判工作。首先，要回顾整个谈判过程，从谈判战略的实施、谈判技术的发挥、谈判班子的组织工作等方面进行总结。然后，就下列问题进行具体评价。①我方的谈判目标实现了多少？②与对方的关系如何？③谈判的效率(付出与获取之比)如何？④得出整体结论：与成功的谈判标准——在与对方保持良好关系的前提下，高效率地实现谈判目标存在多大距离。

(2) 总结经验教训。在评价工作的基础上，对成功之处和重大失误进行分析，找出原因，并概括出规律性的东西。

(3) 储存对方的资料。把在谈判过程中了解到的对方的信息，特别是对方人员的情况，整理储存起来，以备日后使用。

4.4.4 谈判的原则与技巧

1．谈判的原则

(1) 不与对所谈事情无权做主的人谈判。只有确认了对方在所谈的事情上有权做主，才可以与他谈判。因为唯有如此，达成的协议才有实际意义。

(2) 不轻信对方。在谈判桌上，对对方的言辞一定要采取审慎的态度，要善于识破对方的语言陷阱，而不能贸然轻信。

(3) 把人和问题分开。这一原则的核心是：对谈判的议题可以强硬些，对人则一定要温和。为了争取在谈判中获得最大的利益，谈判各方对自己的利益目标必须固守坚持。但是，这并不意味着应当对谈判对手冷漠僵硬。温和的态度可以缓和因利益矛盾而趋于紧张的人际关系。

(4) 避开不同立场，抓住共同利益。谈判的目的不在于解决各方立场上的冲突，而在于解决各方利益上的矛盾，在于调整各方的利益需要达成某种一致。因此，谈判时应当避开各方的对立立场，而在对立立场的背后找到符合各方的利益需要的折中办法。

2．谈判的技巧

1) 策略技巧

策略技巧是在谈判过程中，根据局势的走向所采取的能够增强己方谈判地位，引导谈判向有利于实现己方利益目标方向发展的技能。具体的策略技巧可分为以下六种。

第4章 对白式口语沟通

(1) 引诱策略。这一策略的核心是对自己的情况隐而不露，不轻易亮出自己的底牌，而是想方设法引诱对方露出真实情况，将对方的底细打探清楚。可以提出假设性问题引对方入彀，可以摆出虚拟的条件让对方选择，也可以虚张声势，让对方误以为你已经知道他的秘密而把真实情况和盘托出。

(2) 膨胀策略。这一策略的核心是在谈判不至于破裂的前提下，敢于明示利益目标，即敢于狮子大开口。膨胀策略的目的在于尽可能为己方赢得利益。方法是：把己方内定的利益目标抬高一截。运用膨胀策略要掌握好分寸，要让对方感到意外，但通过解释又能让他觉得是在情理之中。但要注意，过于膨胀会吓跑对方。

(3) 压力策略。这一策略的核心是指出(或制造出)对对方利益目标的种种不利因素，使对手产生较大的心理压力，迫使其降低利益目标。可采用援引事例、造成事实、吹毛求疵、追根索源、利用最后期限等方法。

(4) 遏制压力策略。这一策略的核心是用种种办法来消除对方的压力，坚持己方的利益目标。可以表示自己无权变更利益目标，可以作出己无损的让步来个"金蝉脱壳"等。

(5) 让步策略。这一策略的核心是以尽可能小的代价换取尽可能多的利益。让步应当把握好时机，提前了会诱导对方得寸进尺；滞后了可能会丧失成功的机会。让步应当把握好程度，该让多少让多少，不该让的一分也不让。

(6) 扭转策略。这一策略的核心是引导对方摆脱原来的思路，跳出双方争执的问题，创造一种新的气氛，使谈判继续下去。常用的方法有：说笑话缓和气氛；放下争执不休的问题而改谈其他容易达成一致的问题；休会观光；更换人员等。

2) 语言技巧

谈判是由陈述和问答构成的。谈判的语言技巧主要是陈述的语言技巧、发问的语言技巧、应答的语言技巧和融洽气氛的语言技巧。

(1) 陈述的语言技巧。陈述，就是把自己想让对方知道的信息有条理地表达出来。在谈判中，陈述不仅出现在概说环节，而且也用于其他各个环节。它不仅可以用来传递信息，还可以用来控制谈判的进程。

(2) 发问的语言技巧。在谈判中，问什么、何时问、怎么问是很有讲究的。问得巧妙，可以增加各方的谈判兴趣，使谈判按照既定的意愿发展；问得笨拙，则会给谈判带来困难，甚至断送谈判。

① 发问应该服从于谈判进程的需要。当对手不感兴趣的时候，可以提一些引导性的问题；当想摸清对方底细的时候，就要问能够获取所需信息的问题；需要控制对方思考的方向时，应当问一些带有暗示性的问题；而要促使对方做出决定时，就要提具有结论性的问题；等等。

② 发问应该讲究时机、方法。应当选择对方最适宜答复问题的时候，先取得其同意，再行发问。应当留给对方思考的时间，不要在他尚未答完前一问题时又提出新问题。追问的时候，要善于就答而问等。

(3) 应答的语言技巧。发问者可以通过限制问题来控制回答。谈判高手并不是被动地对方问什么就答什么、怎么问就怎么答，而是既可以在问题之内就问而答，也可以跳出问题，答非所问。在某些情况下，真实的答复也可能是愚蠢的答复。而要知道应该说什么、应该怎么说，就要弄清对方提问的意图、问题的含义以及己方的利益需要。

(4) 融洽气氛的语言技巧。消除紧张、戒备、抵触等消极心理，营造一种双方心理相融的轻松的合作气氛，是谈判者在整个谈判过程中的一项任务。为了完成这一任务，需要掌握下列语言技巧。

① 多做商议，切忌争论。商议是合作，争论则是对抗。谈判是合作的过程，而不是对抗的过程。调整相矛盾的利益靠的是各方的协调合作，而不是争执对抗。

② 变"不"为是，婉言否决。在谈判中，否决要婉转。当你不同意对方意见的时候，不要直接说"不"，而应用肯定的句式来表示否定的意思，以避免使谈判各方陷入紧张的状态。

③ 诱其"同意"，创造一致。常用的方法是：从对方的需要出发，从对方的角度用"您是否同意"来发问，提一些对方常识范围以内的问题或者对方肯定会同意的问题。这样可缓和谈判的气氛，为双方共同寻找打破僵局的办法提供了契机。

4.5 论　辩

4.5.1 论辩的含义及特性

1. 论辩的界定

论辩也称"辩论"，是说话的双方(或多方)对同一事物的同一方面持有不同的观点，并运用一定的理由来逻辑地证明己方的观点正确，反驳对方的观点，以弄清谁是谁非的双向言语活动。

2. 论辩的特性

论辩具有同一性、矛盾性、对抗性和说理性等特性。

(1) 同一性。论辩是不同观点之间的争论。这里所说的观点不是任意泛指，而是专指针对同一事物的某一个论题的观点。

① 在论辩中，各方的论题必须一致。若论题不一致，即使观点不同，也构不成论辩。这是同一性的第一层意思。

② 同一性的第二层意思是指双方论辩的论题必须前后保持同一，而不能游移不定，随意变换。

③ 同一性的第三层意思是论辩各方的命题必须确定。

(2) 矛盾性。进行论辩，所针对的不但必须是同一客观事物的同一论题，而且两个命题必须相互矛盾。

(3) 对抗性。在论辩中，各方都想驳倒对方的观点，确立己方的观点，并且为此而短兵相接，相互对抗。

(4) 说理性。说话都要讲理，但是，最富有说理性的说话形式却是论辩。在论辩中，

无论是立论还是辩驳,都要摆事实、讲道理,都要运用丰富真实的材料来进行证明。这种证明的过程就是说理的过程。

4.5.2 论辩的类型

1. 实用论辩

实用论辩是人们在现实生活中,在某一实际问题上发生意见分歧时所进行的论辩。这类论辩又可以分为日常生活论辩与专用论辩两类。

(1) 日常生活论辩。这是人们在日常交往中因对相同事物的同一方面存在不同观点而发生的争辩。它常常是由眼前突然发生的事情所触发的,带有很大的随机性。

(2) 专用论辩。这是应专门需要而在特定场合下进行的有确定议题和范围的论辩,包括法庭论辩、外交论辩、决策论辩以及各种答辩等。这类论辩有组织、有程序。进行这类论辩时,应当事前做些准备,比如,对双方的论点、论据、论证进行研究,预测论辩中可能出现的变化,搜集相关的材料,制定战略战术等。

2. 赛场论辩

赛场论辩是作为一种比赛项目来进行的演练式的论辩,是非常实用的。

1) 赛场论辩的特点

与实用论辩相比,赛场论辩具有下列特点:从客观上说,在赛场论辩中,双方的观点都是抽签得来的,抽签者可能同意,也可能不同意;从环境上说,赛场论辩必定有裁判和听众参与。

2) 赛场论辩的分类

赛场论辩可以分为个体式和团体式两类:个体式是论辩赛中的"单打"项目,双方都只有一个人;团体式是论辩赛中的"团体"项目,双方都有多人上场。

4.5.3 论辩的技巧

每个论辩者都想在论辩中获胜,而要获得论辩的胜利,就必须具备两个条件:一是要拥有真理,代表正义,为真理而论,为正义而辩;二是要掌握技巧并能在论辩中自如地运用。拥有真理,是辩德的基本要求;掌握技巧,则是辩才的主要表现。论坛如战场,要在唇枪舌剑的交锋中克敌制胜,不仅要真理在握,而且还要了解、掌握论辩的战术技巧、战略技巧和语言技巧。

1. 战术技巧

论辩的战术技巧主要是指用来解决论辩中局部问题的巧妙技能,包括论、驳、护、接、问五个方面。

(1) 论。论就是论述、阐明己方的命题。这种技能一般体现在对演绎论证、归纳论证和类比论证这三种基本的论证方法的灵活运用上。

① 演绎论证,是先总说后分说的说理方法。

② 归纳论证，是先分说后总说的说理方法。

③ 类比论证，是用已知的事物所具有的某种特点、性质来论证同类或者与之相似的某种事物也具有相同的特点、性质的说理方法。

在上述三种方法中，演绎论证最为直率，归纳论证次之，类比论证则较为委婉。在辩论时，应根据需要恰当地选用。

(2) 驳。驳就是反驳对方的观点。这一技能主要通过灵活采用反驳命题、反驳论据和反驳论证三种方法来体现。

① 反驳命题。反驳命题就是直接针对对方的命题，运用事实论据或理论论据予以驳斥，揭示其荒谬不实，使其命题不能成立。

② 反驳论据。反驳论据就是直接反驳对方论据是虚假的或片面的，使对方的命题失去支撑而摇摇欲坠。

③ 反驳论证。反驳论证就是揭露对方的命题和论据之间缺乏必然的联系，论据证明不了命题，从而使对方的命题不能令人信服。

面对对方的命题陈述，究竟采用何种反驳方式，取决于论辩者对对方立论情况的观察与分析。

(3) 护。护就是对遭到对方驳斥的己方命题进行辩护。这里的辩护是指提出理由、事实来证明己方命题的正确合理，或者通过阐释来澄清己方的命题。其目的在于维护己方的命题。

(4) 接。接就是对双方言论的接对。接对时，要求迅速、利落。它包括包容性接对、排斥性接对和回避性接对三类。

① 包容性接对，就是先承认对方命题的合理性，继而在更加宏观的领域提出一个新的命题，将对方的论述包容其中，使对方的命题相形见绌而被否定。

② 排斥性接对，就是全盘否定对方的命题。常用的方法有借题发挥、以牙还牙、欲擒故纵等。借题发挥是指借用对方的话题来表明自己与对方相对立的看法。以牙还牙是指以子之矛攻子之盾，找出对方话语中自相矛盾的地方，提出反问，让对方自己否定自己。欲擒故纵是指先假定对方的命题是正确的，再以它为据从中归结出荒谬的结论。

③ 回避性接对，就是在不愿、不宜而又不能不接对对方言论的时候，以答非所问或者避而不答等技法与之周旋。

(5) 问。问就是向对方发问。在论辩中，发问的最终目的在于将对方问住，迫使其投降。问主要有追问、逼问、套问、诱问和回问等几种形式。

2. 战略技巧

论辩的战略技巧是指用来解决论辩中的全局性问题的策略技巧。

(1) 擒贼擒王。这是指在整个论辩过程中，都必须将对方的基本立论作为主攻的目标，万炮齐发，攻其要害。

(2) 攻守交替。任何辩论都应当攻守交替，破立结合。攻，就是破，就是反驳；守，就是立，就是辩护、证明。

(3) 造势夺人。这里的"势"是指能够给对方造成强大心理压力的情况或趋向。

① 高度的自信。造势所作用的对象是对方的心理。

② 高明的见解。高度可以造"势"。

③ 迅猛的攻击。出其不意，攻其不备，突然地猛烈攻击对方。

3．语言技巧

论辩是双向言语活动中最能体现语言技巧的形式，它在某种意义上就是一种语言竞技活动。与其他言语形式相比，论辩语言具有险而不凶、快而不乱、尖而不散、准而无隙、美而不浮的特点。而要做到这些，就必须掌握相应的语言技巧。

(1) 险而不凶。这是说论辩的语言要像拉满弦的弓弩，具有强盛的气势，给人以威慑力，而又能语不伤人，显出礼数。

(2) 快而不乱。这是说论辩语言的语速较快而又非杂乱无章，合乎实际需要。

(3) 尖而不散。这是说论辩的语言应当言辞尖锐、一针见血、深中肯綮，而切忌零散杂乱，隔靴搔痒。

(4) 准而无隙。这是说论辩的语言要准确，在难以或不便准确表述的地方，要善于采取灵活的方法而不给对方以任何可以利用的空子。

(5) 美而不浮。这是说论辩的语言优美而不浮华虚夸。论辩语言的优美体现在它的兼收并蓄与灵活圆通上。

① 兼收并蓄。兼收并蓄是说它用语面广，谚语、成语、熟语、俚语、歇后语、术语等皆为所用，不仅用口语词汇，而且还运用文言词语；句式多样，完全句、无主句、独词句、长句、短句、整句、散句、陈述句、祈使句、疑问句、感叹句等应有尽有；技法杂陈，语音、语气、节奏方面的技巧以及比喻、对照、对偶、引用、模仿、设问、反语等修辞手法博采广收。

② 灵活圆通。灵活圆通是说论辩语言的运用应当做到语随境变、声随情转。

论辩，应当追求优美的语言形式，但是不能为了优美而浮华虚夸。论辩是理性的活动，需要的是充实、严密与朴素，任何虚言假饰、矫揉造作都与论辩无缘。因此，在追求语言优美的时候，要明确目的——为了更好地证明己方的命题、反驳对方的命题；掌握分寸——兼收并蓄不等于堆砌，灵活圆通不等于随便，幽默风趣不等于油滑，铿锵有力不等于声嘶力竭，抑扬顿挫不等于忽高忽低，注重其实际效果。

思考与练习

1．闲谈的误区有哪些？在闲谈时你经常涉足哪些误区？你准备如何提高自己的闲谈能力？

2．仔细阅读下面的一则案例，分析小彭这次电话交谈中存在的缺失，并说说他应该如何提高自己的电话沟通技巧。

"喂，市场部吗？"早晨一上班，总经办的小彭就给公司的下属部门打电话，"这个月的市场分析数据都出来了吧?"

对方说还差一点儿,有几个外地办事处的数据尚未统计清楚。

"哎呀,"小彭很着急,"老板今天就要看,你们几点能统计好啊?一旦统计完了,马上送过来好不好?"

对方说:"好,我们尽量吧。"

下午上班后不大一会儿,小彭又打电话过去:"怎么样了?统计好了吗?"

对方说:"差不多了。"

"那你们赶快送过来吧。"小彭说。

对方却说:"我们也正忙着呢,你自己过来拿吧。"说罢就挂了电话。

小彭不禁倒吸一口凉气,心想难道是我一时着急,忽略了工作方法?可这是拿给老板看的呀,又不是为我个人服务,对方怎么会这么不配合呢?

3. 结合下面的一则案例,谈谈如何与陌生人攀谈,在交谈的过程中如何激发对方的兴趣。

向子不久前出差住在一家旅店,目睹了一场活剧:一个先他而住的人正悠闲地躺在床上,欣赏电视节目。另一个后来的人放下旅行包,稍拭风尘,冲了一杯浓茶后,边品边研究起那位先他而来的人:"师傅来好久了?"

"比这位客人先来一刻。"他边指着正在看书的向子边说。

"听口音不是苏北人啊?"

"噢,山东枣庄人!"

"啊,枣庄是个好地方啊!我读小学时就在《铁道游击队》连环画上知道了。三年前去了一趟枣庄,还颇有兴致地玩了一遭呢。"

听了这话,那位枣庄客人马上来了兴趣,二人从枣庄和铁道游击队谈开了,那亲热劲儿,不知底细的人还以为他们是一道来的呢。接着就是互赠名片,一起进餐,睡觉前双方居然还在各自身边带来的合同上签了字:枣庄客人订了苏南客人造革厂的一批风桶;苏南客人从枣庄客人那里弄到一批价格比较合理的议价煤。

4. 阅读下面的一则案例,分析皮革材料公司负责人谈判成功的原因,并说说你从中得到了什么启示。

某家皮革材料公司,专为皮革制造厂家提供皮革材料。一次,一位客户登门。几句寒暄之后,公司负责人发现这位客户实力雄厚,需要量很大,如果能抓住这位客户,无疑会给公司带来很大的收益。在交谈中,他发现这位客户比较自负、性急。于是皮革材料公司负责人通过客户观看样品的机会,适当而得体地夸奖客户的经验与眼力,让客户感到非常高兴。最后,在价格谈判中,负责人先开每公斤 20 元的价格,紧接着加了一句:"您是行家,我们开的价是生意的常规,有虚头骗不了您。最后的定价您要是说不行,我们绝无二话。"果然,客户在这种信任的赞誉声中,爽快地定了每公斤 15 元,但其实该公司的进价是每公斤 12 元。

5. 仔细阅读下面的一则案例,并以"人际沟通中可以(不可以)运用反唇相讥"为题组织一场辩论赛。

第4章 对白式口语沟通

　　春秋时期，齐国的晏婴在出使楚国时曾成功地运用了针锋相对、反唇相讥的方法而克敌制胜。春秋时，南方的楚国一天比一天强大起来，楚王自认为是"岭南虎"，想咬谁就咬谁。齐国虽是个大国，但楚国也不把齐国放在眼里。为了疏通国与国之间的渠道，改善关系，齐王派晏婴出使南方地域。等到晏婴到达楚国的时候，楚王已传令说任何人都可以尽量羞辱晏婴。狭隘的楚王想借晏婴出气。晏婴远远地走过来了，前来迎接的礼宾官员见他那么矮小，就命令士兵打开城门旁边的侧门，瞧他进不进。晏婴仪表堂堂地站在正门前，一声不吭。嬉皮笑脸的士兵过来了，晃悠着脑袋指了指小门儿，说："先生，您请进吧！"晏婴冷蔑地笑了笑，也虚指了一下侧门儿，打了个比喻，反击道："这纯系狗洞！出使狗国的人，才走狗洞。"

第 5 章　非语言沟通

非语言沟通是相对于语言沟通而言的，虽然在人际沟通与交流中它只起辅助性作用，但它的沟通效果却是极其明显甚至不可替代的。沟通是双向的，人们不仅可以利用别人的肢体语言观察、了解别人，也可以利用自己的肢体语言向对方传达自己的意图，轻而易举地搭建友谊之桥。

一个真诚的微笑就可以传递出你的友善，消除陌生的隔阂；摊开你的手掌，就能告诉他人你的坦诚；张开你的双臂，就可以获得他人的信任……如果你是在变幻莫测的生意场上奔波劳碌，就应擅用自己的身体，只消一举手、一投足便可识得谎言，辨明真伪，在商界之中游刃有余；而处于围城内外的各色男女，若习得身体语言的妙处，便可获得爱情，守住幸福，或是独善其身，保持身边清静。

造物主造人，赐予人四肢并非只用于劳动，更多的是可以使人由个体通过交流与沟通联合为群体，只有团结在一起才能抵御外来的种种威胁，保持人类的延续。当人类尚未掌握语言时，利用肢体交流可能是人类交流的唯一手段；随着人类的进步和发展，掌握了有声语言之后，祖辈们曾经依赖的肢体语言便开始被忽视。

实际上，交际的手段并不限于语言，尽管我们以往没有意识到这一点。其实，我们的表情、手势、身体其他部位的动作，都在向周围的人传递着信息，这就是我们的身体语言。

通过本章的学习，应了解非语言沟通的特点；明确非语言沟通与语言沟通之间的关系；熟知各种非语言沟通的表现方式；掌握各种非语言沟通方式的运用技巧，并学会根据非语言的表现判断它的真实含义。

5.1　非语言沟通概述

5.1.1　非语言沟通的含义及特性

所谓非语言沟通，就是使用除语言沟通以外的其他各种沟通方式来传递信息的过程。非语言沟通的形式有很多，包括身体语言、副语言、空间语言以及环境语言等，甚至没有表情的表情、没有动作的动作都是非语言沟通的有效途径。非语言沟通在实际沟通活动中起着非常重要的作用，有时甚至比通过语言表达的信息更为重要。事实上，根据国外心理学家的调查研究，在信息传递的全部效果中，语言只占 7%，声音占 38%，而非语言沟通所起到的效果最为明显，占到 55%。概括起来，非语言沟通的特性主要表现在以下几方面。

1. 非语言沟通隐藏着丰富的文化内涵

一般来说，人们的大多数非语言行为是在孩童时期学到的，是由其父母和其他相关群

体传给的。因此，这些行为不可避免地要受到文化环境、风俗习惯、思维方式、价值观念以及宗教信仰的影响。在西方国家，那些有许多窗户和最好风景的办公室都是特意留给地位比较高的人的；而在日本却恰恰相反，"坐在窗户旁边"暗示你已经从主要工作中被排除出来了，或者是已经被放在一边了。在德国，办公室是单独的、分开的，并且在紧闭的办公室门上写着主人的名字。德国人不愿在一个敞开的大办公室里工作，以防自己的谈话被别人听到。而在日本，办公室一般是不分开的，公司经常会使用一个很大的、开放的并且很拥挤的办公室，包括老板在内所有的人都坐在这里，他们认为这样有助于消除那些阻止非正式交流的隔阂。

2．非语言沟通所包含的信息远远超出语言所提供的信息

有关研究表明，非语言沟通所流露的信息要比语言丰富得多，因为语言有时会把所要表达的意思的大部分甚至绝大部分隐藏起来。所以，要了解说话人的深层心理，即无意识领域，单凭语言是不够的，人的动作比语言更能表现出人的情感和欲望。人类语言传达的意思大多数属于理性层面，这种经过理性加工表达出来的语言往往不能真实地表露一个人的真正意思，甚至还会出现"口是心非"的现象。这就表明，当一个人在谈话时，他可能戴上某种面具，讲的话可能是虚假的，而其身体语言的掩饰就不会那么有效了。正如人们常说的"不仅要听你说什么，更重要的是看你怎么说"。由此可见，非语言沟通在沟通中所表现出的真实性和可靠性要比语言强得多，特别是在情感的表达、态度的显示、气质的表现等方面，非语言沟通更能显示出它所独有的特性和作用。所以，在人际沟通过程中，尤其是在需要准确表达丰富的情感、增强表达效果、提供可靠的活动信息时，都必须运用准确的非语言表达方式。

3．非语言沟通能够影响并调控语言沟通

在沟通过程中，非语言沟通不仅起着配合、辅助和加强语言沟通的作用，而且能够影响并调控语言沟通的方向和内容。例如，在交谈过程中，讲话者应把目光集中在听话者身上，尤其是面部，意思是"我在跟你说话"。而听话者也应不时地注视一下讲话者，表示"我在听着呢"。讲话者在快讲完时，总是抬起眼望着对方，示意对方"该你讲了"。这时对方会接受这一信号，将目光移向别处，表示"我已经准备接话了"。然后，听话者转为讲话者，重复刚才的一幕，谈话继续进行。如果在讲话者喋喋不休时，听话者东张西望，那就表示"够了，别讲了"，这时讲话者应及时做出调整。这种目光信号的交换伴随着整个谈话过程，调节着谈话的结构和内容。

不仅如此，非语言沟通还能验证和表达语言沟通所要传递的信息。例如，在一些娱乐节目中，我们会看到一种大众游戏，就是表演者不可以说话，但可以通过动作或者表情来表现一个成语或一句话，让另外的参与者来猜。有时表演者做得很传神，参与者便能回答准确；而有时表演者的表达不是很到位，参与者便会错误地理解表演者的意图而说出毫不相干的意思，令观众忍俊不禁。这就说明非语言沟通在表达准确的时候可以真实地传递信息，而这个信息传递的过程又会受到动作、表情、理解等众多因素的影响。

4．非语言沟通能表明情感和态度

非语言沟通在很大程度上是无意识的，因而，它能更真实地表明人的情感和态度。当你与他人交谈后，你会很清楚地记得谈话的内容，因为这些话是通过你的思考、选择有意识地表达出来的。但在谈话时你做了哪些动作、用过什么样的姿势却难以说清，因为它们是自然而然地流露，你并没有刻意地去选择在说哪些话时采取哪些姿势。例如，我们会不自觉地接近自己喜欢的人，而与自己不喜欢的人谈话时则离得远一些；当反对某些意见时，可能会把双臂交叉在胸前；而对某些话题感兴趣时，会把身体倾向对方。面部表情、手势、形体动作和使用目光的方式，都向他人传递了我们的情感和情绪，别人能从我们的面部表情上发现愉快、悲哀、恐惧、愤怒和是否有兴趣。绝大多数人也能通过说话的速度、音调等准确地识别说话者的情绪。

5.1.2 非语言沟通与语言沟通的关系

英国学者阿盖儿(Argylls)提出，非语言沟通有三个基本用途：一是处理、操纵直接的社会情境；二是辅助语言沟通；三是代替语言沟通。由此说明，语言沟通和非语言沟通各有其作用，它们相互作用、相互影响。有时语言沟通起主要作用，有时非语言沟通起主要作用。这就要求人们必须全面认识非语言沟通与语言沟通的关系，不能顾此失彼，不能因强调语言沟通而忽视非语言沟通的作用，也不能因强调非语言沟通而忽视语言沟通的作用。事实上，在沟通过程中，非语言沟通与语言沟通常常是相伴而行的。可以想象，脱离非语言沟通的配合，语言沟通往往难以达到应有的效果；同样，脱离语言沟通的语意环境，独立地理解某一非语言行为的含义也是很困难的。概括而言，非语言沟通与语言沟通的关系主要表现在以下几个方面。

1．非语言沟通能够强化语言沟通的信息

非语言行为在许多场合能起到强化语言信息的作用，例如，在表达"我们一定要实现这个目标"时，要有力地挥动拳头；在表达"我们的明天会更好"时，要提高语调，同时右手向前有力地伸展等。这些非语言行为大大增强了语言的分量，体现出演说者的郑重和决心。在现实生活中，我们常用手势与语言相结合的方法来强调事物的重要性、紧迫性和真实性。例如，有时为了强调一个人、一件事物和某个地点，人们会一边用手指着一边说"就是他""就是这个""就是这儿"。人们在生气的时候常常提高声音的强度，并以一些动作来表示自己十分生气。例如，一名顾客眉头紧锁、表情严肃地向经理诉说着自己的不满，并不时地挥舞着双臂表示愤怒；或上司拍打着桌子对下属的失职表示愤怒等。上述这些都是利用非语言沟通来强化语言信息。

2．非语言沟通能够代替语言沟通的信息

非语言行为作为一种特定的形象语言，可以产生有声语言所不能达到的实际效果。许多用有声语言不能传递的信息，非语言行为却可以有效地传递。在日常工作中，人们都在自觉或不自觉地使用各种非语言行为来代替有声语言，进行信息的传递和交流。利用非语

言行为进行沟通,有时能够省去过多的"颇费言辞"的解释而达到"只可意会,不可言传"的效果,这正像人们所说的"此时无声胜有声"。例如,老师在课堂上提出问题,学生们举手表示"我想回答";如果学生面对老师的提问一再摇头,虽然没有说"不知道",但同样传递了"我不知道"或"我不会"的信息。需要指出的是,在人际沟通中运用非语言行为,要尽量生活化,要与当时的环境、心情、气氛相协调。如果非语言行为过分矫揉造作,只会给别人造成虚情假意的印象,影响沟通的质量,甚至会起到反作用。

3. 非语言沟通能够补充语言沟通的信息

非语言行为可以在语言信息之外增加信息。以"道别"为例,在多数情况下,非语言行为与语言二者并用,互为补充。例如,如果人们言谈甚欢,在一方站起身来说"我得走了"的时候,对方同时也会起身相送,双方告别时还会通过目光的接触,表示"我们的谈话很有趣,有机会我们再聊好吗"。但是,如果此前的谈话很不顺利,那双方的表情会显得冷淡,尽管也会说"再见",但非语言行为(如移开目光、坐着不起身相送等)却可能暗示着"再也不想和你谈了""天哪,总算完了"等不同的含义。

4. 非语言沟通能够重复语言沟通的信息

在交流过程中,人们为了使语言所表达的信息更容易被理解和接受,往往在说话的同时还伴随着与意思相同的非语言行为。例如,当幼儿园老师叫小朋友们上课时要专心听讲,不可以跟同桌的小朋友说话的时候,会朝小朋友摇摇手,强调"千万不可以"。

5. 非语言沟通能够否定语言沟通的信息

当人们对语言沟通所传递的信息表示不满或意见有分歧时,可以通过非语言行为给予否定或拒绝。例如,当某人在争吵中处于劣势时,却颤抖地说道:"我怕谁?"事实上,从说话者颤抖的嘴唇上不难看出,他的确感到恐惧和害怕。这充分说明,当语言信息与非语言信息发生冲突时,最常被接受的是非语言信息的含义,或者说非语言信息揭露了真相。

6. 非语言沟通能够验证语言沟通信息的真实性

非语言行为所包含的信息常常是在不知不觉中反映出来的,是人们内心情感的自然流露,它所传递的信息更具有真实性。正因为非语言行为具有这个特点,因而,非语言行为所传递的信息常常可以印证有声语言所传递信息的真实与否。在实际交流过程中,常会出现"言行不一"的现象。正确判断一个人的真实思想和心理活动,要通过观察他的非语言行为,而不只是听他的有声语言,因为有声语言往往会掩饰真实情况。例如,在日常工作中,同事之间的一个很小的助人动作,就能验证谁是你的真心朋友。再如,在商务谈判中,可以通过观察对方的言行举止,判断出对方的合作诚意和所关心的目标等。

5.1.3 非语言沟通的习得和解读

1. 非语言沟通的习得

人们的非语言沟通能力主要是通过学习得到的,当然,也有一部分是与生俱来的。儿童,通过观察,模仿周围的大人就会习得非语言沟通,但那都是在无意识中习得的,不是有意识习得的。女孩儿模仿母亲和其他女性,男孩儿模仿父亲和其他男性,通过这种方法,孩子们掌握了与自己的性别相应的社会角色,也领悟了与自己所属的民族、地域、阶级相应的行为模式。

对于习得非语言沟通的一般理论来说,更明显的例外,是非语言沟通中发送者和接收者的身体特征。这种特征也明确传达某种信息,而这却与遗传禀赋有关。例如,头发的颜色、体重、身高之类的身体特征也传达某种信息,而这是属于与生俱来的、体质方面的、不以人的意志为转移的东西。

身体的某处发痒时抓挠是不用学习的,而忍住哈欠不打,使之不那么显眼,则是精心养成的行为形态。从这一事例得出的结论是:我们与生俱来的非语言行为模式若与我们的希望相悖,则通常要有意识地加以修正,使之不形于外。

我们生活的社会环境乃至世界种种文化形态,都是我们充分有效的老师。它既能决定儿童理应习得的语言,也能给予他们制作信息、传达信息的机会。

对社会环境的学习,甚至对男孩的站法和走法都能产生影响。在美国的大都市里,黑人男性扭腰动胯地走路,而白人男性却采用犹如机械装置似的走法。在法国男性中流行一种走法,即关节似乎自由活动,脚部似有弹性的一种走法。而在美国人看来,这种走法简直是滑稽可笑,但是,这种走法却由法国的哑剧大师马塞尔·马奈介绍到了全世界。

儿童往往模仿自己崇拜的人物,而一旦其彻底掌握了崇拜者的姿态,则在采用其他的站法和动法时,就会显得很不习惯。非洲尼罗河流域居住的希勒克族舒适放松时的姿势是单足站立,而另一只脚的脚掌搭在膝盖的内侧。对于不习惯的人而言,这恐怕非但不是非常舒服的姿势,而且可能是很别扭且易疲劳的姿势。

玻利维亚人无论年龄多大,都能像坐在椅子上那样惬意地弯腰蹲在地上,而且还可以长时间保持这一姿势。而对欧美的白种人来说,却怎么也无法仿效。

2. 非语言信息的解读

本杰明·沃尔夫曾对美国印第安人维尼族和河皮族的文化与语言进行过多年的研究,他认为,语言不只是单纯的意义表达工具,实际上也是意义形成的主要因素。为了证明这一点,沃尔夫举了爱斯基摩语为证。在这种语言里,表达"雪"的词语有几十种,分别与"雪"的种种状态相应。因而,爱斯基摩的孩子们习得了用识别雪的种类的眼睛来观察雪的能力。实际上,他们采用了与一般美国儿童不同的观察雪的方法。

本杰明·沃尔夫强调的是,与某一事物的种种状况对应的种种词语会造成人们知觉和意识上的差别,这一点应该说得到了某些证据的支持。许多美国学者指出,一般美国人大体能识别光谱中的橙色、红色、粉红色、紫色。如果是对美术特别关心的人,这部分色彩的词语中会再加入古铜色、鲑肉色、朱砂色、果冻色、紫红色、深红色、绯红色、赤紫色、栗色、赤褐色等;如果是与时装和室内设计有关的人,会再加上红橘色、杏黄色、亮紫红色、樱桃色、芙蓉红色、淡红色、红宝石色、酒红色等。而对一般的美国人来说,这些名目所指的色彩的微妙区别是无法把握的。现在使用的最详细的色彩词典大约收录了

4000个色彩名词，而普通的美国男性能举出20个色彩名词已经很费劲儿了。

一般而言，解读非语言信息的能力，女性比男性更为优越，就连色彩的识别也不例外。这当然不能说明，任何方面女性都比男性优越。但是，在能认知和正确解读非语言信息者的数量上，女性受试者比男性受试者多的事实已被很多的实验证明。想要证实其中的奥妙所在几乎是不可能的。

有一种学说认为，是因为在大脑的两个半球中，男性使用大脑右半球支配的各种能力相对较高，他们有一种倾向，那就是更善于不依存现实状况的抽象思维；而女性则更善于发挥受大脑左半球支配的人际交往及语言表达等各种能力。

常被引证的还有与这一学说同样有力的另一个学说，那就是，在许多国家的文化形态中，女性自古以来就从属于拥有权利和影响力的男性。为了达到自己的目的，女性只能依赖男性或者掌握以男性为中介而行事的间接手段，作为一种代偿性的技巧，女性对语言之外的种种信息的认知能力就特别发达。

我们要尽可能了解非语言沟通的范围和深度，从而一方面能够更为聪明地应对别人发出的非语言信息；另一方面自己能够理解用非语言手段传达的各种信息的意义。由于非语言手段具有的微妙性，因此这一课题是相当艰巨的，但也是引人入胜的。

5.2 身 体 动 作

5.2.1 肢体动作

肢体动作主要是指四肢的动作，包括手部、头部、肩部以及腿部等。通过对肢体动作的分析，可以判断人的心理活动或心理状态。

1. 手的动作

手的动作是身体动作中最重要也最明显的部分。由于手部动作比较灵活，因此运用起来更加自如，许多演员、政治家和演说家通常会通过训练使自己有意识地利用一些手势来加强语气。一般来说，手势都是无意识地运用的，由于个人的习惯不同，讲话的具体情况不同，沟通双方的情绪不同，手势动作也就不同。采用何种手势，因人、因物、因事而异。总的来说，不同的手势有不同的含义。

(1) 手指。双手插在上衣或裤子的口袋里，露出两拇指，是显示高傲态度的手势；将双臂交叉胸前，两拇指翘向上方，既显示防卫和敌对的情绪，又显示十足的优越感，这种人极难接近；若在谈话中将拇指指向他人，这是嘲弄和藐视的信号；若伸出食指，其余的指头紧握，指着对方，表示因不满对方的所作所为而教训对方，带有很大的威胁性；如果将双手手指架成耸立的塔形，表示有发号施令和发表意见的欲望；如成水平的尖塔形，则表示愿意听取别人的意见。

当我们用拇指和食指围成一个圆形而其他三指直立时，它的意思是"好"；拇指与食指、中指相擒，则是一种"谈钱"的手势；当我们分开食指和中指做成 V 字形，并将掌心朝向他人时，则意味着"胜利"；把食指垂直放在嘴边意味着"嘘"等。

(2) 手掌。判断一个人是否诚实，有效的途径之一就是观察他讲话时手掌的活动。一般认为，敞开手掌象征着坦率、真挚和诚恳。小孩子撒谎时，手掌藏在背后；成人撒谎时，往往将双手插在兜内，或者双臂交叉，不露手掌。常见的手掌语言有两种：掌心向上和掌心向下。掌心向上，摊开双手，表示真诚、坦率，不带任何威胁性；而掌心向下，表明压抑、控制，带有强制性和支配性，容易使人产生抵触情绪。例如，当会议进行得很激烈时，有人为了使大家的情绪稳定下来，做出两手掌心向下按的动作，意思是说"镇静下来，不要为一点小事争执了"。

(3) 背手。有地位的人都有背手的习惯，当他们站立或走路时，双臂背在背后并用一只手握住另一只手，表示的往往是一种优越感和自信。不仅如此，背手还可以起到镇定的作用，双臂背在身后，表现出自己的胆略。学生背书，双手往后一背，的确能缓和紧张的情绪。但要注意的是，若双手背在身后，不是手握手，而是一手握另一手的腕、肘、臂，则成为一种表示沮丧、不安并竭力进行自我控制的动作语言，暗示了当事者心绪不宁的被动状态。而且，握的部位越高，沮丧的程度也越高。

(4) 搓手。冬天搓手掌，是防冷御寒。平时搓手掌，正如成语"摩拳擦掌"所形容的跃跃欲试的心态，是人们表示对某一事情的急切期待的心情。运动员起跑前搓搓手掌，表示期待胜利。国外的餐馆服务员在你桌前搓搓手掌，问："先生，还要点什么？"这实际上是对小费和对赞赏的期待。在商务谈判中这种手势可以告诉对手或对手告诉你在期待着什么。

(5) 双手搂头。将双手交叉搂在脑后，这是有权威、占优势地位或对某事抱有信心的人经常使用的一种典型的表示高傲的动作；这也是一种暗示拥有权力的手势，表明当事者对某地、某物拥有所有权。如若双手支撑着脑袋，或是双手握拳支撑在太阳穴部位，双眼凝视，这是脑力劳动者惯用的一种帮助思考的手势。

(6) 握手。握手是现代社会习以为常的见面礼，然而握手的方式却千差万别。握手的力量、姿势和时间的长短都能传递不同的信息。根据握手的力量、姿势和时间的长短不同，可将握手分为以下几种类型。

① 支配性与谦恭性握手。握手时手心向下，传递给对方的是支配性的态度。研究证明，地位显赫的人习惯于采用这种握手方式。掌心向上与人握手，传递着一种顺从性的态度，表示愿意接受对方支配，谦虚恭敬。若握手双方都想处于支配地位，握手则是异常象征性的竞争，其结果是双方的手掌都处于垂直状态。研究表明，同事之间、朋友之间、社会地位相等的人之间往往采取这种形式的握手。

② 直臂式握手。直臂式握手是指握手时猛地伸出一条僵硬挺直的手臂，掌心向下。事实证明，这种形式的握手是最粗鲁、最放肆、最令人讨厌的握手形式之一，所以在日常生活中应避免使用这种握手方式。

③ 死鱼式握手。一方伸出软弱迟钝的手，有气无力地让对方去握，像一条死鱼，给人一种很不情愿的感觉。这种握手方式使人感到无情无义，受到冷落，还不如不握。

④ 双握式握手。采用这种方式握手的人是想向对方传递友好的情感，常常是先用右手握住对方的右手，再用左手握住对方的手背，双手夹握。西方称之为"政客式握手"。这种握手包括两种形式：一种是"手握式握手"，即用两只手紧紧握住对方的一只手并上下

用力摇动；另一种是用右手抓住别人的右手不放，左手同时做出各种"亲密"动作，例如，抓住别人的手腕、手臂、肩头等。左手触及别人身体的位置越高，就表示越热情、越亲密。

⑤ 折骨式握手。这是一种用力过猛的握手形式，握手时用拇指和食指紧紧抓住对方的四指关节处，像老虎钳一样夹住对方的双手，让别人感到疼痛难忍。很显然，这种握手方式会让人感到畏惧和厌恶。

⑥ 蜻蜓点水式握手。这种握手方式不是满手张开去握住对方的整个手掌，而是轻轻地捏住对方的几个指尖，给人十分冷淡的感觉，其用意是要与对方保持距离。女士同男士握手时往往会采用这种方式。

2．头部动作

头部动作也是运用较多的身体语言，而且头部动作所表示的含义十分细腻，需根据头部动作的程度并结合具体的条件来对头部动作传递的信息进行判断。

(1) 点头。点头这一动作可以表示多种含义，有表示赞成、肯定的意思，有表示理解的意思，也有表示承认的意思，还可表示事先约好的特定暗号等。在某些场合，点头还表示礼貌、问候，是一种优雅的社交动作语言。

(2) 摇头。摇头一般表示拒绝、否定的意思。在一些特定背景条件下，轻微地摇头还带有沉思的含义以及不可以、不行的暗示。另外，头朝对方略微侧转表示注意；单手或双手抱头表示沉思、沮丧或懊恼。

3．肩的动作

外国人比较常用耸肩膀这一动作。由于受到惊吓，一个人会紧张得耸肩膀，这是一种生理上的动作。另外，耸肩膀还可以表达"随你便""无可奈何""放弃""不理解"等含义。

4．脚的动作

脚的动作虽然不易观察，但是能更直接地揭示对方的心理。抖脚可表示轻松、愉快，也可表示焦急不安；跺脚表示兴奋，但在愤怒时也会跺脚；脚步轻快表示心情舒畅；脚步沉重说明疲惫，心中有压力等；双脚呈僵硬的姿势，表示紧张、焦虑；脚尖点地表示轻松或无拘束；坐着时脚尖来回摆动表示轻松或悠闲。

5.2.2 身体姿势

一个人的身体姿势能够表达出他是否有信心，是否精力充沛，具体可以通过一个人的走姿、站姿、坐姿表现出来。通常，人们想象中精力充沛的姿势是：收腹、肩膀平而挺直、挺胸抬头、下巴上提、面带微笑、眼睛里充满着必胜的信心。

1．走姿

一个人的走姿最能体现他是否有信心。走路时，身体应当保持正直，不要过分摇摆，

也不要左顾右盼，两眼应平视前方，两腿要有节奏地交替向前，步履轻快不要拖拉，两臂应在身体两侧自然摆动。正确的走路姿势要做到轻、灵、巧。男士要稳定、矫健；女士要轻盈、优雅。

2. 站姿

一个人的站姿体现了这个人的道德修养、文化水平以及与他人交往是否有诚意。站立时，身躯要正直，头、颈、腿要与地面垂直，眼要平视前方，挺胸收腹，整个姿态应显得庄重、平稳，切忌东倒西歪、耸肩驼背。站立交谈时，双方应随说话的内容做一些手势，但不要动作过大，以免显得粗鲁。在正式场合站立时，不要将手插入裤袋里或交叉在胸前，更要避免一些下意识的小动作，如摆弄手中的笔、打火机以及玩弄衣带、发辫等，这样不仅显得拘谨，给人一种缺乏自信、缺乏经验的感觉，而且也有失仪表的庄重。良好的站姿应该给人以挺、直、高的感觉，向松树一样舒展、挺拔、俊秀。

3. 坐姿

坐姿要尽可能做到舒服地坐着，但不能降低自己的身份，影响正常的交流。如果笔直地坐在一张直靠背椅上，坐姿会显得僵硬。最好的方式是将身体的某一部位靠在靠背上，使身体稍微有些倾斜。当倾听对面或旁边的人谈话时，可以摆出一种轻松的而不是紧张的坐姿。在听别人讲话时，可以通过微笑、点头或者轻轻移动位置，以便清楚地注意到对方的言辞方式，来表明你的兴趣与欣赏。当轮到你说话时，可以先通过手势来吸引对方的注意力，强调谈话内容的重要性，然后身体前倾，变化语调，并配合适当的手势来强调论点。面试时，应聘者如果弓着背坐，两臂僵硬地紧夹上身，两腿和两只脚紧靠在一起，就等于对面试者说"我很紧张"；而如果应聘者懒散地、两脚撒开地坐，则表明他过分自信或随便，也会令人不舒服。

5.3 面部表情

面部表情语言就是通过面部器官(包括眼、嘴、舌、鼻、脸等)的动作、姿态所表露的信息。美国学者巴克经过研究发现，仅人的脸，就能够做出大约 25 万种不同的表情。在交际过程中，交际双方最易被观察的"区域"莫过于面部。由于脸上的神色是心灵的反映，面部表情是人的心理状态的体现，因此，人的基本情感及各种复杂的内心世界都能够从面部真实地表现出来。我们在日常生活中时时都在使用面部表情这一身体语言。求人办事，请人帮忙，无一不需要注意对方的"晴雨表"——脸色。由此可见，面部表情对于有效沟通起着重要作用。

5.3.1 眼睛

在面部的各器官中，眼睛最富有表现力。眼神是内心世界，即修养、道德、情操的自然流露，是外部世界与个人内心世界的交汇点。一个人的眼神既可以表现他的喜、怒、哀、乐，也可以反映他心灵中蕴涵的一切内容。有经验的说话者都很注意恰当而巧妙地运用自己的眼神，借以充分发挥口才的作用。如果一名沟通者说话时不善于用眼神传情，而总是呈现出一双空洞的眼睛，就会给听众一种呆滞麻木的感觉，无法引起听者的注意，有损于语言的表达。

(1) 注视。行为科学家断言，只有在相互注视对方的眼睛时，彼此的沟通才能建立。沟通中的目光接触非常重要，甚至有的民族对目光接触的重视程度远远超过对语言沟通的信赖。在阿拉伯国家，阿拉伯人告诫其同胞"永远不要与那些不敢和您正视的人做生意"；在美国，如果你应聘时忘记看着主考官的眼睛，就别想找到一份好工作。一般来讲，讲话者说话时，目光要朝向对方，适度地注视对方的眼和脸，不要仰视上空，也不要俯视地面，不要斜视对方，也不要不停地眨眼。

沟通中，注视的方式和时间对双方交流的影响十分重要。①注视的方式。眨眼是人的一种注视方式，一般每分钟为 5～8 次，若眨眼时间超过一秒钟就变成了闭眼。在一秒钟之内连眨几次眼，是思维活跃、对某事物感兴趣的表示；时间超过一秒钟的闭眼则表示厌恶、不感兴趣，或表示自己比对方优越，有蔑视或藐视的意思。②注视的时间。有时，我们和有些人谈话感到舒服，而另一些人则令我们不自在，甚至看起来不值得信任。这主要与对方注视我们的时间长短有关。当一个人不诚实或企图撒谎时，他的目光与你的目光相接的时间往往不足全部谈话时间的三分之一。如果某个人的目光与你的目光相接的时间超过全部谈话时间的三分之二，可以说明两个问题：第一，对你或说话的内容感兴趣，这时他的瞳孔是放大的；第二，对你怀有敌意，向你表示无声的挑战，这时他的瞳孔会缩小。总的来说，你若想和别人建立良好的关系，在整个谈话时间里，和对方的目光相接累计应达到 50%～70%的时间，只有这样才能得到对方的信赖和喜欢。

(2) 扫视与侧视。扫视常用来表示好奇的态度，而侧视则表示轻蔑的态度。在交际过程中过多地使用扫视，会让对方觉得你心不在焉，对讨论的问题没兴趣；而过多地使用侧视，则会造成对方的敌意。

(3) 闭眼。长时间的闭眼会给对方以孤傲自居的感觉。如果闭眼的同时，还伴有双臂交叉、仰头等动作，就会给对方以故意拉长脸、目中无人的感觉。

5.3.2 眉毛

俗话说"眉目传情"，眉和目总是相连在一起来传递信息的，眉毛的运动可以帮助眼神传递信息，可以传递像问候、惊讶、恐惧等信息。如果眯起双眼，眉毛稍稍向下，可能表示已陷入沉思当中；如果眉毛扬起，可能是一种怀疑的表情，也可能是心情兴奋；如果紧锁眉头，则表示焦虑等。一般来说，西方人比东方人更会运用眉毛来传递信息。据报道，西方人能用眉毛来传递 28 种不同的信息。

5.3.3 鼻子

虽然鼻子很少表现，而且大都用来表现厌恶、戏谑之情，但若运用得当，也能使话语生辉。比如，愤怒时，鼻孔张大、鼻翼翕动，感情会表达得更为强烈。在沟通过程中，若内心对某事不满，应理智地处理它，或委婉地说出来，千万不能向对方皱鼻子。

5.3.4 嘴

嘴的动作也能从各方面反映人的内心。嘴的表情是通过口型的变化来体现的：鄙视时，嘴巴一撇；惊愕时，张口结舌；忍耐时，紧咬下唇；微笑时，嘴角上翘；气急时，嘴唇发抖等。当然，嘴还可以和身体的其他部位配合以表示不同的含义。

5.3.5 微笑

微笑是没有国界的语言，对每个人来说都是均等的，我们若把它运用到日常工作中，会带来意想不到的效果。正是因为如此，不少企业，特别是服务业，开始对其员工进行微笑培训，让他们学会微笑。

善于交际的人在人际交往中的第一个行动就是面带微笑。一个友好、真诚的微笑会传递给别人许多信息。微笑能够使沟通在一个轻松的氛围中展开，可以消除由于陌生、紧张带来的障碍。同时，微笑也可以显示出你的自信心，表示希望能够通过良好的沟通达到预定的目标。

5.4 服饰仪态

在现代生活中，人们的着装打扮已远远超越了最基本的遮羞避寒的功能，其更重要的功能是向别人传递属于个人风格的信息。服装、饰物及化妆等非语言方式都在作为沟通的手段而发挥着重要作用。

5.4.1 服饰

1. 服装

服装对非语言沟通极为重要。衣服的颜色、款式和风格等能够传递许多信息，它不仅可以表示一个人的社会地位、身份和职业性质，而且能够反映人的心理特点和性格。服装能够透露人的感情信息，常常是如何感觉的就会如何穿着，而穿着如何又会影响人的感觉。

1) 服装的种类

一般来说，服装可以分成制服、职业装和休闲装几类。制服是最专业化的服装形式，用于表明穿着者属于一个特定的组织。最常见的制服是军装，军装可以告诉人们着装者在军队中的地位以及与他人的关系。职业装是企事业单位为员工提供的服装，它是企事业单位形象识别系统的组成部分，如公司为员工提供的职业装和学校为教职工提供的职业装等。休闲装是工作之余的穿着，这种服装的选择权在个人，所以休闲装能够表现人的个性。

2) 服装的颜色

关于服装的颜色非常值得注意。在西方，黑色为丧服的颜色，白色为婚庆礼服的颜色；但在东方，丧服往往用白色，而婚庆用红色。在古代欧洲，紫色一般是权力的象征；而在古代中国，黄色是不可侵犯的权贵颜色，皇帝的龙袍是黄色的，唐朝以后甚至规定非天子不得穿黄袍，不过紫色在古代中国也代表权贵。在正式的工作场合，最佳颜色为黑和白，其次是灰色、褐色系列。

3) 着装的要求

(1) 着装要符合一个人的年龄、职业和身份。尤其是管理者的着装要体现自己的身份，并且要让自己的着装能给人留下美好的印象。穿着能表明管理者大概是什么样的性格特点的人。在社交场合，人们对新来者的第一印象就来自他的穿着，并根据第一印象对新来者做出初步的判断。

职业装最能显示一个人的工作性质以及他的从属关系。以某一饭店中的管理人员、各种性质的服务员着装为例。饭店员工的制服首先有一个整体的特点，以区别于其他饭店。在饭店内部，又以不同的样式、标志或颜色显示出各自不同的身份、职责范围。当顾客来到某一饭店，一定希望接待自己的是一位穿着美观、整洁，态度和蔼的服务员，而不是衣着不整、无精打采的服务员。职业装明确表明了人们的身份，促使每一个人自觉维护集体的荣誉、热爱本职工作、增强责任心，同时树立起良好的企业形象，使人们产生信任感。

(2) 着装要符合一个人的脸型、肤色和身材。人的个子有高矮，体型有胖瘦，肤色有深浅，穿着时应考虑到这些差异，扬长避短。一般来说，个子较高的人，上衣应适当加长，衣服颜色最好选择深色、单色或柔和的颜色；个子较矮的人，上衣应稍短一些，服装款式以简单直线为宜，上下颜色应保持一致，不宜穿大花图案或宽格条纹的服装，最好选择浅色套装；体形较胖的人，衣服的款式应力求简洁、中腰略收，宜选择小花纹、直条纹的衣料，最好是冷色调，以达到显"瘦"的效果；体形较瘦的人应选择色彩鲜明、大花图案以及方格、横格的衣料，给人以宽阔、健壮的视觉效果。另外，肤色较深的人穿浅色服装，会获得健美的色彩效果；肤色较白的人穿深色服装，更能显出皮肤的光洁柔嫩。每个人在决定自己的服饰穿戴时，要根据自己的具体情况而定，不必墨守成规。

2．饰物

饰物在人的整体装饰中至关重要，一件用得适当的饰物好似画龙点睛，能使人气质出众。佩戴饰物有三点要求：与服装相协调，与人相协调，与环境相协调。不要在正式场合询问对方所佩戴饰物的新旧、价格及购自何方，更不能动手去触摸对方的饰物，这样会使对方感到恼火。任何时候，男士在室内都不得戴帽子、手套。女士的纱手套、帽子、披肩、短外套等，作为服装的一部分，则可在室内穿戴。在他人的办公室或居室里，不要乱放自己的衣帽，当主人允许后，才可以按照要求放好。领带和领结被称为西装的灵魂，选择上应下一番功夫。在正式场合穿礼服时，可配以黑色或白色领结。打蝴蝶结在比较轻松的场合会大受欢迎，但打上蝴蝶结参加社交活动给人的感觉就不太严肃了。

(1) 腰带。男士的腰带分工作和休闲两大类。工作中应以黑色和棕色的皮革制品为佳；而配休闲服装的腰带，只要漂亮就可以。注意，腰带的颜色和式样不宜太醒目。女士系腰带应考虑同服装相配套，还要注意体型问题，如是纤细柳腰，系上一条宽腰带会楚楚动人；如腰围太粗，可系一条环扣粗大的腰带，使腰带的环扣成为瞩目的焦点。

(2) 纽扣。纽扣在服装上的作用也很大。女士服装上的纽扣式样可以千姿百态，而男士的纽扣则不宜追求新潮。西装上衣为双排扣的，穿着时一定要把扣全系上；如果是单排扣的，还有两粒与三粒纽扣之分，前者应系上面那一粒纽扣，而后者应系中间那一粒纽扣。

(3) 眼镜。眼镜选配得好，可使人显得儒雅端庄。方脸的人要选大圆框、粗线条的镜框，圆脸的人宜选四方宽阔的镜框，而椭圆形脸的人最适合选框型宽阔的眼镜。在室内不要戴黑色等有色眼镜，如遇眼疾不得已而为之，应向主人说明缘由。

(4) 手提包。女士手提包应挂在胳膊上，不要拎在手里，其大小应与体型相适应。男士在公务活动中携带的公文包应以黑色、棕色的上等皮革制品为佳。女士用的钱夹可以随手携带，或放在提包里，而男士的皮夹只能放在西装的上衣内侧口袋里。

3. 化妆

化妆跟衣服一样，是皮肤的延伸。常见的化妆品有眉笔、胭脂、粉、唇膏、指甲油、香水等。化妆的目的在于重整面部的特征，例如，单眼皮变双眼皮、小眼睛变大眼睛、扁平的鼻子显得高耸、青白的面色变得红润等。化妆是一种身体语言，一位女士精心打扮，除了令自己更好看外，还可能"告诉"他人三件事：第一，我肯花时间在化妆上，而时间就是金钱，所以我的社会地位并不低；第二，我的化妆品是贵重的，这反映了我的财富；第三，我与同样精心化妆的人因注重外表、尊重他人而与众不同。

5.4.2 仪态

在不同的场合，沟通者要具有大方、得体的仪态，才能显示出自己的修养和交际技巧。

(1) 办公室。无论你是主人还是访客，在公务交际中最重要的是随时保持优雅、警觉以及有条不紊的态度。在接待访客时，如果没有接待人员引导访客到你的办公室，你应该亲自出去迎接，问候来客，并且带他到你的办公室；当接待人员将访客带到你的办公室时，你应马上站起来，快步走出，热情握手，寒暄问候，表达出你很高兴见到对方，并视他为一个重要访客。当由于一些突如其来的事情打乱了你的接待时间，如果你必须让客人等待超过 10 分钟，则应抽出一两分钟，到办公室外面问候客人，表明你的歉意，安抚访客的情绪。约定的人到达时，如果你正在打电话，应该马上结束，并告诉对方处理完事情后给对方回电话。等客人在安排好的座位上落座后，你再坐下，并请客人喝茶，然后进入谈话的正题。

当你较忙，工作安排很紧凑，而来访的人逗留时间过久，或者下面另有一位重要客人来了，而你必须给予特别的接待，你可以看着你的手表说："我很抱歉，下面还有一个重要的会议，几分钟前就开始了。"同时给对方留一点时间说最后一两句话。

(2) 商业拜访。在进行商业拜访时，应当按约定时间准时到达。在等待期间，尽量不要向接待人员提任何要求，以免干扰对方正常工作。如果等待的时间较长，可向接待人员

询问还需要等多久,但不要不停地问或抱怨你等了很久,要保持安静、有礼貌。当离开接待室时,应记得道谢。

(3) 谈判。谈判一般是一种正式的活动,必须注重仪表,给人一种良好的印象。自我介绍时要自然、大方,不必过分拘泥礼节,一般应姓、名并提,要讲清自己的单位、所担任的职务等。介绍他人时,社会地位较低的人总是被介绍给社会地位较高的人。

在谈判过程中,讲话的语气要平和、友好,不生硬,不咄咄逼人,不强加于对方。在对方发言时要仔细倾听,不能漫不经心,眼睛四下张望,流露出轻视对方的神情,可以用点头表示同意或用简单的"嗯""对""我明白"等语言,鼓励对方继续讲下去,并以积极友好的手势或微笑做出反应。若谈判中出现分歧,双方也应平静地坐下来,找出观点相左之处,态度应诚恳、实事求是,即使谈判未成功,也不应记恨对方、挖苦对方,要保持双方的友谊。

(4) 宴请。沟通者在餐桌上的仪态最能体现他的风度。在宴请时,如果你是客人,等主人示意你坐下时才能坐下;如果你是主人,则应以缓和的手势,示意客人落座。在客人开始用餐后,主人才可以开始用餐,这个规矩对于上每一道菜都适用。

用餐时应把餐巾放在腿上,如果用餐途中必须离开餐桌,则应把它放在座椅上,千万不要放在桌上。唯有用餐完毕,大家都已站起来准备离去时,才可把餐巾放在桌上。用餐的坐姿应该笔直、有精神,一副懒洋洋、没精神的姿态,会给人一种没活力、懒慵无力的印象,不利于良好的沟通。

5.5 副 语 言

心理学家研究发现,人与人之间的交流 58%是通过视觉,35%是通过听觉来实现的,而只有 7%是通过我们实际的语言。35%的听觉交流是通过一种特殊的语言表达形式实现的,包括音质、音调、音高、讲话的速度、语气以及停顿、叹息或嘟囔的声音等,这些被称为副语言,也叫辅助语言。副语言虽然有声音但却是非语言的,例如,笑声、叹息、呻吟以及叫声。哈哈大笑、爽朗的笑、傻笑、苦笑、冷笑、假笑、讨好上司的笑、无可奈何的笑,诸如此类,都等于在说话,有时甚至胜过说话,它只不过是不分音节的语言。

讲话的辅助语言是另一种理解他人感情的有效方式。我们可以将辅助语言看作沟通的声音,来观察一个人的声音在困难的时候是如何变得生硬或沉郁,在情绪高涨的时候又是如何的流畅和激昂。

在人际交往中,副语言运用得好坏会直接影响沟通的效果。需要我们重点关注的副语言有语速、音调、音量、声音补白、音质及暂停和沉默等。

1. 语速

说话的速度可以影响听者对信息的接收和理解。一般人说话的速度通常为每分钟120~261 个音节。研究发现,当说话者使用较快的语速时,被视为是更有能力的表现。当然,如果说话的速度太快,其语言的清晰度也可能会受影响。

2. 音调

音调是指声音的高低变化即腔调，可以决定一种声音是否悦耳。有些人认为，高音没有低音悦耳。然而研究音调的人发现，如果说话者使用较高且有变化的音调，则被视为更有能力；用低音说话的人似乎是气量不足，可能被认为对所说的话没有把握或者害羞。但是，也有研究证明，当人们撒谎时会比平时的音调要高。

3. 音量

音量是指声音的响亮程度。如果合乎说话者的目的，并不是不分场合地在任何时候都使用很大的音量就可以，柔和的声音往往具有同样甚至更好的效果。

4. 声音补白

这是在搜寻要用的词时，用于填充句子或作掩饰的声音。像"啊""呀""这个""你知道"等这样的短语，都是表明停顿以及正在搜寻正确词语的非语言方式。声音补白其实也是一种信号，事实上它能保护讲话者讲话的权利，因为它有效地表明"不要打断，我仍在讲话"。我们都在使用声音补白，但是如果不停地使用，或者它们已经分散了听者的注意力，那就会产生沟通问题。

5. 音质

一个人的音质是由其他所有声音的特点，即速度、节奏、发音特征等构成的。声音质量是非常重要的，因为研究人员发现，声音有吸引力的人更容易被人们认为有影响力、有能力和更为诚实。许多人对自己说话的声音没有一个明确的概念，当有些人在录像中看到自己和听到自己的声音时，总是对自己听到的声音不甚满意。当然，音质是可以通过自己的努力和专业人员的帮助来改变的。

6. 暂停和沉默

暂停和沉默同讲话的速度一样值得注意。沉默有很广泛的含义。在一种极端的情况下，人们用沉默作为一种武器或者策略来结束沟通活动或寻求某种赞同。在谈话中适时地运用暂停可以增强沟通效果，因为暂停能给他人以时间来仔细考虑自己的想法和感受。

非语言沟通在人类社会的沟通中占有很重要的地位。当一个人具有良好的沟通能力时，他的非语言与语言一致地、合理地、可信地进行着变化。比如，低头、放下手或者眼睛凝视，它们可能象征着一种暂停、强调一种观点，或者表明一个人在讲话中的疑问或反思。也许为了表明更大的思想转换，讲话者会改变他身体的整个姿态。总之，非语言行为是语言信息的标点符号。

5.6 环境沟通

环境也会对沟通造成一定的影响，不同的人从不同的环境中接收到的信息是不一样的，有些环境比较舒适诱人，有些则让人感到不自在。每个活动领域都传达着其使用者的信息。通常，研究环境对沟通的影响主要表现为空间、距离和环境布置等方面。

5.6.1 空间与距离

有关空间和距离的研究，也称为空间关系学，它涉及使用周围空间的方式及坐或站时与他人保持的距离。

(1) 空间位置。位置在沟通中所表示的最主要的信息就是身份。你去拜访一位客户，在他的办公室里会谈，你坐在他办公桌的前面，表示他是主人，他拥有控制权，你是客人，你要照他的安排去做。在开会时，积极地坐在最显眼位置的人，表明他希望向其他人显示自己的存在和重要性。宴请的位置也很讲究主宾之分，东道主坐在正中，面对上菜的方向，他右侧的第一个位置为最重要的客人，他左侧的第一个位置留给第二重要的客人，其他客人、陪同人员以东道主为中心，按职务、辈分依次落座。由此可见，位置对于沟通双方的心理影响非常明显。

(2) 距离。观察周围人们之间保持的距离，可以发现哪些人处于密切的关系中，哪些人处于更为正式的关系中。如果你走进总经理的办公室后，他继续坐在自己的办公桌前，可以预见你们的谈话将是正式的；如果他请你在房间一角舒适的椅子上与他并肩而坐，则安排了一种更为亲切的情境，那么谈话将会是非正式的。人际沟通一般有四个层次的空间距离：亲密距离、人际距离、社会距离和公共距离。

① 亲密距离。亲密距离用于我们感觉非常亲近的人，这种空间始于身体接触，向外延伸约 0.46 米(18 英寸)，常用于情侣和挚友之间。在商务活动和工作场所，很少使用这种距离。虽然某些时候，一个人向另一个人耳语、握手、拥抱也很常见，但这样的接触通常在数秒内结束，当事人会立即恢复到人际距离或社会距离。

② 人际距离。相距 0.46~1.22 米(18 英寸到 4 英尺)，是人们在进行非正式的个人交谈时最经常保持的距离，即人际距离。这个距离近到足以看清对方的反应，远到足以不侵犯亲密距离。这一空间通常被说成是看不见的气泡，将每个人团团围住，它的大小可根据交流情形或膨胀或缩小。

③ 社会距离。当与别人不很熟悉时，最有可能保持一种 1.22~3.66 米(4~12 英尺)的社会距离。非个人事务、社交性聚会和工作访谈等都是利用社会距离的例子。在一个有许多工作人员的大办公室里，办公桌是按社会距离摆放的，这种距离使每个人都可以把精力集中在自己的工作上。在一些重要人物的办公室里，办公桌也大到足以使来访者保持恰当的社会距离。

④ 公共距离。公共距离由 3.66 米(12 英尺)延伸至听觉距离，这一距离大多用于公众演讲中，因此，它不适合人与人之间的沟通。在公共距离下，人们的说话声音更大，手势更夸张，同时人们相互影响的机会也更少。

(3) 影响空间和距离的因素。人们谈话时应保持什么样的距离、办公室应该多大及该如何装修、会议室应安放什么样的会议桌(圆形、椭圆形或其他形状)，所有这些都与空间有关，而空间的构成则完全根据个人的地位及彼此间的关系不同来决定。沟通者必须知道，在不同场合中什么样的空间行为是合适的，什么样的空间行为是不合适的，这些行为对沟通都有一定的影响。

① 地位的影响。空间的利用通常能表现出地位上的差异，只要看一看办公室的大小就能发现。比如，在美国以及一些亚洲国家，办公室越大，显示出主人在企业中所处的地位越高。当地位差距拉大时，人们之间的沟通距离通常也会随之增加。一些办公室中还经常安放着大办公桌，不仅看上去很气派，而且形成了缓冲带，即与来访者保持距离。许多企业在认识到距离因素扩大了地位所产生的影响时，开始尽力去缩小它。例如，管理者开始主动迎接到办公室的来访者，甚至主动到一线工人那里讨论某一问题的解决办法，进一步改善了上下级之间的沟通关系。

② 个性的因素。与性格内向的人相比，性格外向的人在与他人接触时能保持较近的沟通距离；与缺乏自信心的人相比，自信心强的人在与他人接触时，沟通距离也较近。

③ 人与人之间的亲密程度。通常，人们总是希望与自己熟悉的同伴或好朋友保持较近的距离，而尽量远离陌生人。因此，空间距离也成为亲密程度的一种标志。当与他人初次见面时，我们会保持社会距离甚至公共距离，只有在比较熟悉后，才会被允许进入他人的私人空间。当然，即使是亲密的朋友，如果在正式场合，也不能保持亲密距离，而应该保持社会距离或人际距离。

5.6.2　办公室布置

在日常生活中，人们常常受到环境设计和居室陈设的影响而浑然不知，其实，环境因素会直接影响一个人的情绪及言行。因此，为了有效地利用环境而愉快地工作和生活，我们应重点了解三个有关环境布置的因素：办公室空间的设计、房间的颜色和办公室的陈设。

(1) 办公室空间的设计。当你凝视着某个写字楼或者正在施工的现代化建筑时，可能你没有想到，关于办公室空间设计的传统观点和开放式观点一直争论不休。在美国，传统的办公室通常是具有四角的空间，在四周有若干办公室，中间是大厅，中间的公共部分被称作"牛栏"(Bullpen)。波斯纳(Posner)曾描述传统办公室有如下特点：周边的大办公室供老板使用；有两扇窗户的办公室是资深主管的视力范围；而转角办公室，即两面墙上带有窗花的房间，通常是高级主管或合伙人的办公室；建筑物内侧的办公室属于资历较浅的主管，那里没有窗户，但有一扇门，一个可以称为自己小天地的地方；而"牛栏"是属于底层职员和临时工的地方，这里就好像把你的桌子放在楼道里，没有隐私，要在那里咒骂或抱怨实在困难，因为你被置于众目睽睽之下。

开放式办公室的概念源自德国，于20世纪60年代传到美国。开放式办公室可容纳各种自由形式的工作群。拥护者声称，开放式的观念创建了民主的气氛，增加了同事之间的沟通和弹性。甚至有研究者认为，开放式的办公室环境提高了员工的生产力。

开放式办公室的概念已获得大部分公司的青睐。20世纪90年代，半数以上的美国公司都采用了这种大部分空间为员工而非经理所用的开放式办公室。近年来，随着办公室功能的整合，办公室变得更为简单和方便，以符合不断进步的科技要求。流线型的办公桌吸引着员工，而且员工们越来越多地掌握着他们自己的工作场所，如办公桌下的暖气、小型的个人空气供应设备、个性化的工作灯和音乐等。

(2) 房间的颜色。研究显示，办公环境的颜色会影响员工与顾客的心理和感情。颜色能被看见，也能被感受到。红色、橙色、黄色容易使人产生侵略性的激动和刺激。人们所处房间的地板、墙壁、天花板和家具如果是鲜艳的色彩，会使人血压升高，心跳加快。在清凉的颜色中，人的生理功能会正常活动。例如，蓝色是冷色，它清晰而有尊严，具有镇静的效果；而淡绿色则使人安详、平和。

(3) 办公室的陈设。某些家具可以决定人将在此停留的时间。比如，有一种专为餐馆老板设计的椅子，椅背设计不合理，使坐在上面的人的后背能感觉到压力，使人不能坐得太久，从而"迫使"餐馆老板进行走动管理；而高级轿车的座位设计则正好相反，按照驾驶人的背部曲线进行设计，甚至有腰部的特殊设计，以尽力消除长途开车所导致的疲劳。

办公桌的大小、外形以及摆放位置，都会影响来访者的印象，而且能决定在这个办公室开放性的沟通程度。

思考与练习

1. 什么是非语言沟通？它有哪些特点？

2. 试用肢体动作来模仿同学或老师的习惯性行为，然后，让大家说说你模仿的是何人，并就你模仿的准确性和技巧展开讨论。

3. 认真阅读下面的一则案例，并结合自己的人际沟通实践说说运用非语言沟通的重要性。

美国历史上有个叫雷布斯的政治家，在伦敦做《关于劳工问题》的演说时，突然中途停下来，取出怀表，站在那里望着听众足足有一分多钟。听众们都觉得非常奇怪：这是怎么回事？发生了什么事？难道他忘记了演讲词？就在大家猜疑的时候，他突然大声说道："诸位，刚才让大家感到局促不安的 72 秒钟的时间，也就是一个普通工人砌一块砖头所需要的时间。"这时，大家恍然大悟。雷布斯设计的中途停顿的动作，既新颖别致，又生动深刻地表达了他在"劳工问题"上的思想和见解。

4. 你能做到微笑面对每一个和你交往的人吗？结合下面的一则案例，谈谈为什么人们把"微笑"称作人际沟通的万能通行证。

晓雷在证券公司工作，平时总是不苟言笑。尽管在单位待了几年了，却与同事谈不来，特别是新来的同事，更是不愿意与他接近。

晓雷有时候也觉得自己太呆板了，他也想与周围更多的人交朋友，但自己的性格让他有些力不从心。后来，他就下定决心要改变自己。

一天清晨起床后，他在刷牙的时候从镜子中看到自己绷得紧紧的面孔，深沉阴森得像木乃伊一样，心中便开始不安起来，就自言自语地说："这张如此古板的面孔谁看了愿意接近呢？"于是，他舒展了一下脸，自言自语道："亲爱的，从今天起你必须把自己这张深沉得像雷公似的面孔舒展开，换成一张充满微笑的面孔，从这一刻就要开始。"

妻子也发现他像变了个人似的，整天总是乐呵呵的。他每天起床后总是会面对镜子微

笑,到了办公室,每天还主动微笑着向公司里的同事们问好。周围的同事也慢慢地接纳了他,并且十分愿意与他交往。

渐渐地,晓雷发现,自己的生活开始变得丰富多彩了。因为他发现每个人见到他时,都向他投来微笑。就连晓雷的助手也对他说:"我初来这间办公室时,认为你是一个脾气古怪的人,而最近一段时间以来,我的看法已彻底改变了,你越来越富有人情味儿了。这让我感到工作很快乐,不再像过去那样总是提心吊胆了!"

就是这样,晓雷结交到了越来越多的朋友。

5. 阅读下面的一则案例,说说如何利用有利环境促进人际沟通。

某高尔夫球场的销售代表王先生近日报名参加了一个网球培训班,在一次网球训练结束之后,王先生和身边的一位队友聊天。聊天过程中王先生得知这位队友是一位体育运动爱好者,不仅经常参加足球、篮球等球类比赛,而且还多次获奖。

当队友得知王先生的工作之后,他说自己很可能会参加高尔夫球训练。王先生迅速抓住这一机会,并约好下个周末就带队友到公司的高尔夫球场去参观。同样喜欢体育运动的王先生和队友不仅成了好朋友,而且还在队友的介绍下发展了一大批客户。

第2部分 技 能 篇

第6章 应酬沟通

没有社交活动的人生是残缺不全的,没有朋友往来的人生是极其不幸的,在人的一生中,我们需要通过正常的人际交往与这个社会保持联系。健康、正常的应酬活动,对于建立、加深这种联系,交流信息,沟通感情,都有着其他方式所不可替代的作用。而语言的交流与运用,又在应酬活动中起着至关重要的作用,因此我们应当给予足够的重视。比如拜访朋友如何巧开口,如何加深友谊,如何慰问、称赞和感谢对方等,这些都是离不开语言沟通技巧的。

当今社会是一个瞬息万变、竞争激烈的社会。物竞天择、适者生存的自然法则,迫使人们为成功而奋斗,为人生而规划。要做到这些,就不得不和形形色色的人打交道,不管你是身居高位,还是市井平民。于是,应酬也就成了人生的一大必备功课。

正因如此,古今中外的贤达之士都视应酬为一门特殊的学问,不仅要了解其中的诸多道理和规则,更要领悟并懂得如何运用。所以,综观那些最后得以成功的人,大都能懂得运用应酬的技巧和策略。

通过本章的学习,应熟知介绍、称呼、拜访、迎访、问候和探望的基本规矩;牢固掌握其常用技巧;通过日常生活中的练习,能够熟练地运用各种应酬技巧与他人沟通。

6.1 介 绍

6.1.1 自我介绍时的沟通

介绍是社交和接待活动中普遍使用的礼节,是见面相识和互相沟通的最初方式。巧妙得体的自我介绍,可以为双方进一步交往奠定基础,也可以显示良好的交际风度。介绍可以在许多场合进行,如宴会、舞会、亲友聚会、寿庆、婚礼、会议、商店,甚至路上相遇等。

自我介绍的基本程序是:自己先向对方点头致意,得到回应后再向对方介绍自己的姓名、单位和身份,同时递上事先准备好的名片。自我介绍时,可掌心向内,右手轻按左胸,但不能用拇指指向自己;表情要自然、亲切,注视对方,举止庄重、大方,态度镇定而充满自信,表现出渴望认识对方的热情。如果你担负着一定的领导职务,不要一见面就自我夸耀,只能说自己在某单位工作。

作自我介绍时,要注意掌握时机,如初次见面的时机或对方有兴趣的时机。内容繁简

要适度，态度要谦虚，注意礼节。自我介绍一般以半分钟为宜，情况特殊也不宜超过一分钟。如果对方表现出有认识自己的愿望，则可在报出本人姓名、供职单位及职务的基础上，再简略地介绍自己的籍贯、学历、爱好、专长及与某人的关系等。当然，在进行自我介绍时，应该实事求是，既不能把自己拔得过高，也不要自卑地贬低自己。介绍用语要留有余地，不宜用"最""极""特别""第一"等极端的词语。

在交际场合，如果想结识某人，可采取主动的自我介绍方式，例如，"您好！我叫××，见到您很高兴。"以引起对方的呼应。也可采取被动的自我介绍方式，先委婉地询问对方："先生您好！请问我该怎样称呼您呢？"待对方作完自我介绍后再顺势介绍自己。总之，自我介绍要以自己的诚实和坦率，使对方愿意同你结识。

自我介绍除了用语言之外，还可借助介绍信、工作证或名片等信物证明自己的身份，作为辅助介绍，以增强对方对自己的信任。

6.1.2 居中介绍时的沟通

居中介绍即为他人介绍，就是介绍者把一个人引见给其他人相识的沟通过程。善于为他人作介绍，可以使你在朋友中享有更高的威信和影响力。充当居中介绍的人员，一般是公关礼宾人员、东道主、在场的地位最高者或与被介绍的双方都相识的人。

1. 介绍顺序

居中介绍时，介绍者处于当事人之间，因此，介绍者在介绍之前必须了解被介绍双方各自的身份、供职单位以及双方有无相识的愿望，或衡量一下有无为双方介绍的必要，再择机行事。介绍的先后顺序，应坚持受到特别尊重的一方有了解对方的优先权的原则，应将职位低的介绍给职位高的，将年轻的介绍给年长者，将年龄和职务相当的男士介绍给女士，将客人介绍给主人，将未婚者介绍给已婚者，将本公司职务低的人介绍给职务高的客户，将个人介绍给团体，将晚到者介绍给早到者。在口头表达时，应先称呼职位高者、长辈、女士、主人、已婚者、先到场者，再将被介绍者介绍出来，然后介绍先称呼的一方。这种介绍顺序的共同特点是"尊者居后"，以表示对"后来居上"的尊敬之意。对来宾中的已婚夫妇，即使他们站在一起，也应作为享有独立人格的人分别进行介绍。例如，丈夫将妻子介绍给朋友相识，应先将对方介绍给妻子，然后将妻子介绍给朋友；而当妻子介绍丈夫给朋友相识时，应先将丈夫介绍给朋友，再把朋友介绍给丈夫。

2. 介绍人的神态与手势

居中介绍者在为他人作介绍时，态度要热情友好，语言要清晰明快。作介绍时，介绍人应起立，行至被介绍人之间，呈三角站立，在介绍一方时，应微笑着用自己的视线把另一方的注意力引导过来。手的正确姿势是：抬起前臂，五指并拢伸直，手掌向上倾斜，指向被介绍者。但介绍人不能用手拍被介绍人的肩、胳膊和背等部位，更不能用食指或拇指指向被介绍的任何一方。

3. 介绍人的陈述

介绍人在作介绍时要先向双方打招呼，使双方有思想准备。介绍人的介绍语宜简明扼要、分寸恰当、使用敬语，一般不介绍被介绍人私人生活方面的情况，如居住地址、婚姻情况等。在较为正式的场合，介绍人可以说"尊敬的×××先生，请允许我向您介绍一下……"或说"××，这就是我向你常提起的×××"。同时，介绍人在介绍中要避免过分赞扬某个人，给人留下厚此薄彼的感觉。在介绍别人时，介绍人切忌把复姓当作单姓。常见的复姓有"欧阳""司马""司徒""上官""诸葛"等，注意不要把"欧阳明"称"欧先生"。当介绍人为双方介绍后，被介绍人应向对方点头致意，或握手为礼，并以"您好""很高兴认识您""幸会、幸会"等友善的语句问候对方，表现出结识对方的诚意。介绍人在介绍后，不要立刻离开，应给双方交谈提示话题，可有选择地介绍双方的共同点，如相似的经历、共同的爱好和相关的职业等，待双方进入话题后，再去招呼其他客人。

4. 对介绍的应答

一旦被介绍后，你就会成为大家注意的中心，这时应做出应答：一是如果你是坐着的应起立，如不能起立，也应欠身表示；二是走向对方，注视对方，面露微笑，以示对对方的尊重；三是握手，这是信任和尊重的表示，也是互相致意和问候的一种方式；四是向对方打招呼，重复对方的名字或职务(或职称)。

6.1.3 集体介绍时的沟通

集体介绍，依礼也有顺序上的尊卑先后之别。集体介绍分"单向介绍"和"多向介绍"两种。集体介绍的顺序应比照"居中介绍"的顺序，并考虑"单向介绍"和"多向介绍"的特点。

单向介绍，如演讲、报告时，介绍者可只介绍主角；如为两个团体进行介绍，应先介绍东道主或人少的一方。介绍时还要注重被介绍者的身份、地位，对尊者最后介绍。多方介绍则由尊而卑，或由近而远。其排列方法有：或以负责人的身份为准，或以单位的规模为准，或以单位名称的英文字母顺序为准，或以抵达的时间为准，或以座次为准，或以距介绍者的远近为准。

集体介绍的内容，原则上与"居中介绍"的内容相同。

6.2 称　　呼

6.2.1 称呼的原则

称呼是当面打招呼用的表示彼此关系的名称。称呼语是交际语言中的先锋官。一声亲切而得体的称呼，不仅体现出一个人待人谦恭有礼的美德，而且使对方如沐春风，易于交融双方的情感，为深层沟通打下基础。

社会是一个大舞台，每个社会成员都在这个大舞台上充当着特定的角色，而称呼最能准确地反映出人际关系的亲疏远近和尊卑上下，具有鲜明的褒贬性。亲属之间，按彼此的关系，都有固定的称呼。在社会交际中，人际称呼的格调则有文野、雅俗、高下之分，它不仅反映人的身份、地位、职业和婚姻状况，而且反映一方对对方的态度及其亲疏关系，不同的称呼可以使人产生不同的情态。例如，同是对老年人，你就可称其为"老人家""老同志""老师傅""老大爷""老先生""老伯""老叔"，对德高望重者还可称其为"某老"，却不可称"老头子""老婆子""老东西""老家伙""老不死"等。很显然，前者是褒称，带有尊敬对方的感情色彩；而后者则是贬称，带有蔑视对方的厌恶情绪。在交际开始时，只有使用高格调的称呼，才会使交际对象产生同你交往的欲望。因此，在使用称呼语时要遵循如下三个原则。

1．礼貌原则

礼貌原则是人际称呼的基本原则之一。每个人都希望被他人尊重，而合乎礼节的称呼，正是表达自己对他人的尊重和表现自己有礼貌修养的一种方式。在社交接触中，称呼对方要用尊称。常用的尊称有："您"——您好，请您……；"贵"——贵姓、贵公司、贵方、贵校、贵体；"大"——尊姓大名、大作；"贤"——贤弟、贤媳、贤侄等；"高"——高寿、高见、高明；"尊"——尊客、尊言、尊意、尊口、尊夫人。

2．尊崇原则

一般来说，汉族人有从大、从老、从高的心态。例如，对同龄人，你可称呼对方为哥、姐；对既可称"爷爷"又可称"伯伯"的长者，以称"爷爷"为宜；对副科长、副处长、副厂长等，也可以直接以正职相称。

3．适度原则

许多青年人往往对人喜欢称师傅，虽然亲热有余，但文雅不足，且普适性较差。对理发师、厨师、企业工人称"师傅"恰如其分，但对医生、教师、军人、干部、商务工作者称"师傅"就不合适了。例如把小姑娘称为"师父（尼姑）"则要挨骂了！所以，应视交际对象、场合、双方关系等选择恰当的称呼。在与众多人打招呼时，还要注意亲疏远近和主次关系，一般以先长后幼、先高后低、先女后男、先亲后疏为宜。

6.2.2　称呼的礼俗

美国交际学家戴尔·卡耐基曾说过："一个人的姓名是他自己最熟悉、最甜美、最妙不可言的声音。"在交际中，最明显、最简单、最重要、最能得到别人好感的方法，就是记住对方的名字。记住并准确地呼叫对方的姓名，会使人感到亲切自然、一见如故，否则即使有过交往的朋友也会生疏起来。

要记住人家的名字，除了了解和掌握中外人名的特点以外，还需注意以下几点。一是对需要记住的姓名，注意力一定要高度集中。初次见面被告知姓名时，自己最好重复一遍，并请对方把名字一字一字地分别解析一下以加深印象。二是把姓名脸谱化或将其身材形象化，将对方的特征与姓名一齐输入大脑。例如，有个青年叫聂晶，他的名字是"三个耳朵三张口"，这样就容易记了。三是把对方的名字与某些事物(如熟悉的地名、物名、人名等)关联起来。四是通过交谈，相互了解熟悉，并在交谈中尽量多地使用对方的名字。五是借助交换名片，并将名片分类整理，或把新结识的人的姓名及时记在通讯录上经常翻阅。这样，结识的朋友就不容易忘记了。

1. 称呼的方式

称呼的方式有多种。其一，称姓名，如"张三""李四""王娟"等。称姓名一般适用于年龄、职务相仿，或是同学、好友之间，否则，就应将姓名、职务、职业等并称才合适，如"张三老师""李四处长""王娟小姐"等。其二，称职务，如"王经理""孙局长"等。其三，称职业，如"老师""空姐""乘务员""医生""律师""营业员"等。其四，称职衔，如"工程师""教授""上尉""大校"等。其五，拟亲称，如"唐爷爷""钱叔叔""胡阿姨"等。其六，一般称，如"先生""夫人""太太""小姐""同志"等，这是最普遍、最常用的称呼。

一般地，在正式场合的称呼，应注重身份、职务、职称、职衔等；在非正式场合，则可以辈分、姓名等称呼。在涉外活动中，按照国际通行的称呼惯例，对成年男子称先生，对已婚女子称夫人、太太，对未婚女子称小姐，对年长但不明婚姻状况的女子或职业女性称女士。这些称呼均可冠以姓名、职称、职衔等，如"布莱克先生""上校先生""护士小姐""怀特大人"等。对部长以上的官方人士，一般可称"阁下"、职衔或"先生"。如"部长阁下""总统阁下""总理先生阁下"等。但在美国、墨西哥、德国等没有称"阁下"的习惯，因此，对这些国家里的人士，人们可以"先生"相称。对日本妇女，人们一般不称"小姐""女士"，而称"先生"。在君主制国家，按习惯人们称国王、皇后为"陛下"，称王子、公主、亲王为"殿下"。其他有爵位的人，人们可以其爵位相称，也可称"阁下"或"先生"。对有学位、军衔、技术职称的人士，人们可以称他们的头衔，如某某教授、某某博士、某某将军、某某工程师等。外国人一般不用行政职务称呼别人，不称"某某局长""某某校长""某某经理"等。在美国，人们常把直呼其名视为亲切的表示，只是对长者、有身份地位的人例外。

2. 称字不呼名

中国人除了有名之外还有字。《礼记·曲礼上》云："男子二十，冠而字。""女子许嫁，笄而字。"文人雅士还要以居处、境况、志趣等为自己取号。一般来说，名是由父亲或长亲起的，是供尊长叫的；字是为了"敬其名"而由来宾取的，是供别人叫的。如刘备被称为刘玄德，诸葛亮被称为诸葛孔明，关羽被称为关云长等。朋友及平辈之间互称其字，以示尊敬和亲近；自称只能称名，表示谦逊。一些人有名有字一直延续到近现代，如毛泽东字润之、朱德字玉阶等。

6.2.3 称呼的忌讳

在人际交往中，为了使自己对他人的称呼不失敬意，应避免在对人对事称呼上的一些忌讳。

1．不要使用绰号和庸俗的称呼

随意给人起绰号，如"哥们儿""姐们儿""大腕儿"等称呼不仅难登大雅之堂，而且会使对方不悦或给对方造成伤害。

2．不滥用行业性或地域性的称呼

"师傅""老板""出家人"等带有行业性；使用很广的"爱人"这一称呼带有地域性，在国外它往往被理解为充当第三者的"情人"。

3．对不吉利的词语和恶言谩骂的词语要避讳

如"死"字，中国人历来就十分忌讳，并另造了一些词来表达死的含义，如百年之后、老了、去世、下世、过世、辞世、病故、病逝、长逝、长眠、仙逝、作古、远行等。再如北京地区为了避免骂人嫌疑，将沾了"蛋"字边的东西都改了名：鸡蛋叫作鸡子儿，炒鸡蛋称为捧黄菜，鸡蛋汤叫木樨汤。这些言语忌讳不仅反映了人们趋利避害的思想倾向，也表示了人们对他人的尊重。

6.3 拜 访

拜访是指本人亲自或派人到朋友家里或工作单位去拜见访问某人的活动。人与人之间、社会组织之间、个人与组织之间，总少不了相互拜访。拜访有事务性拜访、礼节性拜访和私人拜访三种，而事务性拜访又有商务洽谈性拜访和专题交涉性拜访之分。但不管哪种拜访，都应遵循做客的礼节，以便达到交流信息、沟通情感、增进友谊的目的。

1．事先预约，不做不速之客

拜访友人，务必选好时机，事先约定，这是进行拜访活动的首要原则。一般而言，若决定去拜访某位友人，应先写信或打电话与被访者取得联系，约定宾主双方都认为比较合适的会面地点和时间，并把参访人数和访问的意图告诉对方。拜访一般应避开吃饭和午休的时间，晚上拜访时间不宜太长。在对外交往中，未曾约定的拜会，属失礼之举，是不受欢迎的。因事急或事先并无约定而必须前往时，拜访者应尽量避免在深夜打扰对方；如万不得已非得在休息时间约见对方时，则应在见到主人后立即致歉，说"对不起，打扰了"，并说明打扰的原因。

2．守时践约，不做失约之客

宾主双方约定了会面的具体时间，作为访问者应履约守时、如期而至。访问者既不能随意变动时间，打乱主人的安排，也不能迟到或早到，而只有准时到达才最为得体。如因故迟到，访问者应向主人道歉；如因故失约，也应在事先诚恳而婉转地说明。在对外交往中，我们更应严格遵守时间。日本人安排拜访时间常以分钟为计算单位，在瑞典，如拜访迟到10分钟，对方就会谢绝拜会。准时赴约是国际交往的基本要求。

3. 登门有礼，不做冒失之客

无论到办公室还是到寓所去拜访，客人一般要坚持客由主定的原则。如果是到主人寓所拜访，客人在进入主人寓所之前，应用食指轻轻叩门或按动电铃，若是熟人、亲属，可在敲门后立于门口；若是初访或下级，应侧身站在门首的左侧，待有回音或有人开门相让，方可进入。若是主人亲自开门相迎，客人见面后应热情施礼问好；若是主人夫妇同时相迎，则应先问候女主人好。若不认识出来开门的人，则应问"请问，这是××先生的家吗？"得到准确回答后方可进门。当主人把来访者介绍给其妻子或丈夫相识，或向来访者介绍家人时，你都要面带微笑，热情地向对方点头致意或握手问好。见到主人的长辈则应恭敬地请安，并问候家中其他成员；当主人请坐时，应道声"谢谢"，并按主人指点的座位入座。若带有鲜花、果品、书籍等礼物，可在进门之初献给主人。主人上茶时，要起身双手接迎，并热情道谢。在喝茶时要慢慢品饮，果品要小口细嚼，如要抽烟需征得主人和女士的同意。对后来的客人也应起身相迎，必要时，应主动告辞。如带小孩做客，应教其以礼貌做人，使其尊敬地称呼主人家所有的人。如主人家中养有狗或猫，则不应表示害怕、讨厌，不应去踢它、赶它，当然，主人也应遵循"尊客之前不叱狗"的传统礼节。

4. 举止文雅，不做粗俗之客

古人云："入其国者从其俗，入其家者避其讳。"人们常说，"主雅客来勤"；反之，也可以说"客雅主喜迎"。在做客时，谈话应围绕主题，态度要诚恳自然，如果有长辈在场，应用心听长者谈话。在朋友家里，不要乱脱、乱扔衣服。与主人的关系再好，也不要翻动其书信和工艺品。未经主人相让，不要擅入主人的卧室或书房，更不要在桌上乱翻，在床上乱躺。另外，对于坐姿也要注意文雅。他人背语时，不要倾耳窃听。

5. 适时告辞，不做难辞之客

"串门勿久坐，闲话宜少说。"初次造访以半小时为宜，一般性拜访以不超过一小时为限。造访目的达到后，见主人显得疲乏，或意欲他为，或还有其他客人，你应适时告辞。假如主人留客心诚，执意强留用餐，在饭后应停留一会儿再走，不要抹嘴便走。应做到辞行要果断，不要"告辞"说过几次，却口动身不移。辞行时，要向其他客人道别，并感谢主人的盛情款待；出门后，应请主人就此留步。

6.4 迎 访

迎访是指个人或单位迎接客人拜访的一种应酬活动。迎访工作的好坏直接影响到宾主之间的关系，热情周到的接待会使客人感到无比温暖，反之，则会使客人感到不快。要做好迎访工作，需要从以下几个方面做起。

1. 预做准备

古人云："有朋自远方来，不亦乐乎？"这说明广交朋友、礼貌待客是中华民族的传统美德。迎访包括迎客、待客两个方面。如何礼貌地迎宾待客，总的原则应是主随客便，考虑周全，讲究礼仪，关怀备至，使来访者有宾至如归之感。

为了让客人有一个良好的"第一印象"，主人平时就应将办公室、会客室或家里的客厅收拾整洁，以免因"不速之客"的光临而手忙脚乱。从迎访角度讲，社交活动中的来访也有礼节性来访、事务性来访和私人来访三种。礼节性来访一般时间较短，主人待客要热情周到，事后还要注意"礼尚往来"；事务性来访，一般时间略长一些，主人要想方设法替客人节省时间，并尽可能使客人满意而去；私人或消遣性来访，通常伴有娱乐性活动和闲谈等，主人待客，应尽量做到轻松愉快。

无论是接待哪一类别的来访者，特别是应邀而来的客人，主人事先都应做必要的准备。这包括做好室内外卫生和室内的布置；备好待客的用品，如糖果、香烟、饮料、水果和点心等。如果要留客人吃饭，主人还得预备丰盛而可口的酒菜；如果有小客人同来，主人还需预备一些玩具和小人书。为了向客人表示敬意，主人还要特别注重自己的仪表，作为女主人更应穿着得体。

2．热情迎候

在家不会迎宾客，出外方知少主人。如果来访者来自外地，主人应按事先约定的时间专程前往车站、码头或机场迎候，接到客人后应致问候和欢迎，并说一些简短的欢迎词。如果是久未见面的，主人在见面时可以说"久违、久违"(即久违雅教之意)。对初次登门的客人，主人应到寓所的大院门口或楼下迎接，见面时可以说"久仰、久仰""百闻不如一见"；未来得及亲迎的，可以说"失迎、失迎"或"有失远迎"等以示歉意。如果客人手提重物，主人应主动帮助接提，还要关照家人给予合作。接应客人时主人应面带微笑，握手问候和表示欢迎，这是必不可少的"迎宾三部曲"。

3．待客以礼

客无亲疏，来者当敬。在接待中，主人对任何客人的来访都应热情欢迎，毫不见外地奉之为上宾。接客人进屋，主人应在前，客人在后；进客厅后，主人应请客人在上座就座。所谓上座，即较为尊贵的座位。室中的上座有：比较舒服的座位、较高一些的座位、宾主并排就座时的右座和面对正门的座位。客人一旦落座，主人就不要再劝其换位。客人如果是老友、挚友，主人可以不拘礼节，随便一些反而显得亲密无间；客人如果是师长，主人则应注重礼节，不可轻率、随便。如果客人不期而至，则主人无论有多忙多累，都应立即停止手中的工作，热情接待。如果客人没打招呼便推门而入，主人也应立即起身表示欢迎，而不能将其拒之门外。为了表示对客人的敬意，主人应请客人先入座。如果在同一时间接待多方来者，应注意待客有序和一视同仁。客人进屋后，主人应处处体现对客人的恭敬与谦让。有的主人对不速之客冷眼相向，或边与客人聊天，边看电视、看报纸、打毛衣，这是极不礼貌的。客人落座后，主人应热情献茶或奉上糖果、饮料。与客人谈话，主人态度要诚恳热情，不要频频看表，不要显出厌倦或不耐烦的样子。主人万一有急事要办，应向客人说明并致歉。

4. 礼貌送客

在人际交往中，好的开场就像一束鲜花给人以愉快，精彩的告别就像一杯芬芳的美酒令人回味。否则，便会造成热情迎宾、冷淡送客的不良后果，给客人留下不好的印象。当客人要走时，主人应婉言相留，这是情意流连的自然显示，并非客套与多余。当客人起身告辞并伸出手时，主人方可出手相握，切不可在送客时先"起身"或先"出手"，否则会给人以厌客之嫌。迎客时主人应走在前面，送客时客人应走在前面。主人送客，一般应送到门外或楼下，目送客人远去时，可挥手致意，并道以"欢迎再来！"与上司一起送客时，要比上司稍后一步。客人来访，常常带有礼品，主人应表示谢意，说声"让您破费了"或"让您费心，真不好意思"等，绝不可若无其事，显出理所当然或受之无愧的样子。

6.5 问 候

问候是一束最沁人心脾的鲜花，是一根最能拨响心音的琴弦。问候有多种形式和方式，是礼节性较强的举动。每一句真诚的问候，都是对被问候者尊敬和关心的表示，有助于保持良好的人际关系，沟通彼此的感情。

6.5.1 问候的形式

问候的形式有日常问候与特殊问候两种。

1. 日常问候

日常问候是亲友之间互致的问候，这种在日常生活中的问候大体有下列几种。

(1) 按时间问候。如"早安""早上好""晚安"等。

(2) 按场合问候。例如，家人在离家时，离家者应向在家的人道别："我走了""再见"；在家的人应回答："你走好，早点回来！"在归家时，归家者应与在家的人打招呼："我回来了"。同样，在社交和商务场合，熟人相遇或朋友相见，互致问候便是第一道程序。即使是一面之交，相遇也应打招呼。若你毫无表示，或漫不经心，则会被认为是傲慢无礼的表现。

(3) 祝愿式问候。如"您好""新年快乐""圣诞快乐""福寿康宁"等。

(4) 关心式问候。如"您身体还好吧""一切都顺利吧""家里人怎么样"等。

2. 特殊问候

特殊问候是亲友之间在不同情况下的问候。一是节日问候。在节日到来时，我们应向远方的或不常见面的亲友及时送去自己的问候，这是沟通感情、表明心迹最简便而又极有效的方式。二是喜庆时的问候或道贺。例如，对方事业有成、乔迁新居时，我们要向他们表示祝贺并致以问候。三是不幸时的问候或安慰。例如，对对方事业受挫、家庭变故、失恋、失火、被盗或亲人亡故等不幸，我们要表示同情和安慰，并给予必要的帮助。

6.5.2 问候的方式

如何表示上述种种问候呢？常见的有以下几种方式：口头问候、书信问候、贺卡或明信片问候、电报或电话问候、送物问候。在致各种问候的同时，如有条件可再适当送些礼物表示问候，则是最好的方式。

6.5.3 问候的礼节

问候时，晚辈应先问候长辈，年轻人应先问候老年人，下级应先问候上级，普通人应先问候名人，男性应先问候女性，但年轻女性应先问候比自己年长的男性。总之，主动问候，这是尊重他人的表示。即使你比对方年长，主动问候也于己无损，只会多增加一份友情。

6.6 探 望

探望，亦称探视、探访，可分为专程探望、顺便探望、委托他人代为探望等，用以表达对亲朋好友和同事的情怀。除正常情况下的探望外，更重要的是对身体不适或住院亲友的探望，这是一项较为特殊的交际活动。"天有不测风云，人有旦夕祸福"，在社交圈内，同事、亲友患病或不幸伤残在所难免。当一个人患病住院时，无论在病体上还是精神上，都是比较痛苦的，很需要外界的帮助和关怀。如果你对病人进行合乎礼节的探望，会使患者的精神为之一振。但在探视时，方法失当、礼节不周，也会适得其反。

1. 掌握探视的时间

探视病人时，要为病人着想。要严格遵守院方规定的探视时间，要避开吃饭和睡觉的时间，尤其要避开治疗和护理的时间。如果病人在家休养，则以下午探访为宜。当然，探望停留的时间也不宜太长，一般以 15～30 分钟为宜。如果病人挽留，最多也不要超过 60 分钟，以免病人疲劳。

2. 注意表情谈吐

探视者的使命，就是要充当"社会护理"的角色，对患者进行精神上的安慰和必要的帮助，使患者增强战胜疾病的信心。因此，探视者在探视前应了解患者的病情和治疗进程，弄清患者的心态。在患者面前，探视者表情应当自然、亲切、冷静，一如既往，不要愁眉苦脸、故作沉重、长吁短叹，更不要一见面便"人未语，泪先流"，使患者思绪烦乱、六神无主，这样不利于其病体的康复。探视者与患者交谈的基本原则应是"报喜不报忧"。探视者应尽量选择轻松愉快的话题，多谈患者关心和感兴趣的事，以转移对方的注意力，减轻其精神负担。特别是对身患绝症的患者，有时善意的谎言胜过不该说的真话。探望病情严重的患者时，探视者不要谈论他们的病情，不要对医生的水平、治疗方法及用药妄加评论，也不要介绍偏方，不谈患者敏感的问题，只能针对患者的心态或释疑、释

虑，或开导、规劝、或鼓励、安慰。对患者的亲属，探视者不仅要给予安慰，还应尽力具体地帮其做一些力所能及的事情。

还有一种特殊的探望，即对在监狱服刑囚犯的探望。这些失足者，有的是自己的亲人，有的是自己的朋友，他们虽然因违反法律而身陷囹圄，但中国传统的道德观念是"浪子回头金不换"，国家政策也是希望用各种方法将他们改造为对社会有用的"新人"。所以，除司法人员对他们的帮教外，亲人、朋友对他们的探视也是一种帮教手段。

探望囚犯时，除了遵照政府规定的探视时间外，探视者应将探视活动视为与囚犯进行沟通的一个机会，在有效的探视时间内，对囚犯动之以情、晓之以理，给他送去他最关心的信息，向他灌输积极改造的道理，向他表达亲人对他的思念，对他进行富含亲情的安慰，同时在物资方面对他进行必要的援助。另外，探视者还要注意倾听他对自己的诉求，适时解答他的困惑，帮助他减轻心理上的负担，设法使他的心情愉快，对前途树立信心，以便他更快地走向新生。

思考与练习

1. 举例说明应酬沟通中称呼的基本原则和忌讳。
2. 总结自己在以往的应酬沟通中存在的不足，结合所学知识，说说今后的努力方向。
3. 结合下面的一则案例，谈谈在初次与人交往时，应该如何称呼对方才得体并确保万无一失。

一位销售代表走进一家老客户的公司时，看到客户的办公室里有一位年届五十的中年人。当时办公室里的人都称呼该中年人为"老杜"，而且其他客户以为这位销售代表见过此人就没有进行介绍。因此在向"老杜"敬烟时，这位销售代表半亲密半开玩笑地说："老杜同志其实不老嘛！是列位太年轻有为了！"

说完这话时，一位与该销售代表比较熟悉的客户使了一个眼色。后来，销售代表才知道，原来那位"老杜"是客户公司从外地挖来的部门经理，因为与其他部门经理年龄相差悬殊，所以大家都叫他"老杜"。虽然这种叫法不会令"老杜"感到尴尬，可是销售代表的说法却触动了他的敏感神经。

4. 阅读下面的一则案例，说说王乡长在应酬中犯了哪些忌讳而导致雷先生匆匆离去。

一位富有的华侨雷先生，想到贫穷落后的故乡考察办厂。接待他的王乡长非常热情，先是请他到酒店小聚，雷先生抹不过面子，只好"入乡随俗"了。但雷先生不擅饮酒，几杯下去就面红脖子粗，摇头拒饮了。可是王乡长为表达自己的"地主之谊"，哪能不让其喝足呢？于是说尽好词，劝其"再进""再进"一杯酒。雷先生不忘自己的谦谦君子风范，就勉强多喝了几杯。酒后，王乡长为表达自己的"好客之情"，力邀雷先生卡拉OK一番，本来雷先生不喜欢唱歌，但为了不伤及王乡长的自尊心，便陪着他折腾了一个晚上。第二天，雷先生留下了一千元钱，用以支付昨天的招待费，便离开了这块贫瘠的家

园。王乡长非常纳闷，雷先生一直兴致勃勃，为什么会突然离开呢？

5. 仔细阅读下面的一则案例，谈谈在迎来送往的应酬中，如何使自己的应酬语言不呆板、不制式。

小王在武汉某酒店做服务员。著名美籍华裔舞蹈家孟先生第一次到达该饭店，这位服务员向他微笑致意："您好！欢迎您光临我们酒店。"第二次来店，这位服务员认出他来，边行礼边说："孟先生，欢迎您再次到来，我们经理有特别安排，请随我上楼。"随即陪同孟先生上了楼。时隔数月，当孟先生第三次踏入该酒店时，那位服务员脱口而出："欢迎您再一次光临。"孟先生十分高兴地称赞这位服务员："不呆板，不制式。"

思考与练习

第7章 交友沟通

常言道"近朱者赤,近墨者黑",可见朋友对我们的影响之大。所以,我们必须了解什么是益友,什么是损友。真正的好朋友是能互相规劝、互相砥砺的。"在家靠父母,出外靠朋友。"除了亲人,朋友是我们人生道路上不可缺少的一环人际关系,而且有许多事情是只有靠朋友、知交才能处理的。

没有朋友的人生是孤独的人生。要摆脱孤独,丰富人生,就需要广交朋友,加强朋友之间的情感沟通。朋友是我们人生中一笔宝贵的财富,所以无论在任何时候,无论身体多累,工作多忙,时间多紧张,我们也不要忘记新朋旧友。我们要真心地为朋友着想,适时地为朋友提供帮助,最重要的是通过寒暄、问候、交谈、赞美等方式,经常地、适时地与朋友保持必要的情感沟通。

通过本章的学习,应熟知交友的基本原则;掌握交友沟通的技巧;懂得交友沟通的忌讳;通过实际锻炼,广交朋友且能和朋友和谐相处。

7.1 交友的基本原则

结识朋友、建立友谊,既是学业、事业的需要,也是生活的需要。交一个挚友,不仅可以享受到友谊的快乐,分担生活中的忧虑,而且能得到有益的启示。尽管如此,交友仍要慎重,不能盲目交友,要有所选择。孔子曰:"益者三友,损者三友。友直,友谅,友多闻,益矣。友便辟,友善柔,友便佞,损矣。"在生活中,每个人都有自己的择友标准,其中,品德好应该是摆在第一位的。真正的好朋友应该在思想上互相促进,工作上互相支持,学习上互相帮助,生活上互相关心、互相信任、互相理解、互相尊重。

此外,交友还需考虑性格是否接近,爱好是否相投。我国心理学家研究表明,当代大学生择友的标准是:是否志同道合、有没有共同理想、志向是否相同,以及对事物是不是有共同的看法。交友对于每个人来说都很重要,古往今来,人们对于交友都十分谨慎,一般来说,应遵守以下四大原则。

1. 大度集群朋

俗话说:"大度集群朋。"这句话之所以能够从古流传到今,是因为它从一个侧面说明了人际交往中的真谛。与朋友交往,如果没有宽阔的胸怀,怎能有朋自远方来呢?一个人若想广交朋友,保持永恒的友谊,就要宽厚待人。

为此,首先就要相互信任,交而不疑。信任是人与人之间建立友谊的桥梁。春秋时管仲荐相的故事可以给人以启示。当时,战争频繁。有一次,相国管仲出征打仗,回来后就病倒了。齐王见他病势沉重,便问他:"你的好朋友鲍叔牙能接替你管理国家吗?"管仲说:"他虽德高望重,但对别人的过错总记在心上,做相的人度量不大怎么成。"齐王又

问:"隰朋如何?"管仲说:"他为人谦虚,遇事不耻下问,又能公而忘私,可以为相。"齐王又问管仲:"易牙为了让我尝尝人肉的味,把自己的儿子都杀了,说明他对我超过了爱他的儿子,能让他做相吗?"管仲回答说:"不行!人们最疼爱自己的儿女,他能把自己的爱子杀了,对你又会怎样呢?"齐王与管仲的谈话传到了易牙那里,他马上找到鲍叔牙说:"老将军,谁不知道管仲做相是你推荐的啊!可他是个忘恩负义的人,国君让你做相,他却说了你一大堆坏话,推荐了隰朋,我真替你不平!"易牙原想挑拨管、鲍之间的关系,为自己出气。哪想到鲍叔牙反倒哈哈大笑,说:"管仲忠于国家,不讲私情,这正是我推荐他的缘故啊!隰朋比我强多了,他推荐得好!"这个故事告诉我们:建立在彼此信任基础上的友谊,是牢不可破的。

其次,要学会忍让,善于团结人。自古以来,中华民族有许多忍辱负重而又宽宏大量的人杰。廉颇与蔺相如之间的刎颈之交就是一例。寇、贾之交也是如此。东汉开国初年,社会很不稳定,贾复部下的一个将官抢劫、杀害了颍川的一户人家。颍川太守寇恂立即派人追捕,审讯清楚后,当众正法,深得百姓的拥护。贾复知道后,发誓要给寇恂点颜色瞧。寇恂知道贾复要跟自己较量,跟部下说:"他来意不善,我还是回避一下好。"部下说:"你同他官职一样,为什么怕他?我可以保护你。"寇恂说:"不是谁怕谁。我们两虎相争,必有一伤,现在正是多事之秋,要以国家利益为重,个人受点委屈算什么?"寇恂执法如山、廉洁奉公,又为国忍让的精神,终于感动了贾复,两人从此结为好友。类似的故事还有许多,例如,齐桓公不记私仇,任用射了他一箭的管仲为相,成就了霸业;韩信受胯下之辱,不忘成就大业,功成名就后,以德报怨;等等。这些都成了世人赞美宽厚品格的典型。凡是宽厚待人者,不是无能,而是为真理、为国、为民而胸怀大志,脑海里没有存私怨的余地。因为他们知道,只有这样才能产生新的凝聚力。

2. 患难之中见真情

真正的友谊还应体现在患难之中。东汉时,荀巨伯听说远在千里之外的朋友病了,便匆忙安排好家事赶去看望。经过半个月的奔波,才到达朋友居住的县城,恰逢敌军将要攻城,百姓早已纷纷逃走,街上空无一人。他好不容易才找到朋友的住处,发现好友躺在床上面色惨白,连声喊渴。喝水后,好友见荀巨伯在自己身边,惊喜之余连声催促他快走。荀巨伯说:"我远道而来,就是来看你的,我怎能扔下你独自逃命呢?"正在他们争论时,敌兵来了,冲荀巨伯喝道:"你是什么人,胆敢在此停留?"荀巨伯说:"我是他的朋友,从千里之外来看他,见他病着,身边又无人,因此不忍离去。你要杀就杀我吧!千万别伤害他的性命!"敌兵想不到在危难时刻,竟有人舍己救友,深受感动,便转身离去。从这个故事中,我们可以看到古人对朋友无私奉献的精神。是啊!当朋友处于危难之中时,是离他而去,还是向他伸出援助之手,这是对真假友谊的考验。真正的友谊要讲奉献,只有奉行"给"比"拿"更愉快的交友之道,你才能赢得真正的、牢固的友谊。

3. 交友重大节

古往今来,有无数优秀人物,在某一方面都可以作为我们学习的榜样,如徐原的正直、蔺相如的谦和、廉颇的勇猛等。但榜样并非完人,他们的身上也会有这样那样的不

足。要发展和维护友谊,就应看其大节,而不能苛求小节。

三国时,魏国名将张辽同武周原是密友,但因一点小事反目了。后来,张辽听说胡质的学问和人品都不错,便托人带话给胡质,想同他交朋友。胡质以身体不好为由谢绝了。一天,张辽路遇胡质,见他身体很好,便不高兴了,问他为何不愿与自己结交。胡质诚恳地说:"交朋友应看大节,才能保持永恒的友谊。武周为人不错,现在只为一点小事,你就不理他了。由此看来,你是计较小事的人。我想,我的才学比武周差远了,更不能使你把我作为知心朋友。既然我们好不了多久,还不如不交。"张辽听了这一席肺腑之言,又感激又惭愧。事后,他向武周作了自我批评,两人又和好如初。胡质知道后,认为张辽知过能改,遂邀张辽到家做客,两人成了知己。为了保持永恒的友谊,交友时应重视大节,应以志同道合、道德品质高尚为准绳。

4. 平等相待

为了保持永恒的友谊,朋友间还需平等相待,尤其可贵的是乐于交"弱友"。宋代学者何坦主张:"交朋友必择胜己者,讲贯切磋,益也。"结交胜己者,能给自己以帮助,当然是好事。但在一定意义上说,真心实意交"弱友",于自己、于社会都是件好事。三国时,王烈感化盗牛人的故事就是一例。有一个人偷了别人的牛,被捉住了。他说:"我偷了你的牛不对,以后绝不再干。现在你怎么处罚都行,只求别让王烈知道。"有人将此事告诉了王烈,王烈立即赠给盗牛人一匹布。人们问起原因,王烈说:"做了贼而不愿让我知道,说明他有羞耻之心。知耻就不难变,送布是为了激励他改过从善。"一年以后,有位老人挑着重担赶路,遇见一人,主动帮自己挑到家里而不留名。后来老人赶路时丢了一把宝剑,待发现后回去寻剑时,发现那位守剑的人正是上次替他挑担的人。在老人的请求下,那人才把姓名告诉了老人。王烈听后很感动,随即设法打听,原来就是那位盗牛人。王烈与众不同之处在于他对大家鄙视的小偷也能尊重,并友善地对待他,用友爱的精神去感化他,教育他重新做人,终于使他改邪归正,成了有道德的人。

7.2 交友沟通的技巧

7.2.1 结交志同道合的朋友

我们平时常说:"酒逢知己千杯少,话不投机半句多。"志同道合的朋友是我们的知己,可以心心相印、患难与共。所以,我们择友除了要遵循交友的基本原则之外,就是要志同道合,而这也是我们平时应该养成的社交习惯。

例如,东汉名士管宁与华歆曾同窗苦读,但管宁在了解了华歆欲出仕为官的想法后觉得与自己志向不和,当机"割席"绝交。后管宁为避乱,迁居山东30余年,常着皂帽布裙,安贫乐道,终身不仕。而华歆则志迷官场,出仕曹操,寻官谋禄,追求荣华富贵。两人走的是截然不同的人生之路。

再如,在大家所熟知的小说《钢铁是怎样炼成的》中,主人公保尔和冬尼娅曾经有过真挚的友谊,但终因选择的道路不同,谁也无法改变对方的志向,最后连原来的友谊都彻底破裂了。虽然这可能要经过痛苦的感情割舍的过程。

从以上两例中可以看出，不论是古代的管宁还是当代的保尔，他们选择朋友的标准都是志同道合。一旦发现原来最亲密的朋友与自己志向不同时，分手是最好的选择。

"相交满天下，知己有几人？"涉世之初的人在迈进社会大门之时，常常会发出这样的慨叹。在社会中行走，找不到与自己志同道合的人，是人生最大的不幸。要结交志同道合的朋友需要主动找到共鸣点，使自己的"固有频率"与朋友的"固有频率"相一致，这样才能增进友谊，结成知己。结交志同道合的朋友有如下好处。

1．可携手前进，共同奋斗

工作上互帮互助，学习上取长补短，事业上同勉共进，这是志同道合者的最大作用。诸如同仁、同窗、同事、同行等方面的朋友不乏其例。志同道合的朋友可以帮助我们走向成功，实现自己的理想。

2．使我们的生活充满意义

假如你有一个乃至几个爱好、兴趣一致的朋友，那么，生活就会充实得多。与棋友赛赛棋艺，与钓友郊外远足，与球友驰骋绿茵，与诗友酬答应和，与书画朋友共入艺术殿堂，与文学朋友笔耕文会……不仅其乐融融，而且陶冶情操，有助于自己精神境界的发展、提高。

3．更好地塑造自我

孔子曰："与善人居，如入芝兰之室，久而自芳也；与恶人居，如入鲍鱼之肆，久而自臭也。"可见，交什么样的朋友，对自己一生的成长有着重要的影响，结交志趣高尚的朋友可以改变自己的不良个性。在社交中，找到志同道合的朋友不但可以帮助我们改变不分好坏滥交朋友的坏习惯，还能够磨炼我们的意志，陶冶我们的性情，更能丰富我们的人生阅历，使我们的人生更加精彩。

7.2.2　与朋友谈笑自如的技巧

朋友之间可以无话不说，友谊这汪清泉就是在谈笑自如的交流中流淌着。北宋时期，苏轼和黄庭坚是以诗文闻名于世的一对好朋友。有一次，他们一起讨论书法，苏轼说："您近来的字虽愈来愈遒劲，不过有的地方却显得太硬瘦了，几乎像树梢绕蛇啊！"说罢大笑。黄庭坚说："师兄的批评一语中的，令人心折。不过，师兄的字……"苏轼忙说："你干吗吞吞吐吐，怕我受不了吗？"黄庭坚于是大胆言道："师兄的字，铁画银钩，遒劲有力，然而，有时写得就像是石头压着的蛤蟆。"话音一落，两人都笑得前仰后合。

艺术大师们在谈笑间互相磨砺，达到了互相帮助、互相促进的目的。一天，郭沫若和茅盾这两位文学大师相聚了。他俩相谈甚欢，话题很快转到鲁迅先生身上。郭沫若诙谐地说："鲁迅愿做一头为人民服务的'牛'，我呢？愿做这头'牛'的'尾巴'，为人民服务的'尾巴'。"听郭老说愿做"牛尾巴"，茅公笑了笑，说："那我就做'牛尾巴'的'毛'吧！他可帮助'牛'把吸血的'大头苍蝇'和'蚊子'扫掉。"郭老看看茅公，

说："你太谦虚了。"这两位文学巨匠围绕着鲁迅先生"牛"的比喻，充分地展开联想，一个自喻为"牛尾巴"，一个自喻为"牛尾巴"的"毛"，谦虚地说明自己只是别人的一部分。这种方法既形象生动，又把两位艺术大师博大的胸怀表现得淋漓尽致。

有时，朋友之间产生了点小矛盾，开个玩笑，说句逗趣的话，比正儿八经说道理的效果更佳。老王和老张是一对好朋友，由于误会而产生了隔阂，有一段时间没有交往了。有一天，老王跑到老张家，进门便说："老张啊，我今天是来唱'将相和'的。"老张感到很不好意思，忙接过话头说："要唱'将相和'也该我'负荆请罪'啊！"两人在笑声中握手言欢。试想，老王与老张若不用这种说笑式交谈，要驱除各人心中的云雾，该说多少话呀！而且效果未必有这么好。

所以说，说说笑笑，谈笑风生，是朋友间交谈的一大特色。友谊往往就在这亲密无间的说笑声中得到了升华。

在现实生活中，很多人认为自己笨嘴拙舌，很难与朋友谈笑自如，其实只要做一些必要的调整，就完全可以做到。

1．放下身份

不管是什么身份，如果想要受人欢迎，就得放下身份。想想看，谁会去接近一个整天紧绷着脸、眼睛长在头顶上的人呢？

2．把话说得亲切点儿

话说得太高雅了，就会拉远距离。"嗨！穿得这么美干什么？要迷死人啊！"这句恭维话就比"嗨！你今天穿的衣服非常漂亮"要来得亲切。

3．偶尔装点儿疯，卖点儿傻

没有人喜欢整天看一本正经的苦瓜脸，偶尔装点儿疯，卖点儿傻，就算嘴里讲着歪理，也不会有人怪你，反而会跟着插科打诨一番。

朋友之间偶尔的装疯卖傻不仅不会影响彼此的友谊，反而能给朋友带来无限的乐趣。如果夫妻、亲子之间也能以这种方式相处，人们就会有一颗甜蜜温馨、让人一下班就想要赶回去团聚的心！

4．说起话来别像老师上课

你就算再有道理，也别把话说得硬邦邦，让人听了不舒服。在朋友之间说理，只要点到为止，别整天婆婆妈妈的，让人退避三舍。

5．把热情拿出来，把诚恳写在脸上

朋友之间遇到麻烦需要有人帮忙时，你尽管举起手来大声说："让我来！"要时常给朋友打个电话问候一下，别在有求于人时才登门拜访，结结巴巴地说："无事不登三宝殿。"

只要你按以上方法调整自己的交友习惯，你就可以与朋友谈笑自如，尽尝友谊之果。

7.2.3 与朋友寒暄的多种方式

"人生得一知己足矣,斯世当以同怀视之。""戊戌六君子"之一的谭嗣同慷慨就义前如是说。可见,朋友在人生中的重要地位。在现实生活中,大部分人都有自己的朋友,但是很多人是需要朋友帮忙的时候想起朋友,而不需要的时候就把朋友抛之脑后。用这种方式对待朋友,只能与朋友日渐疏远,以致形同路人。做朋友不应该这样,而应该时常联络,适时寒暄,以增进情义。

1. 寒暄的方式

寒暄并不仅仅是"早上好""您好""近来好吗"等问候,它可以采取多种方式进行。

(1) 夸赞的方式。当我们见到朋友时,可以不自觉地夸他几句,这样能使他心花怒放,使友谊之花更灿烂。

(2) 招呼、点头的方式。如果我们在上班或上课途中时间比较紧张,碰到朋友时,简单招呼一下、叫一下他的名字或微笑着向他点一下头都是很好的方式。

(3) 询问的方式。有时候,我们遇到朋友,可以根据他当时的神情、着装、情绪状态揣测一下对方的行为动向,并抱着关切的态度询问一下。

(4) "开场"的方式。也许"开场"才是寒暄最初的用途。当我们要和别人商谈某事、偶尔与其他公司的董事或经理相遇、初次与异性约会时,由于气氛紧张一时找不到合适的话题,我们可以先谈些与正事无关的彼此熟知的话题,如天气、社会风气等。利用这种方式,可以让交谈的话题永葆新鲜,使彼此谈兴更浓。

上面这些寒暄方式是最基本的。除了这些,你还可以凭自己的经验,根据不同的情境想出一些寒暄的方式,借以达到融洽关系的目的。

2. 寒暄应注意的问题

寒暄看似简单,但要真正恰到好处地运用,充分发挥其作用,却也需要花点工夫。寒暄时应注意以下几点。

(1) 一定要积极、主动、爽朗地向人寒暄。记住,不论对任何人,你都得做到这一点,而且最好附之以和善的微笑。这样你会很快得到回礼或回应。

(2) 根据不同的对象、不同的场合采用不同的方式。对特别熟悉的朋友,也要大大方方地问好,或关切地询问对方最近的学习、工作情况,尽管这可能是无意间的寒暄,但这一瞬间却成了较好的思想交流的时刻,同时你们之间的情义也更深了。

(3) 注意寒暄时的表情和姿势。寒暄时最好配以笑脸,对久别重逢的好友可上前握手、拥抱,要和对方的目光接触。如果行礼时,一定要挺直上身,以优美的姿势使你的寒暄更有效果。

总之,与朋友交往应注意不时寒暄,才能使友谊之树常青。

7.2.4 朋友之间应保持适当的距离

和朋友建立一份真诚的友谊的确是一件美好的事情,但千万不要和朋友整天守在一起。因为距离才能产生美。

世上没有完全相同的两个人。两个人不论其形体多么相像,他们绝对没有完全同样的性情、爱好,绝对没有同样的经历和对事物同样的认知观点。于是,距离就存在了,距离成为人际关系的自然属性。

有着亲密关系的两个朋友也不例外。能成为好朋友,只说明你们在某些方面(或许多方面)具有共同的目标、爱好或见解以及心灵的沟通,但并不能说明你们之间是毫无间隙、融为一体的。

例如,赵晶和石苇是一对令人羡慕的好朋友,两人在一起总有说不完的话。她们一起上学、下学、手拉手逛街,但两人还是觉得相处的时间太少。于是,在征得家长同意之后,两人在校外租了一间房成为室友,这样来往就更方便了。然而一段时间后,两人的友谊产生了裂痕,赵晶觉得石苇性子太急、脾气太躁,而石苇则认为赵晶太懒,从不收拾房间,慢腾腾的,什么也做不好。终于两人为了一件小事大吵了一架,从此谁也不理谁了。石苇很后悔,她对自己的朋友说,如果当初不和赵晶住在一起就好了,那样,大家一定还是好朋友。

是的,正因为距离之美,人与人之间才会有"一见如故"、"相见恨晚"的感觉。之所以会有"死党"的产生,是因为彼此的气质互相吸引,一下子就越过鸿沟而成为好朋友,这种现象无论是异性或同性都一样。但再怎么相互吸引,双方还是有些差异的,因为彼此来自不同的环境,受过不同的教育,因此人生观、价值观再怎么接近,也不可能完全相同。当两人的"蜜月期"一过,便无可避免地要碰触彼此的差异,二人从尊重对方,开始变成容忍对方,到最后成为要求对方,少许的违背都使你特别在意。当要求不能如愿时,便开始在背后挑剔、批评,然后结束友谊。

人就是这样奇怪,未得到时总想得到,未靠近时总想贴在一起,可真正得到和靠近后却又太过苛求。涉世老手在友谊的失败和成功中总结出了这样的务实友谊观,即再好的朋友也要保持距离。

何谓"保持距离"?简单地说,就是不要太过亲密,不要一天到晚在一起。也就是说,心灵是贴近的,但肉体是保持距离的。能"保持距离"就会产生"礼",就能尊重对方,这礼便是防止对方碰撞而产生伤害的"海绵"。

形影不离、无话不说的就一定是最亲密的朋友吗?答案是不一定。人们都说距离产生美,交友也不例外。朝夕相处、不分彼此的朋友往往会很快失去新鲜感,甚至最终变成陌路人。

人与人之间的差异是必然存在的,交往的次数越是频繁,这种差异就越是明显,朋友之间形影不离不利于友谊的巩固和发展。而且,交往过密不留距离,还会表现在另一个很重要的方面,即占用朋友的时间过长,把朋友捆得紧紧的,使朋友心里不能轻松、愉快。当友谊从一个极端走向另一个极端时,双方就会形成可怕的对立。所以,保持一段距离,创造一种轻松的共处氛围，会让你的生活更加安稳。

每个人都有各自的生活空间与个人隐私，不愿被他人侵犯，所以即使是好朋友也不可能真的亲密"无间"。如果你想表示亲密友善而靠近别人，应注意不要过分，贴得太近未免无礼，必将收到适得其反的效果。友谊之树常青，需要双方的浇灌呵护。直接的拥抱呵护不如间接的诚挚与关爱来得庄重。尝试通过间接的方式表达你的关心和体贴，能使对方的心更为感动，适当的距离会使心与心之间吸引力更大。

交友需要空间，更需要距离，因为，只有距离才能产生美。每个人都有缺点和不足之处，和朋友离得太近，就像用放大镜看朋友一样，缺点都会暴露出来。所以为了维护友谊，还是保持距离为好。

7.2.5　好朋友也要"明算账"

朋友之间，礼尚往来，互赠物品，或者在适当的时候，一起吃饭喝酒等，是常见的事。但如果认为"好朋友在经济上可以不分你我"，那就大错特错了。

俗话说得好："交义不交财，交财两不来；要想朋友好，银钱少打扰。"友谊一旦和金钱挂钩，就像把大楼建在沙滩上一样，是极不牢靠的。所以，即使是好朋友也要"明算账"，否则，将会对我们的友谊产生不利的影响。

例如，湛明和姜林是好些年的铁哥们儿了，但二人突然闹翻了。起因是姜林抱怨两人在一起总是他花钱。两人从初中到大学都是好朋友，刚毕业时两人又在一起合租房子，那时两人发了工资就随手放到客厅的柜子里，谁想用就自己去拿，从来不分你我，两人戏称这种情况是"小共产主义"。后来由于工作调动，两人各自租了房子，但感情却没有变，谁缺钱了只要说一声，几百元钱就送过去了，从来也不记账。

后来，姜林交了个女朋友，花费大了起来，常向湛明拿钱，湛明渐渐地就有点不高兴了。有一次姜林又要借 1000 元钱，湛明拒绝了他。于是姜林很生气，他跟别人说："这么多年了，这小子不知道从我这里拿了多少钱，一起吃喝都是我付账，没想到他翻脸就不认人了！"湛明也很生气："他花了多少钱？上次他妈妈住院，不是我送去了 5000 吗？刚毕业时我挣得比他多一倍，那些钱都让谁花了？"于是两人大吵了一架，从此谁也不理谁了。

如果朋友之间像湛明和姜林这样，在经济上长期不分你我，那么必然会带来恶果，甚至导致像他们二人这样的情况发生。

首先，经济上不分彼此会使友谊变质，使纯洁的友谊蒙上金钱拜物主义和物质至上主义的灰尘。天长日久，相互之间平等的关系会变成经济上的依附关系。

其次，由于物质至上主义的侵入，朋友之间平等的关系还会被金钱交换关系所代替。这时，被金钱腐蚀了的"友谊"就可能变成掩盖错误甚至包庇违法犯罪行为的"保护伞"。经济上的不分你我，就会演变成不讲原则，不分是非。

最后，因为受金钱腐蚀，"以财交友，财尽则交绝"。最终会使友谊不复存在。比如姜林便因为湛明不再借钱给他而与湛明一拍两散。

但是朋友之间，免不了要牵涉到经济问题。比如，请客吃饭。这是一个礼尚往来的事

情。朋友之间为了增进友谊，加深了解，一起吃吃饭、娱乐娱乐，甚至一起出去旅游都是很正常的。这种情况下，自己一定要表现得大方一点，因为没有人愿意同小气的朋友来往，互相算计的友谊是长久不了的。当然，现在都很时兴 AA 制，这样最能得到大家的认可。但要注意的是，有些人不喜欢 AA 制，觉得这样疏远了感情，那么就要事先沟通好，要将 AA 制的形式事前提出，然后才能执行。

再比如婚丧嫁娶，这是具有中国特色的人情礼。遇到红白喜事，作为朋友、亲戚、同事，都要表表心意，尤其是朋友，随着关系的远近还会轻重有别。所以，朋友之间既然免不了这个"俗"，就一定要把握好这个度。首先是不能超出自己的经济承受水平，量入为出；其次要考虑到对方的经济条件，因为这些人情礼都是要"还"的，礼送得太重，就等于给朋友加上了包袱，这样做也是很不合适的。

再有就是借钱。这个问题向来是很敏感的，朋友之间往往是一方不好意思开口，另一方则不好意思拒绝。处理这个问题，作为借钱的一方，开口前要想到，能否想出别的办法，向银行贷款什么的；对方的实力如何，借钱给自己是否有难处；自己的偿还能力怎么样，可以向对方承诺多长时间内一定还清，承诺了就一定要兑现，否则就没有下次机会了。而借钱出去的朋友，一旦朋友开了口，碍于面子又不好拒绝，那么你就应该想好了，首先这个朋友是不是有信用；其次是自己的实力是否真有这样一笔闲钱，还是要从自己的开支中省出来；再次要考虑对方是否有还钱能力。自己辛辛苦苦挣来的钱当然要花在刀刃上，有去无回的借钱是绝对不能忍受的。如果朋友已经犯过一次这样的错误，绝对不要再给他第二次骗你的机会。借钱不还的人终归是没有信用、不值得交往的。

其实，友谊的无私与朋友间"算清账"并不矛盾。"算账"是维护友谊的必要手段，是为寻求交往的相对平衡。为此，与朋友相交"明算账"应做到以下几点。

1. 区别情况，学会算账

第一，朋友一起合伙做生意时要认真算账，不能马虎。因为这时的钱物往来是以赢利为目的的，而友谊只是一种辅助的因素、合作的形式，如果现在以友谊代替算账，可能明天两人的友谊就会因物质纠纷而被破坏了。

第二，借用与支援朋友财物时也应算账。如果对方不还了，也要看看是还不起还是不愿还。还不起就将这个账一笔勾销；不愿还就要记下这笔账，以后付出时就要当心了，不要伤了情谊。

第三，财物的馈赠与捐赠。这是一种特殊的财物往来形式，通常以表达心意为宗旨，是以物质形式出现的交换。对这种往来则只需要做大概计算即可。

由于交往中财物与友谊纠缠在一起，从而使算账变得复杂起来。一般情况下，友谊对财物往来的不平衡都有一定的承受能力。但是，如果钱物往来超过了友谊所能承受的极限，友谊就会难以包容，矛盾就会产生。所以，为了友谊而算账就要区别不同情况，弄清钱物及人情账往来的状况，防止双方在"量"上过分失衡。

2. 把握时机，适时算账

一般来说，为友谊而算账以"短算"为宜。在一段时间内，比如几个月、半年，把彼此往来情形清点一番。如果拖得太久，欠账（包括人情账）太多，影响到关系时才察觉，则很容易激化矛盾。

其实，"短算"是为了"长交"，两者相辅相成，没有"短算"就难以"长交"。短算也不必"日清月结"。如果算得太勤，朋友之间占不得一点便宜，吃不得一点亏，斤斤计较，那就又走到另一个极端了，同样有损于互相之间的交情。

3. 肯于亏己，友好算账

我们都知道，真正的友谊是金钱买不来的。算账只是手段，目的是为了友谊。友谊遵循的恰恰是一种亏己式的"倾斜"，即为友人多做贡献，而不希望对方回报。这种有意向他人倾斜的心理是换取真正友谊的内在动力。人的心意、友情虽然本身无价，但在交往中它又可以成为具有特殊价值的砝码。当人们把情谊投入到交往过程中时，它就变得"价值连城"，同样可以对物质投入起平衡作用。

因此，为了友谊算账寻求的是大体平衡，不是绝对平衡。如果是后者，那么友谊又会被商品等价交换的性质所取代，使友情被"铜臭味"熏染，这同样只会破坏彼此的友谊。只有把握好财物交往与友谊交往的关系，才算学会了"算账"。

应该肯定，朋友之间经济上的帮助是应该的，也是无私的，不图对方报偿的，但这只是事情的一个方面。另一方面，帮助从来是相互的，即使被帮助的一方无力对等地给朋友以相应的帮助，但也要心中有数，当有机会对朋友的帮助进行报答时，一定要及时报答，使这种物质上的来往大体保持平衡。

总之，当朋友之间已经和正在产生较大的经济利益关系时，不要忘记"好朋友还须明算账"，采取适当的方法，妥善处理相互的经济利益关系。这样做，可以避免许多无益且有害的纠纷，使友谊更加牢固。

7.2.6 尊重朋友的隐私

劳伦斯基认为："如果一个人没有一点属于自己的秘密，那他不是一个可靠的人。"我们每个人心里可能都藏着一些属于自己的秘密，对我们而言，说或者不说都是我们的自由和权利，谁也不能干涉，包括我们的朋友。所以，千万不要去打探朋友的隐私，但如果他愿意告诉你，那你就一定要守口如瓶。

不要认为你与朋友的关系非比寻常就去随便打探朋友的隐私，那是属于他一个人的秘密，不要跨入他的禁区。

但有的时候，人们遇到一些伤心事，比如家庭纠纷、生理缺陷、个人恩怨之类纯属个人私事的事情，一个人闷在心中，也无济于事，一般都会向自己的知己好友诉说，希望能赢得朋友的安慰，及时帮自己出点子、想办法。但这些隐私，知道者范围不能大，只能你知、我知。

例如，萍萍找了个如意郎君，马上就要步入婚姻殿堂了。萍萍的好友李宁也由衷地为朋友感到高兴，但她发现萍萍却始终像有什么心事一样高兴不起来，终于，在结婚的前几天，萍萍把自己的秘密告诉了李宁：原来萍萍患有透纳氏症，子宫是呈线性纤维状的，根

本没办法生孩子。李宁听了萍萍的话，心里很难受，后来她又告诉了另一个好朋友，谁知此事被萍萍知道了。萍萍非常气愤，结婚那天，她没有请李宁参加。此后，这对好朋友变成了陌生人。

其实，朋友把自己的隐私告诉了你，即使没有叫你保密，也证明了他对你的极度信任。你一旦将这件事传扬出去，就等于是辜负了他的信任，严重的，他会认为你背叛了他。对于朋友悄悄告诉你的隐私，保密就成为一种义务、一种责任。把朋友的悄悄话公之于众，如果是无意间的"泄露"还情有可原；否则，就可能会引起不少人的风言风语，甚至被歪曲事情真相，伤害到你的朋友，同时还会使你失去这位朋友，甚至会失去周围人对你的信任，最终成为孤家寡人。

所以，两个人作为朋友，就算关系再好，平时再怎么无所不谈，也不要去涉足对方的隐私世界。这并不是对朋友冷漠的表现，而是对朋友的一种尊重。除非朋友自己亲口说出的隐私，那作为朋友可借着他所诉说的心事来安慰和开解他，打开他的心结，但事后不要像李宁那样向别人诉说朋友的隐私，因为这应该是属于两个人之间的秘密。

朋友是信赖自己才愿意将自己的隐私说出来的，如果因为这种信赖而导致较严重的后果，那很可能让对方刚刚被打开的心结立刻关闭并蒙上更重的一层阴影。同样，如果在无意中知道了朋友的隐私，也不要对外大肆宣扬，应尽量守口如瓶。

不去干涉朋友的隐私，包括不经朋友同意不要进入他的私人房间，不随意拆阅朋友的私人信件，不乱动朋友的私人物品，还有在公众场合聚会时，如果看见有人吞服药物，不要去问对方吃何类药品。另外，女人的年龄及男、女的收入水平也属于隐私范围，要给对方一定的私人空间。

总的来说，要尊重朋友的隐私，不要强行追问或打听朋友的隐私。擅自偷看或公开朋友的秘密是交友大忌。

7.2.7　对朋友保持忠诚

忠诚的朋友是无价之宝，忠诚的朋友可以丰富我们的生活。但要想得到朋友的忠诚，就要敞开心扉，对朋友坦诚相待，这样才能换来朋友的尊敬。

忠诚的朋友完全承认你的自主权，从不干涉你的所作所为。他只会带给你安全感，这种安全感来自忠诚的友谊。

例如，有这样一个动人的故事：一位先生，他有一个朋友坐了牢。这位朋友既不是行凶抢劫犯，也不是强奸杀人犯，更不是纵火犯，只不过是因为经营投资无意中触犯了法律。这位先生当时不知道自己的朋友进了监狱，当他打电话到对方的办公室得知此事以后，便在星期六清晨，开车跑了60多公里路去探望他。到那儿以后，由于探监的家属太多而未能看到朋友。第二个星期六清晨，他又去了一次，可是监狱方面要求他办个通行证。第三次虽然又遇到别的障碍，但他还是想方设法要见朋友，却没想到他的朋友因为感到羞愧不愿见他。可他依然满不在乎，径直往监狱里走去，像在咖啡馆里一样自然，终于跟朋友会了面。朋友获释后，两人继续保持着友好关系，当这位朋友谈到自己在监狱的经历时，他只是静静地听着，不提问，不作任何评价。当然，朋友与他在一起也会觉得很有

安全感。

世间再没有可以跟古希腊民间传说中的达蒙和皮斯亚斯之间真诚的友情相比的了。皮斯亚斯由于反抗君主被判了死刑，达蒙用生命作担保，使他能回家料理私事及与家人告别。但是，执行死刑的日子快到了，这时皮斯亚斯还没有回来，君主嘲笑皮斯亚斯的忠诚，说达蒙是个傻子，把友情看得过重，白白为朋友洒热血。君主还说如果达蒙能真正了解人的本性，他会明白现在皮斯亚斯早已逃之夭夭了。执行死刑的那一天，正当达蒙被押上刑场时，皮斯亚斯赶到了，他十分激动地冲上前去，上气不接下气地解释自己迟到的原因。两个朋友亲切地互相问候，做了最后的告别，场面非常动人。君主被他们的真挚友谊深深感动了，宽恕了皮斯亚斯，并带着羡慕的口吻说："为获得这种友情，我甘愿献出我的王国。"

很多人都没有那种愿为他们贡献生命的朋友，不过人们也不愿让朋友去经受这种考验。考验真诚友情的方法只有真诚。

常言道："物以类聚，人以群分。"也就是说什么样的人就和什么样的人在一起，因为他们的价值观相近。即《易经》中所说的"同声相应，同气相求"。所以性情耿直的人就和投机取巧的人合不来，喜欢酒色财气的人也绝对不会跟自律甚严的人成为好友。所以说，观察一个人的交友情况，大概就可以知道这个人的性情了。

没有真诚便没有真正的友谊，如果你希望朋友能对你推心置腹，那么就不要以自己的圆滑和虚伪作为条件来换取朋友的友情。忘掉传统给你的隔阂，伸出你的双手，就会结交到真正的朋友。

7.2.8　别伤了朋友的自尊

在一些人的眼里，面子比里子更重要，没有面子就不体面，不体面就吃不开。了解了这一点，你就该知道，即使是对最亲密的人，也要给他留面子。

有人说：中国人死要面子，"死要面子"，就是说宁愿死，也要面子。孔子的高足子路就是这样，他为了不丢士的面子，不惜结缨而去。

再如，楚成王实在是一位不怎么样的国君，他不是死在别人的手里，而是死在自己儿子的手里。公元前 268 年，他的儿子商臣，也就是后来的穆王，带兵来逼宫。可笑的是，成王请求吃了熊掌之后再死，儿子却不给老子这个面子，认为那样太浪费时间，让他早点上路。他没办法，只好去上吊了。吊死后，又不肯闭上眼睛，因为拿不准他的子孙会给他一个什么样的谥号。谥号是古代帝王、诸侯、卿、大夫死后获得的一个带有盖棺定论性质的称号，这是一个总体的评价，是死者最后的面子。起初，子孙们议定的谥号是"灵"，"乱而不损曰灵"。他一听，不肯闭上眼睛，子孙们没法，见他死不瞑目，只好改为"成"，"安民立政曰成"，他这才满意地将眼睛闭上。

死要面子还有一种情况，就是为了面子让别人去死。

例如，公元前 605 年，楚人献给郑灵公一只特大的鳖，灵公用它来大宴群臣，却唯独不让子公吃。这是因为，一次上朝时，子公的食指突然动了起来，他便对别的大夫说："我的食指一动，就能尝到非同一般的美味。"灵公听了，偏要让子公的话不能实现，这

第 7 章 交友沟通

显然是不给子公面子。子公也不是好惹的，为挽回面子，就径直走向烹鳖的鼎前，染指于鼎，尝之而出。子公挽回了自己的面子，却扫了灵公的面子。双方只好翻脸，只不过子公抢先一步杀死了灵公，并给他弄了一个"灵"的谥号，让他永远没有面子。

想想灵公死得真不值，就因为伤了别人的面子而遭杀身大祸，死了依旧没有面子。

每个人都需要面子，而且也都希望自己有面子，有面子就能被别人看得起，自己在人群中间就有优越感。懂得这个道理，交友时就要放下自己的面子，给朋友一个面子，这样你会获益匪浅。

不过这种面子必须是你给朋友的，而非对方自己争得的。

例如，西晋的石崇与王恺斗富，就是典型的面子之争。王恺用麦糖掺米饭擦锅，石崇就用蜡烛煮饭；王恺用紫丝做步障四十里，石崇就做锦步障五十里；王恺用赤石脂涂墙，石崇就用花椒和泥来涂。最后，弄得晋武帝也来帮忙，他赐给王恺一株二尺高的珊瑚树，枝丫扶疏，世罕其比。没想到石崇根本没把它放在眼里，拿起他的铁如意就敲过去，珊瑚树应声而碎，他回头吩咐左右回家取些珊瑚树，让王恺任意选取，有三尺高的、四尺高的，弄得王恺惘然若失，垂头丧气。石崇太过固执，不会忍让朋友，一下子让王恺的面子丢尽。他比王恺富有，这是一个事实，但他却非比不可，比的结果自然是他面子十足。无论王恺接受不接受珊瑚树，有一点是肯定的，那就是面子伤了，交情也就谈不上了。石崇大可不必做得如此绝，假若他肯处处让别人一分面子，那就是另一种情形了。

办事跑关系时要靠面子，首先就是要懂得如何照顾朋友的面子。倘若你自恃自己的面子大，不把别人放在眼里，碰上死要面子的朋友，就可能不吃你那一套，甚至可能撕下脸皮和你对着干，这样常会把所结成的关系搞糟。

懂面子，你还得去要面子。假若你请朋友吃饭，而朋友不太领情，这时，你便不能割袍断交，你要学会去要面子，你要说："看在多年交情的份儿上，给我一个面子吧。"只要他给了你面子，他吃了饭，那么，他的人情就欠下了，即使饭是朋友给你面子才吃的。送礼也一样，让朋友给个面子收下，这个面子你得去要。

例如，老李帮老朋友办了件事，老朋友和妻子拿了些礼品登门道谢，老李觉得自己只是举手之劳，因此死活不收礼，没想到老朋友一走就再没跟他联系过。老李打电话一问，朋友在电话里说："提礼物去愣被你推出来了，知道那天我是怎么从你家走出来的吗？"老李这才知道是怎么回事，道歉之后两人又和好如初。

另外，给面子要给得恰当，不恰当就是不给面子。如果被请之人面子很大，而又未受到应有的礼遇，则成了极伤面子的事情。

总之，维护朋友面子是你和朋友都应该做的，这种方式如同给你们的亲密关系罩上一层保护网，这样友情才能不断延续。

7.2.9 对朋友讲客气话要适度

与朋友交往，客气是不可避免的。适度的客气是一门艺术，可以收到很好的交际效果；而过度的客气则是对人对己的伤害，因为无节制地看低自己，不仅不会使对方身心愉悦，相反更易让对方反感。说话恭敬，对人客气，是一种美德。但不分青红皂白地恭敬，过度地客气，那就不大好了。

假如你到一个朋友家里去拜访，你的朋友对你异常客气，你每说一句话，他只有"是是"而答，唯恐你不高兴。如此一来，你一定觉得如芒刺背，坐立不安，最终逃之夭夭。过度的客气显然是令人痛苦的。"己所不欲，勿施于人"这句至理名言应当谨记。

刚见面时说几句客气话是应该的，如果一直说个不停就不太妥当了。谈话的目的在于沟通双方的情感，在于增加双方的兴趣，而客气话则恰恰是横在双方中间的墙，如果不把这堵墙搬走，人们只能隔着墙做极简单的敷衍酬答。

朋友初次见面略谈客套话后，第二、第三次见面时就应少用那些"阁下"、"府上"等名词，如果一直用下去，则真挚的友谊是无法建立的。客气话的"生产过剩"，必然损害融洽的气氛。

客气话是表示你的恭敬或感激，不是用来敷衍朋友的，所以要适可而止。多用就流于迂腐，流于浮滑，流于虚伪。比如，有人替你倒了一杯茶，你说声"谢谢"就够了。千万不要说："啊！谢谢你！真对不起，我不该拿这件小事情麻烦你，实在太感激了……"等一大串，这会让人感到很不舒服。

说客气话时要充满真诚，像流水般泻出来的客气语最易使人生厌。说话时的态度更要温文尔雅，不可显出急促紧张的神态。还有，说话时要保持身体均衡，过度地打躬作揖、摇头摆身，并不是"雅观"的动作。

总之，朋友之间客气话不能"过剩"，只要把平常对朋友太客气的说话改得略微坦率一点，你就一定可以享受到友谊的快乐。

7.2.10 巧语化解误会

与朋友相处，时常会出现闹别扭的情况。导致这种情况产生的原因很多，其中之一就是误会。误会是指别人对你的看法或认识与你的实际情况不符，是无意之中产生的认识上的错误。

误会形成的原因有两个：一是自身的言行不够谨慎，言谈行事欠周到、细致，使他人不能准确地领会你的意图；二是对方主观臆测。由于每个人不同的经历、学识、价值观、气质、心境等因素的影响，对同一件事、同一句话，不同的人会有不同的理解。误会会给我们带来痛苦、烦恼、难堪，甚至会产生预料不到的隔阂。所以，一旦发现自己陷入误会的圈子后，就必须采取有效的方法予以解除，使自己与朋友能尽快地轻松、舒畅起来。

1. 查清原因

产生误会后，如果一方怒气冲冲，充满怨恨和敌意，而一方满腹狐疑，委屈压抑，那么双方的隔阂就会越陷越深。如果这时谈崩，就会有新的误会接踵而来。

产生误会后一定要冷静，必须下一番功夫内查外调，搞清楚对方的误解源于何处。否则，无论你浪费多少唇舌也解释不清楚，搞不好还会越描越黑，弄巧成拙。

2. 当面说清楚

误会的类型各种各样，而解决误会最便捷的方法便是当面说清楚。大多数的人也都喜

欢这种方法。

因此，如果有误会，要亲自向朋友做出说明。千万不要找各种借口推脱，一定要战胜自己的懦弱，克服困难，想方设法当面表明心迹。

3．不要放过好时机

解释缘由，消除误会，必须选择好时机，要考虑对方的心境、情绪等情感因素。最好选择对方升职、涨工资或婚宴等喜庆日子，因为这时对方心情愉快，精神放松，胸怀也就较为宽广。你如果能抓住这些时机诚恳地进行表白，往往更容易得到对方的谅解。

4．消除委屈情绪

发生误会后，首先要做的，就是不要为自己辩解。总认为自己正确、不被理解，心中怀有委屈情绪的人，必定不愿开口向对方作解释，这种心理障碍会妨碍彼此间的交流。

此时，应多替对方着想，无论他是气量小、心胸窄，还是不了解真相，不了解你的一番苦心，你都不必去计较。只要你真诚地向他表明心迹，那么误会很快就会消除。

5．请同事帮忙

与同事的误会常常是在工作中产生的，双方的误解涉及许多因素。自己解决可能会受到限制，有时候不能明白透彻地说清楚，这时候，你可以请其他同事帮忙。当然，也不必兴师动众，叫上一帮同事大费口舌。当误会不便于直说，双方又都觉得心里不愉快，产生了生疏和隔阂时，只需要让同事帮忙为你们提供一个畅谈的机会。在和谐、友好的气氛中，彼此心理上的距离便会缩短，许多小误会和不愉快都会自然地消失。

6．用行动加以证明

有的误会如果用语言不能解释清楚，那么就要用行动去证明误会的不实之处。

比如，有同事误解你的工作成绩是靠别人帮忙得来的，对于这种事是说不清楚的，你只有靠自己的努力，拿出更好的成绩来证明自己的能力。这样，误解也就自然消失了。需要注意的是，不要认为难以启齿或碍于情面而使消除误会的时间越拖越长。这样会使误会越陷越深，到最后造成令人更加痛苦的后果。所以，有了误会，要迅速地解释清楚。拖的时间越长，就越被动。

总之，产生误会是正常的，但误会的体验是痛苦、深刻的，所以一定要争取主动，适时开言，及时消除误会。

7.3　交友沟通的忌讳

有人认为，朋友之间可以无话不说，说什么都不会得罪对方，其实并非如此。如果朋友之间说话口无遮拦，动辄挖苦讥讽、满口粗言秽语，同样会令朋友尴尬和不快。长此以往，朋友还愿意和你相处吗？

交朋友的目的之一就是彼此都可以从对方那里得到精神愉悦。如果彼此相处时得到的都是烦恼不快、尴尬窘迫，那么这种交往就将失去吸引力，友谊就可能降温。为了使每次

朋友相聚都能成为愉快的"节日",人们在交谈时应注意口下留情。为此,下面几类话应在忌讳之列。

1．揭短挖苦的话

在大多数情况下,人们是愿意听赞扬话的。如果一见面你就揭朋友的短,即使说的是事实,人家心里也会不高兴。尤其是反复多次指出人家的某个缺点或不足,就更不讨人喜欢了。一般来说,揭短挖苦的话有以下一些。

(1) 嘲笑别人身体上的缺陷。
(2) 嘲笑别人过去不光彩的历史。
(3) 嘲笑别人的缺点。
(4) 嘲笑别人的忌讳。

哪怕是以开玩笑的方式经常揭朋友的短处也属不宜。

2．过分指责的话

工作上有时出现了一点问题,有的人不问青红皂白就指责、抱怨朋友,盲目做出结论,为自己开脱,这也会引起朋友的不满和失望。比如,"我说如何如何吧,你偏不,看,搞糟了吧!听你的准没有好。"对于这种自作聪明的说明,朋友为了照顾面子也许并不说什么,可是心里必定会有想法。

3．贬低对方的话

对于自己的才干、能力和成绩,人们希望得到他人公正的评价,特别是朋友的肯定。你如果在朋友那里听不到赞扬,反而听到一些贬低自己成就和才干的话,心里就会有一种失落感。贬低对方的话一般有以下一些。

(1) 贬低对方的工作成绩。
(2) 贬低对方的优点。
(3) 贬低对方的优势。
(4) 贬低对方的才干和能力。

4．揭露老底的话

每个人都可能有过失和毛病,但任何人都不喜欢这些被他人提及。与朋友相处时,如果你有意无意地把人家老底翻出来,对方就会感到难堪。比如,一位女士指出某女士不像话,把老公抠得太紧时,她的一位朋友就揭其老底说:"你还说人家呢,忘了你老公一出门,你先翻他的口袋,两角钱你都不放过,为这事你们还打了一架呢!"对方的脸"唰"的一下子红了。

思考与练习

1．根据你交友的经历,说说交友沟通应该遵循的基本原则。
2．在你的交友历史上有没有做过犯忌的事情?结合实际情况谈谈交友沟通的忌讳。

第7章 交友沟通

3. 结合下面的一则案例，谈谈当你失去理智而严重冒犯了自己的朋友时，应该如何做才能挽救濒于崩溃的友情。

小王不想和他最好的朋友小陈和好，因为小陈在喝醉酒之后把他骂了个狗血喷头并把他推出了门外。如果小王得知当天晚上小陈和酒吧的保安发生了冲突，并在大街上和不相干的人干了两架的事情后，你会发现，小王考虑问题的思路会发生一点变化的。因为小王现在不会仅仅把小陈的行为看作针对他一个人，相反，他极有可能认为小陈的行为只是由于他酗酒之后的不理智行为。通过思想的修正，小王就极有可能愿意听小陈做出解释。

4. 结合下面的一则故事，说说什么样的朋友才是真正的好朋友，在利益或灾难面前如何善待自己的朋友。

两个朋友A和B一同外出旅行。A捡到了一把斧子，于是B说："瞧！我们找到了一把斧子。"听了B的话，A很不高兴："不是我们，你应该说'你捡到了一把斧子'。因为发现斧子的是我啊。"

过了一会儿，丢了斧子的人追了上来。发现斧子的A心虚地说道："我们遭殃了。说不定会被杀死呢。"B回答说："不是我们遭殃了。你应该说'我遭殃了'。因为发现斧子时，你特意强调不是我们一起发现的啊。"

5. 阅读下面的一则案例，说说当朋友之间发生分歧的时候，怎样做才能避免争吵并维护来之不易的友谊。

小宋心目中已经有了一个理想的学习英语的地方，正想前往报名时，另有一位朋友，很热心地向他推荐另一个，并极力邀请他一同前往报名。小宋非常不愿意，于是说："我们两人都各自参加了风格不同的英语教学，哪天我们也来交换享受一下双方好的教学特点，如何？"

这样客观而含蓄的拒绝，不仅对方一定能够心平气和地接受，避免了因为双方的不愉快而发生争吵，而且也有助于建立彼此更深厚的友谊。

129

第8章 异性沟通

在现实生活中，无论谁都不可能不去和异性交往。然而，总是有人处理不好与异性交往这个最起码的人际交往，于是，生活中就充满了由此而引发的各种各样的矛盾。不过，那些与异性交往的美丽故事，又成为各种艺术表现的主题，千古流传。

语言的交流更多的是一种感情上的互动。交谈的目的是为了给双方带来愉悦的身心感受。特别是和异性交往，更应该以轻松愉悦为目的，加强彼此间的感情互动。要做到这一点，关键是如何找到有趣味的话题，含蓄地赞美对方，制造新鲜与浪漫等，让情感在彼此的内心流转，让对方加深对你的好感。和异性交谈，切忌过于严肃，或只顾自己夸夸其谈，不顾对方的内心感受；否则，不仅会使谈话陷入僵局，还会直接影响到对方对你的印象与评价。

通过本章的学习，应明白异性沟通是人际沟通的一个重要组成部分，与异性沟通艺术是当代大学生必备的素质之一；熟悉异性沟通的基本技巧；掌握恋爱中与异性沟通的特殊技巧；学会克服在异性沟通中出现的各种障碍，为自己未来的生活和工作打下一个良好的基础。

8.1 与异性沟通的基本技巧

8.1.1 话语投机的技巧

在异性沟通中，很多人都希望，你一言，我一语，双方配合默契，谈兴不减，其乐融融。要做到这些，需要融心理、社交、口才等知识技巧于一体。否则，与异性交流，就容易羞怯局促、紧张失措，连说几句应酬话也生涩。只要掌握以下基本的技巧，就能够在和异性交流时应付自如。

1. 以对方感兴趣的话为题材

有这么一对恋人，男孩喋喋不休地谈论着公司的事，而女孩除了从她亲热地握着男孩的手可以看出他们的热烈感情外，神态完全是无精打采、索然无味。一对热恋着的情侣，本应有着千言万语难诉衷肠的沸腾情景，就因为彼此谈话的内容不是双方感兴趣的话题而话不投机、冷冷清清。所以，在与异性谈话时恰到好处地选择那些生活中的趣事作为话题，既可以消除彼此之间的距离，更容易产生共鸣，增加亲切成分。比如选择一些比较轻松的话题，如校园生活的诗情画意等。这些话题不但可以激起彼此的谈话兴趣，而且其外延广、内涵深，不至于大家刚聊了两句就没话了。

2. 激发对方交谈的兴趣

在与异性沟通中，往往也会遇到一些说话很被动的女子。当男子首先与她说话时，她

惜语如金似地仅用"是"与"不是"作答,无论你如何发问,她总是简单作答。

例如,小高因为一篇市场调查报告,需要找微机操作员崔小姐查看有关资料,可看见崔小姐那满脸修女神情,他就发慌了。稍定后,小高与她攀谈起来:"崔小姐每天挺忙的啊!""对!""你操作微机如此熟练,有些资历了吧?""不长!"几个回合下来,崔小姐不但始终斩钉截铁般吝啬作答,而且脸上一直未解霜冻。于是小高转变谈话策略,"听办公室主任讲,我们单位有两个天使,你猜是谁?""不知道!"崔小姐依然简单作答。"好,我告诉你,一个是公关天使小陈,另一个就是你呀!"小高放慢谈话速度说。"他们叫我什么天使?"小高见崔小姐终于活跃起来,故意顿了顿说:"叫你冷艳天使啊!""简直胡说八道,小高你看我像不像?其实……"在该例中,小高面对冷若冰霜的崔小姐,抓住对方的"冷艳"这个弱点,假借第三者的谈话进行出击,这就造成了崔小姐内心尊严的一个致命伤,她为了维护自尊,连珠炮似地向小高辩驳,以表明自己的热情、温柔和善良,从而在彼此的谈话中形成了一个和谐、愉快的回流。

3. 设法让女性主动地引出话题

在许多社交场合,我们常常发现,当男女被介绍相识后,大多数女子,除了可爱的矜持之外,都练就有保持沉默的功夫,将这先开口讲话的"活儿"留给男子去做。由于女子生理和心理的敏感、细腻、脆弱等特点,在交往的范围和接触点上都显得比较隐秘、谨慎,是不可随意横冲直撞的,社交经验不太丰富的男子往往就被这种情形难倒,话在嘴边口难开。而如果让女子主动与男子攀谈,那情况就迥然不同了。因为男子的生活环境一般比女子宽广,加之男子汉多是粗放型,于任何事情都不那么小家子气,因此与他们谈话的题材就比较随意、广泛,偶有什么"伤筋动骨"的话题或言辞,也应该是能够洒脱地淡然一笑了之。所以在异性交往中,女子向男子主动抛砖以引其玉,男子会很热情地给以爽朗的回答。

所以,异性间相互交谈,女性应该主动些,而男子应该设法让女性主动地引出话题。与异性交流并不是一件很难的事情,只要积极行动,就能挥洒自如。

8.1.2 缩短心灵距离的技巧

在与异性交往中,很多人都不喜欢"远距离"作战,但只因彼此不熟悉也无可奈何。其实,只要掌握了一定的言语技巧,你就会发现,这并不是一件难事。话到极致自来熟。那么,究竟怎样才能把话说到相熟的份上?

1. 寻找共同话题

"物以类聚,人以群分"。每个人的社交圈,实际上都是以自己为圆心,以年龄、爱好、经历、知识层次等共同点为半径构成的无数同心圆。共同点越多,圆与圆之间交叉的面积就越多,也最容易引起对方的共鸣。例如,同班同学就比同校学生亲密,同宿舍的又比同班的要亲密,同桌比同宿舍的更容易建立起牢固的友谊,如果既是同桌又是老乡,那简直可以成为铁哥们。因此,在与他人搭讪时,一定要注意共同点,并不断把共同点扩大，对方谈起来才会兴致勃勃，这样就会"黏"住对方，谈话才会深入、持久。

2. 多谈对方关心的事情

搭讪中不能大肆吹嘘自己，这只会令对方反感。你必须多谈对方关心的事。人们最关心的是自己，这是人类最普遍的心理现象。比如，当我们观看一张合影相片时，最先寻找的是自己，如果自己的面目照得走样了，就会认为整张照片拍得不好。因此，你必须谈对方所关心的，这样对方不仅不会厌恶，而且还会认为你很关心体贴他。

3. 不要过于严肃或摆架子

与陌生的异性交谈，不能一本正经，态度严肃，而要有幽默感。幽默是人际关系的润滑剂，是智慧的结晶，它带给别人的是快乐。谁会拒绝这种让人心情愉悦的交流方式呢？例如，在拥挤的公共汽车上，一个小伙子不慎踩了别人的脚，回头一看，原来踩到的是位姑娘，姑娘满脸怒气，小伙子忙说："对不起，对不起，我不是故意的。"接着又伸出一只脚，认真地说："要不，你也踩我一下。"姑娘被他的话逗乐了。小伙子再次趁机搭讪，姑娘很乐意地和他交谈。他的幽默，给姑娘留下了很深的印象。

有的人自我感觉很好，而且各方面条件确实不错，但为什么常常在与异性搭讪时遭到冷遇，自讨没趣？关键就是他有优越感，摆架子，谈起自己时洋洋得意，这是令人反感的。即使你取得了巨大成功，但如果一味地自吹自擂，也只会令人敬而远之。一般而言，人们对那些经历坎坷、屡遭不幸而最终出人头地的人容易产生同情和佩服。因此，政治家或歌星，为了提高知名度和赢得支持，往往再三渲染自己为取得成功付出的巨大努力或童年的不幸遭遇。这实际是一种技巧，借所谓心理学上的通感现象来赢得人心。由此可见，在与陌生的异性交谈时，对自己的成功不妨"不经意"地谈谈，而要多方面谈昔日的坎坷、拼搏的历程和不幸的遭遇，这样就容易唤起对方的好感和钦佩。

4. "制造"一个会面的机会

有时可能没有机会和陌生的异性接触，更谈不上去搭讪，在这样的情况下，你可以"制造"一个机会。例如，一个星期六的下午，一位五官端正、衣着入时的青年手捧一束红玫瑰，礼貌地敲一间公寓的门。公寓的主人是某公司年轻女秘书海因兹。她谨慎地打开门，面对这位不速之客，她不知所措。难堪之余，这位男士连连道歉："我敲错了门，是个误会，请原谅。"然后转身离去。未走两步，又转身走过来对海因兹说："请收下这束鲜花，作为我打扰你的补偿。"海因兹盛情难却，把他请进房里，两人就这样认识了。实际上，这个偶然的误会是男青年早就策划好了的。不过，像这样的善意"欺骗"，并不会伤害对方。

需要注意的是，在与陌生异性交谈时，不要争执，不要议论彼此熟悉的人的短长，更不可刨根问底地询问别人的私生活。要把握分寸，如果不小心谈及对方敏感的内容，要巧妙而迅速地转移话题。另外，不可嬉皮笑脸，胡搅蛮缠，更不能用粗俗的、下流的语言挑逗对方，这是品质低劣、内心肮脏的反映，只会引起对方的反感和排斥。

8.1.3 保持适度的神秘感

有人认为，与人交往应当真诚、直率，说话直截了当。这句话本来没有什么错，但在与异性交往中往往收效不佳。其实，在与异性交往时适度地保持神秘感，反而让对方感到好奇，激起对方希望更了解你的决心，这样大多可以进一步引起异性的兴趣。有位追求女孩子颇有心得的人曾经这样说过："追求女人，如果让她看穿你的生活，就完蛋了。"他的意思其实是说，保持部分的秘密，才能掳获异性的心。虽然这位小伙子不是什么感情专家、恋爱顾问，但是他这番话也的确有几分道理。

一般而言，如果有人对你敞开心扉、十分坦白，多数人都会对对方产生好感。从心理学来说，这便是"自我开放"。但是异性之间，有些事情是不一样的。当然，将自己开放到某种程度是两人交往时相当重要的条件，但如果将自己所有的一切，百分之百地完全呈现在对方面前，就有可能会带来负面效果。因此，心理学家建议，想要让人喜欢，将自己开放80%的程度就好，剩下的20%不需要让对方知道。

现在的报纸、杂志，网络信息比以前更开放，很多明星从家人、兴趣到喜好之类的琐事，全都巨细无遗地摊开在众人面前，观众也不再认为"歌星、影星是踩在云端的人"，而认为是"和自己一样的平常人"。所以，现在已经没有像以前那样让人为之疯狂的超级巨星了，因为反正大家都一样嘛！没什么好稀奇的。

举例来说，某健美运动教练员从不公开私事，大家不知道他个人的隐私，自然就有神秘感，神秘感往往也能增添一些好感。

和异性交往的道理多少和这有些类似，所以，一定要保持自己的某些秘密。恋爱初期的人总是谈自己的事，想尽办法加深亲密关系。慢慢地相互了解到一定程度时，就应该保有某些属于自己的秘密。就算保密的事不久就会被知道，也不要主动说给对方听，那是让对方朝思暮想的技巧之一。

近年来，有一些人热衷于在生辰、属相上套近乎。在和男人谈话时，如果你带着神秘的微笑说："我是水瓶座，二月出生的，你能猜出我属于哪种类型的人吗？"或者神秘地眨着眼睛说："我是属虎的，发起火来是很可怕的。"这样，对方的心会激动起来，因为这些话极大地激起了他的好奇心。

要想在异性面前大受欢迎，说这样的话效果特别好："关于那件事，恕我无法奉告。""这是秘密哦！"这样半开玩笑地保持神秘，不是过于严肃，而是让彼此的关系轻松愉快一些，有助于增进彼此的感情。如果你想大受异性欢迎，不妨照此去做：保持适度的神秘感。

8.1.4 赞美异性的技巧

赞美，是男女双方将爱慕之情传送给对方最好的方法。赞美，也可使彼此更具吸引力。如果一个男人对某个女人有好感，他可能通过赞美让对方了解自己的心意，只是有时候男人会以他所期望的方式赞美对方，而非以女人习惯的方式为之。同样地，许多女人也不清楚该怎样去赞美男人。一般来说，男人希望得到感谢，女人希望得到爱慕。

当男人的某项决定或行动得到对方的感谢时,等于是给了他最高的赞美。所以,当约会时,如果女方表示今天的晚餐很美味、电影很好看、欢度了一个愉快的夜晚,男人会觉得很开心,很有成就感。以看电影为例,当男人提议的电影让女人觉得"这真是一部好电影",男人会非常得意,好像他就是编剧,他就是导演。

另外,女性赞美男性时要含蓄。女人是感性动物,当对男性嘉许时,赞美之意往往溢于言表。但身为女性,直接地夸赞男性,不仅使自己的形象受损,同时也会使受夸赞的男性不自然。虽然有时候你的赞美并非有其他的含义,但如果直接地说出你的心里话,可能会引起不必要的误会。如果是因为真心地赞美而引起误解,这不仅达不到取悦别人的目的,反而适得其反,甚至会引起别人的厌恶或疏远。因此女性应适度地含蓄和讲究语言艺术,否则即使对方不误会,也会显得自己没有内涵、没有气质。

例如,在聚餐的时候,你碰到以前的男同学。这位男同学事业有成,同时你也很想与他保持良好关系,这时如果你说:"你现在有很好的工作,又有成就,身边肯定有许多女孩子。"这些话不仅显得你没有内涵、势利,甚至会让这位男同学想你是否在暗示你在喜欢他。因此,要避免这种误会,就要学会借别人之口。可以说"听别人说你最近做了一笔大生意"或者"他们说你刚开了一家公司,祝贺你"之类的话。这些话有如下的特征:①虽然不是别人说的事实,是你本身掌握的事实,但你可以把它说成是别人告诉你的。②至于是谁说的,你大可不必说出来,否则会引起不必要的麻烦。③用别人的话来带出你的赞美。话语间是别人的赞美,但实际上是你的赞美。

这样不仅能准确地传达你的意思、想法,还能使对方高兴愉快地接受。它还能把你的立场模糊起来,变主动为被动。

假如,在某鸡尾酒晚会上,你认识了一位男性。该男性潇洒大方,而且你从朋友那得知他还没有女朋友,这时你想接近他。如果你想给他留下一个好印象,如何开口就是关键的一步。在这种男人周围,或许也有很多女人想接近他,因此要博得他的好感,就必须处于主动地位,所以你应以稳取胜,这时借别人之口就派上用场了。当朋友介绍你俩认识后,你可以说:"据说你潇洒开朗,以前只是闻名,今天看来的确如此。"这样的开场白不仅暗示了你对他有兴趣,而且又引起他的兴趣。最重要的是给你带来机会的同时能掌握主动权。

总而言之,在赞美男性时,话语一定要含蓄,只有这样才能达到目的,收到应有的效果。

对于女人来说,直接赞美最能使她们感到满足,但是男人往往不懂这个道理。其实最简单的方式就是以正面的形容词直接赞美对方,这不仅能让对方得到被爱慕的感觉,更加强了你在她心中的好感。这和男人所喜欢的赞美方式不太一样,让我们从例子中去详细体会这种差异。间接赞美(适合赞美男人):"我觉得今晚很愉快。" 直接赞美(适合赞美女人):"你真是个好女孩。"当一个女人间接赞美某个男人,可以鼓励对方继续追求她,让他对自己更有自信心,更有成就感,并对她的好感大增。如果她不是以这种方式赞美对方,可能会在双方之间造成距离感。

而男人如果直接赞美女人,会令女人感受到对方的珍惜与尊重,拉近双方的距离,并

第 8 章 异性沟通

且愿意做更多的回应。

如果一个女人赞美她男友的车子、音响，或他最喜欢的足球队，其实就等于是在赞美他。但是女人不一样，她们喜欢对方直接赞美她这个人本身。因为这表示对方在注意她、关心她。

只要是诚恳的赞美，总是令人高兴的。如果男人在赞美女人时能够多用点心，会更令女人感动。尤其是运用一些特别的形容词，对方会觉得更特别。如果能在赞美之外再加上一个问题，可以使效果更好。因为问题提供了让她们敞开心胸表现自己的机会，通过回答问题她可以发表自己想法。如，"我很喜欢你新染的头发。这有没有得到很多人的赞美呢？""你的项链好美，你已经买很久了吗，在哪里买的？"

无论是男人还是女人，在与异性交往时，都应该巧妙地运用赞美之言，这样就可以抓住对方的心。

8.2 恋爱中的异性沟通

8.2.1 恰当地表达爱意

"关关雎鸠，在河之洲。窈窕淑女，君子好逑……求之不得，寤寐思服。悠哉悠哉，辗转反侧。"的确，悄悄地爱上了心上人之后，却又苦于不知道怎样表达，这是不少青年男女经常碰到的难题。爱在心头，口难开，又羞于向人求教，更恐"落花有意，流水无情"，只能缄默、着急、苦恼。

其实，找到恰如其分的时机和方法，张开你的"金口"，爱情之花就会开放。

1. 曲折含蓄

如果你的心上人的文化素质与领悟能力比较强，那么就可以不显山不露水，把你的情感若隐若现地包含在彼此的谈话中，使他在咀嚼之余，倍感爱情的神秘与甜蜜。

有一位小伙子在参加散文大奖赛中获头等奖，得了一套微波炉。他把这个消息告诉心上人时，说："我终于有了自己的微波炉，是散文大赛头等奖的奖品哩！"姑娘也兴奋地说："那我祝贺你！""这样庆贺太没劲了，咱们搞个家宴，怎么样？"小伙子提议。"可以呀！""可是我不会做菜，没有主人操作，怎么办？"小伙子显得为难起来。"我可以试试呀！"姑娘毛遂自荐。"那太好了，我如果能经常吃到你做的菜，那该多好啊！""只要你不嫌我做的蹩脚，我答应你就是了！"小伙子用奖品作为话题，以做饭为主线，绕了一个大圈子，终于巧妙地将彼此的谈话导入表情达意的"正常轨道"，仿佛是在不经意之间，就搞定了一桩婚姻。

2. 直抒胸臆

直抒胸臆是指有些人表达爱情十分简明直率，不虚伪造作，大胆而毫无保留地向对方倾吐自己的感情，宛如那潺潺的小溪，汩汩而流。一般而言，性情直率、表达思想感情喜欢开门见山的人宜采用此法。显然，对于交往比较深，有一定的感情基础，或者两人已经互相倾慕，只需"捅破那层纸"的双方来说，直抒胸臆表达爱情很省力，也别有一番趣味。

列宁向克鲁普斯卡娅求爱时就直截了当地说："请你做我的妻子吧！"而一直爱慕列宁的克鲁普斯卡娅也回答得很干脆："有什么办法呢，那就做你的妻子吧！"列宁的真爱言简意赅，感情诚挚，给人以难以拒绝的力量，同时，也让克鲁普斯卡娅清清楚楚地看到一个忠诚的心灵世界，从而很容易使双方激起爱的涟漪。

3．诙谐幽默

将神圣的爱情寓于俏皮逗趣的说笑中，让对方不知不觉地体会你的心思，你在他的幽默中完成一次"试探"，既不显得羞怯，又不会出现难堪的场面。

黎夫陪筱卉到商厦买东西，他为了在筱卉面前玩潇洒，显"派"而取悦于她，对售货员指东呵西，最终一件东西也没买，为此惹怒了售货员，双方唇枪舌剑地争论了起来。当黎夫显然处于无理的劣势之时，筱卉站出来从中周旋，为他挽回了面子。黎夫很感动地对她说："人们常说'英雄救美人'，今日倒好，成了'美人救狗熊'，我真该好好感谢你才是啊！"筱卉止住笑，俏皮地追问："好啊，看你怎么谢我呀？""我送你一件最珍贵而稀有的礼物，不知你喜不喜欢？"黎夫显然已成竹在胸，献殷勤般地调侃。"说出来看看吧！""我把我自己赠送给你，接受不接受啊？"黎夫巧妙的幽默，使筱卉充分感受到了他的风趣睿智，赢得了筱卉的芳心。

4．画龙点睛

画龙点睛是指彼此心有期许，往往又飘忽不定，犹豫不决，爱恋的一方借助某种氛围和物质的烘托，将爱情推向"白热化"。

剑鸣只差一步之遥就可能获取阿佳的芳心，可阿佳近来却对他表现出不友好的神情。剑鸣着实乱了方寸。情人节这天，本想买束花送给阿佳，可花市鲜花告罄，于是他直奔乡下花圃。当他抱着一大捧鲜艳的红玫瑰正要献给在公园门口等自己的阿佳时，被一群囊中有钱、手上无花的俊男倩女拦住，出 20 元买两束。剑鸣灵机一动，不无得意地大声说："按说，我有这些鲜花，卖你们两束也可以，可是，这是我特意从花圃采来献给我的天使的，花儿代表我的心，此花只属阿佳一人！"阿佳顿时陶醉在一片羡慕声中。剑鸣通过赠花，将对心上人的情感在大庭广众之下表露出来，既表现了他对阿佳的赤胆忠心，又使阿佳在大家面前风光了一回，她的虚荣心得到了极大的满足。

5．借题发挥

借题发挥是指巧妙地将情感蕴涵在并不直露的言语中，借用某一事物或人物等形式，小题大做，把绵绵之情传递给对方。

翎借给菲他新买回而自己尚未看的一本书，菲深情地对翎说："我借别人的书，总是很快就读完，而你借给我的这本书，怎么也读不完，可能要读一辈子，你是愿意伴我读完呢，还是让我割舍不读呢？"他们为发展彼此的关系，利用双方的共同爱好，经常交换，推荐好书，借"书"让两人爱情的种子开始萌芽。

总之，向心上人表达爱情，是一种甜蜜又伤脑筋的微妙的情感活动，但只要你张

开"金口",把握好性别角色、情感浓度,大胆主动,并锲而不舍,就一定能拥有甜蜜的爱情。

8.2.2 初恋的沟通技巧

第一次与她交谈,称为"初恋的交谈"。如何进行初恋交谈是一种恋爱艺术,是恋人应该掌握的技巧。它能使你在情窦的初萌中,把丰富的思想、微妙的心声用妥帖的话语表达出来,去"接通"对方的脉搏,爆出初恋的火花,使爱情的烈火从此熊熊燃烧起来。但是,这是一门复杂的学问,也是一个难题,没有固定的模式,需要灵活应变。

1. 同"搭桥式"恋人交谈

一般来说,经人介绍、搭桥发生恋爱关系的恋爱对象,无论是男方还是女方,大多是些恋爱无方、忠厚老实、性格较内向的人。在赴约相见的时候,在这个特别容易使人产生忐忑不安的时刻,不能羞羞答答,更不应木讷寡言,而应该落落大方,主动启齿。那么,该如何进行交谈呢?以下方法可供参考。

(1) 先谈些闲话,进而转入正题。

(2) 开门见山、有所修饰地介绍一下,诸如年龄、文化、工作、脾气、嗜好、家庭情况,以及对未来的向往等。

(3) 谈些你和对方熟悉的或共同感兴趣的事。

(4) 对于感情方面的表白,可委婉、曲折一些,留有一定的回旋余地。

(5) 交谈的内容,必须注意对方的理解能力和接受能力,不然就难以使对方明白你要表达的意思,甚至引出不必要的歧义。

(6) 如果你认为自己是爱上他(她)了,那么,可直言不讳地说:"我觉得今天与你认识心里很愉快……你呢?"

(7) 如果双方或一方需要有待进一步认识和考虑,那么可以说:"我希望我们的谈话以后能继续下去……你有这个意思吗?"

(8) 如果双方或一方感到不满意,可以委婉地表示:"让我们都慎重地考虑考虑吧……"或者说:"我将征求父母的意见……"以此作为推辞。应努力避免不满情绪的流露,保持交往的礼仪。

2. 同"友谊发展式"恋人交谈

在两个年轻人经历了漫长的友谊后,随着年龄和感情的增长,友谊发生了"飞跃",产生了爱恋。向所爱的人表白爱情的言谈,可以称为恋人的第一次交谈。这样的交谈可以有以下三种方式。

(1) 巴斯特式。19 世纪法国著名的微生物学家路易·巴斯特,他表达爱情的方式是颇具特色的。巴斯特在法国斯特拉斯堡大学任教时,认识了校长洛朗的女儿玛丽小姐,在友谊持续了一段时间后,巴斯特深深地爱上了玛丽。于是,他分别给洛朗先生、洛朗太太、玛丽小姐写了表白信。除了表达真挚的爱情外,巴斯特在给洛朗先生的信中写道:"我应该先把下面的事实告诉您，从而让您决定允许或拒绝。我的家境小康，没有太多的财产。我估计，我的家财不过 5 万法郎，而且我早已决定把我的一份送给我的姐妹们了。所以，我可以算是一个穷汉。我所拥有的只是健康、勇敢和对科学的热爱，然而，我不是为了地位而研究科学的人。"巴斯特的言语非常坦率、非常诚实，又带着炽热的情感，他终于得到了玛丽小姐的爱情。

(2) 马克思式。马克思同燕妮的爱情更是脍炙人口，在全世界人民中被广泛地传为美谈。马克思同燕妮从小青梅竹马，他向燕妮表示爱情，提出求婚时说："我已爱上一个人，决定向她提出求婚……"此刻，一直深爱着马克思的燕妮心里急了，她问："你能告诉我，你所选择的恋人是谁吗？""可以。"马克思一面回答，一面将一个小方盒递给了燕妮，并接着说："在里边，等我离开后，你打开它，便会知道。"

马克思走后，燕妮怀着忐忑不安的心情，小心地打开小方盒，里边装的只是一面镜子，其他什么也没有。镜子里照出燕妮自己的容貌，燕妮顿时恍然大悟，幸福地笑了，被马克思所爱、所追求的正是她自己。

(3) 列宁式。列宁同夫人克鲁普斯卡娅的"首次恋爱言谈"，似乎有着传奇的色彩。列宁自己风趣地说，是在伏尔加河畔认识克鲁普斯卡娅的，是在"吃第四张春饼时爱上的"。由于列宁没日没夜地为革命工作忙碌，没有时间顾及个人的恋爱私事，他只能把爱情的种子深深地埋在心底。直到列宁和克鲁普斯卡娅被捕后，在监狱里，列宁用化学药水给克鲁普斯卡娅写信，倾诉了埋在心底的火热的爱情。此后，列宁被流放到西伯利亚，在流放生活中，他抑制不住相思的痛苦，才在给克鲁普斯卡娅的信中提出求婚。在信的末尾，列宁是这样写的："请你做我的妻子吧。"列宁坦率、真情的求婚，使克鲁普斯卡娅非常激动，她毫不犹豫地、勇敢地向严寒的西伯利亚奔去，与列宁生活、战斗在一起。

3．同"一见钟情式"恋人交谈

伟大的俄国诗人普希金的代表作诗体长篇小说《叶甫盖尼·奥涅金》中，女主人公达吉雅娜是个朴素热情、富于幻想、热爱自然的姑娘，她见到男主人公奥涅金后就立即爱上了他，并大胆地写信向他表白，诗中写道：

别人啊！……不，在世界上无论是谁，
我的心也不交给他了！这是神明注定的……
这是上天的意思：我是你的。
我的一生原就保证了和你必定相会；
我知道，你是上帝派到我这里来的，
你是我终身的保护者……
你在我的梦里出现过。
虽然看不见，你在我已经是亲爱的，
你奇异的目光使我苦恼，
你的声音在我的心灵里早已响着了……不，这不是梦！
你一进来，我立即就知道了，

第 8 章 异性沟通

完全昏乱了，羞红了，

就在心里说：这是他！

达吉雅娜见到奥涅金，真可谓是"一见钟情"。平时人们所说的"一见钟情"的爱恋，是指由爱恋的双方的直觉感官产生的，是由对方的形象、印象起决定作用的，如外貌、风度、言谈等，使男女双方的"钟情"往往产生于"一见"之际。

在 1920 年巴黎的一次舞会上，上尉戴高乐邀请汪杜洛小姐时说："很高兴认识你，这使我倍感荣幸——一种莫名的荣幸……"而汪杜洛则说："不是吗，上尉先生，我不知道还有什么比你的话更动听，比此刻的时光更美丽……"他们一边跳着舞，一边倾诉着，当跳完第六支舞曲时，已经山盟海誓，定下终身了。这闪电式的恋爱，的确是一见钟情！

由于人们的个性不同，职业各异，文化修养有高有低，气质有别，因此他们同一见钟情的恋人进行的第一次交谈，也没有固定的模式，表达方式、言谈内容都不尽相同。但总体上说，应遵循以下原则：在理想上要谈得远些；在学识上要显得渴求些；在心灵上应流露得美好些；在感情上要表达得丰富些；在语气上要表现得谦虚些；在情态上要表现得诚恳些；在情爱上要表达得含蓄些。如能这样，你同恋人的初次交谈将一定会立于不败之地。

8.2.3 约会的技巧

当你对一个异性心旌摇动时，你的内心也许正在酝酿一次甜蜜的约会。而在有些人的观念中，主动约会的一方会有失身价，今后在恋爱过程中会被动。这样的想法是既幼稚又有害的。男女双方，都可以主动提出约会。尤其是男方，在这方面更应表现出一种主动的精神和姿态。不过，提出约会时，应注意以下几方面。

(1) 无论是用电话、书信，还是口头等方式约对方会面，都不能以命令或生硬的口吻和态度，"逼迫"对方同意，而应以温和商量的口气，协商行事。

(2) 选择时间和地点时，要充分考虑对方的赴约方便，最好是让对方提出意见，以她的方案为主。如果对方提不出具体意见，则可以提出自己的想法，经对方同意后再作决定。

(3) 约会的时间、地点一经确定，没有特殊的情况，双方都不能失约或迟到，更不可事先不通知对方，便单方面改变时间、地点。这样做既不礼貌，也会使对方久等失望而产生不满情绪和误会。

(4) 因交通不便或交通工具出了故障，或其他客观原因而迟到的一方，应主动向对方表示歉意，并说明原因，请对方谅解。同时，先到的一方，对于对方因无法解决的困难而失约或迟到，也应予以充分的体谅和安慰。不可表示怒意，更不可使性子，一句话不说便丢下对方扬长而去，这样做的结果，即使不是吹灯散伙，也会在双方心中留下阴影。应尽可能预先把困难想得周全一些，并在时间上留有余地，不可限得过死，以免因意外情况而无法准时赴约。如果相约去看电影或戏剧、体育比赛等，则双方都应提前到达，不可延误。

若是第一次约会，对于态度和所谈的内容也应注意。一般来讲，下列原则必须遵守。

(1) 真诚、坦率。对对方希望了解的情况和提出的一些问题，应如实地介绍和回答。有一说一，有二说二，既不能有意隐瞒，更不能说谎欺骗。

(2) 尊重对方，谦虚礼貌。无论是谁主动提出约会，无论是谁追求谁，在约会谈话时，都不可表现出洋洋得意之态，或以开玩笑的方式贬人褒己。如果实在无法交谈下去，想尽早离开，也应先征得对方同意，不可以任何方式不辞而别。

(3) 内容宽泛，不涉及隐私。交谈的内容尽可能广泛些，除了解对方的一些基本情况外，还可找一些题目交换看法，从中试探对方的观念、水平、兴趣，以及对生活、人生、艺术等的态度与鉴赏能力。第一次交谈，不宜问及对方的家庭财产以及以往的恋爱史等。

(4) 不唱独角戏。考虑到个人性格上的差异，不可要求对方第一次见面时便滔滔不绝，同时，自己也不可毫不观察对方的反应，而大唱独角戏。要善于掌握分寸，善于寻找题目，善于诱发对方谈话的兴趣。

8.2.4　感情升温的方法

恋爱中的男女，相处时间一长，感情难免较之热恋时期变淡，约会次数会减少，关心程度也会降低，从而进入感情危机的"隐伏期"，其后果自然不容乐观。此时若能有效地为双方感情升温，则会起到意想不到的效果。我们都知道，爱情需要双方的激情，但更需要双方小心维护，适时为感情升温是男女双方义不容辞的责任。

1．寻找两人独处的机会

当恋爱关系明确后，彼此的依附心理增强了，特别是女方，除希望能两人独处卿卿我我之外，更希望男方能多陪陪她，就是什么事也没有，也希望能坐在马路边聊聊天、说说话。因此，双方都应该多寻找一些两人独处的机会，只要没有紧要的工作、学习安排，就应考虑对方希望独处的心理需要，把空余时间安排得充实、丰富多彩一些。

2．捕捉对方细微的变化

要从对方的神情中敏锐地捕捉他(她)的心理反应，快乐、沮丧、不满、痛苦……各种情绪会在神色言语间显露出来。特别是涉及对你的不满和某种要求等情绪时，他(她)不会直截了当地说出来，但会在神色言谈间有所表示。比如，她希望你送她一束花时，可能会在鲜花摊前流连一下，或者会说她某同事的男朋友天天送花来，你一定要对这种细小动作留意。

3．多形式传情

虽说几乎天天在一起，但时间久了也会有烦腻之感，甚至会感到两人在一起似乎从未认真地谈谈情，只是在一起玩乐而已，因此要运用多种形式来传情。送鲜花是一个老办法，却相当有效力。现在通信工具则提供了更为广阔的空间，如发份电传、发封电子邮件、在手机上留句话，不妨"肉麻"和缠绵一些。

4．从细节上体现关心

体贴关怀，是热恋中的男女都希望从对方那里得到的一种感觉。关心不能只体现在一

第 8 章 异性沟通

些大事情上，细小的事情同样不能忽略。虽说女孩子喜欢男孩子粗犷些，不要婆婆妈妈，但你若在一些细小事情上关心她，她也是很受用的；而男孩子则更喜欢事事细心的女孩子。

5．不要过分取悦对方

在恋爱中，适当地迁就对方是必要的，但不要让迁就变为过分地取悦。不能在什么事情上都唯唯诺诺、唯命是从，让对方觉得你毫无主见。在某些事情上，适当地表现自己的固执，特别是明显自己判断正确的事情，要显得"霸道"一点。作为男性，更应该注意这一点，用"占支配的地位"来显示你的自信与才略。女性适当地坚持己见，也表现出你并非只是"小鸟依人"。

6．利用距离产生美

从心理学角度来说，并不是接触越多，感情就越深。有时，适度的分离更能加深彼此的爱恋，"小别胜新婚"便是这个道理。

8.2.5　恋爱中"斗嘴"的技巧

玩过碰碰车的人都知道，其乐趣全在于东碰西撞、你攻我守。这种游戏的新鲜与刺激绝非是四平八稳地行车能比的。在许多恋人中，尤其是在有较高文化素养的情侣们中间，有一种十分独特、有趣的语言游戏，很像这种碰碰车游戏，那就是"斗嘴"。斗嘴，不是吵嘴，不是口角。天真无邪的斗嘴是"爱的食料"。

斗嘴，既然是一种游戏，就有它的规则，千万不可只为刻意追求效果而不顾一切。

1．要把握好感情的深浅

谈话应有一个总的原则。"浅交不可深言。"这话同样适用于恋爱中。如果双方还处在相互试探、感情朦胧的阶段，最好不要选择"斗嘴"的方式来增加了解。因为毕竟你对对方的个性还不是很了解，容易产生不必要的误会，而且很容易将斗嘴演化成辩论，那就更大可不必了。要想以斗嘴来加深了解，可以选择一些不涉及双方感情或个人色彩的一般话题，如争一争是住在大城市好还是隐居山林好，斗一斗是左撇子聪明还是"右撇子"聪明等，这样双方可以不受拘束，"安全系数"也大。如果已是情深意笃，彼此对对方的性格特点都比较了解，斗嘴就可以嬉笑怒骂、百无禁忌。

2．不要刺伤对方的自尊

恋人间斗嘴，最爱用谐谑的话语来揶揄对方，往往免不了夸张与丑化。但是这种夸张与丑化，也要照顾到对方的自尊，最好不要涉及对方很在乎的生理缺陷或挖苦对方很敬重的人，更不可攻击他(她)很敬重的父母或对方的偶像，也不要挖苦对方自以为神圣的人和事，否则就有可能自讨没趣，弄得不欢而散。

例如，"你说，你最崇拜谁？""我最崇拜我爸爸，他是个真正的男子汉。什么伟人、英雄，他们都离我太远。""这么说你爸爸就是你心中的上帝？""那当然，你不服气？""你这个上帝只不过是个小职员，有什么了不起？""好啊，你看不起我，我，我今天算把你看透了……"显然，这样的斗嘴就得不偿失了。

现在的青年人心目中都有自己的偶像，这偶像的地位可是很高的，千万不要在斗嘴时攻击他的偶像，否则你会很惨的。

例如，有这样一段情侣对话。女曰："小贝(注：英格兰球星贝克汉姆)太帅了，今天他又进球了，还是关键球呢！"男曰："我就搞不明白，怎么那么多人喜欢他，他有什么好的，你看他还戴着发夹，女里女气的。"女曰："哼，小贝就是好，怎么着？再说，你就给我出去。"

由此可见，这偶像可不是随便能攻击的。

3．要留心对方的心境

斗嘴虽然是唇枪舌剑的交锋，但也需要有一个宽松的环境，才能享受它的快乐。因此斗嘴时要特别注意恋人当时的心境。大家都有这样的体验，心情愉快时，可以随便耍嘴皮、开玩笑。可如果你的恋人正在为工作调动没有结果而一筹莫展时你却来一句"你怎么啦？满脸旧社会，像谁欠你八百吊钱似的"，她准会埋怨你"人家烦都烦死了，你还有心取笑，我看你是没心没肺了"。这样，斗嘴的味道就变了。

8.2.6　初见对方父母的沟通技巧

当恋爱中的青年男女走过美丽的恋爱季节，即将步入婚姻的殿堂时，有一关是一定要过的，并且一定要过好，如果这一关过不好，很可能会给婚后的生活带来诸多的不愉快，这一关就是双方父母的"审查"。

许多人尤其是现在的年轻人，都觉得恋爱结婚是两个人的事，与其他人没有什么关系。实则不然，别人的意见你可以置之不理，但父母这一关，你是永远也无法回避的。孩子无论长多大，甚至已经为人父母，但在他的父母眼里，永远都是孩子。恋爱、结婚是人生中的一件大事，这意味着孩子将组建起自己的家庭，独立生活了，做父母的自然对这些十分关注。他们心中对未来的女婿或儿媳都有自己的标准，但总结起来，无非就是一点，你要让对方的父母感到把他们的女儿或儿子交给你是放心的。倘若过不好对方父母这一关，不能让对方父母感到放心，那日后的麻烦就多了。生活中婆媳不和，丈夫在母亲与妻子间受"夹板气"的事屡见不鲜。所以一定要将这件事充分重视起来，掌握见对方父母时的沟通技巧，博得对方父母的喜爱，为将来的婚姻创造和谐的家庭氛围。由于男方父母与女方父母在心态上存在较大的差异，因此准儿媳和准女婿在拜见未来的公婆和岳父母时的沟通技巧有所不同，这里分别加以介绍，以供大家借鉴。

1．拜见男方父母时的沟通技巧

在中国人的意识里，婆媳关系是件让人挠头的事情，生活中我们听到的婆媳关系紧张的事情远比婆媳和睦、关系融洽的多得多。那么准儿媳如何在初次拜见准公婆时留下好印象呢？

(1) 注意自己的形象。你一定要以落落大方的形象出现在准公婆的面前，千万不要浓

妆艳抹。一般来说，老年人的思想都较为保守，过于时髦的打扮他们接受起来很困难，因此穿着一定要大方、得体。

(2) 要懂礼貌。一般而言，首次拜见对方的父母都是事先约好的，也是较为正式的。所以准公婆心里预先一定是有所准备的，他们会把自己心中的标准在未来的儿媳身上逐一比较，来给女方打分，是否懂礼貌，是打分的第一个标准。双方见面以后，自然是由男方将你介绍给他的父母，这时一定要选择合适的称谓。如果男方父母的年龄比自己父母的年龄大，则称为伯父、伯母；反之，称为叔叔、婶婶(这一点在会面前就应该有所准备)。女方到男方家做客，自然是客人，作为主人的男方父母招待你是很正常的事情，此时要多使用礼貌用语，比如，准婆婆给你倒水，要说："谢谢伯母。"在谈话的过程中要使用尊称"您"，这样会让她感到你尊敬老人、懂礼貌。

(3) 谈话语调要柔和。在现实生活中，没有哪个老人希望自己的儿子找一个"厉害"的媳妇。一则怕儿子在婚后的生活中受欺负，成了"妻管严"；二是怕媳妇太厉害以后难以相处。因此，准儿媳在第一次见准公婆时一定要表现得谦逊有礼，过高的音调和过分的语言都会让准公婆感到很不舒服，哪怕就是装，也千万不能给准公婆留下这样的印象。

(4) 巧妙夸赞准公婆。人都是喜欢听别人夸奖的，如何夸奖未来的公婆呢？这需要男方的配合，男方一定要将自己父母一生中引以为傲的事情告诉女方，也好让女方有的放矢，让准公婆开心。

例如，秀秀到男友小刚家做客，彬彬有礼的秀秀让小刚的父母十分满意。中午，小刚的母亲张罗了一桌好菜，留秀秀吃饭，秀秀推辞不过，就留下来。席间，秀秀对小刚的母亲说："伯母，您的手艺可真不错，伯父真是好福气。伯母，我要拜您为师，好好学两手。"小刚的母亲乐得合不拢嘴，连声说："行，行……"秀秀这些话，既夸赞了小刚的母亲厨艺精湛，又夸小刚父亲有福气，同时又表现出自己的谦虚。小刚的父母听了夸赞心中自然高兴，而且秀秀主动提出要学做饭，这更令小刚的父母高兴，因为儿子的胃以后有了保障，这样的儿媳谁不喜欢呢？

2. 拜见女方父母时的沟通技巧

在对待儿女婚姻上，女方父母与男方父母的心态有着很大的不同。女儿是父母的掌上明珠，就要离开父母了，父母未免担心这，担心那，总怕自己的宝贝女儿受委屈。因此，他们要求自己未来的女婿，首先必须是个忠诚可靠的男人，说得更直白一些就是不要是个"花心大萝卜"，过不了几天，就把自己的女儿给甩了；其次才是要能干，这样才能给他们的女儿创造好的生活环境，保证女儿一生的幸福。至于说外表、财富，女方父母的在意程度远不如前面两项。男士首先要明白这个道理，再加上些语言技巧，才会给未来的岳父母留下好印象，让他们放心地把女儿交给你。

(1) 举止要稳重，语言要得体。有些男士在初见准岳父母时总是显得很紧张，其实这大可不必。如果你见准岳父母时都表现得慌慌张张、手足无措，那他们怎么可能放心地将女儿交给你呢？你必须表现出一个成熟男人应有的稳重，说出的话不仅要有礼貌，而且要有水平，不说失礼的话，不做失礼的动作。另外，说话一定要大方、直率，扭扭捏捏会给人一种缺乏男子汉气概的感觉。

(2) 对问题要有自己的见解。一般来说，准岳父在初次见面时都会考查一下准女婿的见识，看看你是不是有主见。比如：他会问你一些当前社会上的热门话题，这时你千万不能随声附和，要有自己的见解。但要注意的是，陈述自己的观点要把握时间，切记不要长篇大论，口若悬河，那样会给人以不懂礼貌、没有修养的感觉。另外，不要与准岳父发生争论，即使你们的观点是完全不同或针锋相对的，也不要与他辩论，要想办法把问题化解。比如，你可以说："您说得也有道理，我以前没有想到这一层……"

(3) 适当地表决心。在男方初次拜见未来的岳父母时，女方总是会找些机会，让男方与自己的父母单独相处，这时男方一定要抓住这个机会，向准岳父母表一下决心。但要注意，话不能说得过大、过空，要尽量实在些，虽然不能让女方父母对你完全放心，但至少给了他们一份承诺，会让他们感到你还是很有责任感的。

例如，华带男友江来家里见自己的父母，大家谈得很开心。快到中午了，华说："你们先聊着，我去做饭了。"说完就到厨房去了。江知道这是华给自己一个向她父母表白的机会，于是说道："伯父，伯母，我和华相处这么长时间了，华可能已经向二老讲了我的情况，请二老放心，我会照顾好华的。大富大贵不敢说，但我想我一定会让她幸福的。"几句朴实的话语，打动了华的父母，江也成功地通过了华的父母对他的"考查"。

8.2.7　恋爱沟通的禁忌

热恋中的青年男女，往往都是如胶似漆、热情如火，认为对方就是自己的一切，可以无话不谈。殊不知，这恋爱语言中也有不可涉足的"雷区"，万一不加小心，误入"雷区"，可不是件闹着玩的事。那么，恋爱语言中都有哪些雷区呢？

1. 过分的玩笑话

恋爱中，有些人总爱时不时地开个玩笑来考验一下对方，看看对方"到底爱我有多深"、"对我有多真"。如果考验一两回倒也无妨，但次数多了，甚至以假装分手来考验对方，这玩笑就有点过分了。不仅会影响对方的情绪，还有可能造成不良后果。

例如，4月1日是愚人节，锋约他的女友丹去看电影。丹为了考验男友对自己爱的程度，便向锋撒谎说想和他分手，让他死了这条心。愚人节这天所说的话半真半假，所以锋在雨中等了丹两个小时，但一直未看到丹的身影。锋彻底失望了，打电话对丹说同意分手。丹泪流满面地告诉锋她只不过想跟他开个玩笑，根本没有跟他分手的意思。可锋觉得与丹在一起太累了，不想再继续相处，丹追悔莫及。

恋爱中的男女，最好不要随随便便说"分手"，就如同夫妻之间闹了别扭不能随便说"离婚"一样。即使是开玩笑，也不能开这种玩笑，这会给对方的感情带来极大的伤害。

2. 对方的敏感话题

恋爱中的青年男女都或多或少地存在着自己的"敏感地带"。对这些"敏感地带"，即使是以开玩笑的方式也不能去触及，因为现实表明，"恋爱中无戏言"，尤其是对待曾经爱过的另一方。

例如，星期天，帆到女友慧的家中去玩。慧正在床上听录音机，很入迷的样子，那个录音机是慧以前的男友给她买的圣诞礼物，虽然两人已经分手了，但慧仍把他当作较好的朋友，因此，慧对此很敏感。帆明知道这些，但他仍然以开玩笑的口吻说："听什么呢，这么入迷，是不是又在想那个梦中的他了？"慧一听，芳容顿变，生气地说："我现在就想他呢，关你什么事？信不信我现在就给他打电话！"帆忙上前解释，好说歹说总算把慧给说高兴了，但慧心中的阴影却难以一下子抹去。

一般来说，这些敏感话题都带有一些隐私的性质，虽然是恋人关系，但并不等于对方就是自己生活的全部，相反双方都有各自的心理空间。帆明知慧与前任男友的事是个敏感话题，还故意去提及，这给慧造成一种帆不信任自己的感觉，险些闹出误会。

3．有伤自尊的话

恋爱中，随着双方关系的逐步加深，彼此之间言语也会变得随便起来。但不论怎么随便都要把握好一个"度"，即言谈不得伤害对方的自尊。否则，即使对方明知你是在开玩笑，心里也会感到不舒服。

例如，一天早晨，宁领着女友晶到朋友辉家做客。辉问："你们是不是准备结婚了？"晶说："只要我们有了房子，就可以结婚。"辉又问："当时你单位盖家属楼，你为什么不要一套？"晶说："买房的人太多，没要上。"这时坐在一旁的宁接过来说："她不是没要上，而是不愿意要。当时她父母想把她卖个好价钱，找个有房子的老公，可结果没找到。"晶也知道宁是在开玩笑，但总觉得他当着别人的面说自己，是对自己尊严的一种伤害，当时就摔门而去，与宁分了手。

对一个人来说尊严是十分重要的，"士可杀，不可辱"说的就是这个意思。恋爱的男女双方更要顾及对方的尊严，尤其是在有外人的情况下，更要尽力维护对方的尊严。爱是一种博大的感情，其中就包含了对对方的尊重。

4．反复追问的话

恋爱中，出于某种疑惑或担心，可以向对方询问一些问题。但一旦对方给了明确的回答，就不要再反复追问，否则会使对方产生反感。

例如，进与婷恋爱了。一次，进看到婷与一男士在酒店吃饭，担心婷会变心。约会时，进问婷："上次在酒店与你一起吃饭的那个人是谁？"婷说："别多心了，他是我单位的一个同事，我和他只是同事关系。"之后，进就这一问题又两次拐弯抹角地问婷，第一次问，婷耐心地做了说明。待进再次追问时，婷生气地说："不是给你说明了吗，怎么还三番两次地审问。你要是不相信，咱们就别谈了。"说完起身就走。

爱，需要的是双方的理解与信任，失去了理解与信任，爱就会变得苍白无力，就成了单纯的占有。爱一个人，就一定要相信她(他)。

5．操之过急的话

恋爱时交谈的内容应随着双方关系的发展循序渐进，而不能操之过急。如果在恋爱初期就将热恋阶段才能说的话"兜"出来，就会使自己处于尴尬的境地。

例如，恋爱不久，宇对女友说："你喜欢男孩还是女孩？"女友红着脸说："女孩。"宇接着说："那咱们婚后就要个女孩吧！"女友听了这话沉默不语。过了一会儿她对宇说："我觉得咱俩刚认识不久，相互间还不太了解，咱们当然要抱着好的想法来处朋友，但以后的事谁也说不准，结婚要孩子的话我们现在还是不说的好！"女友的一席话说得宇很不好意思。

有些人，谈恋爱时特别心急，总是说一些超越现阶段实际情况的话。岂不知欲速则不达，爱情之花需要细心照料，耐心呵护，切不可操之过急，只要你有耐心，自会有水到渠成的那一天。

6．品评对方父母的话

青年男女在恋爱了一段时间后，往往会把对方带到自己家中让父母看看。这样也就常常出现一方对另一方父母随意发表看法的情形，这是很不好的。一般来说，父母在孩子心中的位置是无人可以取代的，作为孩子，谁都不喜欢听到别人当面品评自己的父母，即便是恋人也不例外。

例如，星期天，敏带男友亮到自己家中吃饭。敏的父亲耳朵有病，说话声音较大。回去的路上亮对敏说："你爸说话怎么这么大声，像是审犯人似的。"敏一听生气地说："你又不是和我爸谈恋爱，我爸的脾气管你什么事。"亮一下弄了个大红脸，一时不知说什么好。

8.2.8　否定恋人意见的技巧

恋爱中的双方各有己见。有人认为，对恋人的一切都照单办理，一切就妥了，但事实上并非如此。其实，恋人的意见并不能都接受，不能对所有的事情都言听计从，恋人的要求也并不能都满足。那么，如何使用否定和拒绝的艺术呢？

1．寓否定于含糊

含糊其辞在恋爱语言中意义非凡。女朋友穿一条裙子，自觉漂亮，在你面前得意地转了一圈后问你："美吗？"你不仅认为不美，还觉得有点难看，于是就含糊其辞地回答："还好！"这样，对方便能体会这句话的真正含义。

2．寓否定于感叹

如果你的女友希望你给她买件像样的衣服，于是暗示你："瞧，人家的衣服多漂亮，是男友送的。"但你觉得本季节她的衣服已经够多了，说不买，女友会觉得你很小气，怎么拒绝呢？于是你说："的确美，不过我很欣赏苏格拉底的一句话'女人的纯正饰物是美德，不是服装'。"这句感叹的话表面并未拒绝，但也没有同意，问题在不了了之中解决，谁也不会感到难为情。像这种恋人的要求，你不赞同也不接受，虽然仅仅是一句感叹的话，但对方能听出弦外之音，彼此都不会觉得难堪。

3．寓否定于肯定

女友的生日，男友送她一套衣服，她并不喜欢。他问："喜欢吗？"女方若直截了当地回答"不喜欢",精心挑选过的他此时一定会觉得很伤心。若答:"要是素雅些就更好了,我比较喜欢浅色的。"这话的表面意思仿佛是:你买的也好,不过若素雅些就更好了。表面肯定的背后是一句否定的意思,只不过说得委婉一些罢了。

4. 寓否定于商量

恋人希望你陪他(她)参加朋友的一次聚会,可你觉得目前不便或不妥,于是用商量的口气说:"现在实在没时间,以后行吗?"显然,恋人此时的邀请有他(她)特定的意义,若以后还有什么意思呢?可你用这样的借口,他(她)也实在不好勉强。

5. 寓否定于玩笑

通过开玩笑的方式来否定,既可以达到目的,又不至于双方尴尬,是一种很好的否定技巧。例如,男友邀请你"上门",而你觉得时机尚未成熟,不可盲目拜访,这时你可以问:"有什么好吃的吗?"你的男友会列出几样东西来,于是你可接着说:"没好吃的,我不去。"这是巧妙的玩笑,不仅拒绝了对方的请求,还可避免回答"为什么不去"的理由,可谓一箭双雕。

否定和肯定是对立的两个方面,在恋爱中,谁也不愿被恋人否定,因此很有必要掌握否定的沟通技巧,巧妙地否定对方。

8.2.9 拒绝求爱的技巧

被爱是一种幸福,如果爱你的人正是你所爱的人,你当然会有幸福的感觉;假如爱你的人并不是你的意中人,或者你一点儿也不喜欢对方,那么你就不会感觉被爱是一种幸福了,而可能会产生反感甚至是痛苦,这份你并不需要的爱就成了你的精神负担。

别人向你求爱,并没有错;你拒绝对方的爱,也没错。最关键的是看你怎样拒绝,如果拒绝得恰到好处,对双方都是一种解脱,也可以免去许多麻烦。如果你不能恰到好处地拒绝别人求爱,不但伤害他人,说不定也危害自己。因此,拒绝求爱一定要讲究技巧。

1. 直言相告,以免误会

你若已有意中人,又遇求爱者,那么就明确地告诉对方,你已有爱人,请他另选别人,而且一定要表明你很爱自己的恋人,但切忌向求爱者炫耀自己恋人的优点、长处,以免伤害对方的自尊心。

2. 讲明情况,好言相劝

倘若你认为自己年龄尚小,不想考虑个人恋爱问题,那就讲明情况,最好用口头交谈的方式,好言劝解对方,毕竟解铃还须系铃人。

3. 婉言谢绝

倘若你不喜欢求爱者,根本没有建立爱情的基础,可以在尊重对方的基础上,婉言谢绝。对自尊心较强的男性或羞涩心理较重的女性,适合委婉、间接地拒绝。因为有这类心理的人,往往是克服了极大的心理障碍,鼓足勇气才说出自己的感情,一旦遭到断然地拒

绝,很容易受到伤害,甚至痛不欲生,会采取极端的手段以平衡自己的感情创伤。因此拒绝他们的爱,态度一定要真诚,言语也要十分小心。你可以告诉他(她)你的感受,让他(她)明白你只是把他(她)当朋友、当同事或者当兄妹看待,你希望你们的关系能保持在这一层面上,你不愿意伤害他(她),也不会对别人说出你们的秘密。

比如,你可以说:"我觉得我们的性格差异太大,恐怕不合适。""你是个可爱的女孩,许多人都喜欢你,你一定会找到适合你的人。""你是个很好的男人,我很尊重你,我们能永远做朋友吗?""我父母不希望我这么早谈恋爱,我不想伤他们的心。"

如果他(她)们没有直接示爱,只是用言行含蓄地暗示他(她)们的感情,那么,你也可以采取同样的办法,用暗含拒绝的语言表明你的心思。

要记住,拒绝别人时千万不要直接指出或攻击对方的缺点或弱点,因为你觉得是缺点或弱点的东西,他人也许并不认为是缺点。所以,不能以一种"对方不如自己"的优越感来拒绝对方。特别是一些条件优越的女青年,更不能认为别人求爱是"癞蛤蟆想吃天鹅肉"而不屑一顾,态度生硬,让人难以接受。

无论如何,在爱情之路上,当你遇到不满意或不能接受的求爱时,最好采用恰当的语言,婉言拒绝,巧妙收场。

思考与练习

1. 与异性沟通是人际沟通的一个重要组成部分,它有着自身的特殊性。结合实际谈谈与异性沟通有哪些基本技巧。

2. 在人们的各种关系中,恋爱关系是一种最微妙的关系,这种关系需要双方精心地呵护,否则,稍有疏忽就有可能造成误会甚至导致分手。举例说明恋爱沟通中有哪些禁忌。

3. 在与异性沟通中,要说服对方接受你的观点,就要讲究说话的技巧。结合下面的一则案例,说说在说服异性时应注意运用哪些技巧。

张女士不喜欢丈夫给她做早餐的方式,原因是他在煎蛋中的香料放得太多了。但是她觉得如果就这样直截了当地告诉丈夫,一定会让他受伤的。于是,张女士采取了下面的方法。

张女士:"你做的煎蛋太好吃了,我非常喜欢。"

丈夫:"谢谢你的夸奖。"

过了一段时间,在丈夫做早餐之前,张女士说:"不久前,我在一本书上看到,吃过多的香料会引起某种关节炎,我就觉得最近我的关节有点不舒服。这可对你提出了一种挑战,看你是不是可以不加香料还能做出同样可口的煎蛋来。我知道这样可能会不如以前可口,但对我的关节有好处,所以不加香料也不是什么大问题。"

在吃饭时,张女士又说:"我觉得即使没加香料,你的煎蛋也做得棒极了。"

很明显,张女士的建议最终取得了成功,而且也没有使丈夫感到不快。张女士原来称赞丈夫的厨艺好,后来由于她的某种改变,所以不得不要求丈夫改变,这当然不可会得

第8章 异性沟通

罪丈夫。

4. 结合下面的一则案例，说说初恋时如何恰当地表达自己的爱意，如何准确地把握对方表达爱意的暗示。

柳青姑娘交上了一位胆怯、寡言的男朋友，他的名字叫夏雨。他常去找她，很想接近她，但又没有勇气向她求爱。柳青喜欢他的诚实，但又清楚地知道他的弱点。

一个月牙儿当空的夜晚，万籁俱寂，他和她在小河边的柳树下坐着。为了打破僵局，柳青想法子给他一个亲近的机会。

柳青说："有人说，男子的手臂的长等于女子的腰围。你信不信？"

夏雨说："你要不要找根绳子来比比看？"

"谁要你找绳子了？"柳青生气地责怪。

"你不是要量腰围吗？"夏雨不解地问。

这位夏雨，也确实太老实巴交了，连姑娘示爱的话都听不出来，难怪姑娘会扫兴了。

5. 结合下面的一则案例，说说当恋人之间出现不愉快的时候，应以怎样的心态去面对，又该以怎样的方式去化解这种不愉快。

有一对恋人约会，男方迟到了，女方撅着嘴老大不高兴。小伙子见此情景笑了笑，然后不急不忙地走到女方身旁，对她说："我今天有一个重大发现。"姑娘不作声，投来疑惑的眼光。小伙子赶忙上前一步在姑娘耳边小声说："我告诉你一件事，你要保守秘密。我今天发现——你是多么爱我。"小伙子的一句"花言巧语"不但使自己免于被女友追问迟到的原因，而且使得恋人脸上乌云全消，漾起了幸福的微笑。

149

第9章 团队沟通

团队工作意味着大家要协同工作，和睦相处。当工作非常需要独立的思路和责任时，团队工作仅在通常意义上存在。管理者之所以组建团队，就是想让雇员们和平相处，并且能在需要的时候互相帮助，最终实现共同的目标。

有效的团队工作的核心是人际间的沟通与交流。在个人单独完成某项工作的时候，人际技巧并不关键。但是当工作需要与他人协同努力完成时，这正是团队沟通技巧发挥作用的时候，这时合作技巧会增加数倍的效果。为了增强团队工作的有效性和效率以及队员之间的合作，下面将介绍一些实用的交流经验和技巧。

通过本章的学习，应了解团队的基本概念、构成及要素；明确高效团队的特征；熟知团队沟通的一般程序；掌握团队沟通中的障碍及其克服技巧。

9.1 团队沟通概述

9.1.1 团队基本分析

1. 团队的概念

20 世纪 70 年代，团体精神日益受到企业的高度关注和重视，团队建设与团队精神在企业再造和建立学习型组织及无边界组织中得到了广泛运用，已经成为组织提高其竞争力的一种基本手段。在管理科学和管理实践中，人们对团队有着基本一致的看法。所谓团队，是指一个组织在特定的可操作范围内，为实现特定目标而建立的相互合作、一致努力的由若干成员组成的共同体。作为一个共同体，其成员努力的结果，能够使该组织的目标较好地达到，且可能使绩效水平远大于个体成员绩效的总和。

任何团队都包含五个要素，简称为5P，具体如下。

(1) 目标(Purpose)。每个团队都应该有一个既定的目标，这可以为团队成员导航，使其知道向何处努力。没有目标的团队是没有存在意义的。

(2) 人员(People)。个人是构成团队的细胞，一般来说，三个人以上就能构成团队。团队目标是通过其成员来实现的，因此，人员的选择是团队建设与管理中非常重要的部分。

(3) 团队定位(Place)。团队的定位包含两层意思：一是团队整体的定位，包括团队在组织中处于什么位置、由谁选择和决定团队的成员、团队最终应该对谁负责、团队采取什么方式激励下属等；二是团队中个体的定位，包括成员在团队中扮演什么角色，是指导成员制订计划，还是帮助其具体实施或评估等。

(4) 职权(Power)。团队的职权取决于两个方面：一是整个团队在组织中拥有什么样的决定权；二是组织的基本特征，如组织的规模有多大、业务是什么等。

(5) 计划(Plan)。从团队的角度来看，计划包括两层含义：一是由于目标的最终实现需

要一系列具体的行动方案,因此,可以把计划理解成目标的具体工作程序;二是按计划进行可以保证团队的工作顺利,只有在计划的规范下,团队才会一步步地接近目标,从而最终实现目标。

团队与一般意义上的群体的明显区别在于:首先,群体的绩效依赖于群体中的每个成员,而团队的绩效不但取决于每个成员的贡献,还应该产生团队共同的工作成果。其次,在群体中,尽管群体成员将自己的资源聚集在一起实现目标,但一般来讲,个人只为个人的工作结果承担责任,而不必为群体承担责任;而在团队中,工作结果的责任则被视为团队共同的责任。再次,团队不但像一般的群体一样有着共同的目标,而且还要对这个目标做出承诺。最后,在群体中,群体成员的技能有时是相同的,有时是不同的;而在团队中,团队成员的技能通常是互补的,他们在各自擅长的领域发挥作用,共同实现目标。

2. 团队的构成

在团队中,起主导作用的是团队成员之间的相互配合与成员之间能够进行有效的团结与协作,从而能够产生个体功能相加之和的效果。反之,若团队成员之间相互摩擦掣肘,能量相互抵消,团队则会一事无成。因此,加强团队成员之间的相互协作与配合,就成为团队建设与管理的核心问题。一般来说,团队的构成主要包括以下几个方面。

(1) 团队大小。团队有一定的人数限制。国外对小型团队的规模问题曾做过大量研究,有人提出小型团队的规模最好是3~9人,而有人则主张为20~40人。一般来说,小型团队的人数应以8~10人为团队的标准。一个小型团队的人数应根据它的性质而定:第一,小型团队的人数的下限要能保证一般性的完成任务;第二,人数应以保证团队工作效率达到最佳程度为准;第三,超过了上限人数,工作效率就会下降,出现人浮于事的现象。所以,团队人数有一个最佳值的问题,过少或过多都会影响团队的能力。

(2) 团队结构。团队的结构是指团队成员的组成,包括年龄结构、专业结构、能力结构、性格结构和知识结构等。一个团队的构成应是这些结构因素的有机结合,这也是团队成员的搭配问题。各种人员搭配协调一致、取长补短、紧密团结,能提高工作效率,激发团队的创新力;反之,则会使团队产生内耗甚至冲突,从而降低团队的效率,使团队失去应有的创新力。

(3) 团队搭配。所谓团队搭配,就是指团队成员在团队中的不同地位和不同作用。团队角色有固定角色和流动角色之分。固定角色是个性特征显著,并在团队活动中地位稳定的主要人物;流动角色是围绕某一具体项目组合起来的发挥一定作用的人物。固定角色与流动角色必须合理搭配,团队才能像一台由不同部件严密组成的机器一样高效运转。

3. 团队的类型

从一般意义上讲,团队可以分为以下四种类型。

(1) 问题解决型团队。在团队出现的早期,大多数团队都属于问题解决型团队,即由同一个部门的若干名员工临时聚集在一起而组成的。他们每周都聚会,一起讨论如何提高产品质量、提高生产效率以及改进工作程序和工作方法等问题,互相交换看法或提供建议。但是,这些团队没有对自己形成的意见和建议单方面采取行动的决策权。

(2) 自我管理型团队。问题解决型团队在员工参与决策方面权力缺乏、功能不足，为了弥补这种缺陷，就需要独立自主地解决问题，并对工作的结果承担全部责任的团队，即自我管理型团队。

自我管理型团队的人数通常为 10～15 人，团队成员承担了一些原本是上级所承担的责任。一般来说，他们的责任范围包括控制工作的节奏、决定工作任务的分配等。这种自我管理型团队甚至可以自由组合，并让成员相互进行绩效评估，这就使得主管人员的重要性相应下降，甚至可能会取消主管人员的职位设置。

(3) 多功能型团队。多功能型团队是由来自同一等级、不同领域的员工组成的，他们聚集在一起的目的就是完成一项特定的任务。可以说，盛行于今的项目管理与多功能型团队有着内在的联系。

多功能型团队是一种有效的形式，它能使组织内不同领域的员工互相交换信息，从而激发出新的观点，协调复杂的项目，解决面临的问题。在其形成的早期阶段，往往要消耗大量的时间来使团队成员学会处理复杂多样的工作任务，使背景、经历和观点不同的成员之间建立起相互信任的关系。

(4) 虚拟型团队。随着通信技术的普遍应用，一种新型的团队形式应运而生，这就是所谓的虚拟型团队。虚拟型团队是一种以虚拟组织的形式出现的新型工作组织模式，使一些人由于具有共同的理想、共同的目标或共同的利益，结合在一起所组成的团队。虚拟型团队只需通过电话、网络、传真或可视图文来沟通协调，甚至通过共同讨论、交换文档便可以分工完成一份事先拟定好的工作。换句话说，虚拟型团队是在虚拟的工作环境下，由进行实际工作的真实的团队人员所组成的，能够在虚拟组织的各成员相互协作下提供更好的产品和服务。

4．团队发展的五个阶段

从团队的创建和发展过程来看，团队一般可以分为成立、震荡、规范化、高产和调整五个阶段。

(1) 成立阶段。在团队的成立阶段，要有团队创建人，要完成一系列的准备工作，要得到上层领导的支持。这一阶段首先要考虑的问题是团队的定位，包括：第一，创建者必须根据团队的任务、目标来思考创建一个什么样的团队，即团队的类型与功能；第二，本团队应该控制在多少人的规模；第三，本团队应该包含哪些必需的技术人才、管理人才等，各自的角色是什么。对这些问题，创建者必须制订出一个明确的规划。如果目标不明确，在选择团队成员的时候，就会出现成员配合不当的问题。当团队得到正式认可并召开第一次会议后，这一阶段的工作即告完成。

在团队成立阶段必须得到上层领导的支持。在团队创建人制订出具体规划的时候，很可能要在整个组织内部挑选成员，这就涉及组织内部的协调和沟通问题，尤其是和人力资源部门的配合问题，任何一个小的失误，都会影响团队创建者的创建热情，甚至改变创建的初衷。因此，要明确本团队直接向谁负责，谁是团队的最终裁定者，并争取得到他的有力支持。

(2) 震荡阶段。团队在经过了成立阶段后，原先的新鲜感和冲动感逐渐消失，成员们彼此的性格特征和行为风格的差异会逐渐暴露出来，冲突也在产生。这就需要各成员学习如何协调和沟通，需要在工作任务方面进行磨合，这时，团队运作就进入了震荡阶段。

震荡阶段的团队可能有以下表现。

① 成员们的期望与现实产生脱节，隐藏的问题逐渐暴露出来。

② 成员有挫折感和焦虑感，对目标能否完成失去信心。

③ 团队中人际关系紧张、冲突加剧。

④ 对领导权不满，尤其是当出现问题时，个别成员甚至会挑战领导者的权力。

⑤ 组织的生产力持续遭受打击。

针对这一阶段出现的问题，具体的措施有：首先，安抚人心，这是最重要的措施。管理者要认识并能够处理冲突，不能以权压人。管理者还应当鼓励团队成员对有争议的问题发表自己的看法，积极进行有效的沟通。其次，建立工作规范，领导要以身作则。最后，调整领导角色，适度对团队授权，鼓励团队成员参与决策。

(3) 规范化阶段。在团队建设的过程中，经过了震荡阶段，团队开始逐步走向稳定和成熟，沟通之门逐渐打开，成员之间的相互信任加强，团队内部成员的人际关系由分散、矛盾逐步走向凝聚、合作。团队成员开始关心团队的共同发展问题，并开始建立工作规范和流程，团队的工作特色逐渐形成，成员们的工作技能也有所提升。

这一阶段也成为组织建设团队文化的最有利时期。团队文化建设的内容是培养成员互助合作、敬业奉献的精神，增强团队成员的归属感和凝聚力，促进团队共同价值观的形成，鼓励团队成员为共同承诺的团队目标尽责。

这一阶段的最大问题是：团队成员怕发生冲突，怕得罪他人而不提问题或不正面提建议。

(4) 高产阶段。"高产"是组织的目的，也是团队建立的原因。团队只有接受和完成好一项任务，才能充分体现团队的绩效，也才能对团队成员的合作情况进行检验。如果是一个真正的团队，而且团队成员之间已经非常默契，他们就会把全部的精力投入到如何提高团队绩效上来，这时的团队就真正成为团结合作的集体。

团队在高产阶段的表现如下。

① 团队成员具有一定的决策权，能自由分享组织的信息。

② 团队成员信心增强，具备多种技能，能协力解决各种问题。

③ 组织和团队用民主的、全通道的方式进行平等沟通，化解冲突，分配资源。

④ 团队成员有着成就事业的高峰体验，有完成任务的使命感和荣誉感。

(5) 调整阶段。随着工作任务的完成，很多团队会进入调整阶段。这个调整有时就会中止。在此阶段，大部分任务型团队会解散，有的团队会继续工作，但往往会休整一段时间，或许会发展新成员。在这一阶段，成员反应差异很大，有的沉浸于团队的成就中，有的则很伤感，惋惜团队中融洽的合作关系不能再继续。

5．团队的作用

团队是组织的重要组成部分，是由个体构成的，但它不是个体简单的聚合，而是有组织、有领导、有规范、有共同目标的人群结合体。它能把每个成员的个体力量汇合成整体力量，而这一整体力量将大于各个个体力量的简单相加，其增加的力正是团队力。团队不仅影响组织与个人绩效，而且是上下沟通、联系的桥梁和纽带。团队的具体作用如下。

(1) 完成组织的任务。一个组织有总目标和总任务，组织会把总任务逐级下达给所属的团队并由这些团队去推进和完成。团队在接受上级下达的任务后，就要组织团队成员根据本团队的分目标制订出每个人的具体目标，团队领导要通过宣传、鼓励和思想教育工作，使大家齐心协力地、出色地完成各自的任务。为了确保完成组织交给的任务，团队要协调人际关系，促进团结，增进友谊，促使个人目标的实现，从而达到分目标的实现。

(2) 满足团队成员的心理需求。团队成员有着不同的处境和经历，这使得他们有不同的信息需求，而团队在这方面有满足他们心理需求的作用。第一，团队中的个体通过建立联系、进行沟通，可以获得同情、支持与友谊，避免孤独、寂寞，他们会产生归属感、安全感，并满足交际的需要，个体由此会产生自我确认感。第二，当遇到困难时，个体会得到其他成员的帮助和支持，从而增强自信心和力量感。第三，团队有润滑、协调人际关系的作用。团队成员认识上的分歧、利益上的冲突，需要团队领导进行调节。团队领导还需改善人际关系，调解矛盾，妥善处理实际问题，润滑成员间的关系，从而促进成员的团结与进步。

9.1.2 高效团队的特征

团队始终是组织内部的一个"任务的接收者""问题的发现者和解决者"及"发明的创造者"，一个高效和成功的团队一般具有以下特征。

1. 适度的团队规模

一个高绩效的团队，其规模一般都比较小。如果团队成员有十多个甚至更多，就很难顺利地沟通和开展工作。而且，如果团队成员太多，大家相互之间缺乏了解和理解，就难以形成凝聚力和相互信任感。有学者指出，富有成效的团队，其成员人数控制在 12 人以内为宜，如果一个单位的人数众多，而管理者又希望采取团队模式，便可以采取把一个工作群体分成几个工作团队的做法。

团队规模还受许多其他因素的影响。研究表明：①当期待团队采取行动时，团队规模不宜过大；②当团队的任务是做出高质量的复杂决策时，最好由 7~12 人组成；③当团队的主要任务是解决矛盾和冲突并取得协议时，最好由 3~5 人组成；④当团队既要取得协议，又要做出高质量决策时，最好由 5~7 人组成；⑤当团队要迅速做出决定并采取行动时，团队成员的人数最好是奇数而不是偶数。

2. 合理的成员能力结构

一个成功的团队不仅注重个人的技能和价值，而且更加注重团队成员之间技能的互补和融合，更加看重具有不同技能的人的价值，因为这些人具有不同的视角、不同的专长，从而能发挥出不同的作用。团队的主要职责就在于将不同特质的人结合在一起，并使他们互相协作，以尽可能地完成团队的任务。一般来说，一个团队要想有效地运作需要有三种

不同技能的成员：其一，具有技术专长的人员；其二，具有解决问题和决策技能的成员，这些成员能够发现问题，提出解决问题的建议，并权衡这些建议，然后做出有效的选择；其三，若干善于倾听、反馈、解决冲突及拥有处理人际关系技能的成员。

3．共同的愿景和目标

美国著名的心理学家马斯洛说："杰出团队的显著特征是具有共同的愿景与目标。"可以说，拥有共同的愿景和目标是企业获得成功的重要因素之一。所谓愿景就是一种描绘组织目的、使命和核心价值理念的，浓缩的未来发展"蓝图"，是一个组织最终希望实现的美好前景。所谓目标，是指个人与组织进行某种活动所从事范畴或追求对象的具体标准。目标与愿景有着紧密的、内在的联系。愿景作为一种远见，比具体的目标要宽、要大、要高。团队对于要达到的团队愿景要有清楚的了解，并坚信这一愿景包含着重大的意义和价值，这种意义和价值往往要有所体现，而目标正是共同愿景在客观环境中的具体化，并随着环境的变化而有所调整。共同的愿景和目标包容了个人愿景和个人目标，充分体现了个人的意志与利益，它们是鼓舞成员斗志、协调成员行为的核心力量，具有强大的凝聚力和吸引力，使团队中的各个成员都愿意为之努力奋斗。

4．强烈的团队意识

团队意识主要表现为团队成员对团队的责任感、满足感、自豪感和归属感。这种意识能凝聚人心，鼓舞斗志，吸引团队成员自觉地实现团队目标，自愿地为团队做贡献。例如，中国科学院心理研究所曾对某工厂一个"信得过"的班组进行了个案分析。研究表明，这个拥有 14 人的先进班组的基本特点就是具有很强的团队意识。形成团队意识的条件有：①团队成员具有共同的利益和共同的目标；②合理的管理制度和奖惩制度有利于团队意识的形成；③开展团队之间的竞争有利于团队意识的形成；④自然形成的群众领袖人物是形成团队意识不可缺少的条件；⑤友爱互助是团队意识的纽带。

5．良好的行为规范

团队规范是团队成员都必须遵守的行为准则，它影响着团队成员的行为，并规定了团队对其成员的行为可以接受或不能容忍的范围。每个成功的团队都具有良好的行为规范，这种行为规范或者是明文规定的，或者是不成文的。这种行为规范能够对团队成员产生积极而主动的影响，团队成员能够通过团队的行为规范自觉约束自己的行为，也能够通过观察和学习其他团队成员的行为来使自己更好地符合团队的规范。

6．通畅的沟通渠道

一个团队如果拥有了全方位的、正式的和非正式的沟通渠道，信息沟通便会畅通高效，层次少，基本无滞延，沟通的气氛也会开放坦诚。成员在团队会议中既能够充分发表自己的意见，也能够接纳他人的意见，并能够及时得到反馈意见。

7．团队成员互相激励

在一个成功的团队中，团队成员不仅有过硬的专业知识、实用的技能和丰富的经验，更重要的是，团队成员能够相互合作、互相学习，能够公而忘私，把团队的利益放在第一位，并且能够勇挑重担、不断进取。当遇到困难时，团队成员能够相互激励，互相帮助，齐心协力，共同战胜困难；当发现错误时，团队成员能够相互包容，而不是相互指责、埋怨；当团队取得成功时，团队成员能够彼此分享成功的喜悦，并由衷地产生自豪感和荣誉感。总之，一个成功的团队能够荣辱与共，在失败和成功中接受考验和锻炼。

9.1.3 团队沟通的要素及特点

1．团队沟通的要素

一般来说，团队沟通的要素包括规范的制定、成员的角色和领导者的素质等。

（1）团队的行为规范。团队的行为规范是团队成员共同遵守的行为准则，是团队内部的法律。一般来说，团队的规模越大，团队的行为规范可能就越复杂。团队行为规范可以明文规定的方式存在，如规定、条例等，也可以心照不宣的方式存在。前者容易被遵守，而后者往往被团队的新成员所忽略，或在不经意中触犯。

通常，校正"违规者"的行为可以采取以下几种方式。

① 让时间来校正，潜移默化。
② 以幽默轻松的方式提醒。
③ 调侃、嘲笑违规行为或严肃劝说等。

团队行为规范对团队来说非常重要，通过理解并遵守团队规范，不仅可以使团队成员知道自己该做什么、不该做什么，而且能够建立起相应的团队规则和秩序，增强团队成员相互合作的主动性和自觉性。但团队行为规范也有其消极的一面，例如，它们会阻碍团队成员创造性地工作，维护低效率或已经过时的做法，也有可能产生团队内的不公平现象。所以，团队领导者要对团队行为规范给予调整和引导，以便充分发挥团队规范的积极作用，而把团队行为规范的消极作用降到最低程度。

（2）团队成员的角色。每个团队由若干个成员组成，这些成员在团队成立之后到团队解体之前都扮演着不同的角色。按照团队成员所扮演的角色对团队工作所起的作用，可将团队成员角色分为积极角色和消极角色两大类。

在团队中，起积极作用的角色主要包括以下几种。

① 领导者。善于确定团队目标，并激励下属完成任务。
② 谋划者。善于为团队工作做出谋划策，能为解决团队存在和遇到的问题提出改进和处理的新方法、新见解。
③ 信息员。善于为团队工作提供信息、数据及事实依据。
④ 协调员。善于通过积极有效的沟通妥善解决团队成员之间的矛盾和冲突，缓解团队的工作压力。
⑤ 评估者。善于承担工作方案分析和计划等工作。
⑥ 激励者。善于增强团队凝聚力，提高团队成员的士气。
⑦ 追随者。善于认真、负责地实施计划。

第9章 团队沟通

在团队中，也有起消极作用的角色，具体如下。

① 支配者。试图操纵团队，干扰他人工作，只想提高自己在团队中的地位。

② 绊脚石。固执己见，与团队其他成员唱对台戏。

③ 自我标榜者。在团队中总想自吹自擂，夸大其词，从而来寻求他人的认可。

④ 逃避者。在团队中与他人保持距离，对工作消极应付。

需要说明的是，团队中一个成员可能同时扮演着几个角色，也可能几个成员扮演着同一个角色。团队成员所扮演的角色是动态的，往往会因为团队领导的不同风格，团队工作的目的、性质、结果及工作环境的变化而发生变化。在一个团队中，如果积极角色多，消极角色少，则该团队的沟通会通畅有效。

(3) 团队领导者的素质。是否具有较强的沟通能力能够充分反映一个人是否具备领导潜质。领导者的素质包括胜任能力、把握方向的能力、适应能力和可信度等。

① 胜任能力。在一个团队中，技术卓越、超群者未必一定具备领导能力，只有那些善于在任务前作充分准备而且能成功完成任务者，即具有超前意识者，才真正具备领导者的素质。

② 把握方向的能力。坚持道德标准的领导者会在团队中营造一种平等、公正的沟通氛围，不会将自己的意志凌驾于他人之上，同时还会积极地影响团队成员，从而确保团队沿着正确、健康的方向前进。

③ 适应能力。一个成功的团队领导者必须随时调整其行为来适应团队的目标、价值观、特有的风格以及在具体情形下团队成员的需求，只有具备适应环境能力的领导者才是称职的。

④ 可信度。一般而言，可信度是通过以下几个方面来体现的：一个人自身的能力、客观公正的态度、令人信赖的品质、与团队保持一致的目标、充沛的精力。除此之外，人们还往往会依据地位、级别、年龄、性别、影响力等因素来判断可信度。

2．团队沟通的特点

所谓团队沟通，是指为了更好地实现团队目标，团队成员之间所进行的信息传递与交流。概括来说，团队沟通的特点如下。

(1) 具有平等的沟通网络。在团队内部，团队成员之间的沟通关系是平等的，是一种任务的协作与分工，而不是管理与被管理的关系。因此，团队形成了内部平等的沟通网络，团队成员之间是平等的沟通关系。另外，在团队内部既有正式的沟通渠道也有非正式的沟通渠道，信息传递高效、直接，中间环节少。

(2) 规范的沟通。与非正式团队相比，由于团队是一种工作的协作方式，团队成员为着同一个目的工作，有共同的目标，团队中的每一个成员共同对团队所要达到的目标负责任，同样也对团队采用的工作方法负责。在这种情况下，团队的沟通是以任务为导向的，并且有一定的群体规范和路径。

(3) 具有融洽的沟通气氛。在团队内部，团队成员之间不仅能有效地进行工作任务方面的沟通，而且能进行情感上的沟通，充满了健康、坦诚的沟通气氛。团队成员之间能做

到有效地倾听他人意见，并清楚地表达自己的观点。

(4) 良好的外部沟通。团队要有效地实现自己的目标，必须处理好各方面的关系。

① 团队要与组织内处于垂直关系的部门建立良好的关系，使信息和资金流动通畅。

② 团队要与水平层次上的其他团队及企业的职能部门建立融洽的关系，从而能方便地获得技术支持和职能部门的帮助。

③ 团队要处理好与外部顾客的关系、与社会公众的关系以及团队制度、作风、文化和整个组织的制度、文化之间的关系。只有处理好这些关系，才能实现自身团队与其他团队之间的配合和协调，并最终更好地实现团队目标。

(5) 团队领导沟通技巧高超。善于沟通的团队领导者首先能够将团队的目标和对成员的期望有效地传达给成员，担当好"牧师"的角色；其次，在团队的实际运作中，有效率的领导者能充分倾听成员的心声，根据实际情况适当放权，调动成员的积极性，让团队成员参与团队计划的制订和重大事项的决策，当好"教练员"的角色。也就是说，作为领导者，应了解和理解团队成员的心理，尊重他们的要求，通过自己的组织协调能力以及令人拥戴的领袖魅力去影响和引导团队成员按照既定的方向完成组织目标，而不是监管、控制他们。

9.2 团队沟通技巧

9.2.1 团队沟通的程序

1. 团队成员应相互了解

团队成员之间的相互了解是团队沟通的前提和基础。团队成员在执行任务之前，需要相互了解与交流，包括了解团队成员的姓名、专业特长、性格特点、兴趣爱好、工作方式、生活习惯以及在研究、分析、组织、协作等方面所具有的技能，既要了解团队成员各自的优点，也要正确看待团队成员各自的不足。团队成员只有进行了广泛的对话与交流，才能认识、熟悉进而建立起良好的人际关系，营造和谐、融洽的团队氛围，才能提高团队工作的效率。

2. 设定团队目标

团队一旦组建起来就必须制订明确的目标，在实现目标的过程中，还应根据环境的变化及时对目标进行调整。应当说，团队本身目标的设定过程与团队成员个人目标的设定过程是一样的。但是，如果强调团队的目标，这时就要求团队成员齐心协力共同完成某一项任务。正因为团队的目标必须由团队成员共同完成，因此，这些目标必须是大家都能接受的。也就是说，团队里的每一个成员都应有机会参与团队目标的设定。此外，个人目标必须和团队目标相容共存，并且能够相互支持。

(1) 了解团队成员的想法和愿望。在设立团队目标之前，不妨借用一些技术手段，了解团队成员对目标的投入程度，了解他们在完成团队目标时愿意付出多少时间和精力。这

第9章 团队沟通

当然不是要求每个人发誓竭尽全力，因为每个人都有自己的需求和行事风格，不可能要求所有成员完全一致。这里强调的是通过了解团队成员的想法和愿望，使团队成员能够更好地为实现目标而同舟共济。随着团队绩效的取得，团队成员对团队的忠诚度会逐渐提高。当他们在合作过程中体会到成功的滋味时，他们会更加积极、更加愿意为团队目标的实现投入精力和时间。

(2) 设定团队目标。设定团队目标时应注意以下两点。

① 每一位成员都可以选择团队目标。如果团队的所有成员都能够选择团队目标，则其为实现目标而投入的程度将会大大提高。应该鼓励所有的团队成员尽量挑选那些既能使团队获益，又能满足个人需求的目标。

② 目标要有挑战性。具有挑战性的目标可以调动下属的潜能和工作热情，当有挑战性的目标完成时，会给整个团队带来一种成就感。

(3) 制订行动方案。在明确目标之后，需要制订出具体的行动步骤。首先，应根据团队的目标、任务等情况设计调查问卷，要求每位团队成员根据自己对团队目标、任务的理解给出团队的具体行动方案。然后，通过分析、综合团队成员对团队目标、任务的理解情况，进一步制订出有效的团队行动方案。最后，将团队行动方案变成工作计划，并制订相应的措施来保证工作计划的实施。

3．明确团队责任

团队必须明确自己应承担的责任，具体来说包括以下几个方面。

(1) 营造良好的沟通氛围。团队是一个规模较小的组织，团队成员既是目标的具体落实者，同时也是实现目标的领导者。这就要求团队成员必须具有主动意识，要从全局的角度来明确团队任务、所追求的目标等，以便统筹安排自己的工作，并不断与其他成员主动进行沟通。

(2) 明确时间进度。团队从一开始就应能在时间、工作方式等方面形成统一意见，如每人每天、每周、每月要花费多少时间开会，花多少时间做准备工作，每个人愿意贡献的时间是多少，团队的工作时间是多少等。另外，还需制订准时开会、不缺席以及必须在最后期限内完成任务等一系列时间规则。

(3) 建立双向沟通机制。团队在维持关系和完成任务的过程中应保证双向沟通。团队建立时要考虑如何在成员之间进行沟通，如何让迟到或缺席的人了解信息。为了让团队成员能够相互了解，增强凝聚力，团队成员应该互相交换电话号码，了解各自的日程安排，并确定团队共同开会的时间。在团队协作期间，应确定具体开会的时间和次数，并且保证每个人都很清楚这样的时间安排。

(4) 及时向组织汇报工作。团队既有相对的独立性，又要在组织的支持下开展工作，这就要求团队应保持与组织的互动，随时向组织报告工作的进展情况，以便获得组织的信任和支持。

4．培养团队精神

团队精神是团队得以成功的关键。所谓团队精神，是指团队整体的价值观、信念和奋斗意识，是团队成员为了实现团队的利益和目标而互相协作、共同奋斗的思想意识。它主要表现在以下几个方面。

(1) 团队的凝聚力。团队的凝聚力也称内聚力，是指一个团队中的成员围绕团队，尽心于团队的全部力量。具体来说表现为以下几个方面。

① 归属意识。即希望自己在组织中有一定的位置，从而获得物质和精神上的满足。

② 亲和意识。即个人愿意与他人建立友好关系和相互协作的心理倾向。团队成员应相互依存、相互支持、密切配合，建立平等互信、相互尊重的关系，如同处在一个家庭中。

③ 责任意识。即团队成员有着为团队的兴盛而尽职尽责的意识，具体包括恪尽职守、完成任务、勇于创新、遵守团队规则。

④ 自豪意识。即团队成员认为自己所在的团队有令他人羡慕的声誉、社会地位和经济收入等荣耀心理。

(2) 运作上的默契。在团队成员之间的关系上，团队精神表现为成员之间创造出的一种"运作上的默契"。正如在一流的球队中球员既有自我发挥的空间又能协调一致一样，杰出的团队也会创造出"运作上的默契"，即每一位成员都非常留意其他成员的工作状态，而且人人都会采取相互配合、协调一致的工作方式。主要表现为三个方面：一是团队成员视自己为团队大家庭中的一员，大家同舟共济、相互依存；二是队员之间相互信任，能够互相容纳各自的差异性，真诚相处；三是在工作中相互帮助，共同进步。

5. 营造和谐的人际关系和履行任务

团队成员之间必须互相配合、互相沟通才能顺利地实现目标。而实现目标的关键在于营造团队中和谐的人际关系，保证成员之间彼此理解、精诚合作，并能全力以赴地投入时间和精力去履行任务。事实上，团队成员在相互交往的同时也在履行着各种不同的任务。一般来说，营造和谐的人际关系就是团队成员之间进行充分的信息交流和传递的过程，既包括个人信息，也包括团队及团队任务方面的信息。可以说，团队成员正是通过语言和非语言的沟通手段来实现团队成员之间以及团队成员与团队之间的和谐互动。履行任务是指团队成员明确自己的职责，全身心地完成工作的过程。这个过程包括收集整理信息、分析问题、找到解决问题的方案并加以论证和实施。

9.2.2　团队沟通中的障碍

在团队沟通过程中，常会受到各种因素的影响和干扰，使沟通受到阻碍，从而影响沟通的效果。团队沟通中的障碍主要表现在以下几个方面。

1. 社会因素障碍

社会因素障碍主要有地位障碍、职业障碍和组织结构障碍。

(1) 地位障碍。信息的发送者和接收者由于地位悬殊，产生畏惧感，容易造成沟通障碍。在管理实践中，信息沟通的成败主要取决于上级和下级、领导和员工之间全面有效地合作。研究表明，一般上级与主管人员容易存在一种"心理巨大性"，而下属则容易产生一种"心理微小性"。"心理巨大性"易使上级满不在乎，而"心理微小性"易使下级

不敢畅所欲言，这会阻碍上下级之间的信息沟通。如果主管过分威严，给人造成难以接近的印象，或者管理人员缺乏必要的同情心，不愿体恤下属，都容易造成下级人员的恐惧心理，影响上下级沟通的通畅。如果管理者平易近人、和蔼可亲，以普通劳动者的身份和下属接触、交流，就容易消除地位障碍。

（2）职业障碍。俗话说"隔行如隔山"，由于职业上的不同，或者研究领域的不同，听不懂对方的行业用语，也会造成沟通的困难。消除障碍的办法是最好使用双方都能听懂的语言进行沟通，并在社交场合尽量不使用专业术语。

（3）组织结构障碍。在管理中，合理的组织结构有利于信息的沟通。如果团队规模过于庞大，中间层次过多，信息传递既浪费时间又影响效率，会直接影响沟通的效果。如果团队成员太多，大家相互之间就很难形成充分的认识和理解，难以形成凝聚力和相互信任感。

2．个人因素障碍

个人因素障碍主要是指由团队成员个体的文化、知识、经验等方面的因素所造成的沟通障碍。

（1）文化程度障碍。由于团队成员中沟通双方的受教育程度、文化素质相差太大，会使对方理解不了或难于接受信息。例如，大学生向文盲讲科学道理，文盲是难以深刻理解其意的。

（2）经验障碍。团队中的沟通双方由于经验水平差距太大，也会产生沟通障碍。这是因为发送者将信息编码时，只是在自己的知识、经验范围内进行编码；同样，接收者也只能在自己的知识、经验范围内进行解码，并理解对方所传送信息的含义。因此，当发送者与接收者的知识水平、经验水平差距太大时，在发送者看来很简单的问题，接收者也会因为没有这方面的知识、经验而理解和接收不了。造成这种情况的原因是双方没有"共同经验区"。相反，如果沟通双方有较多的"共同经验区"，则信息就能很容易地被传送和接收。

（3）表达障碍。沟通双方如果用词不当、词不达意、口齿不清或字体难以辨析，或者观念含糊、逻辑混乱，或者无意疏漏、模棱两可等，都会使对方难以了解发送者的意图。

（4）语义障碍。人与人之间的沟通，主要借助于语言来进行，包括口头语言和书面语言。语言作为交流思想的工具，并不是思想本身，而是用以表达思想的符号系统。因此，在日常生活中，一词多义的情况是常见的，这就使沟通容易产生语义上的障碍。人的语言修养不同，表达和理解语言的能力就有所不同，对同一种思想、观念或事物，有些人表达得很清楚，有些人则表达得不清楚。同样，对某一信息，有的人能马上理解，有的人听来听去还是不能理解；有的人接收信息后做这样的解释，有的人则会做那样的解释。因此，用语言表达意思，往往会产生语义上的障碍。

（5）以推论当事实。通常在观察外界的时候，人们在获得所有的必要事实之前就开始进行推论，推论的形成相当快，以致人们很少仔细地考虑它们是否真的代表事实。

3. 心理因素障碍

由于沟通双方的心理因素，如认知障碍、态度障碍、情绪障碍和人格障碍等都会给沟通造成一定的障碍。

(1) 认知障碍。认知方面的障碍是由于双方认知失调而引起的。由于各人的认识水平、需求动机以及看问题的角度不同，对同一信息往往会做出不同的理解和评价。此外，认知偏差也容易导致沟通障碍。

① 刻板印象。人们对于自己无法体验的事物，容易形成具有偏见色彩的刻板印象。所谓刻板印象，就是人们对具有某种特点的一类人的看法。例如，干部是什么样的人，教师是什么样的人；南方人什么样，北方人什么样等。刻板印象一旦形成，不但影响沟通时的诚意与信心，而且会加深彼此的怀疑与猜测，进而使有效的沟通成为不可能的事。

② 知觉的选择性。由于人们的知觉具有选择性，因而对信息的重视程度不同，凡他认为价值大的信息会引起注意，认真接受；凡他认为价值不大或没有价值的信息，就不会重视甚至不予理睬。

③ 过早下结论。

(2) 态度障碍。如果沟通双方存在偏见，持不同的态度，也会给沟通造成一定的障碍。

(3) 情绪障碍。情绪障碍对信息传递的影响很大。如果双方都处在情绪和心境不佳的状态，就难以沟通意见，甚至会歪曲对方的信息。当某人情绪较好时，对别人的意见和建议会爱听并乐于接受；当某人情绪不佳时，则对别人的意见和建议大打折扣，接受程度就差。即使是同一人，由于其接受信息时的情绪状态不同，也有可能对同一信息做出不同解释和行为反应。极端的情绪体验，如狂喜或悲痛，都可能阻碍有效的沟通。这种状态常常使人们无法进行客观而理性的思维活动，代之以情绪性的判断。

(4) 人格障碍。一个人的性格、气质、价值观等方面的差异，常常会成为沟通时的障碍。通常，一个诚实、正直的人，发出的信息容易使人相信；反之，一个虚伪、狡诈的人，发出的信息即使是真实的，也难以使人相信。同样，气质也影响沟通的效果。情绪急躁的人对信息的理解容易片面，而情绪稳定的人则能较好地接收、理解信息。

人们在沟通时，由于价值观的差异，往往会按照自己的观点对信息进行筛选，符合自己观点和需要的，很容易听进去；不符合自己观点和需要的，则不愿意听。有的人在沟通时尽量使信息适合自己的"胃口"，或者从自己的需要出发猜测别人的意图，或者从别人的谈话中找"言外之意"，或者从文件中找"弦外之音"。

4. 客观因素障碍

客观上的障碍主要包括自然障碍、机械障碍和距离障碍等。

(1) 自然障碍。如刮风下雨、闪电雷鸣或环境中存在较大的噪声干扰，都会给沟通造成障碍。

(2) 机械障碍。如通信设备的性能不好、质量不高，甚至发生故障，都会造成沟通困难，甚至信息失真、沟通中断。

(3) 距离障碍。空间距离过远、环节过多，同样会影响信息的传递，造成沟通困难。如果人与人之间距离过远，听不清对方的声音或看不清对方的表情、手势，也会影响沟通的效果。

9.2.3 团队沟通的方法

1. 建立团队沟通制度

要将团队中的沟通当作一项长期性的工作，最好能够建立一种沟通的制度，以确保团队成员之间能够及时沟通。

沟通的好坏直接影响着团队成员的工作效率和工作业绩，因此，许多知名企业都把沟通列为企业文化建设的重要组成部分。

2. 团队沟通的一般方法

常见的团队沟通方法有以下几种。

(1) 积极倾听。在团队沟通过程中，除了要掌握有效倾听的基本技巧外，还要注意顺利转换倾听者与说话者的角色。对于在课堂上听讲的学生来说，可能比较容易形成一个有效的倾听模式，因为此时的沟通完全是单向的，教师在讲而学生在听。在大多数团队活动中，听者与说者的角色在不断地转换，积极的倾听者能够使从说者到听者以及从听者再回到说者的角色转换十分流畅。从倾听的角度而言，这意味着全神贯注于说者所要表达的内容，即使有机会也不去想自己接下来要说的话。

在团队中，言谈是最直接、最重要和最常见的一种沟通途径，有效的言谈沟通很大程度上取决于倾听。有人发现，具有良好倾听技能的人往往可以在工作中自如地与他人沟通。作为团队，成员的倾听能力是保证团队有效沟通和保持团队旺盛生命力的必要条件；作为个体，要想在团队中获得成功，倾听是基本要求。

(2) 加强语言沟通。作为一名团队成员，既想维护一个整体良好的团队，又想过独立的私人生活，这两种愿望常常产生矛盾，也给团队成员带来苦恼和压力。因此，要去除这种压力，团队成员必须进行对话，即成员之间必须交换和适应相互的思维模式，直到所有人都能对所讨论的意见有一个共同的认识。

对话是一种交谈，通过这种交谈，人们可以琢磨出他们能够认同的含义。对话经常需要对想法进行重新界定。这就要求在沟通时运用坦诚、负责、肯定以及恰当的语言，创造一种成员之间相互关注、支持交流、降低防卫的氛围。

① 坦诚。坦诚指的是开放性的沟通，了解自己，关注他人，关注自己的需求或明确要他人知道的事情。一个坦诚的陈述通常很直接，但同时很谦恭有礼，并且顾及他人的感情。坦诚是为自己的沟通负责，不让别人来操纵你的反应。坦诚之人既展示自我，希望影响他人，又高度重视他人的权利。坦诚之人知道怎样运用外交手段和沟通手段。

② 负责。负责的语言可以为他人改变其观点和观念留有余地。当语言更富假设性而非肯定性时，团队就会有更多的合作、更少的防御。缓和自己的语气，接受他人的观点以保持开放、合作的氛围。

③ 肯定。当别人承认你的想法和感受，真正倾听你并做出回应时，你会有被认可的感觉。当你被肯定时，就容易坦诚，容易提高效率，也容易对团队做出贡献。肯定一位团队伙伴将有助于他全力以赴地工作，也有助于团队创造一种合作的氛围。

④ 恰当。恰当是指使用适合团队成员、自己及适用团队情况的语言。能否选择恰当的语言取决于自己是否对他人敏感，以及自己如何判断想要达到的目的。这种选择同时需要用心和用脑。其中包括自己的知识层次、背景和感受。

(3) 注重非语言沟通。非语言沟通是指人们从语言中包含的指示或语言之外的提示中解析出的含义。人们常常没有意识到人们的眼神、身体、脸部表情和声音中存在着非语言信息。人们对一个人的看法，包括这个人的能力、可信度、亲和力，与这个人的非语言沟通有直接的关系。

① 运用肢体语言。性格内向的成员不善于抓住说话的机会，需要有人帮他们一把。要帮助他人参与沟通，就要善于传达自己对他人的关切。在与他人交谈时，可以通过保持目光接触和用让他人感到舒服的姿势，要为他人着想，要用面向说话人、身体往前靠这种方式，来表示对说话人的回应。

② 表示出强烈的自信心。假如有一个令人兴奋、激动的主意，但又担心面临质疑，在解释这个想法时，如果全力以赴，脸、身体、声音便能表露出积极的情绪，同伴受这种情绪的感染，就会听从建议。因此，在沟通时需要脸、身体、声音、演讲能力的全力支持，以使传递的信息有趣、可信、令人易于接受。

9.2.4 团队沟通的注意事项

团队沟通在团队建设中非常重要，除了熟悉团队沟通的障碍、懂得团队沟通的技巧外，还应特别关注以下注意事项。

1. 让新来者感觉受到欢迎

有时候，团队必须面对的挑战之一就是融合新来的人。新来的人需要度过学习的阶段，需要注意团队中每个成员的行动。新来的人，在未融入团队之前会感到被冷落，如果他们得不到及时的帮助，就会对老队员产生疏远感，于是，当有更多的新来者加入的时候，团队中便会形成两个派系——保守派和新来派。

作为团队中的老队员，要尽可能地帮助新队员适应这个环境。主动了解新队员的工作背景，询问他需要什么，然后帮助他满足这些需要。还可以请其他人帮助，教会新队员一些处事的小技巧。邀请新队员参加社交聚会，比如一起吃午餐。在一开始就欢迎新来者加入团队，这样，主动融合就会比顺其自然进行得更加迅速和平稳，团队中的每一个人都会有所收获。

2. 保证信息的流通

在团队的环境下，成员之间迅速传递信息是绝对重要的。把信息的流动作为一个回路，通过起始和结束，这个回路便得到了信息流动的保证。结束回路意味着追踪信息并且将之反馈，通知他们发生了什么或者是说明自己对问题的发现与了解。起始回路意味着通

第9章 团队沟通

过开始让其他人提前知道某些事情，或者把当前有用的信息传递给他们——无须在被询问的时候才说出来。结束回路和起始回路要为他人着想，并且可以保持信息一致地进行下去，以便与团队有关的每个人都能得到通知。

3．指点迷津

团队中经常需要的是横向交流和向新成员解释如何来完成特定的任务，并且大多数培训涉及与其他人交流。为了使培训进行得更加迅速和有效，首先应牢记正在接受这些知识的人对这件事或任务知道得并不像自己一样多。这就需要一步步解释这个过程，并且把不熟悉的术语转换成通俗易懂的语言。

另外，要允许和接受提问题，然后清楚和直接地回答这些问题。当人们在提问题和解答问题的时候若感觉到很通俗易懂，他们就会投入得更多、学得更好。还有，通过提问题来检查学员的理解程度，特别是使用开放式的问题，这样，学员们就必须对学到的东西做出反馈。这样，就会知道他们学到了什么，什么东西还没有弄懂。要通过交互的过程来传授知识，而不是单一的灌输和讲述。

4．提供帮助

如果表述中包含"我如何才能帮助你呢""让我帮你一下吧"或"如果你愿意，我可以帮助你把那个项目完成"，那么表示说话者正用可贵的团队成员的语气说话。人们想知道当需要别人帮忙的时候，能帮他们什么忙，愿意帮助什么。当别人请求自己提供帮助的时候，一定要回答"是"。如果当时不能提供帮助，那就说出什么时间能做到。有些人愿意帮助和合作，而且言行一致，他们是人人都想与之合作的团队伙伴。

5．请求帮助

团队工作的好处之一就是每个人不必亲自完成每件事情，当需要的时候，有很多资源可以利用。事实上，因为人们总是想要自己解决许多他们不知道的事情，而不去请教其他人，所以经常犯各种可以避免的错误。

提问题是感兴趣和需要确定的一种信号，而不是一种愚蠢的行为。最愚蠢的行为就是当不知道某事或不确定某事的时候却不提出问题。不要为提问题而抱歉——只需自信地、简单明了地说出自己的需要，然后等着听答案或进行更深的探究，如果你需要更多的信息或解释，也可以复述听到的答案来确保理解正确，这样就可以把学到的东西付之实现。

6．参与会议

在团体环境下参与的活动越多，就越有可能被邀请参加会议。团队需要开会来协调活动，通过集体交流来使大家建立统一的目标。为了使团队工作更有效，每个人要做的不仅仅是出席会议。

在每一次会议上自信地说出自己的观点，可以帮助团队向前发展。即使你是性格内向的那种类型，也要放开你的音量，说出你所想的来帮助团队。

同时也要积极地倾听，以显示出你对会议的兴趣，帮忙把会议变为建设性的双向对话。

7. 用事实说话

许多团队的共同缺陷是团队成员关于如何开展工作进行争论时，经常陷入"你方我方"的争论。

当你在与队员解决问题或制订计划时，一定要使需要完成的任务成为讨论的中心，要把焦点集中在取得成果上，而不是方法上。比如，应集中讨论"我们需要达到什么目标""我们需要取得什么成果"和"我们需要满足哪种顾客的需要"等问题。

8. 给出恰当的反馈

要能对团队成员的表现给出反馈以增强团队表现，因为它展开了诚实的交流。要确保基于行动来描述自己的观察结果，而不是对他人的表现给出主观的评论。

对他人的良好表现做出反馈。当其他人帮助你或者采取行动来帮助团队取得成效的时候，要对之做出赞赏。要确保给出具体积极的反馈，而不是平常的赞扬。

如果某事进行得不好，通过直接和有效的方式考查这件事能帮助团队成员对他们的行为做出反省，并从中汲取经验。经常性、建设性地给出对团队成员的反馈，能把你提高到同辈中领导者的角色——团队成功中的一个有价值的角色。

9. 找出问题的根源

在团队的环境下，人们在一起工作难免会出现问题。实际上，决定团队是否有效的方式之一是看它的成员如何处理和考虑出现的问题，人们是否互相攻击、是否流言四散、是否形成党派。这些都不利于团队工作。

团队成员需要通过解决问题来获得发展。当问题影响到整个团队时，就应该把它们提到团队会议的日程上，让团队成员集体讨论。当问题是关于某个人时，可直接向那个人说明问题。

10. 保持幽默感

团队有效性的确定性标志之一就是人们经常彼此之间开玩笑。他们并不是互相嘲笑对方，而是享受在一整天的工作中有对方的陪伴。他们也不是通过愚弄对方来取乐，他们的幽默保持了健康的心态，也消除了工作带来的压力。

团队是由一组具有不同人格的人组成的，试着使他们有效地在一起工作并不是一件简单的事情。如果你能看到这个工作有趣的一面，并且与你的团队成员保持幽默，你就能把焦点从集中在你本职工作上转移到作为整体工作的团队上。

思考与练习

1. 结合实际说明团队沟通的一般技巧。
2. 根据你以往的团队沟通经验，讲讲高效团队沟通的注意事项。
3. 结合下面的一则案例，说说大学生培养自己的团队合作意识的重要性，并说明沟

第9章 团队沟通

过哪些途径来培养自己的团队合作精神。

一家有影响力的大公司招聘高层管理人员，9名优秀应聘者经过初试，从上百人中脱颖而出，闯进了由公司老总亲自把关的复试。老总看过这9个人的详细资料和初试成绩后，相当满意。但是，此次招聘只能录取3个人，所以，老总给大家出了最后一道题。

老总把这9个人随机分成甲、乙、丙三组，指定甲组的3个人去调查本市婴儿用品市场，乙组的3个人调查妇女用品市场，丙组的3个人调查老年人用品市场。老总解释说："我们录取的人是用来开发市场的，所以，你们必须对市场有敏锐的观察力。让大家调查这些行业，是想看看大家对一个新行业的适应能力。每个小组的成员务必全力以赴！"临走的时候，老总补充道："为避免大家盲目开展调查，我已经叫秘书准备了一份相关行业的资料，走的时候自己到秘书那里去取！"

两天后，9个人都把自己的市场分析报告送到了老总那里。老总看完后，站起身来，走向丙组的3个人，分别与之一一握手，并祝贺道："恭喜3位，你们已经被本公司录取了！"然后，老总看见大家疑惑的表情，呵呵一笑，说："请大家打开我叫秘书给你们的资料，互相看看。"原来，每个人得到的资料都不一样，甲组的3个人得到的分别是本市婴儿用品市场过去、现在和将来的分析，其他两组的也类似。老总说："丙组的3个人很聪明，互相借用了对方的资料，补全了自己的分析报告。而甲、乙两组的6个人却分别行事，抛开队友，自己做自己的。我出这样一个题目，其实最主要的目的，是想看看大家的团队合作意识。甲、乙两组失败的原因在于，他们都太高估自己的个人能力，没有合作意识，忽视了队友的存在。要知道，团队合作精神才是现代企业成功的保障！"

4. 参与下面的一则"七拼八凑"的游戏，训练自己的团队沟通能力。

场地：室内外均可，需要有欢快激扬的背景音乐。

器材：奖品一份，可以是一些水果糖或水果。

人数：30～50人。

时间：20分钟。

项目目标：加强团队成员的接触，发现团队成员的智慧。

项目规则：

(1) 将团队分成若干小组，每组5～10人。

(2) 告知每位学员将一起去参加一个搜寻活动，获胜的小组将受到奖励；将需要寻找的物品列表交给各小组，这些物品皆来自日常生活，如眼镜、手表、杯子、袜子、口红、钱等。一定要将比较难找的物品放在最后，如药片、糖果、一分钱等。

(3) 要求组员用自己的智慧尽可能多地取得表中所列的物品。时间到时，命令每位组员都回来集合，比较哪个小组找到的物品最多。

安全要求及注意事项：无。

总结提升技术：

(1) 你们小组有人领导吗？是谁？为什么他能领导？

(2) 你是怎样分析获胜队的获胜原因的？

167

(3) 你是否发挥了想象力和创造性的思考？
(4) 小组通过通力合作，是否感觉更融合，更轻松自由？
(5) 思考奉献精神是怎样得到体现的。

5. 参与下面的一则"团队蹲"的游戏，训练自己的意志品质和团队协作能力。

场地：一块较大的平整场地。

器材：培训师最好佩戴一个哨子或喇叭。

人数：24～120人。

时间：10分钟。

项目目标：提升团队士气、团队协作能力、意志品质、团队策略和表演力等。

项目规则：

(1) 将学员分成三个以上的小组，一般在团队数少于三个时，可将一队分为两个小组，队多时可不分。

(2) 各小组围成一个小圆，并为小组取个水果名，两个字最佳，各小组的圆均匀分布，保持适当距离，然后按一定顺序，各小组大声报出自己的水果名，并要求相互记住。

(3) 培训师首先指定一队开始，比如苹果队，他们就要喊"苹果蹲、苹果蹲、苹果蹲完了，西瓜蹲——"，这时被喊到的西瓜队就要接着喊"西瓜蹲、西瓜蹲、西瓜蹲完了，草莓蹲——"，依此类推。

(4) 要求蹲齐喊齐，当团队没有形成默契，喊出不一致的声音时，或者在没有喊到自己的队名时而误蹲，或者蹲得不齐都为输。

安全要求及注意事项：

(1) 要求由易到难，由慢到快，如蹲得越来越快，喊得越来越快。

(2) 培训师最好站在有利于监督的位置。

(3) 惩罚一定要严格执行，节目自选，如走猫步、卡通跳等。

(4) 当活动中出现困难户时，要改变规则，喊的对象不能是刚喊过自己的队，必须有间隔性，即只能向前喊，不能倒着喊。

(5) 控制好场面，做好监督，公平、公正、公开地判罚。

项目创新：

(1) 该项目又可以叫萝卜蹲、省市蹲或角色蹲等。

(2) 队形变化：每一小组站成面向圆心的一排，各小组相互组成一个多边形。

(3) 表现形式变化：比如，角色蹲时，扮演以下角色的团队要边蹲边做出相应角色的特有动作(动作一般由培训师制定，也可由学员自选)，如美女、帅哥、大猩猩、小猩猩等。

第10章 职场沟通

　　人自出生伊始，就处在一个人际沟通的环境中。沟通是凭借一定的符号载体，在人与人之间传递信息、沟通思想和交流情感并获取理解的过程。每个人在其人生中都要处理大量的事，其中多数与人际沟通有关。

　　当一个人进入职场后，要和各色人打交道，如领导、同事、下属……在与各类人交往中，因各自利益有别、所处立场不同，往往对事物的看法有不同的切入点与关怀面，冲突在所难免。于是，有效的人际沟通就显得尤为重要。据研究表明，一个职业人士成功的因素其中75%靠人际沟通，25%靠天才和能力。职场沟通能力从来没有像今天这样成为现代职业人士成功的必要条件。

　　有效的职场沟通能使我们与相关者缩小距离，增加共识，促进和谐，形成合力。倘若沟通不当，那么，对个人的学习、生活、工作，以及团队的经营、管理、运行都会带来许多障碍，甚至产生巨大的压力。因此，如何跨越沟通障碍，找准出发点和着眼点，站在自己和对方的角度看待问题，避免相互伤害，达到双赢的结果，则是首要之务。

　　通过本章的学习，应当对职场复杂的人际环境有一个充分的心理准备；通过训练，能牢固掌握与领导有效沟通的技巧、与同事和谐沟通的技巧、与部下真诚沟通的技巧；同时，要不断修养自身，学会做一个职场上人人放心的人。

10.1　与领导的有效沟通

　　人人都有自己的领导，上至国家领导，下至普通百姓，都是如此。只是人们的叫法不同，有的叫"领袖"，有的叫"老板"，也有的叫"头儿"，总之都是一种人，那就是领导你的人。对你的领导，你可能把他看作朋友，也可能把他看作"敌人"。但是无论如何，领导毕竟是领导，既然如此，倒不如运用你的沟通技巧，请他站到你这一边，"化敌为友"，与其建立良好的人际关系。这样，双方都会感到很愉快。

10.1.1　向领导请示汇报的程序和态度

1. 向领导请示汇报的程序

　　(1) 仔细聆听领导的命令。一项工作在确定了大致的方向和目标之后，领导通常会指定专人来负责该项工作。如果领导明确指示你去完成某项工作，那你一定要用最简洁有效的方式明白领导的意图和工作的重点。此时不妨利用传统的5W2H的方法来快速记录工作要点，即弄清楚该命令的时间(When)、地点(Where)、执行者(Who)、为什么目的(Why)、需要做什么工作(What)、怎样去做(How)、需要多少工作量(How much)。在领导下达完命令之后，立即将自己的记录进行整理，再次简明扼要地向领导复述一遍，看是否还有遗漏

或者自己没有领会清楚的地方,并请领导加以确认。例如,领导要求你完成一项关于 ABC 公司的团体保险计划,你应该根据自己的记录向领导复述并获取领导的确认。你可以说:"总经理,我对这项工作的认识是这样的,为了增强我们公司在团体寿险市场的竞争力(Why),您希望我们团险部门(Who)不遗余力地(How)于本周五之前(When)在 ABC 公司总部(Where)和他们签订关于员工福利保险的合同(What),请您确认一下是否还有遗漏。"如果领导对你关于目标的理解点头认可了,那么就可以进行下一个环节的工作了。

(2) 与领导探讨目标的可行性。领导在下达了命令之后,往往会关注下属对该问题的解决方案,他希望下属能够对该问题形成自己大致的解决思路,以便在宏观上把握工作的进展。所以,作为下属,在接受命令之后,应该积极开动脑筋,对即将负责的工作有一个初步的认识,并告诉领导你的初步解决方案,尤其是对于可能在工作中出现的困难要有充分的认识,对于在自己能力范围之外的困难,应提请领导协调别的部门加以解决。比如,上例中关于争取 ABC 公司的员工福利保险合同这个目标,你应该快速地反映行动的步骤和其中的困难。

(3) 拟订详细的工作计划。在明确了工作目标并与领导就该工作的可行性进行讨论之后,应该尽快拟订一份工作计划,再次交与领导审批。在该工作计划中,应该详细阐述你的行动方案与步骤,尤其是对工作时间进度要给出明确的时间表,以便领导进行监控。

(4) 在工作进行之中随时向领导汇报。按照计划开展工作后,应该留意自己工作的进度是否和计划书一致,无论是提前还是延迟了工期,都应该及时向领导汇报,让领导知道你现在在干什么和取得了什么成效,并及时听取领导的意见和建议。

(5) 在工作完成后及时总结汇报。经过你和部门同事的共同努力,你们终于完成了这项工作。此时,你不应该松懈,而应及时将此次工作进行总结汇报,总结成功的经验和其中的不足之处,以便在下一次的工作中改进提高。同时不要忘记在总结报告中提及领导的正确指导和下属的辛勤工作。至此,一项工作的请示与汇报才算基本结束。

千万不要忽视请示与汇报的作用,因为它是你和领导进行沟通的重要渠道。你应该争取把每一次请示汇报工作都做得完美无缺,那么领导对你的信任和赏识也就会慢慢加深了。

2. 请示与汇报的基本态度

(1) 尊重而不吹捧。作为下属,我们一定要充分尊重领导,在各个方面维护领导的权威,支持领导的工作,这也是下属的本分。首先,对领导在工作上要支持、尊重和配合;其次,在生活上要关心;再次,在难题面前解围,有时领导处于矛盾的焦点上,下属要主动出面,勇于解除矛盾,承担责任,排忧解难。

(2) 请示而不依赖。一般来说,作为部门主管在自己职权范围内应该大胆负责、创造性地工作,这是值得倡导的,也是为领导所欢迎的。但下属不能事事请示,遇事没有主见,大小事不做主,这样领导也许会觉得你办事不力。该请示汇报的必须请示汇报,但绝不要依赖、等待。

(3) 主动而不越权。对工作要积极主动,敢于直言,善于发表自己的意见,不要唯唯

诺诺、四平八稳。在处理同领导的关系上要克服两种错误认识：一是领导说啥是啥，叫怎么做就怎么做，好坏没有自己的责任；二是自恃高明，对领导的工作思路不研究、不落实，甚至另搞一套、阳奉阴违。当然，下属的积极主动、大胆负责是有条件的，要有利于维护领导的权威，维护团体内部的团结，在某些工作上不能擅自超越自己的职权。

10.1.2 与各种性格的领导沟通的技巧

由于个人的素质和经历不同，不同的领导会有不同的领导风格。仔细揣摩每一位领导的不同性格，在与他们交往的过程中区别对待，运用不同的沟通技巧，则会获得更好的沟通效果。

1. 控制型的领导特征及与其沟通技巧

(1) 性格特征。控制型领导的性格特征是：态度强硬；充满竞争心态；要求下属立即服从；实际，果决，旨在求胜；对琐事不感兴趣。

(2) 沟通技巧。与控制型领导相处，重在简明扼要，干脆利索，不拖泥带水，不拐弯抹角。面对这一类人时，无关紧要的话少说，直截了当、开门见山地谈即可。

此外，他们很重视自己的权威性，不喜欢部下违抗自己的命令。所以应该更加尊重他们的权威，认真对待他们的命令，在称赞他们时，也应该称赞他们的成就，而不是他们的个性或人品。

2. 互动型的领导特征及与其沟通技巧

(1) 性格特征。互动型领导的性格特征是：善于交际，喜欢与他人互动交流；喜欢享受他人对自己的赞美；凡事喜欢参与。

(2) 沟通技巧。面对互动型的领导，切记要公开赞美，而且赞美的话语一定要出自真心诚意，要言之有物，否则虚情假意的赞美会被他们认为是阿谀奉承，从而影响他们对你个人能力的整体看法。要亲近这一类人，应该和蔼友善，要时刻留意自己的肢体语言，因为他们对你的一举一动都会十分敏感。另外，他们还喜欢与部下当面沟通，喜欢部下能与自己开诚布公地谈问题，即使对他有意见，也希望能够摆在桌面上；他们厌恶在私下里发泄不满情绪的部下。

3. 实事求是型的领导特征及与其沟通技巧

(1) 性格特征。实事求是型领导的性格特征是：讲究逻辑而不喜欢感情用事；为人处世自有一套标准；喜欢弄清楚事情的来龙去脉；理性思考而缺乏想象力；是方法论的最佳实践者。

(2) 沟通技巧。与实事求是型领导沟通时，可以省掉拉家常的时间，直接谈他们感兴趣而且实质性的东西是最好不过了。他们同样喜欢直截了当的方式，对他们提出的问题最好直接作答。同时，在进行工作汇报时，就一些关键性的细节多加说明。

10.1.3 掌握与领导相处的技巧

作为一名员工，几乎每天都要与领导接触，如果能够和领导融洽相处，那么自然就会更加顺风顺水，但倘若相处不好，则可能影响工作，乃至彼此的心情。那么，与领导相处有什么技巧呢？

1. 常请示，常汇报

你是否经常向领导询问有关自己工作上的事？有没有跟他一起商量过？如果答案是否定的，那么从今天起，你就应开始改变，尽量就工作上的疑难问题发问。一个未成熟的属下，向成熟的领导请教，这并不可耻，而且理所当然。千万不要认为："我这样问，对方会不会笑我？我是不是很丢脸？"有心的领导，都很希望他的属下向他询问，因为这表示他认真思考了工作上的难度，在寻求解决之道。领导也因此知道了你工作上的不明之处在哪里，他会给你解答，让你减少错误，这样他也就放心了。如果你假装什么都懂，什么都不想问，领导会觉得很疑惑："这个人是不是真正了解了呢？"从而感到担心。

所以要常请示、常汇报，让领导知道你的工作进度，这样他也好安排你以后的工作。

2. 能以最快的速度汇报新信息

一般来说，地位越高的人，对情报的渴望度就越强。如果在外面听到任何新的消息，回公司后，一定要尽快地向领导报告。尤其是与公司有生意往来的客户或相关行业的情报消息，领导一定求之不得。很多时候，即使是一些表面上似乎微不足道的事，对领导而言其中或许就藏有玄机，如客户中的职员或亲属有人要婚娶，或是客户的交易状况与金融动态等。领导若能得知详细情报，就可以掌握先机，展开行动，这样至少不会输给同行业的竞争对手。

对于领导而言，一个能经常取得珍贵情报的属下，无异于左右手一般重要，也能让领导印象特别深刻。做属下的一旦得到新消息，不论事态大小，都要尽快地向上反映。

3. 记住在他人面前称赞领导

在领导面前直接给予夸赞，虽然也是一种"奉承"领导的方法，却很容易招致周围同事的轻蔑，让他们将你归入溜须拍马之流。而且，这种正面式的赞美，所产生的效力并不大，甚至有可能产生反效果。但是，若是在公司其他部门，而领导又不在场的情况下对其适度称赞一番，这些赞美终有一天还是会传到领导耳中。同样地，如果说的是一些批评中伤的话，迟早也会被泄露出去的。如果领导知道自己的属下在其他部门中称赞他，不用说，领导对那位属下的好感度会直线上升。

不过，要特别注意的是，人总是有猜疑心的，如果你和其他部门的人，尤其是和其他部门的领导走得太近，一定会引起你的直属领导的不满。

4. 大方地坐在领导身边

我们经常会遇到这种情景，在事先没有安排座次的座谈或某些较随意的场合，许多下

第10章 职场沟通

属都争着坐在离领导较远的地方。有时领导主动招呼下属向他靠拢，但下属却惴惴不敢从命。

也许有的人担心坐在领导旁边，会被人说是在拍领导马屁，其实不然。如果心地坦荡，坐在自己的领导身边，恰是一种自信的表现。一个对自己的素质修养和业务能力充满自信的人，是不怕同领导坐在一起的。相反，有了与领导面对面沟通与交流的机会，会促使领导更进一步地了解自己。同时，你也可以在同领导的交谈中，更深入地了解领导，学习许多新的东西。如果你总是怕人说三道四，远离领导，那你就永远也无法引起领导的注意。

如果你能学会以上技巧，并善于运用，定能处理好与领导的关系，和领导友好相处。

10.1.4 努力赢得领导的重视

对于上班族来说，要想获得更好的发展，拥有更多的机会，最重要的就是获得领导的重视。若能得到领导的重视，就会获得更多的机遇，拥有更大的发展空间。但是想得到领导重视，也并不是轻而易举的事，我们需要付出更大的努力才行。那么，怎样才能让领导重视我们呢？

1．勇于担当重任

作为领导他关心的是怎样才能创出业绩，这当然离不开下属的配合。一个公司的工作涉及方方面面，单靠领导一个人是不可能做好的。这时候，领导会把一些工作分配给下属去做。一般情况下，谁都想少出点力，多捞点好处。但是，对于领导来说，单位中一些吃苦受累的重活必须有人替他分担，在别人推脱的时候，如果你能站出来替领导把重担挑起来，领导必定会对你刮目相看。因为大多数领导都不喜欢那些在工作上和他讨价还价的下属，而只欣赏那些能为他着想、为他分担重担的下属。

2．干好本职工作

工作做得好坏是领导对下属的一个评判标准。在一个单位中，每个岗位的工作都与本单位的整体利益有直接关系，如果有一个岗位的工作没有做好，它必然影响到整体利益。

干好本职工作是下属受到领导重视的前提。对于一个连本职工作都干不好的人，有哪个领导会喜欢呢？一般情况下，领导都很赏识聪明、机灵、有头脑、有创造力的下属，这样的人往往能出色地完成任务。所以说，要想得到领导的重视，就必须把本职工作干好。

3．把功劳让给领导

中国人在讲自己的成绩时，往往会先说一段套话：成绩的取得是领导和同志们帮助的结果。这种套话虽然乏味，却有很大的妙用：显得你谦虚谨慎，从而减少他人的忌恨。

好的东西，每一个人都喜欢，越是好的东西，越是舍不得给别人，这是人之常情。如果你有远大的抱负，就不要斤斤计较成绩的获得你究竟占有多少分，而应大大方方地把功劳让给身边的人，特别是让给你的上级。这样，做了一件事，你感到喜悦，上级脸上也光彩。以后领导也会再给你更多建功立业的机会。否则，如果你只打眼前的算盘，急功近

173

利，则会得罪身边的人，将来一定会吃亏的。但需要注意的是，让功一事不能在外面或同事中张扬，否则还不如不让功的好。对于让功的事儿，让功者本人是不适合宣传的，因为自我宣传总有些邀功请赏、不尊重领导的味道。让功这种事儿，只能由被让者来宣传。虽然这样做埋没了你的才华，但同事和领导一有机会总会设法还你这笔人情债的。因此，做好事就要做到底，不要让人觉得你让功是虚伪的。

4. 学会交谈

作为下属，即使自己才华横溢，也不要在领导面前故意显示自己，不然，会让领导认为你是一个自大狂，恃才傲物，盛气凌人，而使他在心理上觉得你难以相处，从而使彼此间缺乏一种默契。领导也需从下属的评价中了解自己的成就以及在下属心目中的地位，当受到称赞时，他的自尊心会得到满足，并对称赞者产生好感。因此，在交谈时，对于领导的优点、长处，可以毫无顾忌地表示你的赞美之情。

谈话时尽量寻找自然、活泼的话题，令领导充分地发表意见，你适当地做些补充，提一些问题。这样，领导便知道你是有知识、有见解的，也自然而然地认识了你的能力和价值。不要用领导不懂的技术性较强的术语与之交谈。这样，他会觉得你是故意难为他，也可能因此觉得你的才干会对他的职务构成威胁，并产生戒备，从而有意压制你。

5. 忠于领导

上级对下级最看重的一条就是下级是否对自己忠心耿耿。忠诚对领导来说更为重要，比如一些单位的司机都是领导的"自己人"，如果不是自己人，在车上一些谈话，办的一些私事被传出去，会造成影响。因此，要成为领导的自己人，就要经常用行动或语言来表示你信赖、敬重他。领导在工作中出现失误，千万不要持幸灾乐祸或冷眼旁观的态度，这会令他极为寒心。能担责任就担责任，不能担责任可帮他分析原因，为其开脱。此外，还要帮他总结教训，多加劝慰。

在单位里，领导的好恶有时会决定一个人的命运，所以多花点时间、多下点功夫去赢得领导的重视，你绝对不会吃亏的。

10.1.5 在公共场合给足领导面子

与领导相处的时候，要注意给领导留面子。因为领导的面子受损，会使他感到你对他怀有敌意，以及自己的权威受到了威胁和损害。所以，在给领导提意见或公共场合内，一定要注意给领导留面子。

就中国的传统而言，在公共场合，人们一般都比较注重面子，不管是自己的还是别人的。领导十分注意自己在公开场合，特别是在其他领导或者众多下属在场的时候的形象。在领导的眼里，如果自己的下属在公开场合使自己下不了台，丢了面子，那么这个下属肯定是对自己抱有敌意或成见，甚至有可能是公开向他发难的信号。这绝不仅仅是因为有文化的潜意识在作祟，更是出于领导从行使权力的角度出发，是维护自己权威的需要。这种需要因受到公开的检验而变得更加强烈甚至是不可或缺。这样一来，结果便是领导要么给

第10章 职场沟通

予以牙还牙的还击，通过行使权威来找回面子；要么便怀恨在心，以秋后算账的方式慢慢报复。

例如，柳蒙是某家广告公司的员工，因能力出众、工作认真，而备受领导重视，进公司不过一年就当上了业务部主任，他的前途可以说是一片坦途。然而有一次，公司总经理陪着从深圳赶过来的老总到业务部视察，总经理对业务部这半年的表现很满意，鼓励大家再接再厉，并客套地说了一句大家有什么意见尽管提。结果柳蒙张嘴就来了一句："总经理，您不能光说不做啊！几个月前就说给我们增加提成，可到现在也还没兑现呢！"总经理愣了一下，然后连说："好，好，回去我再研究一下！"然后匆匆离开了业务部。总经理出门后，恨恨地说了一句："那人是谁啊？怎么这么不知进退！"柳蒙的加薪自然无望了，而且还在总经理的"黑名单"里挂了号。

柳蒙这样不分场合地提意见，而且还是一个让老总下不来台的意见，自然是惹恼了老总，后果是他的大好前程付诸东流。一个月后，柳蒙就被迫离职了。这足够为人下属者引以为戒了。所以，下级在公共场合给领导提意见时，一定要注意给领导留足面子。

给足领导面子，首先表明你对领导是善意的，是出于对领导的关心和爱护，是为了帮助领导做好工作。这样，领导才愿意理智地分析你的看法。给足领导面子，还表明你是尊重领导的，你依旧服从他的权威，你的意见并不代表你在指责他；相反，是在为他的工作着想。给足领导面子，其实就等于给自己留下了充分的余地，下属可利用这个余地同领导在私下里进行更为深入的交流和探讨。同时这个余地还表明，下属只是行使了一定的建议权，而领导仍保有最终决断的权威。留有余地，还会使下属能够做到进退自如，一旦提出的意见并不确切或恰当，还有替自己找回面子的余地。

当然，这里所说的公开场合提意见要注意领导的面子，并不是要下属"见风使舵"，做"老好人"。对领导多提建设性的宝贵意见，肯定是受领导欢迎的，但是，提意见要注意场合、分寸，要讲究方法。如果只注重提意见的初衷和意见的合理性，而不去考虑它的实际效果，这样只能给自己带来灾祸。所以，在与领导相处的时候，一定要注意给足领导面子，这也是与领导相处最为重要的一点。

10.1.6　不要表现得比领导高明

一般来说，每个领导都想维护自己的成绩和权威，所以他们并不希望下属表现得比自己还要高明，因为这会让他们有危机感，担心下属会超过并取代自己。

在日常生活中，我们也常看到在人事调动中，如果某个领导手下分到一个有实力的下属，他就会感觉到这种危机，担心对方会抢了自己的地位，因而在诸多事情上刁难下属；但如果分到的是平庸无奇，或不如自己的人，他就会很乐于指导对方、帮助对方。就因如此，聪明的下属总会想方设法掩藏自己的实力，力图获得领导的青睐与赏识。当领导阐述某种观点后，他会装出恍然大悟的样子，并且带头叫好；当他对某项工作有了好的可行的办法后，不是直接阐发意见，而是在私下里或用暗示等办法及时告知领导，同时，再抛出与之相左的甚至很"愚蠢"的意见。久而久之，尽管在群众中形象不佳，有点"弱智"，但领导却倍加欣赏，对其情有独钟。

例如，彭某大学毕业后在某造纸厂宣传处工作，写文章刚好是他的特长，所以也做得得心应手。有一天，科长突然叫他整理一个劳动模范的先进事迹。其实这是科长对彭某的考验，它将关系到彭某是否还能继续在机关待下去。本来对于这样的材料，彭某做起来并不难，但有了无形的压力，便不得不用心。他花了一个通宵，写好后又反复推敲，又抄得工工整整。第二天一上班，就把它交给了科长。

科长非常高兴，觉得完成得快，字又写得洒脱、悦目，而且在内容、结构上也没有什么可挑剔的。可是，科长越看，眉头皱得越厉害。末了，他退回文稿，让彭某再认真修改修改，但又没有具体说明修改什么地方。在彭某转身刚要迈步时，科长像突然想起了什么似的说："对，对，那个'职工'前面要加上'全厂'两个字，改过来，改过来就行了。"这时，科长又恢复了先前高兴的样子，一个劲地夸道："来得快，不错。"考试自然过关，还是优秀呢！

显然，从这件事中可得到这样的启示：领导交办的事情，一定要尽快地完成，而不要过分纠缠于办事的细节和技巧。因为如果你把事情处理得过于圆满而让人挑不出一点毛病，那就显示不出领导比你高明。而且，领导也会感到你有"功高盖主"之嫌。所以，善于处世的人，并非是把事情办得滴水不漏的，他们常常故意在明显的地方留一点儿瑕疵，让人一眼就能看出来。这样一来，尽管你木秀于林，别人也不会对你敬而远之，当他发现"原来你也有错"的时候，反而会缩短与你之间的距离。

其实，有时适当地把自己放低一点儿，就等于把别人抬高了许多。就像那位科长，当终于发现一个错处的时候，他不是立即又多云转晴了吗？所以说，领导交办一件事，你办得无可挑剔，似乎显得比领导还高明，很有可能会让你的领导感到威胁，而你的同事们可能会认为你爱表现、逞能。记住，任何时候、任何情况下，都不要表现得比领导高明，不要让自己成为领导眼中的不定时炸弹。

10.1.7 巧妙应对"糊涂"领导

我们所面对的领导，有时也并非是那种精明能干的，也许你会遇到一些"糊涂"的领导。但他可以糊涂，你却不能糊涂。在必要时你不妨针对其特点，以"假糊涂"来对付他的"真糊涂"。

1. 健忘型领导

有的领导很健忘，前一天讲的某一件事，他可能在两三天后就不记得了，或者在前一天他讲的是这个意思，可过了两三天，又变成了那个意思。对于这样的领导，下属需要做的是，当他在讲述某个事件或表明某种观点时，下属可装作不懂，故意多问他几遍，也可提出自己不同的看法，以故意引起讨论来加深领导的印象。在最后，还可以对领导的陈述进行概括，用简短的语言重复给领导听，让他也牢牢记住。

还有的领导，明明你在上午把某个材料交给他了，可下午他却忘了放哪或没印象了，就说根本没拿，重新向你要。对于这样的领导，最好的办法是，送材料时要与他本人接触，适当延长接触时间，对材料做些具体解释，不要一放就走或托人转送。如有旁人在

场，要让他们也知道有这样一个材料，以增加旁证。如是重要材料，可要求领导签字，尽量不要托人转送。若必须转送，可在送前或送后打个电话给领导加以说明。

如果你是秘书，接到上级的文件或书面通知，要你们领导参加会议或活动等，就要把通知直接给他，并把有关时间、地点、所带物品等要素用笔划出来，或者把它写在领导的台历上。假如是电话通知，可把具体内容转写成书面通知，直接送交领导；如领导不在，可放在其办公桌上，但事后见面时要重复一下。

2．模糊型领导

有的领导在布置工作任务时从来没有明确具体的要求，而是含含糊糊、笼笼统统，既可理解成这种意思，又可理解成那种意思，有的还前后互相抵触，下属根本无法操作和实施。当你这样做了时，他会责怪你，说他的要求不是这样的。

对于这样的领导，下属在接受任务时，一定要详细询问其具体要求，特别在完成时间、人员落实、质量标准、资金数量等方面尽可能明确些，并一一记录在案，让领导核准后再去动手。你可以事先向其请示，要求得到具体指示或明确答复。可有的领导却并没有明朗的态度，有的只是说"知道了"，有的则是说"你看着办"。为了避免日后不必要的麻烦，做下属的可反复说明意图，并想方设法诱导其有一个明白的判断。

必要时，可采用提供语言前提的方法，如"你的意思是……"让领导续接，或者用猜测性判断让领导回答，如"你的意思是不是……"当领导有了一个比较明确的判断之后，立即重复一遍或几遍加以强化，也可进一步延伸。这样就可以避免发生上面那样的事情。

3．马虎型领导

有的领导做事很马虎，对上面下发的资料不仔细研读，对上级召开的会议不认真参加，在没有完全理解基本精神的前提下就发表意见，因此在给下属布置任务的时候，也常常弄得下属们无所适从。

例如，A公司的马经理和秘书去总公司参加房改工作会议。开会时，马经理不是说说笑笑，就是进进出出，很不认真。回本公司传达时，他只照本宣科，当员工提出具体问题时，他也无法解说清楚。此时有人就问在场的秘书。面对尴尬的领导，秘书回答得很巧妙，他不说经理没认真听，也不对问题作具体解释，而是说这些问题上面也没确定，待过几天去问问再作答复。其实，秘书是清楚的，只是为了照顾领导的面子而故意这样说。事后，秘书就员工提出的问题一一向领导作了解释。秘书这样做，虽然有点假的成分，但从人际关系的角度来说，是完全可行的。

有些领导，对下级的申请、报告、汇报等材料没有仔细看完就下结论、签字批示。对此，下级要根据具体情况分别对待，如对自己有利，但违犯了规定，也不要秘而不宣，可含笑指出其不当；若对自己不利或非常不利，可做出必要的解释，切勿急躁，或过分地责怪埋怨，以免个别糊涂的领导恼羞成怒而固执己见。有的材料或事件很紧急、很重要，可有些领导却漫不经心，把它搁置在脑后。对这样的领导，唯一的办法就是反复申明，多次强调，最好三四个人轮番强调，引起其重视，促使其认真对待。

4．无知型领导

这里所说的无知，是不明白、不懂、不明智、外行的意思。有些领导明明自己不懂、外行，但有时还故装内行，以显示自己的高明，横插一手，这样反而成了瞎指挥。

遇到这样的领导，可就问题的轻重缓急区别对待。在重要的、带有原则性的问题上，下属可直接阐明观点，或据理力争，或坚决反对；倘是无关大局的一般性问题，下属则可灵活对付，尽量避免正面冲突和矛盾的激化。

以上几种"糊涂"领导我们有时也会遇见，这时候不要显示你的"刚直"，不要忽略了与糊涂型领导的人际关系。虽然这可能需要你多花些心思，但好处是比较容易获得对方的器重，而且一旦有机会，他也会不吝于提拔你。

10.1.8 说服领导的技巧

对于领导的指示要认真执行。那么，怎样说服领导，让领导理解自己的主张、同意自己的看法呢？请看以下要点。

1．选择恰当的提议时机

刚上班时，领导会因事情多而繁忙；快下班时，领导又会疲倦心烦，显然，这都不是提议的好时机。总之，要记住一点，当领导心情不太好时，无论多么好的建议，他都难以细心静听。那么，什么时候会比较恰当呢？我们通常推荐在上午 10 点左右，此时领导可能刚刚处理完清晨的业务，有一种如释重负的感觉，同时正在进行本日的工作安排，你适时地以委婉的方式提出自己的意见，会比较容易引起领导的思考和重视。还有一个较好的时间段是午休结束后的半个小时内，此时领导经过短暂的休息，可能会有更好的体力和精力，比较容易听取别人的建议。总之，要选择领导时间充分、心情舒畅的时候提出改进方案。

2．资讯及数据都极具说服力

对改进工作的建议，如果只凭口说，是没有太大说服力的。但如果事先收集整理好有关数据和资料，做成书面材料，借助视觉的力量，就会加强说服力。

3．设想领导质疑，事先准备答案

领导对于你的方案提出疑问，如果你事先毫无准备，吞吞吐吐，前言不搭后语，自相矛盾，当然不能说服领导。因此，应事先设想领导会提什么问题，自己该如何回答。

4．说话简明扼要，重点突出

在与领导交谈时，一定要简单明了。对于领导最关心的问题要重点突出、言简意赅。例如，对于设立新厂的方案，领导最关心的是投资的回收问题。他希望了解投资的数额、投资回收期、项目的赢利点、赢利的持续性等问题。因此你在说服领导时，就要重点突出，简明扼要地回答领导最关心的问题，而不要东拉西扯，分散领导的注意力。

5. 面带微笑，充满自信

我们已经知道，在与人交谈的时候，一个人的语言和肢体语言都参与了信息的传达。一个人若是对自己的计划和建议充满信心，那么他无论面对的是谁，都会表情自然；反之，如果他对自己的提议缺乏必要的信心，也会在言谈举止上有所流露。试想一下，如果你的下属表情紧张、局促不安地对你说："经理，我们对这个项目有信心。"你会不会相信他？你肯定会说："我从他的肢体语言中读到了'不自信'这三个字，我不敢相信他的建议是可信任的。"同样的道理，在你面对自己的领导时，要学会用自信的微笑去感染领导，征服领导。

6. 尊敬领导，勿伤领导的自尊

最后要注意一点，领导毕竟是领导，因此，无论你的可行性分析和项目计划多么完美无缺，也不能强迫领导接受。毕竟，领导统管全局，他需要考虑和协调的事情你并不完全明白，你应该在阐述完自己的意见之后礼貌地告辞，给领导一段思考和决策的时间。即使领导不愿采纳你的意见，你也应该感谢领导倾听你的意见和建议，同时让领导感觉到你工作的积极性和主动性。

10.2 与同事的和谐沟通

10.2.1 新员工的沟通要则

作为新员工，在迎新会上你被奉为贵宾，上司对你赞赏有加。但开始工作后就不同了，你要去认识同事，熟悉工作，了解公司的各种组织。进入职场后，你就踏入了"人生中最忙碌的日子"，这时，需要做的就是将你的良好形象维持下去。

1. 开朗的问候

当你到达公司时，如果有人比你早来，无论是谁，你都要开朗地道声："早！"即便这些人是警卫、清洁工或其他工友也应如此。只要早上一声"早"，以及下班后一句"再见"，你便会让警卫、清洁工、工友等人记住你的名字，并留下开朗的好印象，以后你有事相托就很方便了。

简单的一句问候，会增进你的人际关系。如果能经常精力充沛地问候别人，将会给你带来意想不到的收获。

2. 牢记同事的名字

在职场中，牢记对方的名字是很重要的。如果在上班的第二天你就能准确无误地叫着他人的名字与他们打招呼，那你在以后的工作中将会得到更多的帮助。但如果你在上班一段时间后还叫不出同事的名字，甚至连对方的姓都记错了，那你在工作中受挫的可能性也就提高了数倍。

为什么名字对交际如此重要呢？因为它代表了你对一个人的重视态度。试想一下，当你告诉同事你的名字后，第二天他有事找你时对你说："哎呀，不好意思，你叫什么来着，能麻烦你把报告做一下吗？"你会是什么感觉？至少会在心理上感到不悦吧。更别说是对方过了很久还把你的名字叫错，那简直是让人不可原谅的事情。

因此，希望别人重视你的同时，先要重视别人。尤其是比你早进公司的那些同事，他们是你的前辈，为了表示你对他们的尊敬与重视，首先应从重视对方的名字入手。准确叫出同事的名字，对于刚进入职场的你来说，比挖空心思想出的无聊的奉承话更有魅力。

3．及早"不耻下问"

有的新员工进公司后没多久，就能融入公司的整体氛围中，说话办事都能顺应公司的作风。而有的人只做了两三个月就辞职了，因为他们实在无法顺应公司的作风，并且与同事之间的关系既别扭又疏离。为什么会有这些不同的情况出现呢？关键就在于前者往往勤于"不耻下问"。

职场上的路是靠自己走出来的。在你"不耻下问"的过程中，你与工作中其他人员的关系往往会更加密切，从而有利于你的工作。

需要注意的是，你不能仅仅是为了问而问，比如一些鸡毛蒜皮的与工作无关的事情，或是涉及个人隐私的问题，你最好还是少开尊口。

4．多说"谢谢"

维持良好的人际关系、表达感激最简洁的一句话就是"谢谢"。诚恳地说声"谢谢"会带给对方最大的满足和感动。

在职场上，往往越是亲密的人越不好意思说出"谢谢"。然而，不管你们的交情有多好，仍然应该注意礼貌，要多说"谢谢"。

如果你是位董事长，委托秘书帮忙时，仍要说声"谢谢"；或者你是推销员，即使推销不成功，也应该向看过你产品的人说声"谢谢"。

"谢谢"虽然是一个简单的词语，但只要你运用得当，就会给别人留下好的印象。

5．少用"我"这个字

"我"这个字是经常要用到的，但在职场中，"我"这个字怎样用却大有讲究。尤其是对于新进的员工来说，更要谨慎。

"我"字讲得太多，过分强调，就会给人突出自我、标榜自己的印象，这会在对方的心理上筑上一道防线，为人际交往设置障碍，进而影响交往的深入。

因此，无论你做了多么重要的事情，在讲述时都要把表达的重点放在事件的客观叙述上，而不要突出这件事中的"我"，更不要让听这话的人感到你是在吹嘘自己，以显示自己高人一等。

6．多观察，少开口

作为新进员工，刚开始时没有多少可以进行深入交谈的对象，这是很正常的事情。人际关系是个渐进的、逐渐积累的过程，并不是"速成"的。如果你对别人太过热情，反而

第10章 职场沟通

会引起对方的猜疑。因此，你不用对自己的默默无语感到焦虑。你要学会忍耐，然后在必要的时候说出得体的话，而不是有意无意地到处夸夸其谈。如果你不认真工作，一味地闲谈，反而会给人留下工作不认真、能力不佳的恶劣印象。

因此，你必须多花些时间，充分地观察周围的情况。在工作的时候，除了按照公司规定的方法来做，也需要拿出自己的意见。有所感触，并且勤于思考的人，才能成为专业的职场人士，受到众人欢迎；没有能力的人即使话说得再动听也不能使人信服。

7．抓住机会向上司请教

作为刚刚进入公司的新人，如果能够在很短的时间内获得上司的赏识，对你日后在公司的发展是至关重要的。

向上司请教，将是你展示才能的大好机会。所以，你要学会和善于利用请教的机会，适当地展示你的能力。

10.2.2 应酬可以增进同事感情

应酬是联络感情的最好办法。在社交中，应酬是一门人情练达的学问，它可以拉近彼此的距离，增进双方的感情。同事间的应酬有很多，如结婚、生子、升迁、生日等，对于同事间的应酬，一定要积极一点，因为这是增进同事感情的途径。

某位人缘不错的同事过生日，大家一起去庆贺，你也欣然前行，可是到了以后才发现来的人竟然这么多。这时候应反问自己一句："他们为什么不在自己生日的时候也来热闹一番？"这说明你在同事间的应酬还不到位，与同事的关系处理得欠佳。要扭转这种内心的失落，就要积极主动一些，多找一些借口与同事来往，在应酬中学会应酬。比如，你刚发了一笔奖金，又适逢生日，那么你可邀请所在部门的同事一起庆贺。在这种情形下，不管同事们过去和你的关系如何，这一次都会乐意去捧场的，你也一定会给他们留下一个比较好的印象。

例如，小丽上班已经快半个月了，但与同事的关系却一直平平淡淡。小丽非常羡慕其他同事彼此间的亲热，但又很无奈。一个周五，行政部的王小姐大声宣布："明天我生日，我请大家吃饭，愿意来的请明天下午3点在公司门口会合！"大家听了都非常高兴，叽叽喳喳开始议论这个聚会，讨论该送什么礼物，而小丽依旧被冷落。"去不去呢？人家又没邀请我！"下班后小丽一直在考虑这个问题，最后一咬牙，还是决定去。

第二天，她准时来到公司门口，当她把准备好的礼物送给王小姐时，王小姐明显愣了一下，但马上就笑了，并对小丽表示了热情的欢迎。那一天他们玩得非常尽兴，小丽还两次登台献艺。就这样，因为一次应酬，小丽成功地融入了这个团体。

如果没有参加这次应酬，小丽可能还处在办公室的"边缘地带"。可见应酬确实是联络感情的最好办法，吃喝笑闹间，就能拉近彼此的距离。既然是应酬，就要遵循常规的应酬礼仪，不能太过随意，这样的应酬才算是得体的。

1．应酬要守时

预约的拜访要严守时刻，别忘了"浪费别人的时间等于谋财害命"。如果预约的拜访不能准时赴约时，要提前打电话通知，即使责任不在自己，也要道歉。

2. 入"乡"随俗

重视应酬，一定要入"乡"随俗。如果你所在的公司中，升职者有宴请同事的习惯，你一定要按例办事，因为如果你不请，就会落下一个"小气"的名声。同样，如果人家都没有请过而你却开了先例，同事们会认为你太招摇。所以，要按公司约定俗成的规矩来办。

3. 要适当回请同事

同事应酬中没有永远的主人或永远的客人，做个懂礼之客固然重要，做个得体待客的主人也很有必要。如果有同事来访，要提前"洒扫门庭，以迎嘉宾"，并准备好茶具和烟具。客人进门后，要热情迎接并请上座。如果客人远道而来，要询问是否用过餐。对一般客人，在饭前只给烟茶就可以了；对尊敬的客人如领导、长辈，则要在另外的屋里把茶倒好送进去，每次倒茶只倒八分满，以便于客人饮用。

4. 根据情况决定去或不去

要重视应酬，尤其针对别人的邀请要想清楚去与不去，并做出明确回复。人家发出了邀请，最好的选择是去，可是答应以后，一定要根据情况，三思而后行。对于深交的同事，有求必应，关系密切，无论何种场面，都能应酬自如。浅交之人，去也只是应酬，礼尚往来，最好反过来再请别人，从而把关系推向深入。

能去的尽量去，不能去的千万不要勉强。比如同事间的送旧迎新，由于工作的调动，要分离了，可以去送行；来新人了可以去欢迎。因为老同事与自己在数年工作中建立了一定的情缘，欢送时去一下合情合理；如果是欢迎新同事，就可以酌情考虑了，反正来日方长，还愁以后没有见面的机会吗？

5. 适当馈赠礼物

重视应酬，不能不送礼。同事之间的礼尚往来，是建立感情、加深关系的物质纽带。同事在某一件事上帮了你的忙，你事后选了一份礼品登门致谢，既还了人情，又加深了感情。同事间的婚嫁喜庆，根据平日的交情，送去一份贺礼，既添了喜庆的气氛，又巩固了自己的人缘。不过要注意，送礼时要留意礼物的轻重之分，一般是礼到了就行，千万不要买过于贵重的礼品。

总的来说，应酬可以增进同事间的感情，是处理好同事关系的法宝之一，能处理好应酬的人必定会受到同事们的欢迎。

10.2.3 与同事的竞争要光明正大

有句话说得好："同行是冤家，同事是对手。"坐在一起的同事常常侃大山，云山雾罩，欢声笑语，气氛十分融洽，但因为是同事，因为是站在同一条起跑线上的同资同辈，所以彼此间又存在竞争关系。因此，同事之间是竞争与合作并存的，按理说，这种竞争应

该是正当的、光明正大的。然而，存在竞争就容易让人抛掉正常的心态，于是笑里藏刀、绵里藏针、排挤迫害等招数便纷纷登场，就因为"同行是冤家，同事是对手"。

例如，韩非是名传千古的集法家之大成的思想家。当初他的著作传到秦国，秦王见到《孤愤》《五蠹》这些文章，深有感触地说："我如果能见到这个人，并与他交往，就是死了也没什么遗憾了。"李斯说："这是韩国的韩非所写的文章。"秦王为了得到韩非就立即攻打韩国。其实，韩非在韩国并没有受到重用，韩国国君是在亡国之际，才想起韩非的用场，派他出使秦国。

韩非入秦之后，眼见强秦之势，不但忘记了出使秦国的重任，反而上书秦王，直陈己见。秦王阅毕，正合胃口，更添对韩非的敬慕，便欲封官重用。然而，韩非入秦，却引起了李斯的恐惧。他与韩非曾同时师从荀子学"帝王之术"，李斯深知自己才华不及韩非，现在二人同事一主，日后定然韩非占尽风头，而自己则屈居其下。于是，李斯向秦王进谏道："韩非是韩国的公子，现在大王要兼并诸侯，韩非终究会帮助韩国，而不会帮助秦国。大王既然不用他，但久留在秦国然后再放他回国，这是自留后患，不如找个罪名杀了他。"秦王认为他讲得有道理，便下令将韩非囚禁。李斯既怕秦王反悔，又怕韩非上书自辩，便派人送毒药逼韩非自杀。

韩非乃一代人才，只因可能与李斯同事便遭毒害，这是因为韩非的到来威胁了李斯在秦国的地位，将名利看得重如生命的李斯又怎么会放过他呢？

俗话说："枪打出头鸟。"同事间毕竟存在竞争关系，因此才华过人、锋芒毕露很容易让人感到受威胁，所以要处理好与同事的关系，就不要事事占尽上风。要用你的行为让同事感觉到你的存在不会威胁他的地位，使他有安全感，这样，同事就会认为你既是忠实可靠的同事，又是朋友，就会毫无顾虑地与你交往、合作了。

在现代社会中，竞争的存在是不可避免的。每个单位都有晋升、提薪的机会，而在众多的同资同级人中，谁能被提级加薪全靠个人表现，这便出现了竞争。对一个集体而言，竞争有利于提高效率。但是，这种竞争应该是正当的，同事之间的竞争不应该把对手理解为"对头"。当竞争对手强于自己时，要有正确的心态，同事之间的竞争要以共同提高、互勉共进为目的，以积极的竞争心态投入到竞争当中去。

竞争总是要分胜负的，就看你能否正确看待。同事之间的竞争，胜负只说明过去，他胜了，你应该向他祝贺，并从中找出自己身上存在的缺陷和不足，以利于以后的发展。同事之间的竞争，竞争中是对手，工作中是同事，生活中是朋友。竞争后，胜者不必得意忘形，输者不必垂头丧气。"知足者常乐"。谁不想得到晋升，获得提薪呢？但现实中不可能每个人都赢，竞争总有失败者，即使没能获得，还可以下次再争取。

同事之间既有竞争，又有合作，竞争要光明正大，只有认清了这一点，你才能与同事友好相处。

10.2.4　恰当的赞美可以缩短人际距离

英国前首相丘吉尔说过："你想要人家有怎么样的优点，那你就怎么样去赞美他吧。"在与同事的交往中，适当地赞美对方，总是能够创造出一种热情友好、积极肯定的交往气氛。这是由于以下几方面的原因。

1. 赢得别人对自己的赞许，是人类一种本能的需要

人们正是在别人的赞美声中认识到自己的存在价值，获得非常重要的社会满足感。人在婴儿时期，就从父母的点头、微笑、拍手、抚摸等赞美性的动作中获得满足；成人以后，人更多的是在别人和社会舆论的赞许声中获得强烈的成就感的。在社会心理学中，这被称为"社会赞许动机"。应该认识到，每一个人都有自己的优点和长处，这些优点和长处正是个人存在价值的生动体现。人们一般都希望他人能看到和肯定自己的优点和长处，从而肯定自己的价值。因此，诚恳的赞美之声，总是能够赢得对方的欢心，同时也可为自己打开局面创造良好的气氛。

2. 适当的赞美，能促使对方形成良好的行为规范

赞美能促使对方形成良好的行为规范，有利于相互交往并引其向积极肯定的方向发展。

在人际交往中，适当的赞美能束缚对方的缺点，引其向善。比如，对方本来具有优柔寡断的缺点，若听你称赞他很果断，那么他就可能鼓足勇气向自己的缺点挑战，努力朝你赞许的方向去改进。这是因为他的自尊心受到了你的激励。

3. 适当地赞美对方，能够很自然地赢得对方同样友好的回报

根据行为科学的理论，别人对待你的方式大部分取决于你对待他们的态度。有的人总是抱怨别人不热情、不友好，其实他该反省一下自己。打个不完全贴切的比方：面对镜子，如果镜子中的形象令你不悦，那原因最好从自己的脸上去找。一个热情友好的赞许，总能换取对方同样的态度，从而为相互沟通大开绿灯。

可见，赞美对方的宗旨是尊重对方、鼓励对方，以及创造友好的交往气氛。因此，交谈应该真心实意，诚恳坦白，措辞适当。如果因为有求于人你才表示赞许，则会令对方感到你动机不良。所以，当你不需求对方什么的时候，表示赞许才显出诚意和可信。当然，你对别人的赞许也不必过于频繁，过于频繁就失去了鼓励的意义，并显得滑头、俗气，反遭别人轻视。赞美的话语也不宜过分，言过其实的恭维话就成了"拍马屁"，只会被人耻笑。这些都表明人们赞美他人需掌握一定的度。

一个恰如其分的赞美，还表现在赞美题材的选择上。人们应根据不同的对象、不同的关系、不同的场合，选择不同的赞美题材。比如，对于年长者，人们可赞美他的健康、经验、知识、地位或成就；对同辈人，可赞美他的精力、才干、业绩和风度；而对初见面者，人们则主要赞美其可见的外表或已知的业绩；在公众场合，赞许对方那些可引起众人同感的品德、行为、外表和长处比较适宜；而到别人家中做客，则可赞美其孩子的聪明、妻子的烹饪手艺或家具布置等。实际上，除了对方的忌讳和隐私以外，只要实事求是、态度诚恳，赞许的题材随手可得。

恰如其分地赞许还需掌握一定的方法，下面几种方法可供借鉴。

(1) 直接赞许。当着对方的面，以明确、具体的语言，提及对方的名字(或尊称、昵

第10章 职场沟通

称），微笑着赞许对方的行为、能力、外表或他拥有的物品。比如，你的同事剪了个新发型，与其泛泛地说"你的发型不错"，不如说"这个新发型使你年轻了10岁"。这样能够强调你表示赞赏的证据及针对性，而不是敷衍了事。如果你能在直接赞美之后，用一个问题衔接下去，效果则更好。比如，"这是在哪家发屋做的"或"你怎么想到选择这种发型的"，这让对方不至于因为要匆忙做出适当的反应而尴尬。

(2) 间接的、含蓄的赞许。即运用语言、眼神、动作、行为等向对方暗示自己赞赏的心情。比如，在公众场合你特意请某人签名留念，这个行为就意味着你对他的赞许；你特意向一位女士请教，就暗示着你很重视和欣赏她的能力；聚精会神地听对方谈话，并不时微笑着点点头，也是一种表示赞许的方法。

(3) 预先赞许。如果对方有较强的自尊心和一定的领会能力，那么你也可以按照自己对他的期望预先赞美他，这样就可以调动他的积极性，鼓励他朝你热切希望的方向发展，以约束他朝相反的方向发展。

10.2.5 让"黑状"无用武之地

工作中，同事之间存在着利益关系，所以难免会出现一些矛盾，如果不小心让人告了你的"黑状"就有些麻烦了。一般情况下，"黑状"都是告给领导听的，如果领导明察秋毫，那这种"黑状"也起不到多大作用。但如果领导是个易信人言的人，"黑状"就会给你带来意想不到的严重威胁。那么，怎样才能将同事的"黑状"所带来的危害降至最低呢？不妨试试下面这几种方法。

1．先发制人

我们先来看一个例子：汉景帝时，晁错为内史，很受景帝信任，提出过许多革新的建议。丞相申屠嘉因为晁错的建议触犯了他的利益，一直在伺机诬陷。晁错的府第在太上皇本庙外空地上的矮墙内，出入很是不便，于是晁错在矮墙南面开了个门。申屠嘉借此大做文章，状告晁错凿庙墙为门，其罪当诛。晁错得知申屠嘉的图谋后，赶到申屠嘉之前，将真实情况报告给了景帝。所以待到申屠嘉告状时，汉景帝只说了句"不是庙墙，是庙外空地上的矮墙"，便否决了申屠嘉的小报告。申屠嘉回家后大发脾气，说："我应当赶在晁错的前面，谁知他竟然赶到我的前面了，我倒被他卖了。"晁错的机警使他躲过了一次谗言带来的灾祸。

一般而言，那些散布流言蜚语告"黑状"的人，为了使自己编造的谣言发挥陷害人的功效，总是利用人们先入为主的印象来给领导制造假象，这样，即使领导并不全信，但也会有疑心，告状者就达到了他的目的。如上例中，如果是申屠嘉先将告状的话说出来，那么必定会让汉景帝对晁错产生疑心，心理上也对其呈现出恶感的苗头，即使晁错自己或是其他人再为之辩白，这时，也起不到多大作用了。因为这些观点同前面形成的第一印象发生了冲突，所以，很难入脑；除非这个后来的印象特别强烈，或是不断地进行多次重复，才有可能改变或是冲淡先前的第一印象。

那些善于制造"黑状"的人正是抓住人们的思维和心理上的这一特点，想方设法地做到捷足先登，先发制人。而被中伤的人往往由于疏于防范，所以大多处于辩解的不利地位，有些人甚至连辩解的机会都不可得。但是，如果是有可能被诬陷的人像晁错这样事先采取措施，积极进行自我保护，或者是一听到风吹草动，就积极行动起来，自己抢占了先机，局势就完全改观了。所以，对于防范和反击"黑状"的每个人来说，要做到克敌制胜，就应该积极地行动起来，在告"黑状"的人之前，抢占先机，从而击败流言蜚语对自己的诬蔑和中伤。

2．针锋相对

防范和反击"黑状"最为关键之处是选准目标，并且针对滋事奸人的逆行采取公开论战的方法，对其所散播的流言蜚语进行大胆揭露和坚决批驳，贬斥其所做的这种卑劣行为。这就要求我们做到如下几点。

首先，主动出击，把所发生的事情的原委详细客观地公之于众，使人们知晓事实。

其次，与告"黑状"的人进行公开论战，把客观事实与那些偷偷摸摸上报的"黑材料"以及背后的各种不实之词等都摆到桌面上来。

再次，帮助和引导人们把正确的客观事实与"黑材料"相互对比、推敲，进行参照。

这样一来，那些所谓某些人所提供的"材料""报告""证明"和"肺腑之言"等的真假虚实也就昭然若揭了。

3．利用第三方

先看这样一个例子：汉武帝是个能干的皇帝，但到晚年，也变得糊涂起来，任用了一个叫江充的无赖。江充为了自己的私利，制造了很多冤假错案，最后冤案竟做到了太子头上，说太子诅咒武帝，并在太子房中挖出了事先安置的木偶。太子说不清楚，恼恨江充，便把江充杀了，但自己也只好逃亡在外。

汉武帝晚年疑心病极重，以为周围的人都要害他，江充就是利用这一点来诬陷太子，在这种情况下，要当事人自己去辩诬，已无可能。这时，有一个叫令狐茂的山西上党人，上书汉武帝指出太子无辜、江充奸诈，并举出历史上种种事例，希望汉武帝不要听信谗言。这样，才使汉武帝有所觉悟。不过，那时太子已被追捕的人杀害了。

正是因为令狐茂这个第三方的介入，才揭穿了江充的"黑状"。要知道，利用第三方来对付小报告，可以给人们一种真实可靠的印象。如果没有比较超脱的旁观者勇敢地介入，江充的谗言是很难被拆穿的。

诚然，与同事相处要以和为贵，但如果被同事在领导面前告了"黑状"，也要积极给予回应，洗清自己的冤屈，不能光吃哑巴亏。

10.2.6 妥善解决同事间的矛盾

处在一个办公室里，和同事几乎天天见面，各人的性格脾气禀性、优点和缺点也暴露得比较明显，尤其个人行为上的缺点和性格上的弱点暴露得多了，就会引起各种各样的冲突和矛盾，不但伤害感情，也影响工作。如果事情闹大了，还容易引起领导不满，影响你的前途。所以跟同事闹矛盾最好和平解决，否则简直就是在自找麻烦。

例如,汪梅越来越讨厌财务部的王会计,每次到她那里去取报表什么的,都要费半天劲,结果还被经理说成是"办事慢吞吞"。王会计也讨厌汪梅,觉得她整天咋咋呼呼,不尊敬老员工。结果两人越弄越僵,汪梅摔东西、使脸色,王会计就说东道西、指桑骂槐。汪梅真想换份工作,可除了与王会计的矛盾外,一切都很顺利,她还真舍不得这份工作,她该怎么办呢?

汪梅和王会计的矛盾其实属于性格和处事上的矛盾,并不是不可调和的,还没有到要为此换工作的地步。况且,同事之间即使有了矛盾,仍然是可以来往的。

首先,任何同事之间的意见往往都是起源于一些具体的事件,而并不涉及个人的其他方面。事情过去之后,这种冲突和矛盾可能会由于人们思维的惯性而延续一段时间,但时间一长,也会逐渐淡忘。所以,不要因为过去的小意见而耿耿于怀。只要你大大方方,不把过去的事当回事,对方也会以同样豁达的态度对待你。

其次,即使对方对你仍有一定的成见,也不妨碍你与他的交往。因为在同事之间的来往中,我们所追求的不是朋友之间的那种友谊和感情,而仅仅是工作、是任务。彼此之间有矛盾没关系,只要双方在工作中能合作就行了。由于工作本身涉及双方的共同利益,彼此间合作如何,事情成功与否,都与双方有关。如果对方是一个聪明人,他自然会想到这一点。这样,他也会努力与你合作。如果对方执迷不悟,你不妨在合作或共事中向他点明这一点,以利于相互之间的合作。

同事之间有了矛盾并不可怕,只要我们能够积极采取措施去化解矛盾,同事之间仍是可以和好如初,甚至比以前的关系更好的。

1. 主动化解矛盾

要化解同事之间的矛盾,就应该采取主动,不妨尝试着抛开过去的成见,更积极地对待对方,至少要像对待其他人一样地对待他们。一开始,他们可能会心存警戒,而且会认为这是个圈套而不予理会。但只要耐心些,坚持善待他们,慢慢地总能改善你们之间的关系。

2. 及时与有矛盾的同事沟通

如果问题比较严重,你可以主动找他们沟通,并确认是否你不经意地做了一些事得罪了他们。当然这要在你做了大量的内部工作,并且真诚希望与对方和好后才能这样行动。你可以心平气和地解释一下你的想法,比如你很看重和他们建立良好的工作关系,也许双方存在误会等。如果你的确做了令他们生气的事,而他们又坚持说你们之间没有任何问题时,责任就完全在他们那一方了。

或许他们会告诉你一些问题,而这些问题或许不是你心目中想的那个问题,然而,不论他们讲什么,一定要听他们讲完。同时,为了表示你听了而且理解了他们讲述的话,你可以用自己的话来重述一遍那些关键内容。了解了症结所在后,你就可以以此作为与同事重新建立良好关系的切入点。

3. 注意自我反省并激励自己

当得悉有人对你怀有敌意时，用不着愤愤不平，不妨对自己进行一番反省，想想自己平常在工作中，以及在与同事交往中是否存在不妥之处。在以后相处时，多几分谨慎，少说些易引起误解的话，避免授人以柄。这样，有助于你在人际交往中更为成熟、稳妥，少些是非。假如某人对你怀有敌意，肯定会在某些问题上贬低你，企图使他人对你的能力、才华和业绩表示怀疑。你要做出的最好证明就是把事业做得更出色，而不是把时间和精力放在无谓的人际纠纷上。

4．通过"中间人"传话来消除对方的敌意

找个双方都能接受的人为"中间人"，通过他代为传话，以化解或中止敌意。这可以达到两个目的：一是把自己的想法和事实告知对方，起到澄清事实真相、消除误会、沟通了解的作用；二是让对方知道，己了解到对方的所作所为，从而起到警示作用，使对方有所收敛。

与同事相处千万不能太较真，有矛盾最好和平解决。而对于一些鸡毛蒜皮的小事就让它过去吧，度量大一点并不会使你吃多少亏，反而会使你有个好人缘。

10.2.7　要谨防小人的造谣中伤

害人之心不可有，防人之心不可无。在办公室，总有一些小人喜欢在背后搞小动作。虽然你不必和别人一样耍手段，工于心计，但要了解别人玩的小人手段，妥善应付，防患于未然。因为，谁也不能保证别人不会打你的主意。

在众多的同事中，有一种人好大喜功，而且狡猾万分，通常在你不注意的时候来一招，全无痕迹。对于这种人你要万分的小心。他们善于将谣言作为一种犀利的武器，破坏对手的声誉，以突出自己的才干。假如被攻击的对象是一个能干的女同事，最险恶的手段就是用"性"攻击。比如说她的成功就是因为她和领导或客户之间有不正当关系，所以才保得住生意，得到老板赏识，乃至升级加薪。

例如，某外企的一位女白领，工作能力有口皆碑，职位也频频上升，公司内公认其聪明、有学问、有见地、办事一流且口齿伶俐，不论对上对下，都能把关系搞得极为融洽。这种情形引起了某些同事的妒忌，对她非常眼红。这位白领的工作需要经常和外界接触，包括她的外国主管。没过多久，便有人传出她的擢升是靠和主管发生关系得到的。这个谣言没多久便传遍了各个部门。谣言使这位白领极为恼火，但她强忍着没有发作。

她没有向主管投诉，而是在一个周末邀请了主管夫人到她家里做客，同时还邀请了一位平日一起出入的白领做伴。女白领平易近人，转眼间，主管太太便和她非常投缘，并于第二个周末回请她去野营晚餐。在以后的日子里，她们有来有往。这个策略渐渐产生了效果，没有多久，谣言便平息下来。她的主管知情后，还对她独自处理这事的方法大为赞赏。

有的人对于一般暧昧行为最为敏感，也最津津乐道。若这种暧昧行为发生在公司里，

哪怕只有一点蛛丝马迹，他们也会添油加醋，把事情夸张得有模有样；就算没有其事，也会被他们渲染得"确有此事"一般。例如，一位在投资公司工作的女白领，也遇到类似情形。有男同事说她是因和客户关系暧昧才使营业额直线上升的。后来，她稍加考虑后便辞职而去。因为这种看法在原公司不仅难以解除，而且还会愈演愈烈，与其如此，不如离开。

多数公司都是由处事严正、品德高尚的人管理，有此种事情发生时，如果你大胆要求恶意中伤你的人一同到领导面前对质，通常都会令造谣者被辞退或被警告。

另外一种最常用的手段就是同事有意向你泄露消息或提供假情报，令你在紧要关头措手不及。如你需要某些重要的资料方可完成一项决策，而拥有这些资料的同事却有意无意间把重要部分"忘记告诉你"，以致你的计划难以完成，或因此而做出错误决策。又或者会议本来是后天开的，妒忌你的同事明知你赶不完计划，却突然不动声色地和领导商量提前到明天开会，使你的工作无法在开会前完成，给领导造成你懒散的印象。常用的防小人的手段有以下几种，可供参考。

(1) 学会吃小亏。同事中的小人有时也会因无心之过而伤害了你。如果你只是因此吃些小亏，没有必要斤斤计较，因为你找他们不但讨不到公道，反而会结下更大的仇，你以后可能会因此而吃大亏。

(2) 保持距离。别和小人过度亲近，保持平淡的同事关系就可以了。但也不要过于疏远，否则会让他们认为你没有把他们放在眼里，这时你就有可能要倒霉了。

(3) 不要与之有利益瓜葛。小人常成群结党，形成势力，你千万不要想靠他们来获得利益，因为你一旦得到利益，他们必会要求相当的回报，甚至黏着你不放，要想脱身都不可能。

(4) 不得罪他们。一般来说，"小人"比"君子"敏感，心里也较为自卑，因此你不要在言语上刺激他们，也不要在利益上得罪他们，尤其不要为了"正义"而不顾一切地去揭发他们，那样只会害了你自己。

(5) 小心说话。在小人面前说话要小心谨慎，如果你在他们面前谈别人的隐私，谈某人的不是，或是发些牢骚，那么这些话绝对会变成他们兴风作浪或整你时的资料。

若你工作表现突出，又处在相当高的职位，自然不希望恶性谣言来伤害你；但如果你没有上级的支持，那最好的方法就是在谣言未造成大害之前就使其难以存在。

在办公室，与同事关系的处理要慎重，尤其是对于那些有可能在背后捅刀子的小人，一定要严加防范；否则不但影响你的工作，还有可能影响到你与同事间的正常交往。

10.2.8 与同事相处的禁忌

同事，可以说是除了家人以外我们每天接触最多的人。同在一个办公室，有人能和同事打成一片，有人却孤孤单单。除了某些重大问题上的矛盾和直接的利害冲突外，平时的言行细节也是与同事相处不好的原因之一。在办公室，与同事相处时以下一些言行是应避忌的。

1. 好事不通报

先看一个例子。陆群的表姐在公司管后勤，所以单位里有什么好事，如发几箱水果、组织看电影等，他总能最先得到消息，每次他也都能领到最好的。但不知出于什么想法，陆群从来不向大家通报这些消息，久而久之，大家自然也就离他远远的。之后，只要看到陆群一个人行动时，同事就会冷笑着说："瞧！不知道又有什么好事了！"

单位里发物品、领奖金等，你先知道或者已经领了，却从不向大家通报一下，可以代领的东西也不帮人领一下，这样几次下来，别人就会对你产生不满，觉得你太不合群，缺乏共同意识和协作精神。以后他们有事也就有可能不告诉你。如此下去，彼此的关系就可想而知了。

2. 明知而推说不知

有同事出差，或者临时出去一会儿，这时正好有人来找他，或者正好有他的电话，即使这位同事走时并没告诉你，但你不妨告诉他们。如果你确实不知，那不妨问问别人，然后再告诉对方，以显示自己的热情。如果你明明知情，却说不知道，一旦被人知晓，那彼此的关系就势必会受到影响。外人找同事，不管情况怎样，都要真诚和热情，这样，即使没有起实际作用，外人也会觉得你们的同事关系很好。

3. 进出不互相告知

进出时互相告知，既是共同工作的需要，也是联络感情的需要，它表明双方互有的尊重与信任。如果你有事要外出一会儿，或者请假不上班，虽然批准请假的是领导，但最好要同办公室里的同事说一声。即使你临时出去半个小时，也要与同事打个招呼。这样，倘若领导或熟人来找，也可以让同事有个交代。如果你什么也不说，有时正好有要紧的事，人家就没法说，或是懒得说了，受到影响的恐怕还是你自己。

4. 不分享可以说的私事

信任是建立在相互了解的基础之上的。无话不说通常表明感情之深；有话不说，自然表明人际距离的疏远。你主动跟同事分享自己的私事，别人也会分享他的，有时还可以互相帮帮忙。你什么也不说，什么也不让人知道，人家怎么信任你？不过要注意，有些私事不能说，但另外一些私事说说也没有什么坏处，比如你的男朋友或女朋友的工作单位、工种、学历、年龄及性格脾气等；如果你结了婚，有了孩子，有关爱人和孩子方面的话题在工作之余都可以随便聊聊，它可以增进同事间的了解，加深感情。倘若这些内容都保密，从来不肯与别人分享，这怎么能算同事呢？

5. 有事不肯向同事求助

求人总会给别人带来麻烦，但有时向同事求助反而能表明你对他的信赖，能融洽彼此的关系，加深感情。良好的人际关系是以互相帮助为前提的。比如你身体不好，你同事的爱人是医生，你不认识，但你可以通过同事的介绍去找她，以便诊得快点、诊得细点。倘若你偏不肯求助，同事知道了，反而会觉得你不信任人家。你不愿找人家，人家也就不好

意思求你；你怕人家麻烦，人家就以为你也很怕麻烦。因此，求助他人，在一般情况下是可以的。当然，要讲究分寸，尽量不要使别人为难。

6. 拒绝同事的"小吃"

同事带点水果、瓜子、糖之类的东西到办公室，休息时间与你分享，你就不要推托，不要以为吃人家的东西难为情而一概拒绝。有时，同事中有人获了奖或评上职称，大家高兴，要他买点东西请客，这也是很正常的。对此，你可以积极参与，不要冷冷地坐在旁边一声不吭，更不要人家给你时你却一口回绝，表现出一副不屑为伍或不稀罕的神态。人家热情分送，你却每每冷拒，时间一长，别人就会说你清高、傲慢，觉得你难以相处。

7. 喜欢嘴巴上占便宜

在与同事相处中，有些人总想在嘴巴上占便宜。有些人喜欢说别人的笑话，讨人家的便宜，虽是玩笑，也绝不肯以自己吃亏而告终；有些人喜欢争辩，有理要争理，没理也要争三分；有些人不论国家大事还是日常生活小事，一见对方有破绽，就死抓住不放，非要让对方败下阵来不可；有些人对本来就争论不清的问题也想争个水落石出；有些人常常主动出击，人家不说他，他却总是先说人家……这种喜欢在嘴巴上占便宜的人，实际上是很愚蠢的。他给人的感觉是太好胜，锋芒太露，难以合作。因此，讲笑话、开玩笑，有时不妨吃点亏，以示厚道。你什么都想占便宜，想表现得比别人聪明，最后往往是人家对你敬而远之，没人说你好。

8. 神经过于敏感

有些人警觉性很高，对同事也时时提防。一见人家在议论，就疑心在说他；有些人喜欢把别人往坏处想，动不动就把别人的言行与自己联系起来；有些人想象力太丰富，人家随便说的一句无心之语，他却听出了丰富的内涵。过于敏感其实是一种自我折磨，一种心理煎熬，一种自己对自己的苛刻。同事间，有时还是麻木一点为好。神经过于敏感的人，关系肯定搞不好。过分地敏感，就像天秤，米多了一粒，就马上显出重了；米少了一粒，就马上显出轻了。如此灵敏的东西，多么难以操作！人与人之间也相同，你太敏感，人家就会觉得和你难以相处。

9. 该做的杂务不做

几个人同在一个办公室，每天总有些杂务，如打开水、扫地、擦门窗、夹报纸等，这些虽都是小事，但也要积极去做。如果同事的年纪比你大，你不妨主动多做些。懒惰是人人厌恶的，如果你从来不打开水，可每天都要喝，从来不夹报纸，可每天都争着看，久而久之，人家对你就不会有好感。如果你自己的房间收拾得干净，可在办公室里却从不扫地，那么人家就会说你比较自私。几个同事在一起，就是一个小集体，集体的事，要靠集体来做，你不做，就或多或少有点不合群了。

10. 领导面前献殷勤

对公司的领导要尊重，对领导正确的指令要认真执行，但不要在领导面前献殷勤，溜须拍马。有些人工作上敷衍塞责，或者根本没本事，一见领导来了，就让座、倒茶、递烟，甚至公开吹捧，以讨领导的欢心。这种行为，虽然与同事没有直接的利害关系，但正直的同事都很反感，他们会在心里瞧不起你，不想与你合作，有的还会对你嗤之以鼻。如果你的领导确实优秀，你真心诚意佩服他，那就应该表现得含蓄一点，最好体现在具体工作上。有些人经常瞒着同事向领导反映问题，而这些问题往往是同事们平时在办公室里谈论的。这实际上是一种变相的献殷勤，同事得知后，也会极其厌恶这个人。

"千里之堤，溃于蚁穴"。这些细节看起来不起眼，却可能对你与同事之间的关系产生重大影响，如果你不注意纠正的话，就很有可能使自己成为办公室里不受欢迎的人。

10.3 与部下的真诚沟通

作为一名部门主管，你除了要为部门的经营策略、业务数量、客户关系等问题殚精竭虑，还需要关注怎样处理好与部下的关系。

能否建立一个关系融洽、积极进取的团队，很大程度上取决于你是否善于与部下进行沟通，取决于你是否善于运用沟通技巧。

10.3.1 下达命令的技巧

命令是主管对部下特定行为的要求或禁止，其目的是要让部下按照你的意图完成特定的行为或工作。它也是一种沟通，只是带有组织阶层上的职权关系，它隐含着强制性，会让部下有被压抑的感觉。若主管经常使用直接命令的方式要求员工做好这个，完成那个，也许部门看起来非常有效率，但是工作品质一定无法提升。为什么呢？因为直接命令剥夺了部下自我支配的权利，压抑了部下的创造性思考和积极负责的心理，同时也让部下失去了参与决策的机会。

命令虽然有缺点，但要确保部下能朝组织确定的方向与计划执行，命令是绝对必要的。那么应如何使用你的命令权呢？

作为主管，在下达命令时应考虑下列两点。

1．正确传达命令意图

在下达命令时，要正确地传达命令，不要经常变更命令；不要下达一些自己都不知道原由的命令；不要下达一些过于抽象的命令，让部下无法掌握命令的目标；不要为了证明自己的权威而下命令。正确地传达命令的意图，是比较容易做到的，你只要注意"5W2H"的重点，就能正确地传达你的意图。

2．如何使部下积极接受命令

如何才能提升部下积极接受命令的意愿呢？你可用提升部下意愿的沟通方式替代大部分的命令。对"命令"的含义我们应该打破固有的窠臼，不要陷于"命令→服从"的固有认知。命令应该是主管让部下正确了解他的意图，并让部下容易接受及愿意去执行。

第 10 章 职场沟通

或许你会说，主管有职位的权力，不管部下是否有意愿，他都必须执行。的确，部下惧于主管的职权必须执行，但有意愿下的执行与无意愿下的执行，其结果会产生很大的差异。有意愿的部下，会尽全力把命令的工作做好；而无意愿的部下，心里只想能应付过去就行。

提升部下执行命令的意愿必须注意下列五个传达命令的沟通技巧。

(1) 态度和善，用词礼貌。就像在前面谈到的问题一样，作为一名主管，你在与下属沟通的时候可能会忘记使用一些礼貌用语，例如，"小张，进来一下。""小李，把文件送去复印一下。"这样的用语会让下属有一种被呼来唤去的感觉，缺少对他们起码的尊重。因此，为了改善和下属的关系，使他们感觉自己受尊重，不妨使用一些礼貌的用语。例如，"小张，请你进来一下。""小李，麻烦你把文件送去复印一下。"要记住，一位受人尊敬的主管，首先应该是一位懂得尊重别人的主管。

(2) 让部下明白这件工作的重要性。下达命令之后，告诉部下这件工作的重要性，如，"小王，这次项目投标是否能成功，将决定我们公司今年在总公司的业绩排名，对公司来说至关重要，希望你能竭尽全力争取成功。"通过告诉部下这份工作的重要性，来激发部下的成就感，让他觉得"领导很信任我，把这样重要的工作交给了我，我一定要努力才不负众望"。

(3) 给部下更大的自主权。一旦决定让部下负责某一项工作，就应尽可能地给他更大的自主权，让他可以根据工作的性质和要求，更好地发挥个人的创造力。例如，"这次展示会交由你负责，关于展示主题、地点、时间、预算等请你做出一个详细的策划，下个星期你选一天我们要听取你的计划。"还应该让部下取得必要的信息，例如，"财务部门我已经协调好了，他们会提供一些必要的报表。"

(4) 共同探讨状况、提出对策。即使命令已经下达，下属也已经明白了他的工作重点所在，你也已经相应地进行了授权，但也切不可就此不再过问事情的进展。尤其当下属遇到问题和困难，希望你协助解决时，更不可以说："不是已经交给你去办了吗？"你应该意识到，他之所以是你的下属，就是因为他的阅历、经验可能还不如你，那么这时候你应该和下属一起共同分析问题、探讨状况，尽快提出一个解决方案。例如："我们都了解了目前的状况是这样的，我们来讨论一下该怎么做？"

(5) 让部下提出疑问。可询问部下有什么问题及意见，如"小王，关于这个投标方案，你还有什么意见和建议吗？"你可采纳部下好的意见，并称赞他。例如，"关于这点，你的意见很好，就照你的意见去做。"

上述这五个传达命令的沟通技巧能提升部下接受命令、执行命令的意愿，如果你做到了这几点，你的命令才能被部下积极地执行，你的部门才会被部下感觉到是一个开放、自由、受尊重的工作环境。

10.3.2 赞美部下的技巧

1. 赞美的作用

赞美他人，是我们在日常沟通中常常碰到的情况。要建立良好的人际关系，恰当地赞美他人是必不可少的。美国一位著名社会活动家曾提出一条原则："给人一个好名声，让他们去达到它。"事实上，被赞美的人宁愿做出惊人的努力，也不愿让你失望。赞美能激发他人满足自我的强烈需求。心理学家马斯洛认为，荣誉和成就感是人的高层次需求。一个人具有某些长处或取得了某些成就，他还需要得到社会的承认。如果你能以诚挚的敬意和真心实意的赞扬满足一个人的自我，那么任何一个人都可能会变得更令人愉快、更通情达理、更乐于协作。因此，作为领导者，你应该努力去发现能对部下加以赞美的小事，寻找他们的优点，形成一种赞美的习惯。赞美部下是对部下的行为、举止及进行的工作给予正面的评价，赞美是发自内心的肯定与欣赏，其目的是传达一种肯定的信息，激励部下，部下有了激励会更加自信，会做得更好。

2. 赞美的技巧

赞美部下作为一种沟通技巧，也不是随意说几句恭维话就可以奏效的。事实上，赞美部下也有一些技巧及注意点，下面列出了四点特别提醒你留意。

(1) 赞美的态度要真诚。赞美部下必须真诚。每个人都珍视真心诚意，它是人际沟通中最重要的尺度。英国专门研究社会关系的卡斯利博士曾说过："大多数人选择朋友都是以对方是否出于真诚来决定的。"古人说得更好："精诚所至，金石为开。"如果你在与下属交往时不是真心诚意，那么要与他建立良好的人际关系是不可能的。所以在赞美下属时，你必须确认你赞美的人的确有此优点，并且有充分的理由去赞美他。

(2) 赞美的内容要具体。赞美要依据具体的事实评价，除了用广泛的用语如"你很棒""你表现得很好""你不错"，最好还要加上具体事实的评价。例如，"你的调查报告中关于技术服务人员提升服务品质的建议，是一个能针对目前问题的好的解决方法，谢谢你提出对公司这么有用的办法。""你这次处理客户投诉的态度非常好，自始至终婉转、诚恳，并针对问题提出了解决方案，你的做法正是我们期望员工能做的标准典范。"

(3) 注意赞美的场合。在众人面前赞美部下，对被赞美的员工而言，当然受到的鼓励是最大的，这是一个赞美部下的好方式。但是采用这种方式时要慎重，因为被赞美者的表现若不能得到大家客观的认同，其他部下难免会有不满的情绪。因此，公开赞美的最好是能被大家认同及公正评价的事项。例如，业务竞赛的前三名、获得社会大众认同的义举、对公司产生重大的贡献、在公司服务 25 年的资深员工等，这些值得公开赞美的行为都是公平公开竞争下产生的，或是已被社会大众或公司全体员工认同的。

(4) 适当地运用间接赞美的技巧。所谓间接赞美，就是借第三者的话来赞美对方，这样比直接赞美对方的效果往往要好。例如，见到下属的业务员时，对他说："前两天我和刘总经理谈起你，他很欣赏你接待客户的方法，你对客户的热心与细致值得大家学习。好好努力，别辜负他对你的期望。"无论事实是否真的如此，但他对你的感激肯定会超乎你的想象。

间接赞美的另一种方式就是在当事人不在场的时候赞美，这种方式有时比当面赞美所起的作用更大。一般来说，背后的赞美都能传达给本人，这除了能起到赞美的激励作用外，更能让被赞美者感到你对他的赞美是真诚的，因而更能加强赞美的效果。所以，作为

第 10 章 职场沟通

一名项目主管,你不要吝惜对部下的赞美。尤其是在面对你的领导或者他的同事时,恰如其分地夸奖你的部下,他一旦间接知道了你的赞美,就会对你心存感激,在感情上也会与你更近一步,你们的沟通也就会更加卓有成效。

总之,赞美是人们的一种心理需要,是对他人敬重的一种表现。恰当地赞美别人,会给人以舒适感,同时也会改善人际关系。所以,在沟通中,我们必须掌握赞美他人的技巧。

俗话说:"金无足赤,人无完人。"在我们的沟通活动中,往往会发现部下的缺点和错误,当我们发现部下的缺点和错误时,及时地加以指正和批评是很有必要的。有人说赞美如阳光,批评如雨露,二者缺一不可,这是很有哲理的。我们在与下属的沟通中,既需要真诚的赞美,也需要中肯的批评。下面来探讨一下指责和批评部下的技巧。

10.3.3 不要在下属面前摆架子

一项调查表明,不愿接近领导的人中,有 30%的人是因为领导架子大;70%的人认为,双方关系不融洽的主要责任在领导。在工作中甚至在日常生活中,常常有一些领导好摆官架子,表现出一种高高在上、令人难以接受的姿态,与周围的人和下级之间保持着相当的情感上的距离。例如,某先生是一个大型合资公司的中方经理,此君的架子大到无以复加。小员工向他问好他理都不理,公司的中层管理人员甚至是高级管理人员向他打招呼,他也只是冷漠地"嗯"一声。他的脸上永远是冷冰冰的,即使是只比他低一级的管理人员,也觉得自己比他低了好多。公司员工表面上对他恭恭敬敬,背后却直骂娘。后来,董事会将他调走时,他的下属们纷纷买鞭炮庆祝。在这位先生担任总经理期间,公司的业绩虽然没有退步,但也没有太大的增长,算是无功无过。其实这位先生如果能够放下架子,尽力调动员工的积极性,说不定他能够取得很大的成就。

其实,很多领导并不是故意想摆官架子,只是他们没有注意到下属的心理变化和情绪波动,也没能适时调整自己的言行举止,结果被员工误解为有架子。

新上任的领导较为容易引人注目,大家会观察、分析他是否称职,他的能力如何,他的思想修养怎样,他的言谈举止是否恰当,他怎样处理与下属的关系等。对自己的经验、能力缺乏足够自信的新领导,会因此而形成一种心理上的压力,认为别人会不尊重自己、轻视自己。于是,新上任者反而不知该如何调整自己的心理距离,他们往往会在行为上来一个反抗即表面化的威严,可这在别人眼里可能就是架子。而对自己的能力、经验有足够信心的新领导,因为有了发挥自己才干的机会和条件,考虑更多的是如何工作,如何使自己的计划、设想付诸实施,而往往会忽略与大家感情上的交流,最后让人认为他是在"摆臭架子"。

长期担任领导的人,由于工作繁忙,很可能在一些自己不注意的地方造成下属的难堪和反感。有的领导在下属来谈工作时,坐在那儿既不请下属落座,也不停下手中的工作,或者是敷衍地哼哼哈哈,给人的感觉很不好,这会让有自尊心的人尽量避免与你的接触。所以,千万不能忽视这些看似无足轻重的细小行为,礼貌与热情虽然有时只在于一两句话,但赢得的不仅仅是工作上的相互配合,更重要的是思想情感上的相通和互相信任与

尊重。

另外，作为领导不要乱发脾气，这样很容易破坏与下属的关系，拉大同下属的距离。例如，郑某是一个白手起家的大老板，他的事业做得很大，但与员工的关系却并不好，原因是他的脾气太暴躁，责骂起员工来一点也不给人留面子。员工私下里说，一定是老板当打工仔时受了太多的气，现在把气都发到他们头上来了。郑某的一个老朋友看到他这样对待员工后，叹息着说："你的脾气太大了，太能摆架子了，你想做垃圾堆里的老板吗？"后来，郑某果然尝到了坏脾气的恶果：他得力的助手一个个离开了他，他发现自己再也没有什么可指挥的了，事业也急转直下。痛定思痛，他决定改正自己的缺点，他向全体员工道歉，并表示以后绝不会再乱发脾气了。他做到了这一点，以往走掉的员工又慢慢回来了，公司更加团结，他的事业也成功地走出了低谷。

与下属相处时，千万不要乱发脾气，坏脾气会吓走你的下属，也会孤立你自己。有的领导控制不住自己的脾气，下属做错了事，在批评下属时，便破口大骂。在极为生气的情况下，对下属说的话极伤其自尊心，事后却又后悔不己。但此时再请求对方原谅就不是那么容易的事了。所以，领导者同下属交往时，千万要注意自己的情绪和言行，以免破坏同下属之间的关系。

10.3.4 学会跟下属开玩笑

一些领导认为，和下属交往的时候要板着脸，保持严肃。他们以为这样做是在维护自己的威严，实际上却是让自己的形象变得更加冷硬而已。其实，领导适当地和下属开开玩笑，会使领导显得和蔼可亲，不那么高高在上，这更有利于工作的开展，也更有利于和下属的交往。

现代美国工商业的大人物们都能接受别人的玩笑，其中有些人不仅乐于接受玩笑，还善于用玩笑礼尚往来。有幽默感的老板们甚至以欣赏的态度对待他人的玩笑，在他们看来，别人开你的玩笑表示他们喜欢你。下面是常见的几句玩笑话："若不是他拼命工作，哪会有今天这种成就？要知道他的老板并没有女儿。""那些人取笑老板也太过分了，连相貌都要取笑一番。我无法取笑老板，因为我觉得老板什么都没有。""老板说是授权于人，在我看来他是在推卸责任。"

开几句老板的玩笑话，可能会帮助你缩短人际关系的距离，不仅包括和同事的关系，也包括与老板的关系。难怪有人说，最好的沟通办法是让领导和你一起笑。假如你遇上了一位富于幽默的领导，你可以说："我已经快被压扁了，不是肩膀碰了别人的车轮，就是脑袋碰上了别人的长矛。谁愿意在那个位置上工作？"他可能这样答复你："好吧，我给你升一级，希望你在这最后的半个月工作中感到满意。"

有的专家研究认为，人们在说笑话的时候，常常用反语来表示真正的含义，所以玩笑往往是夸大其词。在现实生活中，如果你是一位领导者，应该注意以下几点。

(1) 当别人向你开玩笑或取笑你的时候，不管你喜不喜欢对方的幽默，都要尽量和大家一道笑，以此表现一位领导者所具有的幽默风度。

(2) 在自己取笑别人的时候，不要以自己为中心，要运用幽默的方式表现对下属的体

第 10 章 职场沟通

谅与关心，从而鼓励他们的乐观态度。

(3) 对玩笑要有适当的节制。为了工作的正常进行，你和下属都不可能把大量时间花费在无休止的玩笑中。玩笑多了也会使人感到懈怠和厌烦。

总的来说，领导与下属之间的玩笑应当有利于工作的进展，否则就是无聊的玩笑了。在明智领导者的眼里，下属的成就也是他的成就。如用幽默鼓励别人，这样做的结果是，你可以把重大的责任托付于人，减轻你的负担，以便你更主动、更自由地发挥你的创新精神，在事业上有所建树，取得更大的成就。假如用幽默的方式显示出自身的缺点和过失或工作中的矛盾，就可能在你和下属之间形成一种轻松亲切的感情交流，在相互理解、礼貌友好的交谈之中，建立起良好的共事关系。

当领导需要的不仅仅是威严，还要有亲和力、有人情味，板着脸未必能获得下属拥戴；相反，适当地跟下属开开玩笑，能使双方的关系更加融洽，对凝聚人心往往能收到异乎寻常的效果。

10.3.5 可以和下属交朋友

上下级关系是因工作需要而确定的，是在八小时以内的关系，但是这种关系远不如朋友关系来得稳定，如果能成功地把它转变为朋友关系，你就掌握了人际协调中的重要动脉。

例如，李兵是某合资公司的业务经理，他酷爱野外攀岩活动。一次在某俱乐部举办的大型攀岩活动中竟然碰到了业务部的员工张健，原来他也是攀岩爱好者。那天他们在一起聊了很多，此后他们便形成了一种奇怪的关系：在公司里是上下级，出了公司是朋友。几个月的时间内他们一起攀爬了市郊的几个著名崖壁，还计划黄金周时一起开车去外地攀岩。两人都很享受这种关系，在工作上他们也配合得更默契了。

很多管理者都会觉得现在的年轻人不喜欢这种人情味的关系，但这只是那些管理者自以为是的认识而已。年轻的公司员工们肯定渴望找到与领导更亲密的途径，只是与以前不一样的是，他们更愿意寻找在本公司里建立这种关系的方法，而不想在小酒馆聚会喝酒以联络感情。换言之，员工是想通过工作来进行朋友式的交流。由于领导不了解他们的这种想法，仅仅以其谢绝八小时以外的交往，就错误地认为这些年轻人只需要冷酷无情的上下级关系。可见，这种领导一开始就先入为主地认定年轻人讨厌与自己交往。受此影响，上下级的关系自然不会很融洽。领导在指导年轻人时，也总是采取留一手的态度。其实他们理应对年轻人多多指导。一旦他们认真给予指导，就会发现年轻人出乎意料地乐于倾听。年轻人是不讨厌领导现身说法的经验之谈的。进一步说，他们更希望听听领导讲述自己如何过五关斩六将、如何败走麦城的工作经历。由于领导不了解这一点，又碍于面子，以致自觉不自觉地对下属板起了面孔。由于领导的疏远，做下属的也不便于追得太近，结果就只能敬而远之，彼此之间的鸿沟也就越来越深。这就是目前在许多公司上下级之间出现隔阂的原因。如果领导心胸再开阔一点儿，问题也就迎刃而解了。

领导需要掌握下属对什么感兴趣。首先是工作问题，彼此应就直接相关的工作问题坦率地交换意见。如果是在欧美国家，仅凭占用八小时以外时间谈工作一条，就可以诉诸法律。当然在日本就不必有这种担心了，但也不能在谈话中只围绕这一话题。

其次，是有关公司的情况。这不仅是本部门本科室之内的情况，如果公司业务广泛的话，大概下属都会想了解有关其他部门的情况。好不容易才进入一家大公司，谁会愿意做个"井底之蛙"呢？然而，有太多的领导把全部精力投入到完成自己部门的生产指标上，完全不了解其他部门的工作职能，患上了部门自闭症。做下属的都想了解自己所在公司的今后发展方向，非常感兴趣公司将怎样发挥自己的一技之长。而很多领导却每天为完成生产指标而搞得头昏脑涨，自然无法解答上述问题，导致交流难以进行。

再次，是公司之外的事。不会进行这方面交流的领导是把公司等同于社会，他们的眼睛看不到外面的世界。这样的领导，怎能成为下属的老师与朋友呢？外面的世界远比公司要大，不了解社会，意味着个人能力的欠缺。换言之，如果领导无法就社会话题与下属交流的话，则表明其社会生活能力非常低下。年轻人常会认为工作狂类型的领导平淡无味，他们希望看到领导在工作以外的另一面。那些连周末都只知辛辛苦苦加班，到了退休茫然无措的人，确实很难让人感受到他的个人魅力。

另外，对于领导所渴望实现的梦想、人生观的变化等，也是下属想知道的。如果领导不能就什么是生死、什么是爱恨与下属交流的话，两者之间的距离势必会加大。

如果彼此之间就以上内容能够进行很好的交流与沟通，如果领导能试着去了解下属而不限于八小时以内，在上下级之间肯定能产生信赖，甚至与下属发展一些私人情谊，那么上下级之间的隔阂一定会迎刃而解。

10.3.6 放手让下属去做

很多领导者都是把工作一步步地向下属交代清楚，而这实在不是个好习惯。他们对自己的下属单独工作不放心，无法放开手让下属自己去做，这样一来，他们也就无法获得进步。如果领导肯相信下属，放手让下属去做，那么下属会感觉到你对他的信任，必定会认真完成任务，也能不断进步。

例如，某市有甲、乙两家大型建筑公司。甲公司的老板是家长型的，凡事都替员工计划好，员工只需一步步去执行即可。几年下来，公司的员工很少有犯错的。乙公司的情况却恰恰相反，老板总是尽可能地把权力下放给下属，让下属因时因地制宜，下属也确实出了几次纰漏，幸好及时纠正过来，而老板还是一如既往地信任员工。有一年，该市有一项大的市政工程要招标，而甲、乙两家公司就是最有希望的竞争者。甲公司把一切都安排得妥妥帖帖，连一个微小的细节都不放过；而乙公司呢？老板照旧让下属集体处理。招标会上，出现了一个意外，市政处附加了一个要求，甲公司代表冷汗直流，拼命用电话联系远在香港的老板；而乙公司代表在做了评估后，未向老板请示就拍板签约，结果乙公司夺标成功，甲公司一败涂地。

甲公司的失败就在于对下属束缚得太紧，下属就像一个只会执行命令的机器人一样，遇到突发事件就无法处理了。而乙公司却懂得把权力下放给下属，给他们自由发挥的空间，让下属大胆地去工作。

作为领导者，必须让员工安排自己的计划，不用任何事情都由你过问，让员工拥有自己的头脑，重要的是要弄清员工获得什么结果与如何去获取结果的区别。更重要的是，同时应给予员工足够的自由空间，让他们自我决定怎样最好地实现你所要求他们达到的结果。当然，你不可能完全将员工"做什么"和"怎么做"分离开来。员工在某种程度上也要参与决定达到什么样的目标，尽管最终承担责任的还是领导者。在决定员工的目标时，你也不可能毫不考虑员工怎样去处理这一问题。但作为领导者，你不要过多干涉员工去做自己的工作，而应放手让他们去做。只有在一个目标明确，又有充分自由空间去实现目标的环境下，员工才有可能最大限度地发挥自己的才智。如果你规定了他们的工作目标，又为他们划定了许多做事的条条框框，那他们当然就失去了行为的主观能动性。所以培养员工拥有自己的头脑，发挥员工的智慧是大有必要的。

在现实生活中，领导者并非总是处在做出决定的最恰当的地位。当他们做出决定时，必须充分依靠员工提供的信息和建议。所以，更为切实的做法是，尊重员工，时常让员工做出某些决定，让员工承受一些责任。当然，作为领导者，尊重员工时，也应划清界限，因为有些决定是无法让员工自行做出的。比如，应只允许他们做出一些在他们职权范围内的决定，而不能做出那些影响其他部门的决定。他们可以在公司的经费计划内决定如何最大限度地安排自己的工作、如何进行培训等，但他们无权决定公司的某些制度与办公设备应如何处置等问题。

实际上，尊重员工也是对员工的一种挑战。他们必须对自己的决定负责，而提供建议与做出决定两者是有区别的。有时，你也许只需向员工提供有关资料和信息，然后由他们做出最终的决定，如果你将此视为向员工提供帮助，这是十分正确的。当员工碰到困难时，向他们提出建议和解决办法是可行的，而是否会被他们接受则完全取决于他们自己。如果你的建议带有强制性，这一决定似乎就是你做出的了，只不过你巧妙地转移了自己的责任。因此不要鼓励员工遇到事就找你，否则，你将背上过重的提出建议、做出决定的包袱，而成为一种过时的"万能"领导者。当员工带着问题走到你身边时，不能一开口就做出决定，因为有时只有员工才能做出决定，尤其是那些在他们职责范围之内的决定。

如果你要检验员工是否表里如一，最好是离开一段时间，让他们自行其是。很多人也许都有这种体验，当你离开之后，他会轻松地嘘一口气，并开始真正感到自由，庆幸自己终于可以干自己感兴趣的工作了。很多人与领导相处时，总会感到紧张不安，他们总想让领导高兴却不知怎样去做。然而，当领导离开时，他们反倒能全身心地投入到工作之中，并能从中自得其乐。没有领导者在场，他们反而能更好地做出决定。

作为领导者，你可以离开员工一段时间，尽量给他们留一些自我发挥的空间。这样当你回来时，你会惊讶地发现员工在你不在的时候取得了多么令人满意的成绩。离开员工是检验领导者是否成功的最好方式。如果你已经能够培养员工按照你所构想的方式去做，如果你让他们真正承担起自己的责任，如果你能让他们自行其是，那么，当你离开的时候，所有的一切可以照样圆满地成功完成。作为领导者，你只需为员工指引方向，而且这一方向不应在三个星期或三个月内就做出改变。即使出现一些问题，你的员工也应该能像你一样妥善地处理。当然，如果是十分重大的问题，那他们不可能自行做主，必须上报于领导。

总的来说，你给下属的自由空间越大，他们做的事情就会越成功。所以领导者都应该学会对下属放手，当然，前提是你选择的下属必须有能力。

10.3.7 升职后应与原本是同事的下属和谐相处

升迁是件可喜可贺的事，然而，当你告别了昔日的同事，扶摇直上成了一名新官时，你的处境就有点尴尬了。怎样与旧时的同事处好关系，就是你必须做好的一件事。

大家本来是很要好的同事，平时经常一起进餐，彼此有说有笑，但是，突然有一天，你提升为这个部门的主管，成为同事们的领导。这时，你在惊喜交集之余，会发觉昔日的好同事竟以敌视的眼光看你。虽然你是他们的领导，却不敢随便发号施令，而下属对你显然也并不尊敬，很显然大家对你身份的转变仍未适应。原本是平等的地位，现在你突然居于他们之上，可能是基于妒忌的心理，他们要对你这位新领导示威，所以对你的指示充耳不闻。最糟糕的是，他们不再把你当作朋友看待，将你从他们的小圈子中开除了。面对这种复杂的人际关系，你无须太忧心，只要能以正确的态度对待问题，一切困难就会迎刃而解。

你应该明白，在公司没有下属的支持，自己势必无所作为。所以，在上任之后，无论别人对你的态度如何，无论别人在背后怎么议论你，你都要有非凡的度量，不要对任何人产生任何恶感，不必与下属斤斤计较；否则，你会更加受排挤。这时候，你应该对同事们表现得主动一点，跟大家打招呼，一起吃午餐，让大家晓得你依然是从前态度友善的你，领导把你提升到一个较高的位置上不是你的错，久而久之，大家必定会接受你的新身份，愿意跟你好好合作。

人人都希望获得升职加薪，若领导真的提拔了你，那么以前与你有说有笑的同事就变成了你的下属，你可以随意吩咐他们做事情。面对这种突如其来的转变，你或许会感到手足无措，尤其是那些没有被提拔的同事会迁怒于你，把你视为敌人，并且不愿意与你合作。其实，这也是人之常情，只要你运用一点技巧，大家一定会接受你，不会永远跟你作对的。的确，由于角色的不同，我们将不得不面对一些与平日不同的情形，但有一些游戏的规则或是前人的经验还是有用的，以下几点建议，或许会对你的角色转变有所帮助。

(1) 向过去做"优雅"的告别。尽可能把你前一个职位上进行的项目处理完，把整齐的、刚做过更新的文档留给接替你工作的同事，顺利地交接是你开始新的工作的前奏。

(2) 尽早建立起良好的工作联系。有针对性地了解一下你的新同事和那些即将为你工作的人，弄清他们的责任所在。

(3) 发言时少用"我"，多用"我们"。在员工大会上，建议用"我们"开头的句子替换掉以"我"开头的句子。过分地突出自己让人很不舒服，而且不利于团结和协作氛围的养成。

(4) 用人所长。对于比你年长的员工，要尊重他们的经验和知识，而对于新员工，要找到合适的激励办法，并帮助他们制定目标。

(5) 不要深陷于琐碎的事务中。如果说普通的员工需要在细节上多下些功夫，那么升为管理层后，你更应该关注的是结果。你会有更多的事要花时间去处理，所以分派任务成

第10章 职场沟通

为一项很重要的工作。

当你接到提升通知时,一定要收敛你的喜悦,告诉同事们,多谢他们多年来的合作,希望他们会继续协助你。同时请大伙吃顿饭,把气氛弄得随和、轻松些,日后工作起来会更好办;但切莫大摆筵席,那样只会显示你浮躁。

假如你奉调新职,上任之初,或许你有许多新计划,但摆出新官上任的态度是不明智的;而应低调一点,以不变应万变。当有下属问你"这些工作如何进行",你不妨先问他"你们过去是怎样进行的?"待他解释清楚后,你再这样表示:"我看问题不大,暂时仍按老办法做吧,过一段时间我们再研究研究。"这样既表示你尊重别人的做法,又不失自己的威严和独特见解。无论是面对新同事还是旧搭档,都要注意言行,保持谦虚。另外在上任之后,要尽可能与大家打成一片,让大家感觉到你是他们的同路人,这样才能得到大家的认可。但如果有人软硬不吃,执意跟你作对,那你就得采取强硬措施了,"不换思想就换人",绝对不能让他动摇了你的威严。

总之,升职是一件让人觉得很激动又很有挑战性的事,这说明你的努力工作得到了回报,但升职以后随之而来的与同事相处的问题一定要处理好,做好你的"新官"。

10.3.8　批评部下的方法

俗话说:"良药苦口,忠言逆耳。"有人认为,批评就是"得罪人"的事。所以有些主管从不当面指责部下,因为他们不知道如何处理指责部下后彼此的人际关系,因而造成部下的不当行为一直无法得到纠正。而有些主管指责部下后,不但没有达到目的,反而使部下产生更多的不平和不满。事实上,之所以会产生这样的后果,恐怕还在于我们在批评他人的时候缺乏技巧。医药发展至今,许多良药已经包上了糖衣,早已不苦口了,那么我们为什么不能研究一下批评他人的技巧,变成忠言不逆耳呢?"指责部下"是教育部下的一种方法。因此,管理者指责部下时,要讲究一些技巧。下面是一些指责部下的技巧与注意点,敬请留意。

1. 以真诚的赞美做开头

俗话说:"尺有所短,寸有所长。"一个人犯了错误,并不等于他一无是处。所以在批评部下时,如果只提他的短处而不提他的长处,他就会感到心理上不平衡,感到委屈。比如,一名员工平时工作颇有成效,偶尔出了一次质量事故,如果批评他的时候只指责他导致的事故,而不肯定他以前的成绩,他就会感到以前"白干了",从而产生抗拒心理。另外,据心理学研究表明,被批评的人最主要的障碍就是担心批评会伤害自己的面子,损害自己的利益。所以,在批评前要帮他打消这个顾虑,甚至让他觉得你认为他是"功大于过",那么他就会主动放弃心理上的抵抗,对你的批评也就更容易接受。

2. 要尊重客观事实

批评他人通常是比较严肃的事情,所以在批评的时候一定要客观具体,就事论事。要记住,我们批评他人并不是批评对方本人,而是批评他的错误行为,千万不要把对部下错误行为的批评扩大到对其本人的批评上,更不可以否定部下的人品人格,那样就会造成不可调和的矛盾。比如说，你作为一名编辑去校对清样，结果发现版面上有一个标题的字错了，而校对人员却没有发现。这时你会对他进行批评，可能会说"这个字你没有校出来"，也可能说"你对工作太不负责任了，这么大的错误都没有校正出来"。显然，后者是难以被对方接受的。因为你的话语让他很难堪，也许他只是一次无意的过失，你却上升到了责任心的高度去批评他，很可能把他推到你的对立面去，使你们的关系恶化，也很可能导致他在今后的工作中出更多的纰漏。

3．不要伤害部下的自尊与自信

不同的人由于经历、知识、性格等自身素质的不同，接受批评的能力和方式也会有很大的区别。在沟通中，我们应该根据不同的人采取不同的批评技巧。但是这些技巧又有一个核心，就是不损及对方的面子，不伤对方的自尊。指责是为了让部下更好，若伤害了部下的自尊与自信，部下是难变得更好的，因此指责时要运用一些技巧。例如："我以前也会犯这种过错……""每个人都有低潮的时候，重要的是如何缩短低潮的时间。""像你这么聪明的人，我实在无法同意你再犯一次同样的错误。""你以往的表现都优于一般人，希望你不要再犯这样的错误。"等。

4．友好地结束批评

正面地批评部下，对方或多或少会感到有一定的压力。如果一次批评弄得不欢而散，对方一定会增加精神负担，产生消极情绪，甚至是对抗情绪，这会为以后的沟通带来障碍。所以，每次批评都应尽量在友好的气氛中结束，这样才能彻底解决问题。在会见结束时，你不应该以"今后不许再犯"这样的话作为警告，而应该对对方表示鼓励，提出充满感情的希望，比如说"我想你会做得更好"或者"我相信你"，并报以微笑，让部下把这次见面的回忆当成是你对他的鼓励而不是一次意外的打击。这样会帮他打消顾虑，增强其改正错误、做好工作的信心。

5．选择适当的场所

不要在大庭广众之下指责别人，指责时最好选择单独的场合，你的独立办公室、安静的会议室、午餐后的休息室，或者楼下的咖啡厅都是不错的场合。每个人都会犯错，你要有宽广的胸襟包容部下的过失，本着爱护部下的心态，同时注意上面的几个要点。当需要指责部下时，不要犹豫，果敢地去做，正确、适时地指责，对部下、对部门都具有正面的功效。

10.4 做一个职场上人人放心的人

在职场上，要处理好各种各样的人际关系，除了要掌握一定的沟通技巧，最主要的就是修养自身。不仅要敬业，而且要精业；不仅要能力强，而且要人品好。一句话，一定要做一个职场上人人放心的人。

第10章 职场沟通

1. 做解决问题的人,不做制造问题的人

每一种工作、每一个岗位都会面临各种各样的问题,问题是人制造的,也是由人来解决的。总是制造问题,就会成为阻碍企业发展的消极因素;善于解决问题,才能成为有助于企业发展的积极因素。做解决问题的人而不是制造问题的人,"让人人放心"才不会成为一句空话。具体地说,一是要有积极解决问题的意识;二是不把问题留给别人;三是要知道为公司就是为自己;四是把自己当作公司的主人。

2. 做守规矩的人,不做"刺头"式的人

古人云:"不以规矩,不能成方圆。""国有国法,家有家规。"任何事情都有一定的章法,在工作中也是如此。公司有公司的规章制度,对于这些制度,作为一名员工应该去遵守、去执行;对于公司的工作任务,应保质、保量、按时去完成。守规矩并非胆小怕事,而是我们应尽的义务。而那些以与领导对立为能、以破坏规矩为荣的所谓"刺头"式的人,最后刺伤的只能是自己。因此,我们应该牢记:有规矩才能成方圆;放弃时间的人,时间也会放弃他;工作礼仪必不可少;莫做玩忽职守的人。

3. 做勤快人,不做懒惰人

世间事,怎一个"勤"字了得。引申在工作上,可以说只要勤快,就没有做不好的工作。从另一个角度讲,没有任何一个单位的领导喜欢做事偷懒的员工。偷懒的人"偷"走了工作时间,同时也丢掉了工作上的进取心和同事、领导的信任。所以,我们应该清醒地意识到:付出越多才会回报越多;勤奋是走向成功的桥梁;要每天多做一点点;拖延是一种恶习。

4. 做细心人,不做马虎人

细节决定成败,这是一个常讲常新的话题。优秀员工与普通员工的区别就在于他们能够抓住那些常常被忽略的细节,并且能够乘势而上。因为多数员工只是做一些具体的事、琐碎的事、单调的事,然而越是这些再简单不过的工作,越需要持之以恒地细心对待。工作中一丝一毫的粗暴、马虎都可能对全局产生恶劣的影响。因此,我们要牢牢记住:敷衍了事只能害自己;井井有条效率更高;要善于在细节小事上下功夫。

5. 做能打硬仗的人,不做临阵退缩的人

企业的发展、部门的运转有四平八稳的时候,也有面临突变、情况紧急的时候,此时,就需要员工能冲得上、顶得住。电视剧《亮剑》中的主人公李云龙常说的一句话就是"两军相遇勇者胜,敢于亮剑是英雄"。对于员工来说,发扬"亮剑"精神,不做临阵逃兵,也是新时期的更高要求。我们要努力做到:敢于挑战工作压力;拒绝说"不可能";工作中要有坚持下去的信念。

6. 做负责任的人,不做消极冷漠的人

负责任并不是被动地去承接工作责任,而是需要发挥个人的主观能动性,还要有对工作的热情。只有主动工作,才能从工作中体会别人无法体会的乐趣,才能克服困难,达到

他人无法达到的境界，获得他人无法得到的丰厚回报。冷漠带来的是消极、被动、拖拉，而热情则犹如机器所需的燃料，没有"燃料"工作将很难推进。在工作中，要用理想调动你的工作热情，要知道工作主动才算得上负责任的员工，让主动工作成为一种习惯。

7. 做善于合作的人，不做蛀蚀团队的人

快乐地融入自己的团队中去，这是让团队前进的助推器，更是个人进步的助燃剂。一个没有团队意识的员工，即使再喜欢自己的工作，再有才华，也很难在工作中创造出卓越的成绩。俗话说："一个好汉三个帮。"我行我素的"独行侠"，不仅蛀蚀团队精神，到头来也害了自己。我们应当承认，个人的工作离不开团队协作，只有合作才能带来双赢，所以，要学会与同事和谐相处。

8. 做老实认真的人，不做自作聪明的人

工作犹如一面镜子，你对它认真努力，它也会给你相应的回报；而如果你爱耍小聪明欺骗他，它也会给你相应的后果要你承担。因此，在工作中持认真、专注、踏实态度的员工是真正聪明的员工，而投机取巧、好高骛远等自作聪明的态度只会给自己的工作带来失败。为了把工作做得更好，我们就要明白下面的道理：专注能带来成功；认真工作是聪明；投机取巧要不得；工作目标要实际；不起眼的工作也有重要意义。

9. 做受得了委屈的人，不做遇挫即折的"玻璃人"

工作中难免会出现错误与失败，因为世界上没有万能的人，不可能万事俱到。在这种情况下，只有从跌倒与失败中重新站起来，能忍受随之而来的委屈与压力，用坚强与自信面对工作中的一切，才是正确的态度。如果碰到挫折总找借口，受一点委屈就撂挑子，即使你是块金子，也注定发不了光。我们要不断地锻炼自己，增强自己的心理承受能力，要做到：在哪里跌倒就从哪里爬起来；要挨得起批评，受得了委屈。

10. 做不找借口的人，不做推诿卸责的人

工作中我们常听见各种各样的借口，如"这件事不归我管""这个计划是小王做的"等，然而这种种借口让你在推卸了责任的同时也把机会推到了门外。工作本身就是责任，如果你不能承担起自己应该负的责任，用种种借口搪塞，那么错误就会总是与你相伴，你也就无法得到领导和同事的信任。要知道：工作即责任；借口不是推卸责任的挡箭牌；敢于承担责任，就会脱颖而出。

11. 做对工作感恩的人，不做牢骚满腹的人

现实中有很多人抱怨自己的工作，比如工作无聊、职位太低、事情太小、工资太少等，总之满腹牢骚。然而你可知道，这一切实际上都是你个人的原因：工作无聊是因为你没能在工作中寻找乐趣；职位太低、工资太少是因为你只知抱怨不知努力；事情太小是因为你总是高估自己。我们应该带着感恩的心情、感激的态度去工作，因为这份工作不仅让你养家糊口，还给了你积累经验、提升自己的平台。感恩，可以让你的心灵净化，可以让你满怀热情和创造力地投入工作。所以，我们要怀着感恩的心去工作，要尽力去喜欢眼前

的工作，永远不做"牢骚王"。

12．做讲原则的人，不做违背职业精神的人

工作中会遇到许多原则性的问题，有明文规定的原则，也有约定俗成的原则，企业的良性运转正是建立在每一位员工对原则的坚守上。面对一时的诱惑和压力，是做个违背职业道德的人，还是做个坚持原则的模范，全在于你的选择，而选择的结果将决定你一生的职业道路走向何方。要忠诚于你的工作，因为忠诚是无价的；要明白服从是一种职业精神；在工作中不该通融的绝不通融。

13．做清白的人，不做利欲熏心的人

在职场中打拼，利益是谁也不能回避、谁也没必要回避的问题。靠聪明才智和勤奋工作，靠为企业做出的贡献，从正当渠道获取更多的经济利益，这无可厚非。但偏偏有一种人，总是觊觎本不属于自己的东西，甚至为此不惜玷污自己的人格。其实做个清白的人并不难，只要你能够管住自己那颗被利益驱动的心。我们要力争做到：不为私利背叛公司；不要试图占公司的便宜。

14．做谦谦君子，不做猥琐小人

做君子还是做小人似乎是个与工作无关的话题，有的人甚至认为，只要能把工作完成，是君子还是小人又有什么关系。其实不然，我们固然不能要求每位员工都完美无缺，但做人总有些事该做，有些事不该做。凡事谦虚一点、踏实一点，少说些闲话，少做些不利于企业发展和个人进步的事。像前者那样的君子多了，像后者那样的小人少了，企业自然平添了许多有利于发展的积极因素。要知道嫉妒之心害人害己；不要恃才傲物；要改变自己不良的行为习惯。

思考与练习

1．简述向领导请示汇报的程序和态度。

2．根据你已有的沟通知识，谈谈如何做一个职场上让人放心的人。

3．结合下面的一则案例，说说在与领导的沟通中如何巧妙地说"不"，如何在维护领导尊严的前提下使其接受自己正确的观点。

在某公司的一次会议上，公司董事长拿出一个为该公司的一个新产品而设计的形象标志征求大家的意见，该标志的主题是旭日。董事长说："这个旭日很像日本的国旗，日本人见了一定会乐于购买我们的产品。"营业部主任和广告部主任都极力恭维这个设想，但年轻的销售部主任说："我不同意这个设想，这个设计与日本国旗很相似，日本人喜欢，然而，我们的另一个重要市场是中国广大的消费者，他们也会联想到日本的国旗，就不会产生好感，就会不买我们的产品，这显然是顾此失彼了。""天啊！你的话高明极了！"董事长叫了起来。

4．仔细阅读下面的一则案例，分析公司里公认的热心人小玲被同事疏远的原因，并

说说小玲应该如何做才能和同事们恢复正常的交往。

小玲是公司里公认的热心人,不管是公司的领导,还是公司里的同事们,只要有事相求,她一定会鼎力相助。但她从来不会给别人增添一点麻烦,有困难总是一个人去解决。时间一长,同事们与小玲来往的次数渐渐减少,而且很少有人来找她帮忙。究其原因,有人告诉她,总是麻烦小玲,时间久了,觉得很难为情,所以以后尽可能不再给她添麻烦了。

5. 结合下面的一则案例,说说领导在批评部下的时候应该注意哪些问题,怎样的批评才能使部下欣然接受并心怀感激。

拿破仑在长期的军旅生涯中养成了宽容他人的美德。作为全军统帅,批评士兵的事经常发生,但每次他都不是盛气凌人的,他能很好地照顾士兵的情绪。士兵往往对他的批评欣然接受,而且充满了对他的热爱与感激之情,这大大增强了他的军队的战斗力和凝聚力,从而成为欧洲大陆的一支劲旅。在征服意大利的一次战斗中,士兵们都很辛苦。拿破仑夜间巡岗查哨,发现一名站岗的士兵倚着大树睡着了。他没有喊醒士兵,而是拿起枪替他站起了岗,大约过了半个小时,哨兵从沉睡中醒来,他认出了自己的最高统帅,显得十分惶恐。

拿破仑却不恼怒,和蔼地对他说:"朋友,这是你的枪,你们艰苦作战,又走了那么长的路,你打瞌睡是可以谅解和宽容的,但是目前,一时的疏忽就可能断送全军。我正好不困,就替你站了一会儿,下次一定要小心。"

第11章 家庭沟通

家庭是我们的避风港和幸福的摇篮，不论我们遭受到什么样的挫折和打击，都能在家庭中找到慰藉并疗救伤痛。家庭永远是我们的大后方，我们务必要维护家庭的稳定和团结。生活在一个和睦的家庭中，就可以享受家庭的乐趣，实现健康而有创造性的家庭生活，家庭成员就能互敬互爱、共享家庭的温暖。这样的家庭就会成为播撒幸福和创造幸福的中心。然而，一个和睦幸福的家庭是需要我们去苦心经营的，其中最重要的就是家庭成员要懂得家庭沟通艺术并始终保证信息畅通。

通过本章的学习，应了解家庭沟通的障碍和问题并能有效地加以克服；掌握夫妻之间、长辈与晚辈之间、晚辈与长辈之间、婆媳之间相处的沟通技巧；懂得家庭角色沟通的重要性并掌握家庭角色沟通的方法和技巧，从而使自己具备维护一个和谐幸福的家庭的沟通能力。

11.1 家庭沟通的障碍和问题

11.1.1 家庭沟通的障碍

那些在家庭内部限制表达的规定会导致四种主要的沟通障碍，因为直接的表达受到限制，所以你必须否认、删除、替代或自相矛盾地传达与你的体验相关的方面。

1. 否认

人们倾向于否认他们害怕表达的东西。可以以公开或隐蔽的方式否认你的需求和感受。公开的否认包括类似如下的陈述："我不在乎。""没问题。""无论你要什么。""我很好。""谁生气了？""我不需要你做任何事。"隐蔽的否认比较难辨认，但通常会表现为耸肩、用单调的语气讲话、没精打采或是回避接触。它们包含的信息是："没关系，我不会有任何感觉。"

2. 删除

删除意味着跳过信息的某些部分，尤其是那些能直接表达你的需求和意识的部分。你可能发觉自己说的是"今天晚上的电视节目真糟糕，是吧？"而不是"我想去看一场电影。"因为删除了部分内容，你就必须拐弯抹角地说每一件事。这样的陈述不会详细说明人物、事件、时间和地点。

删除内容的陈述通常按以下三种方式中的一种构造而成。

(1) 以提问形式出现的声明。例如，"你还在这儿啊？"其含义是：我愿意自己一个人待几个小时。

(2) 以无确定性质的观察形式出现的邀请。例如，"今天真是风和日丽的一天啊！"

其含义是：我们一起开车去郊游吧。

(3) 删除陈述所涉及的人或物。这样的信息是模糊的，不会说明是谁对谁有什么感受。例如，"最近有点恼火。"其含义是：我对你感到恼火，因为自从你解雇了女佣人之后，多出来很多额外的活儿。

3．替代

有时情绪必须发泄出来，而替代使得这些情绪能以一种更安全的方式或者向一个更安全的人表达出来。替代可以让你间接地表达你的感受。如果你必须遵守一条不允许表现伤害的规定，那么你可能将受伤的感觉导向愤怒。如果有规定禁止你向自己的妻子发火，那么你可能因为儿子没干好家务活儿批评他。如果你的老板因为工作批评了你，你很生气，所以你批评妻子没有安排好购买食物的花销。如果你看到自己的儿子跑到马路中央，你被吓坏了，所以你很生气地骂他是"傻子和疯子"。

4．不一致的信息

当你的身体姿势、面部表情、语气语调、讲话速度所传达的信息与你讲话的内容不相符时，不一致的沟通就发生了。一位妇人对她的女儿说："你在深夜出去我并不会难过。"但是她的声音很尖锐刺耳，语速很快，伸着一只手指着女儿，另一只手叉着腰。显然她说的话与身体和声音表达的信息完全不相符。"我为我们不能一起维持这个家而感到非常难过。"一个男人在饭桌旁宣布说。他的眼睛盯着儿子的眼睛，下巴紧绷着，一只手紧紧地握着一条餐巾。他说他很难过，但是他也在传达一些其他的信息，也许是愤怒，也许是一种令人不安的绝望。

当信息不相符时，家庭成员就被迫要判断哪一个信息是真的。他们必须猜测说话人的心思，努力猜想他真正在说什么。下面例子中的不一致信息被分成了四个部分：词句、语气和身体语言、听话人的理解及真正的含义。

词句："我真的非常高兴看到你回家。"

语气和身体语言：语调平白单调，眼睛盯住地板，似笑非笑，身体稍微地侧向一边。

听话人的理解：选择对语气和身体语言做出反应。会假设说话人感到不舒服和失望。听话人因此感到受伤。

真正的含义："我很高兴你回家来。但不巧的是，我还没做完我要做的工作。现在你回来了，我怕我不能完成它了。"这个讲话人的原则是除了表达对团聚的喜悦，再不能表达其他任何感受。结果就导致了不一致信息的出现。

不一致的信息构成了大量家庭病理学的基础。人们通常假定语气和身体语言所传达的信息是真实的信息。但是这些信息很容易因为过度泛化而被错误地理解。这是一种倾向，即相信特定的姿势或语调总是代表着相同事物的倾向。"当哈里开始抖动肩膀，那总是代表着我让他心烦了。""当简皱着眉用手指指点点时，那总是代表着她正在下达一个命令。""当娜塔莎的声音变得高而尖锐，那总是代表着她很焦虑。"过度泛化删除了这种姿态可能代表的其他任何意思，它增加了产生误会的可能机会。

11.1.2 家庭沟通的问题

1. 揣测心思

因为家庭成员之间有一些关于什么能表达、什么不能表达的规定，所以他们被迫要偷偷摸摸地进行沟通。通过删除、替代以及不一致的信息等表达方式，家庭成员说着他们需要表达的东西，但是很多时候没有人能理解他们。当你试图解释隐蔽的信息时，就被迫要揣测对方的心思。你必须做出猜测，猜测那个隐藏的要求或感受到底是什么。

猜测只会导致一个后果，那就是"误解"。如果你正在揣测别人的心思，那你必然会出现一些错误。你会对你认为正在发生的事情做出反应，而不是对真正的信息作反应。你那些不适当的反应就像大家熟知的多米诺骨牌崩坍一样接着引发一连串的反应。思考一下下述的互动过程。

玛格丽特的丈夫艾尔曾经要求在他回家以后家里必须是平和安静的，所以当她听到他在门外的钥匙声时，就慌忙地结束了与儿子的争论。她迎接他的时候还很慌张，所以她的声音高而清脆，同时她避免与他的眼神接触。

由于过度泛化，艾尔设想那种清晰而高亢的声音代表着他妻子生气了。他猜测她的心思，认为她是因为他回来太晚而生气。他对自己说，她根本就不在意他工作那么长时间，有多辛苦；所以他自己也生起气来。

艾尔不能表达他的愤怒，所以他替代性地抱怨玩具被扔在地板上。玛格丽特觉得受到了伤害，但是她也替代性地抱怨他又回来那么晚。这一连串相继发生的混乱都是揣测心思导致的后果。

我们可以通过两种方法摆脱揣测心思的陷阱。

第一种，作为讲话者，你必须问自己下列问题："我所传达的信息中遗漏了哪些感受、要求或是意识？我说话的语气语调与身体语言是不是符合我所传达的信息的内容呢？"如果你发现自己同时在传达一种以上的信息，那么就将它分为两个单独的信息。比如，假设你有一条不能表达愤怒的规定。你正在告诉孩子要打扫他的房间，但你发现自己的语气中充满了愤怒，并且用手在指指点点。你可以用这种方式把信息分开并表达出来："从现在开始一个小时之内，我希望你能把房间打扫干净。今天早上就要求你这样做了，但现在你还没做，这让我感到有点沮丧和生气。"

第二种，作为倾听者，你可以通过检验所有含糊的信息来避免猜测别人的想法。如果你发现讲话的内容与语气和身体语言不相符，那就用一种非评判的方式客观描述你所观察到的一切。询问对方是不是有更多的话需要说出来。例如，"我注意到当我们在谈论厨房改建问题时，你的肩膀有一点隆起，并一直看着地板。是不是关于这件事你还有更多的看法？"当你对别人的需求和感受做出假设时，你必须及时发现问题。当你开始猜测别人的想法时，必须在心中亮起红灯。当你及时观察自己时，你会注意到一些很典型的假设会反复地冒出来。你可能很容易想象别人生气了、失望了，或是在向你下达暗示性的命令。这些典型的假设是由过度泛化衍生而来。因为过度泛化，你总是固定地将特定的姿势或语调

解读为生气、失望或命令。

2. 联盟

家庭联盟的建立能帮助你表达被禁锢的感受和需求。假如爸爸会因为儿子讨论在学校出现的问题而生气,妈妈也许愿意听儿子说说。同时也许妈妈也愿意与儿子分享一些与爸爸有关的负性情绪。当"妈妈—儿子"的联盟开始发展时,爸爸就会越来越孤立。他不会再听到愤怒和伤害,但是他也不会再获得任何温暖或支持。当爸爸感到自己的重要性日益降低时,他也许会寻求与女儿之间的联盟。他们也许会相互抱怨妈妈有多冷漠,并且偷偷地约定好在家庭冲突中要互相支持。

兄弟姐妹之间结成联盟是一种对付那些关注规定甚于关心孩子特殊需求的严厉父母的好方法。当父母中的一位对感情失去了信心,感到婚姻生活趋近消亡时,父母与孩子之间的联盟是很有帮助的。总的来讲,结盟是一种非常有效的获得支持与认同的短期策略。但是它们会终结家庭的欢乐。长期不和的阵营之间会不断地攻击和伤害对方,这种状况常常一直持续到孩子们离开家或是父母双方分手。

而一个要求直接表达的家庭协议则是对抗联盟的解药,你要将感受和愿望传达给需要听见的人,秘密约定即隐蔽的联盟是不适合的。例如,一位妈妈和儿子联合起来不让父亲知道儿子那差劲的成绩,这样的联盟在强调公开性的家庭协议中是被禁止的。因为父亲对孩子懒惰的强烈不满而形成的父亲与母亲之间的联盟,同样也是被禁止的。家庭协议应当明确要求直接的表达:抱怨必须让做错事的人知道。有了这样一个协议,整个家庭就形成了一个整体联盟,他们同意在表达和倾听重要信息方面相互支持,他们同意任何可以在两个人之间分享的感受和需求都应该与大家共享。

3. 隐蔽操纵策略

所有的沟通都隐含着一项要求。你总是试图以某种方式影响别人,即使只是要求别人听你说话,给你一些关注。问题是许多人的原则是不为任何事而请求别人。如果你有这样的原则,那么你就不能公开地要求支持、帮助、认可。没有人知道你想要什么。结果,你只能被迫使用隐蔽操纵策略去获得你需要的东西。研究者发现,下列几种隐蔽操纵策略在病态家庭中被广泛使用。

(1) 谴责和审判。谴责者因为其他家庭成员未能满足他的需求而抨击他们。谴责者的一种武器是蔑视型攻击,他以猎犬攻击猎物颈项的方式瞄准人们脆弱的自尊心。某些谴责者甚至将他们的策略提炼成了一门艺术。一些人利用表面上看起来似乎很有趣的尖刻讽刺对别人进行抨击,而这种抨击深深地刺痛了别人的心;还有一些人会提出不切实际的要求,然后在遭到拒绝后"理直气壮"地发一通火。通过吹毛求疵,谴责者总能逼迫家庭中的其他成员给他一些他想要的东西,得到勉强的关注和帮助。这样做的问题是,这种策略只能暂时有效。虽然最初它会成功,但是在人们完全适应了对被伤害的担心之后,谴责者的刀刃就开始变钝了。家庭成员开始对谴责无动于衷,也能很快忘记各种口头的攻击,让谴责者为所欲为的一次性有效策略丧失了威力,只留下了满腔的怒火却无处发泄。

(2) 制造内疚感。这种策略利用了每个人都愿意充当好人的心理。好人愿意花费时间

第11章 家庭沟通

和精力去关心别人，牺牲自己。制造内疚感需要巧妙地、充满悲伤地表现，让家庭成员知道你处于痛苦之中。如果别的家庭成员在意，就会为此做些事情；如果他们有良心，就会留在家陪你而不是自己去看电影；如果他们真的爱你，就应该经常修整草坪。制造内疚感的最好办法是不停地叹气，凄凉地谈到过去的罪恶和过失，告诉每个人你很好，但看上去又无比可怜。这种策略是非常有效的。人们私下里对你感到怨恨，但通常他们都会按照你想要的那样去做。

(3) 博取同情。这种策略的目的是唤起同情心而不是内疚感。博取同情的人会显得很无助和可怜。悲惨的故事、绝望的颤抖，所有的一切构成了一幅活生生的受害人图像。博取同情在一段时间内会取得明显的效果，但不久疲劳效应就会出现，家庭成员开始对那些似乎没完没了的问题失去耐心。

(4) 敲诈。敲诈包括表明要停止提供给其他家庭成员所需东西的各种威胁。公开说明或暗示不再做饭，会忘记准备生日聚会。一些人会冒着极大风险，不断地威胁说要离开他们的家。正如每一个曾威胁过孩子要拿走零花钱的父母所知道的那样，如果你不能实现这些威胁，敲诈很快就会失效。这会将敲诈者推入一种非常艰难的窘境：他要么只能给出一些空洞的威胁，要么必须坚持他那些恶意的、破坏性的计划。如果他选择坚持，而家庭成员会因此受到伤害，他就可能招惹来真正的仇恨。

(5) 贿赂。这种策略包括虚假地奉承、关心、表示好感等，用这些诱导其他家庭成员发生改变的行为。关注和支持只有在贿赂者需要的时候才会出现。如同绝大多数隐蔽操纵策略一样，贿赂会带来短期的利益。然而从长远来看，家庭成员会对贿赂者的正直和真实程度失去信任，随之厌恶感开始出现。

(6) 讨好。讨好者很友善，他们害怕冲突，并不惜一切代价避免冲突。他们努力取悦、迎合别人，希望能得到认可，总是很快就道歉。讨好者达到目的的方式是让人们喜欢他，欠他的人情。他是这样的令人愉快，他为每个人都做了这么多，家庭成员怎能拒绝给他他想要的东西呢？当然他会一如既往地继续友善和继续具有奉献牺牲精神。讨好者的问题是人们会认为他所做的一切理所当然，到了最后他会变成一个有着诸多隐藏的愤怒的失落者。

(7) 突然冷淡。使用这种策略的人会突然地陷入意味深长的沉默之中，咬紧下颌，背对别人，这些动作传达的信息是："你休想从我这儿得到任何东西。"这是一种强有力的策略，因为它吓到了别人，尤其是孩子。因为他们的生存完全依赖于父母的爱，所以很容易受到这种突发冷漠的攻击。但是收回爱并不仅仅是一种影响行为的方式，它还是一种制造创伤的武器，因为孩子和配偶开始变得多疑。一种因别人会夺走最宝贵和最必需的人类资源而产生的隐藏的愤怒——情绪能量逐步显现出来。

(8) 表现症状。当其他所有方法都失败了，人们再没有别的办法获得他们想要的东西时，他们就会表现出各种症状。他们会头痛，他们开始喝酒，他们在沮丧和狂欢的冲动间不停反复，他们不再忠诚。孩子们在学校打架斗殴、逃课，患上哮喘，攻击兄弟姐妹。这些症状源于一种让特定需求获得满足的潜在意图。头痛也许能让爸爸在某些时候不去上班。一个孩子也许能因为哮喘而得到重点照顾。这些症状会非常有效，但是它们也会给当事人带来巨大的损害。一个沮丧的妇人最终使她的丈夫带她去度假了,但是她为这次度假付出的代价是数月的痛苦。

只有当人们被一些不允许表达需求、感受或意识的规定所约束时,才需要隐蔽操纵策略。如果两个或两个以上的家庭成员都被一些规定限制了他们能说的话,那对应产生的隐蔽操纵策略便被称为一个家庭系统。这种家庭系统是非常有害的,家庭成员应通过有效沟通来化解矛盾,避免矛盾的进一步扩大。

11.2 夫妻语言沟通

11.2.1 充满爱意的夫妻语言

如果说爱情是夫妻关系的基石,那么,充满爱意的语言是夫妻关系不可缺少的润滑剂。一般来说,充满爱意之语,是真爱之心与得体语言形式的最佳结合。它主要表现在以下几个方面。

1. 直抒情爱之语

在家庭中,夫妻之间虽说用不着天天把"我爱你"之类的词语挂在嘴上,但也不必束之高阁,在某些时刻一方不妨加以表露,以唤起对方美好的回忆,在彼此心中激起一阵阵爱的涟漪。这对于密切夫妻感情无疑大有益处。

例如,有一对中年知识分子夫妻就是这样,平时各忙各的事,他们之间的沟通机会并不多。可是他们到了一起,却总要说一些爱情之类的话题。在一起看电视时,剧情中男女之间的亲密情节常常成为他们夫妻爱情生活的话题,以此为比照,夫妻俩相互说说过去的甜蜜经历。这样,彼此间的关系又得到一次升华。

夫妻有时直抒爱语并不是多余的,它可以给平淡的生活激起一串串五彩浪花,把生活点缀得更美好、更惬意,推进夫妻的爱情之舟驶入幸福美好的港湾。

2. 体贴关怀之语

充满爱意的语言并不一定都挂上"爱"的字眼,关切、关怀、支持、祝福之类的语言同样可以包含深深的爱意,都是对方乐意听到的。

例如,有些人平时工作很忙,很少顾家,可是他们却记得爱人的生日,借机说一些真诚而动听的语言以表达对爱人支持自己工作的感激之情和祝福之意,爱人听了十分感动,幸福之泉在心中流淌。

体贴祝福之语能使爱人感到对方更可爱,家庭生活更温馨。

3. 逗趣玩笑之语

有些人十分幽默,喜欢在家里说些笑话,逗大家开心,创造欢乐的家庭氛围。有的夫妻一走进家门,就把自己的见闻趣事说给爱人听,特别是女性总是把自己以为最有趣的内容拿回来讲给爱人听,引出一阵阵笑声,其中就体现了深深的爱意。

有一些生活比较拮据的家庭，彼此运用幽默语言调节心情，缓解生活的重负，分担对方的痛苦，更是爱意的语言表现。

例如，有一对夫妻一时发生矛盾，妻子生气不吃饭，也不理睬丈夫，丈夫开玩笑说："爱生气可是老得快，愁一愁白了头，你想弄个老妻少夫呀？"妻子被逗得噗嗤一声笑了。丈夫又说："这就对了，笑一笑十年少，笑十笑老来俏！"妻子的怨气顿时烟消云散，娇嗔地说："小心我休了你！"她的心里像吃了蜜似的。

11.2.2　夫妻争吵应有度

俗话说："谁家的烟囱都冒烟。"夫妻之间，即使是最恩爱的夫妻，相互间也难免发生争吵。一般的口角，吵过之后也就完了；但是，如果争吵起来不加控制就可能使矛盾激化，引起意想不到的坏结果。所以，夫妻争吵有必要控制好"度"，即使在最冲动的情况下也不要超越这个界限。

1．不带脏字

夫妻争吵起来可能高声大嗓，说一些过激、过重的话，但是绝不要骂人，带脏字。有些人平时说话所带的脏字和不雅的口头禅，争吵时也可能顺口说出来。然而，这时对方不再把它当成口头禅，而视为骂人，同样会发生"爆炸"。

2．不揭短

一般来说，夫妻间对于对方的毛病、短处十分清楚。比如，对方存在生理缺陷，个子小、不生育，或有过失足等。在平时，彼此顾及对方的面子不轻易指出，可是一旦发生争吵，当自己理屈词穷、处于不利态势时，一方就可能把矛头对准对方的短处，挖苦揭短，以期制服对方。

有道是"打人莫打脸，骂人不揭短。"人们最讨厌他人恶意揭短，这样做只会激怒对方，扩大矛盾，伤害夫妻感情。

3．不贬低对方

夫妻争吵时难免各执一端，都感到真理在自己一方，对方在胡搅蛮缠，因而一方往往使用挖苦性语言贬低对方。例如，"和你说话简直是对牛弹琴！""你这个人四六不懂，简直不可理喻！""你是一个泼妇！""你是一个无赖！"这些贬低对方的话，同样容易刺伤对方的自尊心，对方为维护自己的尊严会坚决斗争到底的。

4．不翻旧账

有的夫妻争吵时，一方喜欢把过去的事情扯出来，翻旧账，拿陈芝麻烂谷子做证据，历数对方的"不是"和"罪过"，借以指责对方，证明自己正确。这种方式也是很蠢的。夫妻之间的旧账很难说得清。如果大家都翻对自己有利的那一页，眼睛向后看，这不但无助于解决眼下的矛盾，而且还容易把问题复杂化，新账、旧账纠缠在一起，加深怨恨。夫妻争吵最好"打破盆说盆，打破罐说罐"，就事论事，不前挂后连。这样处理问题，眼前

的矛盾才容易化解。

5．不涉及亲属

有的夫妻争吵时，不但彼此指责，而且可能冲出自家，把对方的老人、亲属也牵扯进来。例如，"你和你爸一样不讲理！""你和你妈一样混账！"如此把争吵的矛头同时指向长辈是错误的，也是对方最不能容忍的。

总之，夫妻争吵只要把握好一个"度"，就不会伤感情，"雨过天晴"，两人又会和好如初。

11.2.3 如何结束家庭冷战

在家庭中，当夫妻因某事发生矛盾出现冷战局面时，到一定程度时就要由一方首先采取行动打破沉默，这时另一方就会响应，夫妻握手言和，重归于好。打破沉默、消除冷战的方式有以下几种。

1．直言和解

如果双方的矛盾并不大，只是偶然出现的摩擦，一方就可以直截了当地向对方打招呼，打破沉默。如说："好了，过去的事就叫它过去吧，不要再生气了。"对方会有所回应，从而言归于好。

一方也可以装作把不愉快忘掉了，像什么事也没有发生似的，主动与对方说话，对方顺水推舟，这样也可以打破沉默。如上班前，丈夫突然对还在生气的妻子问："我的公文包呢？"见丈夫没有记仇，妻子也不好意思不理睬，应声道："不是在衣柜里吗？"这样就打破了僵局。

2．认错求和

如果一方意识到矛盾发生的主要责任在自己这方面，就应主动向对方认错，请求谅解。例如，"好了，这事是我不对，以后一定注意。""这件事是我考虑不周，责任在我，我赔不是，你就不要生气了；气出个好歹来，可划不来！"对方听了，一腔怒火也许就烟消云散。退一步说，即使错误不在自己方面，也可以主动承担责任，以便带来积极的效果。

3．幽默和好

开个玩笑是打破僵局的最佳方式。例如，"我说，你看世界上的冷战都结束了，我们家的冷战是不是也该缓解一下？""瞧你的脸拉那么长干什么！天有阴晴，月有圆缺，半月过去了，月儿也该圆了吧！女人不是月亮吗？"对方听了，脸色多会"多云转晴"。

4．借助中介和好

如果双方矛盾很大，当面说话担心对方不给面子，一方也可借助中介因素传递信息。比如，打电话就是一种方法。给爱人打电话，既可以认错也可以说明问题和愿望。只要对方接电话就有助于实现沟通、实现和解。还可以借助孩子搭桥。星期天，爸爸叫小女儿拉

第 11 章 家庭沟通

上妈妈一起出去玩，还在生气的妈妈不去，女儿不干，十分执拗，硬是把妈妈拉出了家门，就这样一家三口过了一个愉快的周末，回来的时候双方早就把不愉快抛到九霄云外去了。

总之，只要一方能针对矛盾的具体情况，采取相应的沟通方式，巧用言语，就可以很快打破僵局，使家庭生活恢复往日的欢乐与和谐。

11.3 长辈与晚辈的沟通

父母与孩子的关系虽然亲密，但是父母对孩子说话也并不能随随便便。因为，孩子与父母在年龄、阅历、心理等方面存在着很大差异，如果父母不注意这一点，对孩子说一些不该说的话，势必不利于孩子的健康成长。父母是孩子的第一任老师，父母的言行无时无刻不在潜移默化地影响着孩子。因此，父母在与孩子交往时应注意自己的言行。

1. 忌说损伤孩子自尊心的话

有些性格急躁的父母，对孩子恨铁不成钢，动辄用话语损孩子。什么"你这个笨蛋。""一点出息也没有。""活着干什么，还不如死了。"等。孩子耳濡目染，身心定会受到伤害。

"你怎么不像你姐姐？她门门功课都拿满分！"这样的话语，无疑能把孩子的自尊心破坏殆尽。许多家长意识不到他们正把不安传给孩子。"是啊，为什么我不能像她一样？父母不喜欢我了。"他的反应往往是：第一，觉得自己遭到了贬黜，一无是处甚至没有希望；第二，摆脱人见人爱的姐姐；第三，为没人喜欢自己而愤愤不平。

这时，父母正确的说法应该是："我知道你担心你的成绩不如姐姐好。但你要记住：你俩各有所长。我们也很看重聪明的孩子，你们各有惹人疼爱的优点。"

2. 忌说吓唬孩子的话

"如果你不立刻跟我走，我就把你一个人抛在这里！"你真会这么做吗？孩子当然希望你不会当真，因为小孩子最怕单独待在一个陌生的地方。但可能他听多了类似的威胁，已对此充耳不闻了。这种争执往往发生在公共场所，一旦你失去控制，孩子就赢了。较有效的方法是，当他太出格时，你把他抱起来。这样他就会明白你不允许他在公共场所胡闹。

常见的吓唬孩子的话有以下一些。

(1) 有些没经验的父母，当孩子哭闹时，或孩子不睡觉时，为了立见成效，便信口胡说。例如，"再哭老虎来了。""大夫来给你打针了。""狼来了！"等。

(2) 当孩子不听话，或惹了祸，有的父母就恫吓说："我打死你，我剁掉你的爪子，踢断你的腿。"更有甚者说："你要考不上大学，我就不认你这个儿子。"等。

这些话都是犯忌讳的，在与孩子的沟通中应努力戒除。

3. 忌说命令孩子的话

有些父母在孩子面前耍威风，没有一点民主氛围。有的家长对孩子一味地限制，什么

也不准。说话就是下禁令。例如，"放学后不许与同学玩，不许到同学家里去，不许把同学带到家里来。""你每天除了学习，别的什么也不许干。"由于孩子生活在命令中，孩子就会变得迟钝，没有创造力。这些扼杀人才的禁令，应该毫不犹豫地从父母的口头上去掉。

4．忌说气话

有些缺乏修养的父母，一不顺心就无端地牵连孩子，拿孩子撒气。例如，"去去去，滚一边去。""不要说话，给我装哑巴。"等。孩子有时问个什么问题，父母也没好气地说："不知道，别问我。"或"老问什么，没完没了的，别问了"……这些使孩子横遭冷落的气话，都是父母不应该说的。

5．忌说侮辱孩子人格的话

有的父母不理解孩子的心理，当发现孩子有什么"不端"，则认为大逆不道；不是冷静地把情况弄清楚，而凭主观臆断，说什么"你这个不要脸的小畜生""你这个小流氓"等。

稍为文雅一点的父母也有旁敲侧击、指桑骂槐的现象，弄得孩子反驳不好反驳，解释不好解释，只好心里不服也得忍着。

这些有伤孩子人格的、侮辱性的话，也是做父母的与孩子交往时坚决不能说的，它会严重地影响父母与孩子的亲密关系，破坏家庭的温馨与和谐。

6．忌说埋怨孩子的话

当孩子犯错误之后，他会感到很无助。"我怎么会这样？我真傻。"他后悔当初没听从父母的话。就在这时，妈妈说："我早就跟你说过会这样。"转眼间，孩子的无助就变成了自卫。出于对母亲轻蔑语气的反抗，出于承认自己蠢笨的自卑感，他开始为自己辩解，要么在绝望中屈服要么在愤怒中反叛，这样则不利于孩子的成长。

较好的表达方式是："你试过自己的方法了，可没成功，对吗？真为你难过。不过，我也是这么过来的。"这样，孩子就会感激父母的理解和帮助，消除防卫的心理，认真地反思事情的前因后果，从而吸取经验教训，把未来的路走得更好。

7．忌说欺骗孩子的话

有些父母对待孩子言行不一，言不行，行不果；说了不做，许愿不还。例如，我们经常听到有些父母这样欺骗自己的孩子："听妈妈的话，明天给你做好吃的。""好好帮妈妈干家务，过几天妈妈给你买新衣服。""好好念书，考出好成绩奖给你钱。"等。

这些话如果不落实，只是用来欺骗孩子，一次又一次，久而久之，孩子就不相信了。这样一来，父母说的这些话比没说还坏。这些诱惑孩子、说谎的话是有百害而无一利的，做父母的千万别随便说出来。

8．忌说过分宠爱的话

有些父母疼爱孩子过了头，便成了溺爱。我们常常会听到有些父母说什么："你是妈

妈的心肝儿。""你是妈妈的命根子。""你是爸爸的眼珠子。"等。有时，孩子耍泼，想要什么就要什么，父母不能很好地解释和引导，反而说："好，妈这就给你买。"更有甚者，有时候孩子在骂自己，自己还在笑；孩子打自己，自己还在说"好"。父母的这些言行会误导孩子，使孩子养成极端任性的坏习惯，不利于孩子的健康成长，做父母的一定要努力戒除。

9．忌说粗俗脏话

有些父母文化修养不高，对自己的语言不加注意，张口闭口污言秽语。还有些父母在孩子面前吵架，说出许多粗俗脏话或极不得体的话。父母的这种做法会影响到自己的孩子，导致孩子也跟着说粗俗脏话，在与人交往时语言粗鲁、用语不敬。鲁迅先生就曾抨击过我们的国骂，告诫我们要注意自己的语言和形象。为人父母者应引以为戒，万万不可因自己的失言而带坏了自己的孩子。

11.4　晚辈与长辈的沟通

晚辈与长辈的沟通是一种特殊的交流和沟通的过程。在一个家庭中，面对阅历丰富但性情固执的长辈，晚辈处于弱势地位。因此，为了增强说服的力度，他们应善于利用各种有利的因素，运用各种说服技巧，这样才能达到目的。

1．利用类比讲明道理

在说服过程中，晚辈可以巧妙地把长辈的经历和自己目前的状况相类比，以求得他们的理解，使他们没有反对的理由。

例如，有一位大学毕业生想到南方去闯一闯，家长不同意，他这样找理由说服："爸，我常听你说，你 16 岁时就离开家到外地上学，又找到工作，自己奋斗到今天！我现在出去比你当时还大两岁呢，我这是受你的影响才做出这样的决定，我想你会理解支持我的。"听了这话，父亲没有再坚持自己的意见，他只是说了这么一句："好，你长大了，像我的儿子。"儿子利用类比的方法终于成功地说服了父亲。

一般情况下，做长辈的都有自己认为辉煌的过去，他们免不了要以这些为资本对子女进行教育，要他们效法。对于已成年的子女而言，如果你想干一番事业却受到长辈的阻挠，就可以拿长辈的经历作为论据，进行类比，这种方式有很强的说服力。

2．以长辈的期望作为自己的旗帜

长辈对子女的未来都寄予厚望，望子成龙、望女成凤是他们梦寐以求的，而且在日常生活中他们常常教导子女要敢闯敢干，将来要做一个有作为、有成就的人。

在说服他们时，只要你提出的意见与他们所说的目标相一致，你就可以举起这面旗帜，作为有力的武器，为己所用。

例如，有一位职业高中毕业的青年自己到社会上谋职，找到一份民营公司的工作。这时，父亲正在托人给他联系一家国家机关，听了儿子的意向后父亲表示不同意。这时儿子

说："这个公司我了解过了,很有前途,生产的是高科技产品,和我学的专业很对口。再说,国家机关好是好,可是人才济济,我一个职业高中毕业生,到那里要想干出一番事业,恐怕机会不多。可是在这个公司就不同了,我去那里,总经理要我马上把技术工作抓起来,这是多好的机会。爸,我从小就依靠你们,您常批评我没有出息,没有主见,希望我成为一个敢说敢为的男子汉。我现在长大了,觉得您说得对,我这次的决心就是自己独立思考后定下的,我想您一定会支持我的。这么多年你们一直替我做主,您就让我自己作一次主,行吗?"听到这里,父亲还能说什么呢?他终于点头了。

一般来说,长辈们是很注意自身尊严的,对过去说过的话是不会轻易失信的,而且会立即兑现。所以,晚辈在说服长辈时,就可以适当地利用他们的这种心理,用他们的话作自己的旗帜,是很容易成功的。

3. 发挥坚决的震撼力

晚辈在说服长辈时要表明自己的坚决态度,让他们明白自己的选择是慎重的,是下了决心的,不管遇到什么样的情况自己都不会动摇,即使做出了错误的决定也准备独自承担责任,绝不后悔。

这种坚决态度具有柔中寓刚的作用,对于长辈有很强的震撼力。它可以使长辈看到子女是有主意、有责任感的人,既然他们决心已定,如果硬顶着反而会把事情搞僵,不如顺水推舟,成全他们,同意他们的意见。

例如,有一位女孩和单位里一个男孩谈恋爱,可是她的父母不同意,认为这个男孩工作不稳定。她和父母最后摊牌,说:"在这件事情上我的决心已定,我希望你们能理解女儿的心思。嫁过去后吃苦受累我认了,我心甘情愿。如果你们硬不同意,那也没有办法,你们就当没有生我这个不孝的女儿。不过,我内心是多么希望你们能理解和支持我呀!那样,我会很感激你们的。"话说到这份上,父母还能说什么呢?他们并不想失去女儿,既然女儿已经铁了心,父母为什么还要逼她呢?最后,他们同意了。在这个事例中,是女儿的决心起了决定性的作用。

最后需要指出的是,如果自己的意见不正确,甚至完全错误,那就不是你要说服长辈的问题,而是应该愉快地放弃自己的意见,采纳长辈的意见。当然,这同样也需要勇气和理智。

11.5 婆媳关系的沟通之道

11.5.1 婆婆与儿媳友好相处的沟通技巧

在家庭中,婆媳关系相处不好,责任在双方,但婆婆作为长辈居于主导地位,她们对于儿媳的态度,往往对彼此关系好坏有关键作用。因此,一般来说,在处理婆媳关系上,婆婆应做得更主动、更得体一些。作为婆婆,在同儿媳的关系上,应该注意以下一些问题。

1. 对儿媳不要苛求

婆婆要多了解儿媳的需求,替她们着想,多给以关照,这有助于加深感情,赢得她们的好感,很多矛盾就可能不发生或少发生。同时,对于儿媳的个性或存在的缺点,婆婆要宽容大度,不要苛求。儿媳是家庭的后来成员,她们的生活习惯对于新的家庭环境有一个适应的过程,婆婆要尊重她们的习惯和个性,不要在短时间内强求她们的一切都按自己的意愿来统一。如果要求过急、过分,彼此就会出现矛盾;长期如此,就会使矛盾表面化。在处理彼此间的分歧上,宽容比苛求更容易改善彼此的关系。

婆婆在平时的言语中,要充分表达对儿媳的关心和体贴,对她们的言行要给予宽容和谅解,如此,就能增进婆媳感情从而和谐相处。

2. 遇事要一碗水端平

在家庭中如果有几个儿媳或小姑子,婆婆要注意采取一视同仁的态度,不要有明显的倾向性。在这方面,儿媳们是十分敏感的。只要婆婆在言语或行为中有一点偏向,她们就会感到自己受到歧视而心怀不满。所以,明智的婆婆不论办什么事都要注意公平,说话不偏不倚,使儿媳提不出意见。这样婆媳关系就好处了。

例如,有这样一位婆婆,有两个儿媳和一个女儿,她在处理家事上注意采取民主方法,叫大家发表意见,统一思想后再行动。结果,儿媳的意见就比较少。

3. 说话要有分寸

婆婆对儿媳说话不能像对自己的女儿那样直出直入,要讲究一点说话的艺术。

(1) 对于儿媳的缺点,婆婆不要直言批评,特别是不要大声地呵斥,最好使用和风细雨的方式与她们心平气和地谈,相互交换意见,把问题解决好。

(2) 婆婆不要过多地指责她们的不足,尤其不要把她们的缺点到处扩散,要遵循"家丑不可外扬"的原则。

有的婆婆不懂得这一点,她们有意见不当面和儿媳说,而是到外面和街坊邻居说儿媳的不是。这样做既丑化儿媳,又不利于团结。一旦这些话传到儿媳的耳朵里,那就势必会在婆媳之间产生矛盾冲突。

(3) 婆婆要有意地多为儿媳说话。有心计的婆婆总是向着儿媳说话,甚至儿媳捅了娄子,自己还要主动承担责任,为她们开脱。例如,有这样一位婆婆,她很疼爱儿媳,很关照她。有一次,儿媳出去玩回来晚了,丈夫下班回来见没有做好饭,就要冲妻子发火。婆婆见状,马上出来说话:"你吵什么,是我叫她出去多玩一会儿,今天由我做饭,责任在我,不在她!"这样替儿媳把责任揽过来,使儿媳很感激,婆媳关系更密切了。

4. 多夸奖

恰到好处的夸奖是一门魅力无穷的艺术。做婆婆的应该掌握这门艺术。

例如,有这样一位高明的婆婆,儿媳做了双鞋子,或是织了件毛衣,她总要称赞几句;和领导闲聊,她常常要夸儿媳一番。一次,有位客人来访,对她说:"多年不见,您老人家精神更好了!"这本是句客套话,婆婆却顺势答道:"人逢喜事精神爽嘛,俺儿媳多体贴俺，俺一年到头喜滋滋的，真是越活越有劲，越活越年轻！"这几句话犹如一股暖流注入此时正在旁边的儿媳的心田。以德报德，她怎能不用优秀媳妇的高标准来严格要求自己呢？

5．多拉家常

家常话似是闲话、废话，其实闲话不闲，废话不废。婆婆主动跟儿媳拉家常，是婆媳间增进感情、缩短距离的有效形式。烹饪要领、编织花色、物价升降、奖金多少、南北名产、各地胜景、社会新闻、名人轶事，都可作为拉家常的内容。家常越拉越有趣，婆媳越谈越投机，絮絮绵绵，其乐无穷。

6．多交流想法

婆婆要知道儿媳的心，交流想法是不可或缺的一环。交流想法，实质是交心。婆婆把自己的心亮给儿媳，就能以心换心，达到心心相印。

也许有人说，婆媳之间又不是学术团体内部的同志关系，有何想法值得交流？其实不然，例如，添置家用电器的意见、赠送人情礼金的打算、旅游路线的安排、招待亲友的考虑、教育小孩的设想、社会现象的评析等，都可以拿来相互交流、商量、探讨。

7．掌握批评艺术

婆媳加强沟通，彼此关系就较易融洽。但婆媳朝夕相处，难免发生摩擦，如果儿媳有欠缺之处，婆婆批评几句未尝不可，但要注意如下几点。

(1) 泄怨排恼的批评只能加深彼此的裂缝。
(2) 心直口快的批评可能触伤对方的感情。
(3) 情热语妙的批评却能感化对方，跟表扬有异曲同工之妙。

11.5.2　儿媳与婆婆和睦相处的沟通技巧

在家庭中，婆媳关系是一对特殊矛盾。要处理好这对矛盾，儿媳有重要责任。俗话说："一个巴掌不响，两个巴掌叮当。"婆媳之间虽能各打五十大板，但作为儿媳一方的责任是推不掉的。那么，她们在说话中应如何处理与婆婆的关系呢？

1．要真心尊敬、孝敬婆婆

婆婆是长辈，做儿媳的要从内心尊重婆婆，在言语上关心婆婆。特别是在儿媳当权的家里，那就更应如此，决不能把婆婆当成多余的人，不能在言语中有丝毫的怠慢和不恭。否则，不仅对方不能接受，加深矛盾，而且还会引起社会舆论的谴责。

如果婆婆年事已高，身体有病，儿媳在平时说话中更应关心、照顾她，不说嫌弃她的话。当然，这一切应以儿媳对婆婆生活上的关心照顾为前提。只要儿媳做得更好些，婆婆就会十分感激，很多矛盾就不会发生。

2．对婆婆的言行要给予信任和理解

儿媳应善解人意，不要站在自己的立场上，对婆婆的言语产生这样或那样的不当想

第 11 章 家庭沟通

法，怀疑她的动机。有时候这种猜疑心理甚至会把婆婆的好心也想歪了，因而造成不良的后果。

例如，有一天，一户人家中的小姑子拿回来一身新衣服，很漂亮。儿媳看到了，心里不高兴，怀疑是婆婆偏向女儿，对自己不公。她越想越有气，就在说话时带刺儿。为了团结，婆婆上街买回来同样的衣服给儿媳，说："我不能亏待儿媳，一人一身！"后来，儿媳才知道小姑子找了对象，那件衣服是她对象给她买的，不是婆婆给买的。这时，她心里一阵自责，同时感念婆婆的宽容。以后，她再不多疑，转而信任婆婆，婆媳关系也密切多了。

3. 有话要说在当面，不在背后吹风

有些儿媳对婆婆有意见，不是当面提出来，而是到外面说三道四。甚至有的儿媳说话不文明，用指桑骂槐的方式表达自己的意见，这样很容易引起矛盾。正确的方式应当是儿媳以真诚的态度、善意的动机，把自己的意见当面提出来，大家心平气和地协商解决，最终统一思想，消除分歧，创造和睦的家庭气氛。

4. 口勤

口勤，就是要热情相待，问暖问寒，推心置腹。一些媳妇，跟母亲私房话说不完，在婆婆面前却无话可说，冷冷清清，自己都感到别扭，婆婆自然也不会舒畅。要改变这种气氛，作为晚辈，媳妇应主动亲热，多找话题。

首先，要勤叫。媳妇的一声"妈"可暖遍婆婆全身。可有些媳妇偏偏惜"妈"声如金银，轻易不肯出口。也有一些媳妇，干脆学孩子的口气，称婆婆为"奶奶"。跟婆婆分居的媳妇，走婆家时大多数是进门叫一声"妈"，出门辞别时说一声："妈，我走了。"仅此两声，似彬彬有礼，但亲热不够。如果媳妇能把拉家常和称呼交织在一起，气氛就会好得多。例如，"这几天怪冷的，妈，您只穿这么一点衣服，可不要着凉啊。""这么细的针都能穿，妈眼神真好！"等。

其次，要勤谈。街头趣事、社会新闻、电影情节、戏曲唱腔、工作单位、家庭琐事、绒线花色、衣裤式样、读报偶感等，无一不可作为话题。社会沟通较少、消息闭塞的老人，尤其是整天围着锅台转的退休婆婆，更是渴望知道家门外的一切新鲜事，如果能从媳妇口中获得各种信息，那真是其乐融融。

11.6 家庭角色沟通

在一些家庭中，随着时间的流逝，新鲜感逐渐消失，琐碎的家务事形成了一些积怨，家庭中的婆媳矛盾逐渐产生了。眼看爱妻、慈母整日愁眉苦脸，唇枪舌剑，作为"丈夫"和"儿子"的男人既感到烦恼，又束手无策。都说儿媳妇难当，婆婆难当，其实有时"丈夫"和"儿子"这个双重角色更尴尬。

那么，在家庭矛盾中，要成功地扮演好"丈夫"和"儿子"这个双重角色，他的言语非常重要。如果他善于说话，那他就常常能够很好地协调、处理好妻子同母亲之间的关

系，消除家庭矛盾，增强家庭凝聚力。

1．妥善地搞好信息传递

由于丈夫和儿子这个特定的身份，母亲和妻子都会对他十分亲近，愿意将自己的想法向他吐露。男人对这些"信息"决不可置之不理，因为在大多数情况下，这些信息在妻子和母亲之间是互相得不到的，而时间一长，她们之间内心的想法就会积累成矛盾。"理"并不是男人将一方的话简单地告诉另一方，而是要对这些想法进行"处理"，达到对方可以接受而不至于引起反感的程度。

这时，正确的处理方法是，男人把自己看到的、想到的，用"提示"、"当参谋"的方式提出来。

例如，母亲反映妻子早上起来晚了一些，丈夫就可以对妻子说："××，我看母亲年龄大了，这一段又挺累，以后我们早些起来把饭做好。"妻子反映母亲为家里买什么东西她都不知道，儿子就可以对母亲说："妈妈，××买东西很有审美观点，再买东西可以请她帮您参谋参谋。"这样，"信息"传递了，而且双方都没有想法，矛盾也就被消灭在萌芽之中了。

2．不偏不倚，关心重视如初

由于"丈夫"、"儿子"这种双重身份，他在这个家庭中的一言一行，对妻子和母亲来说都是很敏感的，做得好会起到示范作用；做得不好，就会使妻子或母亲"多心"，留下"话柄"，产生矛盾。

男人要扮演好自己的双重角色，首先应该做到，对待父母要比婚前更尊重，特别是在妻子面前更要注意。家中的事要主动与父母商量。男人应注意关心老人的生活，除了吃、穿外，还要注意精神赡养，在言语上多关心体贴他们，问寒问暖。

其次，妻子家来人，特别是岳父、岳母串门，要十分热情，买些什么东西，带些什么东西，都是要你首先去说、主动去办的。

总之，男人要在家庭中营造尊老爱幼、礼貌、友好待人的氛围，并逐步使其成为一家人处事的准则。

3．多做"和稀泥"的工作

婆媳之间有意见，最好是经过"丈夫"和"儿子"这个中间环节把它化解掉。但有时由于某种原因，婆媳拌了嘴，在这种情况下，男人决不能参与其中，帮助一方而责备另一方，而应该做一些和稀泥的工作。

(1) 先用诙谐的语言将她们劝开，然后分别认真听她们诉说。一般来说，家庭琐事没有必要分谁是谁非，这样做的目的是让她们把心中的积怨都倾吐出来，取得她们的信任，暗示自己要帮助她们解决问题。

(2) 当她们消气以后，分别肯定她们的一些正确做法，然后站在她们的角度上，设身处地地帮助她们分析哪些事做得不对。这样，她们都会感到，你为她们争了理，但同时又为自己某一点做得不合适而内疚。

第11章 家庭沟通

(3) 之后，为了消除隔阂，加深她们之间的感情，你在一些事情的处理上不妨做点"手脚"。例如，丈夫买点好吃的东西给母亲送去时说："××感到对不住您老，买点东西请您用。"然后提议晚上吃点饺子，在吃饭时，丈夫对妻子说："妈妈看你这几天不爱吃饭，特意包的饺子，多吃些吧。"这样，双方的心都热乎乎的，你敬我一尺，我敬你一丈，感情又和好如初，甚至比以前更好了。

4. 利用"可借用力量"进行沟通

家里有的事自己不便说，可以把意图渗透给岳母、妻子的姐妹或自家的姐妹，以及其他妻子和母亲很信任的人，这些人的话会更容易被妻子、母亲接受，通过他们做工作，效果会更好。

思考与练习

1. 结合你多年来的家庭生活实践，举例说明在家庭沟通中存在哪些障碍和问题。并提出可以解决这些障碍和问题的有效方法。

2. 你认为在当前的社会背景下，影响家庭中晚辈与长辈之间有效沟通的主要原因是什么？并提出切实可行的解决方法。

3. 阅读下面的一则故事，结合生活实际说说家庭成员之间信息堵塞的危害，并说明如何做才能有效地保证家庭沟通中信息传递的准确和畅通。

一对夫妻有一天闹不和，打算各睡各的，互不讲话，有事写字条。晚上，丈夫给妻子留了一张字条，上写："明天我有个会议，早上7点叫我。"然后放在妻子的床头边。第二天，丈夫醒来一看，已经8点了。他非常气愤，跑去质问妻子。但是发现妻子早已经出去了。没办法又回到卧室，发现枕边有一张字条，上写："死鬼，都7点半了，还不起床。"

4. 阅读下面的一则案例，说说婆婆应如何与儿媳友好相处，当出现一些误解时，又应当如何去化解。

一位婆婆对刚娶进门的媳妇甚为不满，媳妇的一点小差错都会引起婆婆的勃然大怒。她一会儿抱怨媳妇厨艺不够精湛，连葱、蒜、韭菜都分不清，炒的菜让人无法下咽；一会儿又抱怨媳妇根本无心打理家务，而且常常加班到半夜才回家，也不晓得是不是真的加班。

她甚至连儿子感冒发烧也算到媳妇头上去，抱怨连丈夫的身体都照顾不好，还怎么做人家老婆？

直到有一天，一个老朋友到家里来做客，婆婆哪壶不开提哪壶，当着老朋友的面又开始埋怨媳妇的不是，指着阳台上的衣服说："我真不知道她妈妈是怎么教她的，连衣服都洗不干净，你看看，衣服上斑斑点点的，她洗了老半天还是那个样子，真是浪费那些洗衣服的水！"

这位朋友听了婆婆的话之后，向阳台上仔细地瞧了一下，这才发现了问题的症结所在。他用抹布把窗户擦了擦，然后拉着婆婆再朝阳台望去，婆婆大吃一惊，那些晾在阳台

上的衣服居然一下子就变干净了，婆婆这才明白，原来不是媳妇的衣服洗不干净，而是家里的窗户脏了。

从此，她不再带着有色眼镜看待媳妇，婆媳两人相处得越来越好，简直像一对亲母女。

5. 结合下面的一则案例，谈谈应该如何认识并解决家庭危机。

有这样一个家庭，男主人在公司加班，周六、周日也要加班，几乎就不在家里待；女主人在除去兼职的空当，还要参加孩子学校里的家长会，也不大在家；孩子每天去辅导班学习，学到很晚，所以一家人回家的时间不一样，饭也是各吃各的。在这样的家庭里，每个人都还经常会认为自己有着各种各样的理由，这真是没有办法的事情。

如果这样下去，在不久的将来，家庭就会面临崩溃的危险。现在的家庭仅仅就是吃饭、洗澡和睡觉的场所，已经完全不是家庭应该有的状态了，所以这种状况是非常危险的。

第3部分 拓 展 篇

第12章 沟通礼仪

《诗经》云:"相鼠有皮,人而无仪!人而无仪,不死何为?……相鼠有体,人而无礼!人而无礼,胡不遄死?"礼仪是人类文化的一个重要组成部分,是人类文明进步的标志。它不仅是社会生活的要求,也是一个人甚至一个民族文明程度的体现。在漫长的人类历史长河中,礼仪的内容和形式一直发生着变化,但它始终是人类社会生活不可或缺的要素之一。

虽然生活中的礼仪细节并非人人都能全部学到,但只要我们把礼仪的原则铭记于心,贯穿于行,那么礼仪这种文化现象就能在社会生活中发挥它应有的功能。在人际沟通中,礼仪规范,就能使大家相处得和谐、愉快。在商务沟通中注重礼仪的规范,不仅会有利于个人商务形象的塑造,还会对企业良好形象的塑造起到促进与推动作用,更会让你的人生受益匪浅。如今的社会已经进入全面公关的时代,熟练地掌握和运用沟通礼仪已经是大学生必备的能力之一。

通过本章的学习,应掌握常用的个人礼仪、职场礼仪、语言礼仪及家庭礼仪等方面的基本知识;学会在不同的场合下,熟练而准确地运用个人礼仪、职场礼仪、语言礼仪及家庭礼仪等与他人沟通;在不断的实践锻炼中修养自己,使自己成为一个以礼待人、善于沟通的高素质的应用型人才。

12.1 个 人 礼 仪

12.1.1 微笑的礼仪

笑是眼、眉、嘴和颜面动作的集合,是一种令人感觉愉快的面部表情,它是最美好的形象。在千变万化的面部表情中,微笑是最美的,它可以缩短人与人之间的心理距离,为深入沟通与交往创造和谐的氛围。在人们越来越渴望得到他人尊重的今天,微笑成为人际交往中不可缺少的礼节。因此,我们在工作与生活中,若想营造良好的交际氛围,获得良好的人际关系,就要尽量地把真诚友好的微笑奉献给他人。

1. 微笑的方式

微笑的方法是以额肌收缩,眉位提高,眼轮匝肌放松;两侧颊肌和颧肌收缩,肌肉略隆起；两面侧笑肌收缩，稍微下拉，口轮匝肌放松；嘴角微微上提，嘴唇呈半开半闭状，不露齿为最佳。

微笑的基本做法是不发声、不露齿，肌肉放松，嘴角两端向上略微提起，面含笑意，使人如沐春风。微笑需发自内心。当一个人心情愉快、兴奋或遇到高兴的事情时，都会自然地流露出这种笑容。这是一种内心情感的自然流露。发自内心的微笑既是一个人自信、真诚、友善、愉快的心态的表露，同时又能营造明朗愉快和亲切的交际氛围。而矫揉造作的微笑，给人一种不真诚、不友善的感觉，也会给我们的工作与交往带来阻碍与阴影。

微笑是人际交往中最富有吸引力、最有价值的面部表情，但也要注意区分场合，要笑得得体、笑得适度，这样才能充分表达最美好的感情。与人初次见面，给对方一个亲切的微笑，会拉近双方的心理距离，消除双方的拘束感；与朋友同事见面打招呼，略带微笑，显得和谐、融洽；上级给下级一个微笑，会让人感到平易近人。正式场合的笑容要适度，故意遮饰笑容、抑制笑容不但有损美感，而且有碍身体健康。而放声大笑或无节制的笑同样不雅，无原因的边看别人边哈哈大笑，则更为无礼。在各种场合只有恰如其分地运用微笑，才能达到传递情感的目的。

2. 笑容的禁忌

(1) 忌冷笑。冷笑有讽刺、不满、不以为然的意味，容易让人产生敌意。

(2) 忌假笑。假笑违背笑的真实性原则，不但毫无价值，还让人厌烦。

(3) 忌怪笑。怪笑多含有恐吓、嘲讽之意，让人十分反感。

(4) 忌窃笑。窃笑多表示洋洋自得、幸灾乐祸或看他人的笑话。

(5) 忌狞笑。狞笑多表示惊恐、愤怒或吓唬他人。

12.1.2 站姿的礼仪

无论是在社交场合，还是在日常交往中，站姿都是一种最基本的举止。站立是静态造型的姿态，是优美仪态的起点，因此，站姿不仅要挺拔，还要优美典雅。站姿的基本要求是"站如松"，基本要领是头平正，双肩平，两眼平视，下颚微收，面带微笑，挺胸，收腹，立腰，双肩放松，双臂自然下垂，双手在背后交叉或体前交叉，双腿直立。

1. 站姿的规范方式

两脚跟靠拢，身体重心主要落于脚掌、脚弓上。脚尖开度为 45°～60°，两脚并拢立直，髋部上提。

两肩放松，气下沉，自然呼吸。两手臂放松，自然下垂于体侧，虎口向前，手指自然弯曲。

腹肌、臀大肌微收缩并向上挺，臀、腹部前后相夹，髋部两侧略向中间用力。脊椎、后背挺直，胸略向前上方挺起。

脖颈挺直，头顶上悬。下颌微收，双目平视前方。

第 12 章　沟通礼仪

2．站姿的注意事项

(1) 站立时，以鼻子为中线的人体应大体成直线，使竖看有直立感；肢体及身段应给人舒展的感觉，使横看有开阔感；从耳至脚踝骨应大体成直线，使侧看有垂直感。

(2) 站立交谈时，身体不要倚门、靠墙、靠柱，双手可随说话的内容做一些伴随手势，但动作不能太多、太大，以免显得粗鲁。不要将手插入裤袋或交叉抱在胸前，更不能下意识地做小动作。

(3) 站立时不应东倒西歪、两脚间距过大、耸肩驼背或左摇右晃。

3．不同场合的站姿要求

在升国旗、接受奖品、致悼词等庄严的仪式场合，应采取严格的标准姿态，而且神情要严肃。

主持文艺活动、联欢会时，可以将双腿并拢站立，女士可以站成丁字步，让站姿显得更加优美。

礼仪小姐的站立，一般采取丁字步或立正的姿势。若是双手端物品，上手臂应靠近身体两侧，但不必夹紧，下颌微收。

侍应人员因站立时间很长，因此双腿可以平分站立，双腿分开不宜超过肩。双手可以交叉或前握垂放于胸前，但要注意收腹。

12.1.3　坐姿的礼仪

坐姿往往是人们采用最多的姿态，坐相的好坏直接影响到你在他人心目中的形象。优雅的坐姿传递着自信、友好、热情的信息，同时也显示出高雅庄重的良好风范。

1．就座时的礼仪

入座时走到座位前，转身后把右脚向后撤半步，轻稳坐下，然后把右脚与左脚并齐，坐在椅上，上体自然挺直，头正，表情自然亲切，目光柔和平视，嘴微闭，两肩平正放松，两臂自然弯曲放在膝上，也可以放在椅子或沙发扶手上，掌心向下，两脚平落地面，起立时右脚先后收半步然后站起。

一般来说，在正式社交场合，要求男性双腿之间可有一拳的距离，女性两腿并拢无空隙。两腿自然弯曲，两脚平落地面，不宜前伸。在日常交往场合，男性可以跷腿，但不可跷得过高或抖动，女性大腿并拢，小腿交叉，但不宜向前伸直。

要想坐姿更加的优美，入座时就要轻柔和缓，就座时不可以扭扭歪歪，两腿过于叉开，不可以高跷起二郎腿，若跷腿时悬空的脚尖应向下。坐下后不要随意挪动椅子、腿脚不停地抖动。女士着裙装入座时，应用手将裙装稍稍拢一下，不要坐下后再站起来整理衣服。在正式场合与人会面时，不可以一开始就靠在椅背上。就座时，一般至少坐满椅子的三分之二，不可坐满椅子，也不要坐在椅子边上过分前倾。

2．离座时的礼仪

(1) 礼貌声明。离开座椅时，身边如果有人在座，应该用语言或动作向对方先示意，随后再站起身来。

(2) 注意次序。和别人同时离座时，要注意起身的先后次序。要优先尊长，即地位低于对方时，应该稍后离座；地位高于对方时，可以首先离座；双方身份相似时，可以同时起身离座。无论如何，抢先离座都是失态的表现。

(3) 动作轻缓。离座时要注意礼仪序列，不要突然起身离座，惊吓他人，最好要动作轻缓。不要因为不注意而弄出响声或将椅垫、椅罩弄掉在地上。

(4) 从左离开。"左出"是一种礼节。不论是从正面、侧面还是背面走向座位，通常都讲究从左侧一方离开自己的座位。

3．座位高低不同时的坐姿礼仪

正常的座位：两脚尽量向后左方，让大腿和上半身呈 90°以上角度，双膝并拢，再把右脚从左脚外侧伸出，使两脚外侧相靠，这样不但雅致，而且显得文静而优美。

较高的座位：上身要正直，但可以跷大腿。其方法是将左腿微向右倾，右大腿放在左大腿上，脚尖朝向地面，不要右脚尖朝天。

较低的座位：轻轻坐下，臀部后面距座椅背约 2 厘米，背部靠座椅靠背。若穿的是高跟鞋，坐在低座位上，膝盖会高出腰部，应当并拢双腿，使膝盖平行靠紧，然后将膝盖偏向对话者，偏的角度应根据座位高低来定，但以大腿和上半身构成直角为标准。

4．最为常用的坐姿礼仪

(1) 正襟危坐。上身与大腿、大腿与小腿、小腿与地面，都应当成直角。双膝双脚完全并拢。这种坐姿是最基本的坐姿，适用于最正规的场合。

(2) 大腿叠放。两条腿的大腿部分叠放在一起。叠放之后位于下方的一条腿垂直于地面，脚掌着地。位于上方的另一条腿的小腿则向内收，同时脚尖向下。这种坐姿多适用男士在非正式场合采用。

(3) 垂腿开膝。上身与大腿、大腿与小腿都成直角，小腿垂直于地面。双膝分开，但不能超过肩宽。这种坐姿较为正规，多为男士所使用。

(4) 双腿叠放。将双腿完全地一上一下交叠在一起，交叠后的两腿之间没有任何缝隙，犹如一条直线。双脚斜放于左或右一侧，斜放后的腿部与地面呈 45°角，叠放在上的脚尖垂向地面。这种坐姿适合于身份地位高的人士，或穿短裙子的女士采用。

(5) 双脚交叉。双膝先要并拢，然后双脚在踝部交叉。交叉后的双脚可以内收，也可以斜放，但不宜向前方远远直伸出去。这种坐姿适用于各种场合，男女都可选用。

(6) 双腿斜放。双膝先并拢，然后双脚向左或向右斜放，力求使斜放后的腿部与地面成 45°角。这种坐姿适用于穿裙子的女士在较低处就座使用。

(7) 前伸后屈。大腿并紧之后，向前伸出一条腿，并将另一条腿屈后，两脚脚掌着地，双脚前后要保持在同一条直线上。这种坐姿是适用于女性的一种优美的坐姿。

(8) 双脚内收。两大腿首先并拢，双膝略打开，两条小腿分开后向内侧屈回。这种坐姿可在一般场合采用，男女都比较适合。

12.1.4 行走的礼仪

古人有言:"中国有礼仪之大,故称夏,有服章之美,谓之华。"中国,素有礼仪之邦的美誉,中国人遵守礼仪亦是源远流长。在公共场所步行时,需自尊自爱,以礼待人。走路是一项必不可少的举止行为,因此,走路不但要遵守交通规则,还有一些基本的礼仪要求应当遵守。

1. 走姿的基本要求

(1) 脊背与腰部要伸展放松,脚跟要首先着地,并走出直线。

(2) 走路时上身自然挺拔,双目向前平视,微收下颌。挺胸、收腹、立腰,重心稍向前倾,大臂带动小臂自然前后摆动。

(3) 步行时,跨出的步子应是全部脚掌着地,膝和脚腕不可过于僵直,应该富有弹性,膝盖要尽量绷直,双臂应自然轻松摆动,从而使步伐有节奏感。

2. 根据着装的变化掌握不同的步态

(1) 穿西装时要注意挺拔,保持后背平直,两脚立直,走路的步伐可略大些。手臂放松,伸直摆动,不能晃肩,髋部不要左右摇摆。

(2) 穿旗袍时要求身体挺拔,下颌微收,走路幅度不要过大,两手臂在体侧摆动不宜过大。

(3) 穿长裙时走路要平稳,步幅可稍大一些,保持裙摆的摆动与脚步协调。

(4) 穿短裙时,行走步幅不宜过大,速度可稍快。

3. 行走的礼仪

在公路上行走时,要自觉地走人行道,不要走行车道,还应自觉让出专用的盲道。无人行道时,应尽量走路边。在道路上行走时,按惯例应自觉走在右侧一方,不可逆行左侧一方。

走路时切不可做一个失礼的莽汉。多人一起步行,尤其是与尊长、异性一起在较为正式的场合步行时,一定要注意位置的具体排列应符合礼仪。多人并排行走时,其规则是:两人时,以右为尊,以内侧为尊;以左为卑,以外侧为卑。并行者多于三人时,以居中者为尊。多人单行行走时,以前为尊,以后为卑。所以,要尽量让尊长或女性走在中间和内侧。

走路时忌多人携手并肩前行,那样会阻碍别人行走,而且还不利于交通安全,当走在狭窄的道路时,很容易被来往的车辆刮到。

在道路上行走时,行动不要太慢,应该保持一定的速度,以免阻挡身后的人,更不要在路上停留、休息或与人长谈。

走路时不要吃零食,这样不仅吃相不雅,也不卫生,而且,还有可能给其他行人造成不便。不要认为走路吸烟是一种帅气的行为,那样其实会令人望而生厌。

走路时不要随手丢弃废物,应将废弃物品投入专用垃圾箱。

走路时需要清嗓子、吐痰，应在旁边无人时，将痰吐在纸巾里包好，然后投入垃圾箱，不要将其咽下，更不能随地乱吐，也不能直接吐入垃圾箱。

恋人或夫妻一起走路时，不应有勾肩搭背、搂搂抱抱等不雅举止，不能表现得过分亲密。因为这种行为极不自重，而且令旁人鄙视。

街头发生冲突时，切莫围观、起哄，应进行劝阻。对于陌生的异性，不要频频回首顾盼，更不能尾随其后进行骚扰。

对公共场所的各种设施、物品，要自觉爱护。不要攀折树木、采折花卉，践踏绿地、草坪或在墙壁上信手涂鸦、划痕。

对毫不相干的私人居所，不要贸然上前打扰，不要在别人家的门口、窗口、墙头偷偷观望，窥视他人的隐私。

走路时要遵守交通规则，过马路要走人行道、天桥或地下通道，要看红绿灯或听从交警指挥。不要乱闯红灯，翻越隔离栏，或在马路上随意穿行。

切忌冷面视人。熟人相遇，要问候，要用适当的方式与对方打个招呼。对不相识的人，如正面接触，也应点头友好示意。

有人问路时，应真诚相助，不要不理睬。若向他人问路，事先要用尊称，事后要微笑致谢。

遇到老弱病残者，或孕妇、儿童有困难时，应主动上前帮忙，不要歧视，更不要讥讽或呵斥。

通过狭窄的路段时，应请他人先行。在拥挤处不小心碰到别人，要立刻说"对不起"，对方应答以"没关系"。以粗鲁的态度予以回复，是非常不礼貌的行为。

12.1.5 手势的礼仪

手是人的身体上最灵活自如的一个部位，所以手势是举止仪态礼仪之中最丰富、最有表现力的。不同的手势所构成的手势语也不尽相同，千变万化，十分复杂。在不同国家、不同地区、不同民族，由于文化习俗的不同，手势的含义也有很多差别，甚至同一手势表达的含义也不相同。因此，手势的运用只有合乎礼仪，才不至于无事生非。

1. 几种常用的手势语

(1) 前摆式手势语。五指并拢，手掌伸直，自身体一侧由下向上抬起，以肩关节为轴，手臂稍曲，到腰的高度在身前右方摆到距身体 15 厘米处时停止。若右手拿着东西或扶着门，这时要向宾客做向右"请"的手势时，可以用这种手势语。

(2) 直臂式手势语。手指并拢，掌伸直，屈肘从身前抬起，向应到的方向摆去，摆到肩的高度时停止，肘关节基本伸直。需要给宾客指方向时，可采用这种手势语。

(3) 横摆式手势语。五指伸直并拢，手掌自然伸直，手心向上，肘微弯曲，腕低于肘。以肘关节为轴，手从腹前抬起向右摆动至身体右前方，并与身体正面成 45°角时停止。同时，脚站成右丁字步。头部和上身微向伸出手的一侧倾斜，另一只手下垂或背在背后，面带微笑。在商界场合中表示"请""请进"时常用这种手势语。

(4) 双臂横摆式手势语。当来宾较多时，表示"请"可以动作大一些，这时候可采用双臂横摆式手势语。即两手从腹前抬起，手心向上，同时向身体两侧摆动，摆至身体的侧前方，上身稍前倾，微笑施礼，向大家致意，然后退到一侧。

(5) 斜摆式手势语。手先从身体的一侧抬起，到高于腰部后，再向下摆去，使大小臂成一斜线。请客人就座时，手臂摆向座位的地方时，可使用这种手势语。

2．几种手势的不同解释

(1) 掌心向下的招手动作。在我国，向别人招手，并要求他向你走过来，一般为掌心向下，手掌上下轻微晃动。但在美国这是叫狗的动作。

(2) 跷起大拇指手势。在我国和一些国家，这一手势一般都表示顺利或夸奖别人。但也有很多例外，在美国和欧洲部分地区，表示要搭车，在德国表示数字"1"，在日本表示"5"，在澳大利亚就表示骂人。与别人谈话时将拇指跷起来反向指向第三者，即以拇指指腹的反面指向除交谈对象外的另一人，是对第三者的嘲讽。

(3) V形手势。这种手势表示"胜利"。在我国过去表示"二"，在英国、新西兰等国家，手心向外的V形手势是表示胜利，若手心向内，就变成骂人的手势了。

(4) 举手致意。举手致意也叫挥手致意，用来向他人表示问候、致敬、感谢。当你看见熟悉的人，又无暇分身的时候，就举手致意，可以立即消除对方的被冷落感。要掌心向外，面对对方，指尖朝向上方，伸开手掌。

(5) OK手势。拇指、食指相接成环形，其余三指伸直，掌心向外。这种手势在美国表示"了不起、顺利"的意思；在日本、韩国，则表示金钱；在泰国表示"没问题"；在法国表示"零"或"毫无价值"。

3．手势语中的禁忌

掌心向下挥动手臂，勾动食指或除拇指外的其他四指招呼别人，用手指指点他人等。这是非常失敬于人的手势。

在他人面前掏耳朵、搔头皮、抠鼻孔、剜眼屎、剔牙齿、摸脚丫、抓痒痒等手势很不卫生，不仅是不当之举，而且也极为令人反感。

在公共场合，双手小动作过多，或是咬指尖、抬胳膊、折衣角、挠脑袋、抱大腿等手势，都是不稳重的手势。

12.2　职场礼仪

12.2.1　领导对下属的礼仪

1．与下属平等地相处

掌握好平等地与下属相处的方法，也就掌握了公司快速成长的捷径。上司是公司的领导核心，是权利的拥有者，在有些场合，出于工作需要，确实可以强调自己的身份、地位，以利于充分发挥权力的职能作用。但是，作为上司，千万不能因为自己拥有一定的权

力就处处高人一筹，处处以严肃的面孔出现，给人以居高临下的感觉。这样你的下属就会觉得你面目可憎，从而不愿接近你，你也就难以与下属建立融洽的上下级关系。

2．讲究批评的艺术

批评是让人改正错误的方式，但是批评也要讲究艺术。恰当的批评会对对方敲响警钟，使之改正错误；反之，则会适得其反，弄巧成拙。在工作中，员工难免会犯错误，因此，领导要想纠正错误，批评员工一定要注意场合，最好是在第三者不在场的情况下进行，否则，再温和的批评也有可能伤害受批评人的自尊，因为他会觉得在同事面前丢了面子。他或许以为你是有意让他出丑，或许认为你这个人不讲情面，不讲方法，没有涵养，甚至在心里责怨你动机不善。如果批评人不注意场合，会带来许多的副作用，受批评者会心生怨恨，这样批评人、改变人的目的就很难达到。

3．鼓励下属

老板是整个公司的核心，因此必须具有别人所不及的洞察力，懂得适时地鼓励你的员工，这才是一个成功老板的明智之举。如果你的下属工作勤恳，十分卖力，长期默默地为你工作，使你的公司蒸蒸日上；如果你的下属经常给你提出一些合理化建议，使你深受启发；如果你的下属具有良好的表现，给公司带来收益，为公司做出贡献，那么你作为领导，千万不要吝啬自己的腰包，要不失时机地送一个红包。这会让所有员工都感觉到，领导的眼睛是雪亮的，认为自己的努力没有白费，多流出一滴汗水就会多一分收获。

4．关心下属

作为领导不仅要在工作上给予下属帮助，还要在生活上给予关心、照顾。对一些在工作上认真努力，而家庭贫困的下属，领导应当主动到家中慰问，表达自己的关心，同时给予下属适当的帮助，减轻下属的负担。这样，下属也会竭尽全力地为公司工作。

5．肯定下属的成绩

身为一位管理者，最重要的工作之一，就是成为一个为下属喝彩的领导人。也就是说，一个管理者必须是第一个注意下属优秀表现的人，并且称赞他们。在公司里，无论他们是管理人员还是普通工作人员，都希望自己的工作能被肯定。谁也不愿意自己辛辛苦苦地干了半天，却得不到领导的一点肯定。假如一个员工老是得不到肯定，那么他今后肯定会失去对工作的兴趣，失去工作的主动性。领导如果了解人的这一心态的话，可以随时给员工必要的鼓励，达到鼓励士气、鼓舞人心的效果。

6．与员工分享利益

利益与员工分享，这是市场经济条件下企业利益的可取的分配原则，是对员工劳动价值的承认，让员工共享企业的发展成果，也是现代企业管理的重要意义。关心、爱护员工，尊重、理解员工，努力营造企业的良好环境，把每个员工都当作家庭中的一员对待，营造家的温馨，才能形成亲和力和向心力。反之，只顾企业利益，只顾自己多获利，只愿员工拼命多干活，却不让员工分享利益，那么这样的企业是不会有什么前景的。

7. 尊崇有才干的下属

领导不可能在各个方面都表现得出类拔萃，而下属在某些方面也必然会有某些过人之处。作为领导，对下属的长处应及时地给以肯定和赞扬。如接待客人时，将本单位的业务骨干介绍给客人；在一些集体活动中，有意地突出一下某位有才能的下属的地位；节日期间到为单位做出重大贡献的下属家里走访慰问等，都是尊重下属的表现。这样做，可以进一步激发下属的工作积极性，更好地发挥他们的才干。相反，如果领导嫉贤妒能，压制人才，就会造成领导和下属的关系紧张，不利于工作的顺利开展。

8. 培养领导的人格魅力

作为领导，除了拥有权力外，还应有自己的人格魅力。如良好的形象、丰富的知识、优秀的口才、平易近人的作风等，这些都是与领导的权力没有必然联系的自然影响力，但这种自然的影响力会拉近领导与员工的距离。

12.2.2　下属对领导的礼仪

与领导相处的好坏直接影响着一个人在公司的发展前途。因此，职场中人都为怎样与领导相处伤透脑筋。其实，与领导相处并没有那么困难，只要掌握了一定的礼仪规范，与领导相处便轻松自如。

1. 与领导相处的礼仪

公司的领导，一般具有较高的威望、资历和能力，有很强的自尊心。作为下属，应当维护领导的威望和自尊。在领导面前，应有谦虚的态度，不能顶撞领导。特别是在公开场合，尤其应注意，即使与领导的意见相左，也应在私下与领导沟通。下属对领导在工作方面的安排，必须服从，即使有意见或不同想法，也应执行，对领导指挥中的错误可事后提出意见，或者执行中提出建议。值得注意的是，在工作中给领导提建议时，一定要考虑场合，注意维护领导的威信。要根据领导的个性特点确定具体的方法。不要急于否定原来的想法，而应先肯定领导的大部分想法，然后有理有据地阐述自己的见解。

2. 对领导称呼的礼仪

对上级的称呼应该严肃、认真，要分清场合，称呼领导时最忌讳使用简称，如对"李处长"称其为"李处"，这是不礼貌、不尊敬的称呼。正式场合还需使用正式称呼。如果你是公司新成员，还不清楚各位领导的职务、姓名，在称呼领导前应向老同事请教，他们都会非常愿意地告诉你。

3. 与领导握手的礼仪

与上级握手，首先要注意的是，一定要等上级伸手后你再伸出手迎合领导。另外，与领导握手时，不要迅速将手抽出来，也不能过于用力，而要让领导掌握时间和力度。不论上级是男性还是女性，上级欲和你行握手之礼，都必须热情予以迎合。你可用双手与上级握手，但异性之间最好不要这样。

4. 与领导打招呼的礼仪

上下级见面时，打招呼是必要的，按照打招呼的先后顺序，下级应该先与上级打招呼。如果上级与其他人在一起，应从级别最高的人开始问候。

打招呼的目的是向对方表达一种敬意，如果态度不好会起到适得其反的作用。与领导见面时，首先应热情主动地与领导打招呼，面带微笑、热情大方，不要夸大表情或扭捏作态。其次，不要等领导先跟你打招呼，而要主动向领导问好，否则领导会觉得你很自大、目中无人。当你想与领导打招呼时，刚好赶上领导与其他人谈话，此时，你应该向他微笑点头以示敬意。

12.2.3 下属汇报工作的礼仪

向领导汇报工作情况，是下属的一项重要工作内容。在汇报工作时，若想与领导有良好的沟通，并让领导认同你的工作想法，就必须以严肃而正确的态度对待汇报工作，讲究汇报工作时的礼仪。

遵守时间是汇报工作最基本的礼仪。下级向上级汇报工作，务必准时按约定的时间到达，过早或过晚到达都是不礼貌的行为。如果过早到达，会让领导因准备不充分而显得难堪；超过约定时间到达，则又会因让领导等候过久而失礼。因此，就算万一有事而不能及时赴约，也要尽可能有礼貌地及早告知领导，并以适当的方式表示歉意。到领导的办公室去汇报工作，还要讲究敲门的礼仪，不能急于破门而入，而应该先轻轻地敲门，等听到招呼后再进去。即使在夏天，办公室的门是敞开着的，也不要贸然闯入，而应以适当方式让领导知道有人来了。汇报期间，应该注意自己的仪表、姿态，要站有站相，坐有坐相，做到文雅大方，彬彬有礼。

向领导汇报工作的最终目的是为了让领导领悟你汇报的内容，因此，一定要让领导听清楚你讲的每一句话。对一些次要问题可以说得稍微快一些，但在重要问题上一定要慢，必要时还应重复，以便让领导记录和领会你的意思。值得注意的是，整个汇报速度也不宜太慢，因为这容易让对方精力分散，而忽略了某些细节的问题。同时，在汇报工作时，还要把握好音量。若音量太大，会缺乏交流思想的气氛，让领导感到不舒服；若音量太低，则容易被认为汇报者心里恐惧、胆怯，这样会直接影响汇报的说服力。另外，要注意汇报工作时的语言。因为如果口头汇报的语言用词不当，次序不妥，语言结构残缺甚至混乱，你就不可能清楚明白地表达自己的观点和思想感情。因此汇报工作虽然不像写书面文章那样讲究，但原则上还是要做到准确、简练。

做任何事情都要有一个时间掌控的概念。尤其是汇报工作，不宜时间太长。因为领导大都工作很忙，时间有限。所以汇报的时间要尽可能简短，最好限定在半小时内。这样就可以多一些时间和领导沟通，领导也可以有时间提问。而且领导还会认为你是一个很懂礼貌的人。

12.2.4 同事之间的礼仪

同事间的相处是一门学问。与同事相处，太远了当然不好，人家会认为你不合群、孤僻、不易交往；太近了也不好，容易让别人说闲话，而且也容易令上司误解，认定你是在搞小圈子。与同事相处得如何，直接关系到自己的工作、事业的进步与发展。因此，掌握同事之间相处的礼仪是很重要的。

1. 互相尊重

相互尊重是处理好任何一种人际关系的基础，同事关系也不例外。同事关系不同于亲友关系，它不是以亲情为纽带的社会关系，亲友之间一时的失礼，可以用亲情来弥补，而同事之间的关系是以工作为纽带的，一旦失礼，创伤难以愈合。所以，处理好同事之间的关系，最重要的是尊重对方。

2. 有好事要通报

单位里发物品、领奖金等，你先知道了，或者已经领了，不要一声不响地坐在那里，应该向大家通报一下，有些东西可以代领的，也应帮人领一下。这样几次下来，别人就会对你有更好的印象，觉得你有共同意识和协作精神。以后他们有事先知道了，或有东西先领了，也就会告诉你。

3. 热情地帮同事传话

同事出差去了，或者临时出去一会儿，这时正好有人来找他，或者正好来电话找他，如果同事走时没告诉你，但你知道，你不妨告诉他们；如果你确实不知，那不妨问问别人，然后再告诉对方，以显示自己的热情。明明知道，而你却直通通地说不知道，一旦被人知晓，那彼此的关系就势必受到影响。外人找同事，不管情况怎样，你都要真诚和热情，这样，即使没有起实际作用，外人也会觉得你们的同事关系很好。

4. 主动帮忙

同事的困难，通常首先会选择亲朋帮助，但作为同事，应主动问讯。对力所能及的事应尽力帮忙，这样会增进双方之间的感情，使关系更加融洽。

5. 外出要互相告知

你有事要外出一会，或者请假不上班，虽然批准请假的是领导，但最好要同办公室里的同事说一声。即使你临时出去半个小时，也要与同事打个招呼。这样，倘若领导或熟人来找，也可以让同事有个交代。互相告知，既是共同工作的需要，也是联络感情的需要，它表明双方互有的尊重与信任。

6. 接受同事的小吃

同事带点水果、瓜子、糖之类的零食到办公室，休息时分吃，你就不要推，不要以为难为情而一概拒绝。人家热情分送，你却每每冷漠拒绝，时间一长，就会有理由说你清高和傲慢，觉得你难以相处。

7．对每一个人都保持平衡

同办公室有好几个人，你对每一个人要尽量保持平衡，尽量始终处于不即不离的状态，也就是说，不要对其中某一个特别亲近或特别疏远。在平时，不要老是和同一个人说悄悄话，也不要总是和一个人进进出出。否则，你们两个是亲近了，但疏远的可能更多。

12.2.5 办公室语言的礼仪

语言是彼此沟通的桥梁，是表情达意最好的方式，在交际中起着不可忽视的作用。办公室是人与人交往最频繁的地方，同事之间的相处更是靠语言来沟通，因此，掌握办公室语言的礼仪非常重要。其中，高雅的语言、尊敬用语、谦虚用语是办公室内必不可少的礼仪性语言，掌握了它们不仅可以增强个人魅力，在职场中广结人缘，还可以获得更多的朋友。

在办公室内讲高雅的语言是十分必要的，它能消除彼此之间的隔阂，增进彼此之间的感情。但所谓讲话要高雅，并不是要求人们咬文嚼字，而是要人们懂得文明用语。倘若在与同事交往过程中，讲话粗俗，脏话连篇，一定会遭到他人耻笑，不仅会认为你不懂得礼仪规范，没有涵养，甚至还会怀疑你的工作能力，对自身的发展是没有好处的。

也许有些人会认为，同事间使用高雅的语言会显得生疏，天天在一起工作，朝夕相处，没有必要顾虑这些小节。其实，这种想法大错特错，同事之间存在着利益冲突，友谊并不像朋友间的友谊那样简单、纯洁。何况，就算是朋友间也会注意一些细节问题，更不用说是同事之间了。

敬语，也就是恭敬、礼貌性言语。它是社交场合不可缺少的沟通方式。敬语一般使用在比较正规的社交场合或公共场所。与长辈或身份、地位比自己高的人交谈时需要使用敬语，与陌生人打交道或与不太熟的人相处也要使用敬语。同事间使用敬语非常重要，它不仅可以表现出你的文化修养，还可以体现出你对对方的尊重。

谦语与敬语一样，也是一种礼貌性语言，而谦语大多是自称，如"愚"、"犬子"等。在日常生活中这种称呼虽然不多，但这是社交过程中不可或缺的一部分。在办公室内虽然没有必要这般谦卑，但适当地使用一些谦语会提升你的形象，给同事留下一个谦虚、诚恳的印象，从而赢得办公室的好人缘。

12.3 语言礼仪

12.3.1 交谈中拒绝的礼仪

在生活中，常会出现别人有求于你，而你出于各种原因，不能接受的情况。这时，就要懂得拒绝的礼仪，既不伤害别人，又不勉强自己。

第 12 章 沟通礼仪

拒绝，就是不接受。既然是对别人意愿或行为的一种间接的否定，那么就应该考虑不要把话说绝，应该给别人以台阶下。当别人提的要求使你心有余而力不足时，可以委婉地说"这事不久以后就能解决"之类的话。但是，有的时候，面对一些勉为其难，有悖原则的要求，这个忙不能帮时，就该当机立断，马上拒绝，不要含含糊糊，态度暧昧。但这个时候要避免态度生硬，说话难听。当别人求助于自己时，千万不要为了面子充好汉，而答应了对方，到后来却无能为力，只能一拖再拖，最后才说没办法。这时候不仅耽误了别人的事情，更把自己推向了尴尬的境地。

想拒绝别人最好的办法，就是多用敬语，这样既能表现出对对方的格外尊重，又能在对方的心理上产生一种距离效应，使对方不好意思将要求和意愿提出来。或者当他人的问题很棘手甚至具有挑衅、侮辱的意味，不妨以静制动，一言不发，静观其变。这种拒绝，所表达出的无可奉告之意，常常会产生极强的心理上的威慑力。

既然拒绝，就是有原因的，这些原因对方未必都清楚，在拒绝对方的同时，不妨将拒绝的理由及自己的难处一并陈述给对方，只要是真诚的，对方多半能予以理解和谅解。但同时也应主动理解对方，可对对方的处境表示同情，也可帮对方想一些其他办法或提一些建议。这样的拒绝不仅不会伤和气，在更大程度上，顾全了被拒绝者的尊严，有可能促进双方关系的发展。但值得注意的是在有些场合对某些人说明拒绝的理由，有可能会节外生枝，事与愿违。因此，为了减少麻烦，在这种场合可以不说理由，而委婉拒绝。

在商务活动中，面对比较复杂的人际关系，有许多问题不便直接表态，必要时可来个答非所问，就是避实就虚，对对方不说"是"，也不说"否"，只是搁置下来，转而议论其他事情。比如当遇到某人提出一些棘手的问题或过分的要求时，就可以采取这种方式，既不能说"是"，也不好说"不是"，来个避实就虚，将问题避开。这样既顾及了对方的面子，又摆脱了自己的麻烦。

12.3.2 批评的礼仪

批评往往使对方产生一种对立情绪，如果批评的方式不得当，就很容易给双方的关系和工作带来消极的影响，因此，当你要对别人发表看法，对他人的错误进行批评时，一定要掌握批评的礼仪。

批评他人，可以从自身做起。在批评他人之前先谈一谈自己从前做过的类似的错事，一方面可以为对方提供活生生的例证，让他从这例证中认识到犯错的严重后果；另一方面也可以带给对方一定程度的认同感，拉近彼此的心理距离，营造出心胸开阔、坦诚相见的良好的批评氛围，从而使对方更容易接受。有时候，碍于所处的场合或批评对象的面子，批评者虽然胸怀块垒，不吐不快，但却不便以过于直露的方式进行表白。这时候，批评者可以不明确表明自己的态度，只把自己的表白作为个人感受的抒发，而将批评之意蕴藏在貌似中性的表白之中，这样既不破坏特定场合的气氛，又能够使批评对象领会其批评的意图，并引起所有在场者的思考。

有时候批评也需要营造适宜的氛围，在冷冰冰的气氛里很难收到良好的批评效果。如果在批评之前先表示对对方某一长处的赞赏，肯定对方的价值，满足其某种心理需求，那

237

么就能够营造出较好的气氛，这样既可削弱批评本身让人难以接受的程度，又使被批评者不致产生逆反心理。幽默并非只是与讽刺结缘，在批评中引入幽默是调节气氛的最好方式，可以达到意想不到的效果。但如果把握不好往往会使批评掺杂上讽刺的意味，就会招人反感。

另外，在批评他人时，要善于运用词汇，例如，"意见"和"建议"两词的区别就在于前者是否定性的，而后者是建设性的。相比之下，人们更容易接受建议而不是意见。建设性的批评可以削弱批评中的否定因素，营造出良好的解决问题、改进工作的气氛。在这样的气氛中，被批评者既没有从批评中感受到太多不快，又自然地放弃了原先不正确的做法。

对于那些天真幼稚、年龄较小的孩子可以采取一种巧妙的方法。在发现对方的某种错误之后，巧妙借助这种错误行为的含义与某种物体的联系，用一个动作和拟人手法的有机结合带出批评的含义，寓批评于某种动作或意味深长的话语之中，会促使人深思、自责。

值得注意的是，当事人犯了错误，最忌讳别人津津乐道他的短处。批评者过多地纠缠于错误本身及其后果只会让他厌烦痛苦，丧失信心，甚至于怀着破罐子破摔的心态进行顶撞。既然错误已经发生，倒不如既往不咎，引导犯错者着眼未来，为做好明天的事情而吸取教训，细心准备。许多人之所以做出错误的行为，并不是因为他不懂得这行为本身的违法、违规和不道德性，而是因为一时被种种不良的念头所驱使，导致自己做出了在理性状态下不太可能做出的错事。遇到这种情况时，批评者往往没有必要再去重申那人人皆知的大道理，只需采用含蓄的方式，暗示对方在忽略最为基本的道德尺度和法律法规，使之从贪婪的念头中惊醒过来，从而自觉地放弃错误的行为。

12.3.3 插话的礼仪

在谈话中，要想提高自己的影响力，就必须能以适当的方式参与到他人谈论的话题中去，发表自己的观点。这时，要想自己的插话被人接受，而不被人讨厌，还应该懂得插话的礼仪。

插话要善于抓住时机，掌控交谈节拍。插话不是争话，压住别人的话头硬发表自己的意见，会令人反感。因此要等别人把话说完，在交谈的间歇处及时发话。因为在对方说话的间歇，很自然得体地将自己的话简短说出，就不会使人感到你轻视他或不耐烦。恰当的插话会引起对方的注意，停止自己的言谈，让你先说。另外，交谈是多边的交流活动，作为谈话中的一员，谈话内容应服从于统一话题。如果插话违背对方原意；未听明白就下结论；或说得不着边际，转移话题；或抢过话头，显示自己更高明等，就会有不尊重的味道，闹不好会引起争执，不欢而散。插话时也可以从前面的谈话中抓住一点作为源头，将别人的话作以小结，然后发表己见，把话题推向实质性阶段。同时要注意，当交谈进入你最熟悉、最有真知灼见的内容时，千万不要失去机会，说就要说得别人心服口服，无关紧要的话不说也罢。这样的插话就显得协调、合拍，就等于驾驭了交谈局面。

插话应以交换意见的语气进行，谈自己的认识，应该多用些"我以为""我觉得"较好，这样可以增加交谈的探讨气氛。别人谈话时，用"听我说""你知不知道"一类的话，打断对方的谈话，未免粗鲁。插话应根据交谈的特定语境，选择独特角度，发表独到见解，力求给人耳目一新的感觉。此言一出，大家听得入迷，能激起大家的兴趣，并把话题引向纵深，才能给人以深刻的印象。老调重弹、人云亦云很难吸引别人。值得注意的是，如果不是讨论性的交谈，一般不要与人争辩。如果对方反驳你的意见，没有必要急躁、恼怒，从容说出自己的道理即可。否则，即使你说得很有理，其他在场的人也不会支持你。

12.3.4 倾听的礼仪

　　一个人为人处世，做每件事情，时时刻刻都要讲究一个用心。做一件事，如果不是经过心中反复考虑才决定的，那肯定是一种任意鲁莽的行为。与人交谈，如果没有用心去听，很快会惹来朋友的不快，以至拂袖而去。因此，只有掌握了倾听的礼仪，才能形成沟通、促进交往。

　　任何人都会对诚心诚意倾听自己谈话的人产生感激之情，从而开启心扉，倾吐真情实意。所以，在交谈过程中，我们要做个善解人意的人，赢得对方的尊敬，并让对方乐于与你交谈。聆听时要专心致志，保持目光接触，仔细听清对方所说的话。不要三心二意，东张西望。应当排除一切干扰，集中注意力认真倾听。倾诉者总是希望与倾听者进行交流，希望被人理解，获得同情等。在这种情况下倾听者适当地提问、提示会表现出他对谈话感兴趣，可给倾诉者以鼓励。

　　聆听的同时，我们还要注意观察。人们在表述自己的想法时，主要通过有声语言，即说话，但同时也会有意无意地渗透着非语言因素，表达出更为隐秘的心理活动。若将说话者的言与行结合在一起进行分析，有助于我们理解他人的真实想法，从而做出正确的判断。

　　在人们面对面的交谈中，讲与听是对立统一的，认真聆听对方的谈话，是对讲话者的一种尊重，在一定程度上可以满足对方的需要，同时可以使人们的交往、交谈更有效，彼此之间的关系更融洽。同时，对倾听者来说可以获得必要的信息和最新的情报资料。注意聆听别人的讲话，通过对方说话的内容、声调、神态，可以了解对方的需要、态度、期望和性格，他们会自然地向你靠近，这样你就可以与很多人进行思想交流，建立较广泛的人际关系。还可以同时思考自己所要说的话，整理自己的思想，寻找恰当的词句，以完善地表达自己的意见，给人鲜明的印象。从某种意义上说，在社交场合受大家欢迎的人、人人都爱与之交谈的人，并不仅仅在于他能说会道，而更重要的是他会听。因为每个人的经历都是丰富多彩的，所以每一个人的生活履历，都是一部蕴藏着丰富内容的教科书，都可供你阅读和吸取有益的养分，从而时刻提醒着自己，避开前进中的沼泽。所以，我们要善于去接近和喜欢别人，要学会聆听别人的讲话。

12.3.5 开玩笑的礼仪

　　开玩笑本是人与人之间交往的润滑剂，玩笑开得恰当、得体、幽默、风趣，会为周围的人带来欢愉。但许多人因为玩笑开得出格而导致朋友反目，甚至闹出流血、人命事件。可见，开玩笑也要把握尺度，也要讲究礼仪。

(1) 不要揭他人短处。将对方的生理缺陷、生活污点等鲜为人知的短处当作笑料一一抖出来，会严重伤害对方的自尊心。

(2) 不要怀着讥讽的心态开玩笑。如果开玩笑的出发点是为了贬低对方，指桑骂槐，达到抬高自己的目的，那就大错特错了。

(3) 不带着污语说话。一出口便是一嘴脏话秽语，自以为豪迈，其实不仅自降人格，还惹得对方心中不快，周围的听众也会避而远之。

(4) 不涉及他人隐私。开玩笑常常会无意中涉及对方生活、工作上的隐私，如此时恰逢对方的恋人、亲人尤其是上级在场，很容易造成言者无心，听者有意，坏了对方的"好事"。

(5) 不把人逼进死胡同。"将军"是象棋中的一句术语，是把对方逼到绝境的意思。例如把一些力所不能及的事当成笑料，并再"将对方的军"，让对方去做，而对方又正是一个要面子的人，众目睽睽，只好顶风为之，结果发生意外，以悲剧收场。

(6) 不要拿人做笑柄。总开重复的玩笑，对方以为是跟他过不去，会心生忌恨，反目成仇。

(7) 不要刨根问底。将一些流言蜚语作为开玩笑的内容，并步步紧逼，刨根问底，惹得对方反感至极。

(8) 不开庸俗无礼的玩笑。拿一些下流或私生活上的事作为笑料，既显得自己没素质，又搞得对方下不了台。

(9) 不捉弄他人。搞恶作剧，哄骗对方突发不幸、惊喜之事，待水落石出看到对方被捉弄的惨相后，幸灾乐祸。这种做法是要不得的。

12.4　家庭礼仪

12.4.1　子女对父母的礼仪

1．敬重父母

子女对待父母，应当以敬重为先，认真对待自己对父母的一言一行。与父母讲话、办事时，一定要讲礼貌、守规矩，时时刻刻按照礼仪规范行事。对于父母的批评与指教，子女应认真恭听、虚心接受。无论从哪方面讲，父母对子女的苦口婆心，都是爱的表现。明白了这一点，即使言词有些偏差，做子女的也应该理解父母，切不可强词夺理、当场顶撞，或是不屑一听、扬长而去。不要过分夸大与父母的障碍，更不能一味认定父母跟不上时代。

2．不让父母担心

如果你有事情要出去，一定要向父母禀告，不管你去得远或者近，也一定要讲明要到

第12章 沟通礼仪

哪一个地方,好让父母找你方便。尤其是现在的社会环境很复杂,治安也没有以前好,所以为人子女出门时一定要向父母禀明到哪里去,什么时候回来。绝对不能让父母为我们的行踪担心。

3. 孝顺父母

百善孝为先,孝子历来都是受人崇敬的。在历史上,孝子的事迹也是层出不穷、屡见不鲜的。例如,汉文帝刘恒是汉高祖的第三子,为薄太后所生。高后八年即帝位。他以仁孝之名闻于天下,侍奉母亲从不懈怠。母亲病卧三年,他常常目不交睫,衣不解带;母亲所服的汤药,他亲口尝过后才放心地让母亲服用。

孝顺长辈,是人类共有的美德,是一个人应尽的义务之一。一个人,不论做什么工作,对父母的养育之恩都要相报。孝敬父母不仅是指物质上、生活上的帮助和照料,还包括精神上的慰藉。父母晚年时可能身体欠佳,倍感孤独,这种情况下更需要老少两代密切相处。代沟,是老少相处的主要问题,并已成为社会广泛关注的问题。双方的相互理解和相互尊重,是解决代沟的前提。

孝顺父母体现在生活中的方方面面。比如父母病了,需要服药,虽然现在服药方便多了,但是我们也应该注意要按时让父母服药。这段时间我们要经常注意,不可以服错药。尤其在病情危急的时候,更应该守在床边,稍微的闪失,都有可能使父母病情恶化。所以在这个时候为人子女者应该很细心地来服侍,让父母在晚年的时候能得到悉心的照料。

4. 与父母沟通

一定要平心静气地和父母沟通,最好是能把父母看作自己的好友。发生争执时,要先想想自己在这件事情上有没有做得不太好的地方或者是不对的地方,如果是自己的问题,就要自我反省并改正错误。如果是父母有什么不对的地方,不要与其争吵,要坐下来与父母沟通一下,相信父母也会接受你的看法。而且在解决这个问题时双方都要冷静,因为烦躁是解决不了问题的。

12.4.2 同辈之间的礼仪

同辈主要指兄弟姐妹以及表亲、堂亲。尽管同辈之间处于平等的对应关系,但在交往中,也要真心诚意、彼此厚待,掌握彼此之间相处的方式方法。

同辈相处不仅要宽厚,而且还要宽容。不要听不得对方的逆耳之言,见不得对方的逆己之事。尤为重要的是,不要听他人搬弄是非,并且要容忍同辈亲属无意之中对自己的冒犯。即使对方的确做了有负自己的事,也要对其宽大为怀。

在与同辈相处时,最难能可贵的美德就是主动谦让。这样做有助于促进自己与同辈亲属之间的团结,协调家庭内部的人际关系,不仅可减轻长辈的负担,而且还为晚辈做出了好榜样。

例如,孔融是东汉人,他有六个兄弟,数他最小,据说他四岁时,就懂得谦让。有一天,父亲请他们兄弟几个吃梨,哥哥们一下子都拥到了桌子边,只有孔融静静地在一旁等着。父亲让孔融先挑,孔融走到筐边,拿了个最小的梨。父亲问:"你为什么拿最小的？"孔融说："大的应该给哥哥们吃，我最小，当然吃小的。"父亲连连点头称赞。长大后，孔融仍然保持谦让的高尚品德，成了深受百姓爱戴的好官。

爱护是同辈之间最基本的礼仪，并且这种爱护是无条件、不图回报的。这种无私的爱护，既要体现在物质利益的支援方面，又要表现在精神情感的沟通方面。在力所能及的前提下，对于同辈亲属的爱护，尤其是对于其中急需帮助之人的爱护，更应当多多益善。但是值得注意的是，在帮助同辈亲属时，要倾注全力；而在寻求同辈亲属的帮助时，则不宜强求。另外，互助还需建立在合理、合法的基础上。徇私枉法，乃是同辈亲属互助之大忌。

同辈之间的互助，不仅体现在日常生活之中，大家要互帮互助，相互提携，共同创造美好幸福的生活；工作上，能者多劳，弱者得助，尽力而为，共同发展；还应在思想上给予帮助。对于同辈在思想、情感方面的问题，要及时加以点拨。反过来，遇到对外人难以诉说的苦恼，不妨跟同辈亲属多聊一聊。

对于来自同辈的爱护要领情，不要将对方的爱护，尤其是出于爱护的目的所进行的批评、指责视为一种负担。另外，还要知恩图报，不要认定对方帮助自己是天经地义的事。

12.4.3　夫妻之间的礼仪

1．平等相待

夫妻平等是我国婚姻法所确认的一项基本原则，也是现代伦理道德的基本要求。感情是夫妻关系的基础，平等是夫妻之间维系感情的前提。因此，夫妻间必须平等相待，绝不可因为社会地位的不同或经济收入的多少等因素而相互歧视。这既是现代社会的人文精神，又是夫妻感情的基础。

2．感恩的心态

人们都希望别人会发现自己的优点并认同自己。从黄发小儿到垂髫老人，没有谁不希望得到别人的赞美与肯定。适当的赞美与肯定，可以激发一个人的潜能，使他的干劲更足。夫妻没有血缘关系，大多是由陌生逐渐磨合，最后达到相濡以沫。感恩是处理好夫妻关系的法宝。从未见过有哪一对夫妻是因为相互之间的真心感恩而吵架的。有人说，他(她)没有优点怎么办？我们承认人无完人，但是说一个人没有优点是不可能的。所有的事物都有两个方面，只是在日常生活中我们习惯了看别人的缺点罢了。

3．糊涂的心态

夫妻之间的相处要有糊涂的心态，要睁一只眼闭一只眼。婚前要睁大两眼，婚后要睁一眼闭一眼。睁开的一眼是要欣赏对方的长处，闭上的一眼是要不见对方的短处。不但欣赏对方的长处，欣赏的能力还不能比别人低。但要注意的是这种欣赏要真诚，无论私底下或在别人面前还要多多地夸赞对方。并且你应让你的妻子或丈夫感觉到，你的确很欣赏她(他)。这是保持家庭生活幸福，增进双方感情的有效办法。

4. 遇事多商量，生活细节要讲究

夫妻之间应相互信任。不论是有关家庭的决策，还是一方个人工作上的困惑或计划，都不应一个人说了算。很多人在婚后，就特别不在意自己的外在形象，显得很邋遢，以为"打扮给谁看呀"。其实，一如既往地注意自己的仪表，既是对对方的爱，也使自己在各种场合中更加自信，更加赢得别人的尊重。

5. 相互赞赏

在夫妻关系中，经常地赞美对方，特别是当对方取得了一定的成绩后，适时地加以由衷的赞美，会令夫妻感情更深一步。另外，现代社会中人际交往日益频繁，在人际交往的过程中，恰当地将自己配偶的特长、优点介绍给他人，会使自己的配偶产生一种荣誉感和自信心。有人说，聪明的人总是在公开场合赞美配偶的优点，尽管在枕边也严厉地指出配偶的小毛病；愚蠢的人总在公开场合揭配偶的短处，尽管在枕边对自己的配偶也很满意。

6. 夫妻应当处在和谐的生活环境中

许多夫妻不能像知己一般相处，他们总是用辱骂、奚落和批评来改善对方。当然，用批评和谩骂来攻击对方是愚蠢的行为，你最好是说"我真高兴你能用心听我说话"，而不是"你从来就不听我说"。婚姻专家建议，要留心那些关键的品质，如仁慈和责任心，而不要总是去挑剔对方的缺点。要分清什么是可以忍耐的小缺点，什么是对婚姻至关重要的大问题。半数以上的婚姻不幸福，原因之一就是那些毫无用处，却令人伤心的批评。

7. 共同承担家务劳动

丈夫不应该把家务都推给妻子，而作为妻子也不应该娇气，把自己能做的事都推给丈夫。对家务事可以进行不同的分工，这样做起来有条有理，忙而不乱。即使丈夫再忙，在适当的时候，帮妻子做一些小的家务活，也说明了你对她的关心、对家庭的责任心，无疑会使感情更加默契。

8. 互相关心

夫妻间的相互关心不仅体现在关心对方的事业、前途等大的问题上，更主要的是体现在日常生活中的细微之处。夫妻间朝夕相处，共同生活，细微之处的关心体贴，往往是保持和增进夫妻感情的重要因素。日常生活中的许多看似鸡毛蒜皮的小事，都能表达和体现出对对方的关心，如外出前说一声"路上慢走""早点回家"；下班或出差归来，说一声"累不累""休息一下，喝点水"等都是必要的。

9. 讲究语言的艺术

夫妻之间的相处要讲究语言艺术。在夫妻语言沟通的过程中，委婉是一种颇有奇效的黏合剂。委婉是一种以坦诚开放的沟通来对待对方的方式，同时，也尊重他人的感受，不作无谓的伤害。委婉意味着依赖他人，尊重他人的感受。当然，委婉并不意味着永远顺应对方的一切意思，特别是当对方的作为令人不能接受时；否则，就会导致不满和愤怒情绪的累积，那样，总有一天会爆发而严重挫伤双方的感情。

12.4.4 邻里之间的礼仪

中国有句老话：一回生，二回熟，三回交朋友。正所谓远亲不如近邻，家庭间的各种交往中，交往最频繁的就是邻里了。亲戚、朋友和同事间的交往是建立在血缘、婚姻和感情或工作关系上的，而邻里关系较多的是建立在家庭生活领域中的，并且涉及日常生活的各个领域。因此，邻里关系具有多方面性和琐碎性的特点，这种特点形成了邻里交际关系的密切性。因此我们在与邻里交往时，一定要注意与邻里之间的礼仪，建立一种好的邻里关系，这样会使我们的生活更顺畅、美满。

1. 与邻里交往的原则

(1) 互相帮助。俗话说"远亲不如近邻"，在处理邻里关系中最重要的是要互相帮助，邻居有了困难要主动去帮助，被帮助者肯定会感激不尽。日后，一旦你有了困难，邻居也会鼎力相助。

(2) 善于沟通。邻居之间多数是因为曾经闹过矛盾，从此井水不犯河水，或是因为工作忙、性格内向、家务事多，而导致邻里之间交往沟通很少。因此，若想避免许多误会，就要保持邻里之间的关系，加强邻里之间的交往，了解对方。值得注意的是，所谓善于交往并不是说串门越多越好。人们的生活节奏正在加快，邻居可能很忙。在交往中，注意不要打扰对方正常的生活秩序。

(3) 遇事协商。协商，也是邻里间交往的基本方式之一，既表示尊重邻居，又能避免发生矛盾。如果家里有些事情可能影响到邻居，那么在做之前就应该主动找邻居商量一下，看邻居有什么意见，或有什么更好的办法。

2. 到邻居家做客的礼仪

如果应邀去串门，那么要选择好适当的时间。如果约好具体时间，那当然好；如果没说好具体时间，就要避开人家的吃饭时间和休息时间。如果是周六、周日，上午10点之前是不宜打扰的。进门前有门铃的要按门铃，没门铃的要轻轻叩门，即使门是打开的。这样做的目的是让对方有个心理准备，而不要冒冒失失闯进去，让人家吓一跳。

如果是带小孩做客，一定要教育好小孩不要在别人家里调皮、乱动别人东西。如果对方是长辈或是第一次去人家做客的话，主人没坐你就不能先坐。如果家里有长辈，要主动和长辈打招呼。主人端茶、拿糖果招待的时候，一定要表示感谢。当长辈说话时，不但要用心听，还不可以插话。如果主人有看表、打哈欠等谢客表示，或者快到吃饭时间，作为客人就应起身告辞。如果是请人吃饭，那就要提前准备，而不要到了吃饭时间才匆匆忙忙去作准备，使人家觉得打扰了你。

3. 与邻居相处的礼仪

平时游戏时，要和伙伴们友好相处。在街上遇见住在附近的叔叔或阿姨时，要用他们的姓加上恰当的称呼来同他们打招呼。当邻居外出旅行时，可以帮他们看管报纸和信件；

当邻居不在时，可帮他们照看家养宠物。在晚上进行户外活动时要控制音量，如果邻居上了年纪就更应该如此。

养宠物的时候一定要注意，一些宠物时常随地大小便，影响公共卫生，因此主人应带上塑料袋或者旧报纸等，将宠物的排泄物包好扔到垃圾箱，以保持公共场所的卫生和美观。出门遛狗，要给狗拴上绳子，不要任它狂吠乱叫，追逐扑咬。遇到老人和小孩，要特别小心，别让他们受到惊吓。如果宠物跑到邻居家闯了祸，应该向邻居道歉。

另外，值得注意的是，在你到新迁来的邻居家里送糕点，或者当你给患病的邻居送食物时，别忘了带上你的孩子。你应该以身作则，教他如何做一个好邻居。

4．与邻居交往的禁忌

引起邻里之间大矛盾的往往是一些小事。在与邻里的交际中，要宽以待人，严于律己，不要做损害他人利益的事。有些人爱看热闹，谁家有了什么事，他们就添油加醋地传播。邻里交际往往是广泛的交往，有些邻居会把别人家的事情传来传去。这样一来，就会闹得邻里之间矛盾重重。若要避免这种现象，就不要给搬弄是非者机会，自己也不去打听邻居家的私事。如有恶意中伤、毁人名誉的言行，应严肃制止，批评教育，严重的可诉诸法律。

12.4.5 家庭宴请的礼仪

家宴是由主人以某种名义，在自己的私人居所内举行的招待自己的亲朋好友的一种宴会。家宴最重要的是要制造亲切、友好的气氛，讲究待客的礼仪。

1．迎客的礼仪

如果事先知道有客人来访，要提前打扫门庭，以迎嘉宾，并备好茶具、烟具、饮料等，也可根据自己的家庭条件，准备好水果、糖、咖啡等。客人在约定时间到来，应提前出门迎接。客人来到家中，要热情接待。如在家中穿内衣、内裤，应换便衣，即使是十分熟悉的客人，也应换上便衣。客人进屋后，首先请客人落座，然后敬茶、递烟、端出糖果。端茶或送糖果盘时要用双手，并代为客人剥糖纸，削果皮，点香烟。

值得注意的是，现在很多家庭喜欢用一次性的纸杯招待客人，以示干净。其实这种做法是错误的。对于客人的拜访，主人应用最好的东西招待客人，如用一次性纸杯显得没把客人的来访看得很重要，这是对客人的不礼貌。如果您和客人都觉得用一次性纸杯放心，那么最好准备几只漂亮的杯垫，这样正式一些，以显示出对客人的尊重。

2．用餐时的礼仪

在用餐之时，无论主客都要注重吃相，这是用餐礼仪的一大重点。倘若不重吃相，不但姿态欠雅，而且还会影响他人的食欲。在用餐时，主人可以劝客人多用些或是品尝一下某道菜肴，但切勿擅自做主，主动为他人夹菜。这样做不仅不卫生，而且还会让人勉为其难。客人在夹菜时，不要左顾右盼，翻来覆去；夹起菜来不合意，再次放回去，则更是失礼之举。在用餐时，千万不要当众清嗓子、揩鼻涕、吐痰等，这不但有碍观瞻，而且倒人

胃口。在用餐之时，尽量不要进行修饰。例如，不要梳理头发、化妆补妆、宽衣解带、脱袜脱鞋等。

牙签主要是用来剔牙的，用餐时，尽量不要当众剔牙。若非剔不可，应以另一只手掩住口部，切勿大张口。剔除来的东西切勿当众欣赏，或再次放入口中，也不要随手乱弹，随口乱吐。剔牙之后，不要长时间叼着牙签，取食物时不要用牙签乱扎取。

在主人亲自斟酒时，客人必须端起酒杯致谢，必要时还需起身站立，或欠身点头为礼。有时，亦可向其回敬"叩指礼"。即以右手拇指、食指、中指捏在一起，指尖向下轻叩几下桌面。主人为来宾所斟的酒，应是最好的，并应当场启封。斟酒时注意要面面俱到，一视同仁，不要有挑有拣。可以依顺时针方向，从自己所坐处开始斟酒。

在宴会上，一般由男主人向来宾提议，为了某种事情而饮酒。在敬酒时，通常要讲一些祝福的话。因此，敬酒往往是酒宴上必不可少的一道程序。敬酒，可以随时在饮酒的过程中进行。频频举杯祝酒，会使现场氛围热烈而欢快。不过，要是致正式的祝酒辞，则应在特定的时间进行。通常，致祝酒词最合适的时间是在宾主入席后、用餐前开始。不管是致正式的祝酒词，还是在普通情况下祝酒，均应内容愈短愈好。在他人敬酒或致词时，其他人应停止用餐或饮酒，坐在座位上，面向对方认真恭听。

3．送客的礼仪

客人告辞，一般应婉言相留。客人要走，应等客人起身后，再起身相送，不可客人一说要走，主人就站起来。送客一般应送到大门。有些客人常常会带礼物来，对此，我们送客时应有所反应，如表示谢意，或请求客人以后来访不要再携带礼品了，或相应地回谢一些礼物，决不能受之无愧似的若无其事，毫无表示。

思考与练习

1．你在人际沟通中是否注意个人礼仪？结合实际谈谈个人礼仪在人际沟通中的重要作用。

2．语言沟通是人际沟通的主要形式，在语言沟通中，是否注意语言礼仪决定着沟通的成败。试结合自己的经历说明在人际沟通中应注意哪些语言礼仪？

3．阅读下面的一则案例，然后谈谈案例中的那位"某销售公司经理"的行为违背了哪些礼仪规则，并说明他这样做的深层原因是什么。

有位企业经理讲过这样一件事情："有一回，我同某销售公司经理共进午餐。每当一位漂亮的女服务员走到我们桌子旁边，他总是目送她走出餐厅。我对此感到很气愤，我感到自己受到了侮辱。心中暗想，在他看来，女服务员的两条腿比我要对他讲的话更重要。他并没有听我讲话，他简直不把我放在眼里。"

4．仔细阅读下面的一则案例，从卓别林的言行中你悟出了什么道理？并说说在日常的人际沟通中，领导对部下、长者对晚辈应该注意哪些基本的礼仪。

伟大的喜剧大师卓别林有一次准备扮演古代一位徒步旅行者，正当他要上场时，一位

第12章 沟通礼仪

实习生提醒他说："老师，您的草鞋带松了。"卓别林回了一声："谢谢你呀。"然后立刻蹲下，系紧了鞋带。当他走到没有其他人的舞台入口处时却又蹲下，把刚才系紧的带子松开了。显然，他的目的是，以草鞋的带子已松垮来表示一个长途旅行者的疲劳状态。演戏能细腻到这样，确实说明卓别林具有许多影视明星不具有的素质。当他解松鞋带时，正巧一位记者到后台采访，目睹了这一幕。戏演完后，记者问卓别林："您应该当场教那位弟子，他还不懂演戏的技巧。"卓别林答道："别人的好意必须坦率接受，要教导别人演戏的技能，机会多的是。在今天的场合，最要紧的是要以感谢的心去接受别人的好意，并给以回报。"

5. 仔细阅读下面的一则案例，说说在人际沟通中应遵守哪些语言礼仪。

有一位学校的校长，平时喜欢在背后对人评头论足。

一次，这位校长在办公室里和其他几位主任聊天。正好一位女老师进来办事，这位女老师年轻貌美，对穿着打扮颇为讲究，是学校里的时尚焦点人物。等她离去之后，校长立刻同主任们八卦起来。说平时就看不惯这位老师，以为自己是明星呢，打扮得花枝招展的。还好不是他老婆，要是他老婆，他一定马上休了她。刚好，这位女老师有文件落在了办公室，回来取，没想到却听到了这样的话。女老师当场反唇相讥，与校长大吵了一架。事后，校长多次向女老师赔礼道歉，安排工作时也尽量照顾她，但这位女老师始终对他横眉冷对，两人的关系算是彻底僵了。这就是在背后议论他人要付出的代价。

247

第 13 章 跨文化沟通

近年来,"国际化""全球化"这样的词汇在我国使用的频率迅速提高。越来越多的人都认识到,实行全球化已是未来企业发展的必然趋势。中国的优秀企业也纷纷迈出国门面对势头凶猛的全球化浪潮,作为企业应该如何应对?很重要的一点就是要积极培养国际化人才,而国际化人才应具备的最基本的素质就是跨文化沟通能力。何为跨文化沟通能力呢?简单地说,就是能与来自不同文化背景的人有效交往的能力,在不同文化背景下工作就像在自己的国家工作一样,具有超越他们本民族文化的能力。事实上,许多世界知名的企业管理者都将这种沟通能力看作他们取得成功的关键。

经济全球化的发展增进了不同文化间的交流与合作,也缩小了人际沟通的空间,使跨文化沟通现象日益显现于小至邻里校园,大到跨国公司管理、国际合作项目等各个方面。不同文化间的接触必然会产生文化碰撞,可能导致跨文化交际障碍和误解,影响跨文化人际关系的发展。因此,人们急需培养一种能驾驭文化差异、解决在跨文化语境中各种文化冲突现象的跨文化沟通能力。作为当代大学生,努力培养自己的跨文化沟通能力已成为义不容辞的责任。

通过本章的学习,应了解东西方文化的差异;明确东西方文化在沟通方式上的不同;熟知跨文化沟通中的障碍和忌讳;掌握跨文化沟通的策略和技巧;能正确运用跨文化沟通礼仪进行跨文化沟通。

13.1 文化与跨文化沟通

13.1.1 文化

目前世界上有文字记载的文化超过 450 种,对于"文化",也存在着多种不同的理解。不同领域的学者根据自身的研究目的,从不同的角度对文化给出了不同的解释。据学者们统计,到 20 世纪,仅用英语下的文化定义就达 160 多种。

文化的概念有广义和狭义之分。广义的文化是指人类创造的一切物质产品和精神产品的总和;狭义的文化专指包括语言、文学、艺术及一切意识形态在内的精神产品。从有利于理解跨文化沟通的角度考虑,我们认为文化就是一个国家或民族特定的观念和价值体系,这些观念影响着人们生活、工作中的行为方式,是"进一步行动的制约因素"。

1. 文化要素

文化由物质文化和精神文化两大部分构成。其要素包括以下几种。

(1) 认知体系。认知体系是指认知论和"知识"体系,它由感知、思维方式、世界观、价值观、信仰、宗教、艺术、伦理道德、审美观念以及其他具体科学构成,其中世界观和价值观最为重要,是认知体系的核心。它们是一个文化群体的成员评价行为和事物的标准。这个标准存在于人的内心中，并通过态度和行为表现出来。认知体系是文化要素中最有活力的部分，它为文化成员提供观察世界、了解现实的手段和评判是非、辨别好坏的标准，并且体现在人们生活的各个方面，是跨文化沟通学特别关注的文化要素。

(2) 规范体系。规范是指社会规范，即人们行为的准则，包括正规准则和非正规准则。正规准则，如法律条文和群体组织的规章制度。非正规准则，如风俗习惯，包括那些没有专门定义的，但可通过观察别人和学习范例而获得的态度、习惯等。适当的礼节规则、对待空间和距离的不同态度即属此层次。

(3) 社会关系和社会组织。社会关系是人们在共同生活中彼此结成的关系，它既是文化的一部分，又是创造文化的基础。社会关系的确定，需要有组织保障。社会组织是实际社会关系的实体。社会组织有自己的目标、规章、一定数量的成员和相应的物资设备等，既包括物质因素又包括精神因素。社会关系和社会组织紧密相连，成为文化的一个重要组成部分。

(4) 物质产品。物质产品是指经过人类改造的自然环境和创造出来的一切物品，它是文化的具体有形部分，具有物质的特征。一种物质产品既有一定的文化价值，又有它实在的用途。

(5) 语言和非语言符号系统。在人们的交往活动中，语言和非语言符号起着交流信息的作用。人们只有借助语言符号和非语言符号才能沟通，只有沟通和相互活动才能创造文化。而上述的文化要素也只有通过语言才能反映和传播。一种文化群体的语言是文化积淀和储存的手段。一个文化群体常有自己的语言和非语言符号系统，这往往成为跨文化沟通中最明显的障碍。

2．文化模式

文化模式是文化要素的内在结构及其活动规律的表象形态。

文化模式对人的价值观念具有"价值定向"的作用和排他性质。文化的各种要素包括经验、知识、风俗、信仰、传统等。把一个民族、一个社会赖以生存和发展的文化要素规范化、制度化、法律化、神圣化，就变成了人们尊崇的文化模式。这种文化模式被社会全体成员共同认可和接受之后，就具有了超越个体价值观念的性质，形成了社会群体共同的价值观念和价值模式。人们只有按照文化模式所确定的价值标准进行选择，才是合法的、规范的，才为社会多数成员所接受和承认；否则，个人选择本身便被社会视为无价值的，甚至遭到打击和排斥。

文化模式的排他性还表现在对其他文化的吸收和排斥，也以自身的价值尺度而定。按照自己的文化模式所提供的框架去理解和评价他人的文化是文化甄别中的一个不可避免的过程，人们往往用自己的文化作为解释其他文化的工具。人们经常错误地理解和解释来自另一个文化环境的人，并倾向于吸收与自己文化相类似的文化。

13.1.2 跨文化沟通

所谓跨文化沟通是指跨文化组织中拥有不同文化背景的人们之间的信息、知识和情感的相互传递、交流和理解的过程。文化在很大程度上影响和决定了人们如何将信息编码、如何赋予信息意义以及是否可以发出、接收、解释各种信息。在跨文化沟通中，由于信息的发送者和信息的接收者为不同文化的成员，在一种文化中的编码，要在另一种文化中解码，因此，整个沟通过程都受到文化的影响。

在跨文化沟通过程中，一种文化单元中经过编码的信息，包括语言、手势和表情等，在另一种特定文化单元中，需要经过解码和破译，方可被对方接受、感知和理解。对跨国交流而言，文化单元的异质性会对沟通造成障碍。在跨文化沟通的解码过程中，原文化信息的含义会被异文化所修改、曲解、删节或增加，会导致编码者和解码者所指的含义和行为上的差异。

13.2 文化差异

13.2.1 东西方的文化差异

随着经济全球化的到来，企业中的跨文化管理也遇到了许多沟通障碍。社会文化的多元化也使得组织成员对于信息理解的难度增大，从而使沟通发生困难。如果组织管理忽略了这些差异，对不同的文化没有足够的尊重就很可能导致沟通障碍。

1．语言差异

在跨文化沟通中，语言文字的相通或相歧，往往是由不同文化的共同性和差异性所造成的。当说者和听者之间的语言不一致时，就会导致沟通困难。语言文字是人们交流供求关系信息和思想的产物，也是人们进行交际沟通的工具。忽略了语言文字的差异，就可能遭遇意想不到的失败。

2．价值观的差异

在跨文化沟通中，来自不同文化背景的人的价值观不同，其行为方式和态度也不同，容易造成一定的冲突。而企业的任何决定都会受到管理人员和其他人员价值观的影响。比如，东方从众心理严重，主张"无我"；而西方强调"自我"，竞争欲望强烈。东方侧重守业，表现出集体精神；而西方追求创业，个人利益为先。

3．认知差异

偏见是在跨文化沟通中难以避免的一种现象，因为在跨文化沟通中，信息来源是有限的或存在不正确的信息，从而造成一些模棱两可的模糊情境。不同文化背景下的人通过自己独特的视野来看待企业中的事情，必然会给沟通造成障碍。

4．非语言沟通的差异

沟通的手段不限于语言，非语言沟通同样可以帮助我们传达信息和思想。由于不同国家的惯例不同，非语言沟通也会造成跨文化交流中的障碍。

5．生活和工作方式的差异

在强调个人主义的文化里，往往把生活的各个部分分得很清，在工作、家庭、朋友之

间有着明确的界限。一家西方杂志研究了三个成功的中国企业，它们都是家庭经营的。当记者采访其中一个电子公司的老板王先生时，她惊讶地获悉，王先生曾在美国学医四年。王先生说他那时一直想当医生。记者问："那您为什么回来做生意了呢？"王先生回答："因为我哥哥在一次车祸中死了，我得接过他的责任。"记者说："可是你怎么能放弃自己的人生愿望，把时间花在做别的事情上面呢？这令我难以想象。"

6．沟通习惯的差异

一个美国商人想和中国公司洽谈生意。他问李先生保守估计中国公司是否有足够的资金购买他们的产品。李先生沉默了一会说："你们的产品很好。西方国家的人们一定喜欢。"美国朋友笑了，很高兴李先生赞赏他们的产品，于是给了对方一份合同，请他尽快签约。可是几周过去了，却没有得到任何回信。由于沟通方式的差异，使这位美国先生误以为称赞就是同意。中国人很少直话直说，尤其是传递负面的信息时。中国人也不习惯西方人的追问方式以及直面交锋，如圆桌会议。

13.2.2　东西方在沟通方式上的差异

东西方在人际沟通上的差异主要在于东方文化注重维护群体和谐的人际沟通环境，而西方文化注重创造一个强调坚持个性的人际沟通环境。主要体现在以下几方面。

1．东方重礼仪、多委婉，西方重独立、多坦率

东方文化中，纵向身份意识和等级观念比较强烈。人们在交流时也受到各自地位和角色的制约。两个素不相识的人相遇时，在谈及主题之前，通常要交换有关的背景资料。例如，工作单位、毕业的学校、家庭情况、年龄、籍贯等，以此确定双方的地位和相互关系，并进而依据彼此的关系来确定交谈的方式和内容。比如，日本人根据说话人、听话人以及话题、提及人之间的尊卑、长幼、亲疏等差别，有一套包括尊敬语、自谦语和郑重语在内的复杂的敬语体系。正确地使用敬语被视为一个日本人必备的教养，同时也是社会沟通中不可缺少的重要手段。

在西方文化中，特别是在美国，等级和身份观念比较淡薄。人际交流中，在称呼和交谈的态度上较少受到等级和身份的限制，不像东方文化那样拘礼。

在表达方式上，东方文化喜欢婉转的表达方式，模糊、暧昧，让对方自己去心领神会加以判断。这可能与农耕文化的生活空间比较狭隘、闭塞有关。而西方人，特别是美国人，则非常看重真诚坦率。西方人的语言和举止极少拐弯抹角、旁敲侧击，思维偏于直接，爽直率真。

2．东方重意会，西方重言传

东西方人对交流本身有不同的看法。在中国、朝鲜、韩国、日本等国的观念中，能说会道并不被人们提倡。在中国传统文化中，儒家、道家和佛教中的禅宗都是如此。日本是一个喜欢沉默的民族，四面环海的岛国和不大的地域面积，促使他们以和为贵，抑制自我主张，以确保社会秩序的稳定性。

与东方文化形成鲜明的对比，西方人很强调和鼓励口语的表达技巧。在西方文化中，人与人的关系和友谊要靠言谈来建立和维持，他们缺乏中国文化中的那种"心领神会"，因而，两个以上的人待在一起时，一定要想办法使谈话不断地进行下去。如果出现了沉默的情形，在场的人都会感到不安和尴尬，并有一种必须交流的压力。西方人的观念是，真正有才能的人是不但要能思考，并且必须善于把自己的意思有效地表达出来。

3．东方重和谐，西方重说服

东方文化中注重集体主义，强调组织的团结与和谐，因而在沟通的目的上，注意摆平信息发送者和信息接收者的关系，强调和谐胜于说服。"和为贵""忍为高"这些思想今天仍然对人们的沟通有很大的影响。

以日本为例，喜欢沉默的日本人，在交谈时，却都习惯相互随声附和，点头称是。一般日本人在随声附和的同时，还伴随着点头哈腰等非语言行为。非语言行为的频繁使用也是日本人人际交流的一个特点。甚至日本人在打电话时也不由得点头哈腰。日本人在会谈时，如果听话人保持沉默，不随声附和，说话人就会以为对方没有认真听自己讲话或者没有听懂自己所说的话，为此就会感到深深的不安。因此，听话者要及时地、恰到好处地随声附和几句，以表明自己在洗耳恭听，使说话人的谈话得以继续下去。这种共同参与和积极配合的语言心理及行为是日本人追求和睦的人际关系、增添和谐气氛所特有的心理和行为方式。

西方人人际沟通观念受到古希腊哲学的影响，在交流的目的上，强调的是信息发送者用自己的信息影响和说服对方，是有意识地对信息接收者施加影响。

4．开场白和结束语形式不同

在人际沟通中，中国人的开场白和结束语多是谦虚一番。开场白常说：自己水平有限，本来不想讲，又盛情难却，只好冒昧谈谈不成熟的意见，说得不对的地方请多指教。或者把这一套话放在结束语中讲，常说的是：请批评指正，多多包涵。而西方人，特别是美国人，在开场白和结束语中，没有这一谦词，而且这类谦词使美国人产生反感："你没有准备好就不要讲了，不要浪费别人的时间。"中国人在和不熟悉的人交谈时，其开场白常问及对方在哪里工作、毕业的学校、家庭情况、年龄、籍贯等，即从"拉家常"开始，对中国人来说，这样开始交谈十分自然。而这样做会使英美人十分恼火，因为这种开场白干涉了他们的隐私，交谈一开始就使他们不快，很难使他们敞开心扉，进行有效交流。英国人开始交谈的话题是今天天气如何如何，美国人则是从本周的橄榄球赛或棒球赛开始谈话。

中国人在人际沟通中进入正题之前，"预热"时间比美国人长。而英美人一般喜欢单刀直入，"预热"的阶段很短，闲谈多了会被认为啰唆，有意不愿谈正题。

第13章 跨文化沟通

13.3 跨文化沟通的策略和技巧

13.3.1 跨文化沟通的策略

对东西方文化差异的比较进一步使我们认识到，要克服并消除跨文化沟通的障碍首先必须了解文化差异，正确认识文化差异，并在此基础上认同文化差异，从而达到融合文化差异的目的。

1．了解文化差异

在跨文化沟通中，交流双方不仅需要明确各自文化的特点，更要通过各种途径了解对方国家包括政治、经济、文化、历史、社会性质、语言特点、生活方式、风俗习惯、地理位置等诸多方面的情况，然后加以比较以明确在不同的文化中什么是可以做的，什么是禁忌的。只有这样，才能比较客观地、深层次地了解文化差异，从而避免不必要的误解和冲突。要做到这一点，沟通双方都必须练好内功，在了解自己文化的基础上，通过学习和训练提高自己对文化差异的敏感度和认知度。

2．认同文化差异

跨文化沟通中产生失误和冲突的根源主要是交流双方没有取得文化认同。文化认同是人类对于文化的倾向共识与认可，是人类对自然认知的升华，是支配人类行为的思想准则和价值取向。在跨文化组织中，文化认同是相互的，人们需要这种相互的文化认同，以便跨越文化交流中的重重障碍，促进相互的信息、知识、技术共享与合作。文化认同的益处在于：它一方面可以促进以多元文化为特征的跨国公司中不同文化之间的顺利沟通，促进组织内部的和谐与团结，提升组织的凝聚力和竞争力；另一方面又可以确保多元文化的共存，从而提高员工的文化满足感。人们都会有这样的倾向，即觉得自己的文化是最好的、最文明的和最优秀的，其他文化都不如自己的文化好，这就是所谓的"文化优越感"。而培养接受、尊重和认同文化差异的意识，正是拓展我们跨文化沟通视野的良好开端。文化认同原则可以被认为是指导跨文化沟通的基本原则。

3．融合文化差异

文化融合所强调的是对多元文化的扬弃。其结果是形成一种综合了多种文化精华的新文化，这与认同中保留多种文化的共同存在是不同的。可以这么说，融合文化差异是了解文化差异和认同文化差异的最终目的所在。因此，从解决跨文化沟通障碍的效果来看，文化融合是所有对策中最为有效的一种。

13.3.2 跨文化沟通的技巧

有了跨文化意识，人们开始把注意力转向研究和了解我们与受众的文化差异，以及如何避免由于忽略差异而引起传播学中所标明的"编码与解读"之间的矛盾，如何跨越障

碍，达到沟通的目的。

别无他法，还是要依赖孙子早就为我们开出的"处方"，即知己知彼。"知己"并非易事。要对自己的文化有个系统的了解，不下苦功夫钻研是不行的。"知彼"的首要一条是了解对象的看法以及产生这些看法的由来。具体的办法是：设身处地，换位思考。

我们同对象打交道总会涉及某个具体领域。无论是环保、民族、宗教，还是政法、经贸、外交方面的问题，对方都会有个看法。要了解他的文化背景、对我国的了解程度等，然后才能"对症下药"。

一般来说，我们要克服文化障碍，做到有效沟通，就应该掌握以下技巧。

1．平等待人，以诚相见

要对话，不要独白。既然是沟通，就要耐心听，仔细问，让对方充分说明自己的看法。交换意见比单方面灌输更有效。我们提倡求同存异，"和而不同"，态度积极诚恳，但绝不强加于人。

2．用事实说话

事实胜于雄辩。事实是生动感人的，因而也是最有说服力的。我们进行对外交流和跨文化沟通，国内的工作好坏是第一位的，国内的进步和成就是有效沟通的基础。

3．掌握分寸，留有余地

事物是辩证的，有进步就有落后，有成绩就有缺点，何况西方人习惯实事求是，不喜欢夸张。一般来说，话说得太满，容易造成被动。

4．报喜也报忧

报忧不是为了揭露，而是为了解疑释惑。中国是发展中国家，人口众多，资源有限，发展进程中出现问题、缺点和困难是极其自然的。我们不必回避，更不必觉得理亏。这符合辩证法，也符合科学发展观。

5．寻找最好的切入点

从共识出发，根据对象的特点和所涉及的问题，设计谈话的角度和谈话的内容，做到有的放矢。

6．要有幽默感、人情味、故事性

谈话最好能以具有人情味的故事作为开场白，之后加点幽默，有时还可以说个笑话或开个玩笑。这类表达方式是西方人所喜闻乐见的。

7．有来有往，及时取得反馈

不仅要向对方介绍中国，有时还要主动询问对方国家的情况，而不是表现出对别人不感兴趣。交流是双向的，有来有往，这样对方才会感到亲切，才更容易沟通。一次谈话或发言的结果如何，不能全凭自己主观的感觉，要尽可能取得反馈，才能客观地给予判断。通过反复实践，逐步提高跨文化沟通的本领。

13.3.3 跨文化沟通的忌讳

在跨文化沟通中,我们不仅要以礼待人,还要对世界各国的传统文化、风土人情、民俗禁忌有广泛的了解,这样才能知彼知己,做到有效沟通。

1. 颜色的忌讳

棕黄色:巴西人认为棕黄色意味着凶丧,因此非常忌讳。

绿色:日本人大都忌用绿色,认为绿色是不吉利的象征。

黑色:欧美许多国家以黑色为丧礼的颜色,表示对死者的悼念和尊敬。

淡黄色:埃塞俄比亚人、叙利亚人以穿淡黄色的服装表示对死者的深切哀悼,因此视淡黄色为死亡之色。在巴基斯坦黄色是僧侣的专用服色,所以普通的民众基本上都不穿黄色的衣服。而委内瑞拉却用黄色作医务标志。

蓝色:比利时人最忌蓝色,如遇有不吉利的事,都穿蓝色衣服。埃及人也同样忌讳蓝色,因为蓝色在埃及人眼里是恶魔的象征。

另外,印度人喜爱红色、蓝色和黄色等鲜艳的色彩,不欢迎黑色和白色。伊拉克人视绿色代表伊斯兰教,黑色用于丧事,客运行业用红色,警车用灰色,丧服用黑色。尼日利亚人视红色、黑色为不吉祥色。马达加斯加人视黑色为消极色,喜好鲜明的色彩。

2. 数字的忌讳

13:西方人认为 13 是不吉利的,应当尽量避开,甚至每个月的 13 日,有些人也会感到忐忑不安。

5:西方人也避谈星期五,如果在星期五出了事,就归罪于这是个黑色星期五。尤其是逢 13 日又是星期五时,最好不举办任何活动。有些人还会因此而闭门不出,唯恐发生不吉利的事情。

4:4 在中文和日文中的发音与"死"近似,所以在日本与朝鲜等东方国家将它视为不吉利的数字,因此这些国家的医院里没有四号病房和病床。在韩国,昔日的旅馆没有 4 层楼,门牌没有 4 号,几乎什么东西都不用 4 字,一些家庭生了第 4 个儿子或女儿,也被认为不吉利,孩子常常受虐待。

9:在日语中 9 发音与"苦"近似,属忌讳之列。

3. 花卉的忌讳

荷花:对于中国、泰国、印度等国家来说,对其评价极高;而对于日本,荷花却被认为是不祥之物。

菊花:在法国,当你应邀到朋友家中共进晚餐,切忌带菊花,菊花代表哀悼,因为只有在葬礼上才会用到;意大利人和西班牙人同样不喜欢菊花,认为它是不祥之花,但德国人和荷兰人对菊花却十分偏爱。

郁金香:德国人认为它是没有感情的花,所以德国人大都不喜欢送郁金香。

另外,巴西人忌讳黄色和紫色的花,认为紫色是障碍之色,视黄色为凶丧之色。

4．交往的忌讳

同印度、印尼、阿拉伯人交往，不能用左手与对方接触，也不能用左手传递东西。同英国人交往，一是不要系带条纹的领带；二是不要对王室事务谈笑无拘；三是不要笼统称对方为英国人，可以称"大不列颠"人。同欧美人谈话不要谈论人家私事，如年龄、住址、收入、疾病状态等。同欧美人交谈时，不得回避对方离得很近的脸庞。在佛教国家或地区，不要摸小孩的头顶。同东南亚国家的人交谈时，不要跷"二郎腿"。

5．男女的忌讳

法国人认为男人向女人赠送香水有"图谋不轨"之嫌。对于阿拉伯人不能向其妻、女问候。

6．饮食的忌讳

印度教徒不吃牛肉。信奉伊斯兰教的国家禁酒，认为酒是万恶之源。伊朗人不吃无鳞、无鳍的鱼。

7．商标图案的忌讳

瑞士人忌用猫头鹰作图案。意大利人不用菊花作商标。法国人忌桃花及其图案。英国人不用人像作商标图案。北非某些国家和地区忌用狗做广告。捷克人视红色三角形为有毒标记。土耳其人视绿色三角形为"免费样品"的标记。

13.4　跨文化沟通礼仪

13.4.1　部分亚洲国家的沟通礼仪

1．新加坡的沟通礼仪

新加坡的全称是新加坡共和国，在世界上有"花园之国"的美称。新加坡的主要宗教为伊斯兰教。除此之外，信徒较多的宗教还有佛教、印度教和基督教。在新加坡，马来语被定为国语，马来语、英语、华语和泰米尔语四种语言同为官方语言，英语则为行政用语。

在社交场合，新加坡人所行的见面礼节多为握手礼。在商务活动时一般穿白衬衫，着长裤，打领带即可。访问政府办公厅仍应着西装、穿外套。新加坡人非常讨厌男子留长发，对蓄胡子者也不喜欢。在一些公共场所，常常竖有一个标语牌："长发男子不受欢迎。"由于新加坡居民中华侨多，人们对色彩想象力很强，一般红、绿、蓝色很受欢迎，视紫色、黑色为不吉利，黑、白、黄为禁忌色，在商业上反对使用如来佛的形态和侧面像。在标志上，禁止使用宗教词句和象征性标志。新加坡人喜欢红双喜、大象、蝙蝠图案。数字禁忌4、7、8、13、37和69。

2．朝鲜的沟通礼仪

朝鲜的全称是朝鲜民主主义人民共和国。朝鲜国的民族是单一的朝鲜族，朝鲜的国语是朝鲜语，它是朝鲜人民的单一民族语言。

朝鲜人在公共场合非常注重礼仪。按照民族传统，朝鲜人与外人相见时所行的见面礼节是鞠躬礼。在行鞠躬礼时，同时问候对方。在行礼时，通常不准戴帽子。在一般情况下，主人要先向客人施礼，晚辈、下属要先向长辈、上级施礼。对方也必须鞠躬还礼。

目前朝鲜人在社交场合大多以鞠躬礼、握手礼并用。在行礼时，他们一般是先鞠躬，后握手。在握手时，可用双手，也可以单用右手。在一般情况下，朝鲜妇女不与男子握手，而是以鞠躬为礼。朝鲜男子与外国妇女握手则是许可的。在日常交往中，称呼朝鲜人时最好采用尊称或其职务、职称，尽量不要直呼其名。

3．日本的沟通礼仪

日本，正式名称为日本国，是位于亚洲东部的岛国，领土由北海道、本州、四国、九州四个大岛和3900多个小岛组成，西临日本海，与朝鲜半岛隔海相望，东面是太平洋。

日本人见面多以鞠躬为礼。鞠躬弯腰的深浅不同，表示的含义也不同，弯腰最低是最有礼貌的鞠躬。男性鞠躬时，两手自然下垂放在衣裤两侧，若对对方表示恭敬时，多以左手搭在右手上，放在身前行鞠躬礼，特别是女性。在国际交往中，日本人也习惯握手礼。在日本，名片的使用相当广泛，名片交换是以地位低或者年轻的一方先给对方。递交名片时，要将名片正面向上拿着送给对方。在与日本人交谈时，不要边说边指手画脚，别人讲话时切忌插话打断。三人以上交谈时，注意不要冷落大部分人。在交谈中，不要打听日本人的年龄、婚姻状况、工资收入等私事。对年事高的男子和妇女不要用"年迈""老人"等字眼，除非事先约好，否则不要贸然到日本人家中拜访。在日本，饮酒是重要的礼仪，客人在主人为其斟酒后，要马上接过酒瓶给主人斟酒，以表示主客之间的平等与友谊。

4．韩国的沟通礼仪

韩国的全称是大韩民国。韩国的官方语言是韩语，也即朝鲜语。韩国素有"礼仪之国"的称号，韩国人十分重视礼仪道德的培养，尊敬长者是韩国民族恪守的传统礼仪。

韩国人见面时的传统礼节是鞠躬，晚辈、下级走路时遇到长辈或上级，应鞠躬、问候，站在一旁，让其先行，以示敬意。男人之间见面打招呼互相鞠躬并握手，握手时或用双手，或用左手，并只限于点一次头。鞠躬礼节一般在生意人中不使用。和韩国官员打交道一般可以握手或是轻轻点一下头。女人一般不与人握手。在社会集体和宴会中，男女分开进行社交活动，甚至在家里或在餐馆里都是如此。

在韩国，如有人邀请你到家中吃饭或赴宴，你应带小礼品，最好挑选包装好的食品。席间敬酒时，要用右手拿酒瓶，左手托瓶底，然后鞠躬致祝辞，最后再倒酒，且要一连三杯。敬酒人应把自己的酒杯举得低一些，用自己杯子的杯沿去碰对方的杯身。敬完酒后再鞠个躬才能离开。做客时，主人没有让你参观房子的全貌，不要自己到处看。你要离去时，主人送你到门口，甚至送到门外，然后说再见。同他人相见或告别时，若对方是有地位、身份的人，韩国人往往要多次行礼。行礼三五次，也不算多。在一般情况下，韩国人在称呼他人时爱用尊称和敬语，但很少会直接叫出对方的名字。

5. 马来西亚的沟通礼仪

马来西亚的全称即为马来西亚。马来西亚籍华人和华侨占马来西亚全国总人口的二分之一以上，除此之外，还有少量的印度人和巴基斯坦人。马来西亚是一个以伊斯兰教为国教的国家，全国总人口的一半以上都信奉伊斯兰教。马来西亚的官方语言是马来语。英语和华语则是通用的语言。

在马来西亚，人们见面的时候采用的礼节因民族的不同而不同。马来人传统的见面礼节是"摸手礼"。它的具体做法为：与他人相见时，一方将双手首先伸向对方，另一方则伸出自己的双手，轻轻摸一下对方伸过来的双手，随后将自己的双手收回胸前，稍举一下，同时身体前弯呈鞠躬状。与此同时，他们往往还会郑重其事地祝愿对方。马来西亚的华人与印度人，则大多以握手作为见面礼节。现在，马来西亚人的常规做法是向对方轻轻点头，以示尊重，除男人之间的交往以外，马来人很少相互握手，男女之间尤其不会这么做。

13.4.2 部分欧美国家的沟通礼仪

1. 美国的沟通礼仪

美国的全称是美利坚合众国。它地处北美洲中部，东临大西洋，北靠加拿大，南接墨西哥及墨西哥湾。所属阿拉斯加州位于北美洲西北部。美国的主要宗教是基督教和天主教。美国的官方语言是英语。

美国人的见面礼节，一般情况下，以点头、微笑为主。不是特别正式的场合，美国人甚至连国际上最为通行的握手礼也略去不用了。若非亲朋好友，美国人一般不会主动与对方亲吻、拥抱。在商务往来中，他们尤其不会这么做。

美国人在穿着上大都喜欢深色西装配黑色皮鞋，深色袜子，忌讳白袜黑鞋。在正式场合或上班时，女性以裙装为宜，男性应打领带，穿深色西服。行路一般以右为尊，与女士同行，男士应走左边，出入应为女士推门。搭车时，车主驾车，前座为尊；反之，则以后座右侧为尊。自己开车时须先为客人开车门，等其坐定后始上车启动。在美国社会中，人们的一切行为都以个人为中心，个人利益是神圣不可侵犯的，这种准则渗透在社会生活的各个方面。人们日常交谈，不喜欢涉及个人私事。有些问题甚至是他们所忌谈的，如询问年龄、婚姻状况、收入多少、宗教信仰、竞选中投谁的票等都是非常冒昧和失礼的。

2. 加拿大的沟通礼仪

加拿大的全称即为加拿大。加拿大国民的主体是由英法两国移民的后裔构成的。一般而言，英裔加拿大人大多信奉基督教，讲英语；而法裔加拿大人则大都信奉天主教，讲法语。加拿大的基本国情是地广人稀。特殊的环境对加拿大人的待人接物有一定的影响。加拿大的主要宗教是天主教和基督教。加拿大官方语言是英语和法语并用，实行的是"双语制"。

在加拿大，人们相遇时，都会主动向对方打招呼、问好。即便彼此不相识，通常也往往会这么做。要是见过一次面的人再度相逢时，则双方通常都会显示出更大的热情。他们

第 13 章　跨文化沟通

除了要互致问候之外，彼此一定还要热烈地握手。加拿大人跟外人打交道时，只有在非常正式的情况之下，才会连姓带名称呼对方，并冠以尊称。在一般场合中，加拿大人在称呼别人时，往往喜欢直呼其名，而略去其姓。

3. 德国的沟通礼仪

德国的全称是德意志联邦共和国。德国的主体民族是德意志人。此外，在德国还生活着少量的丹麦人、吉普赛人、索布人等。德国的主要宗教是基督教和天主教。德国的官方语言是德语。

德国人在人际交往中对礼节非常重视。在社交场合，德国人通常都采用握手作为见面礼节。与德国人握手时，要注意务必坦然地注视对方，并且握手的时间宜稍长一些，晃动的次数宜稍多一些，握手时所用的力量宜稍大一些。对于初次见面的成年人以及老年人，务必要称之为"您"。对于熟人、朋友、同龄者，方可以"你"相称。在德国，称"您"表示尊重，称"你"则表示地位平等、关系密切。

德国人极度厌恶 13 与"星期五"。他们对于四个人交叉握手，或在交际场合进行交叉谈话，也比较反感。因为这两种做法，都被他们认为是不礼貌的。德国人认为，在路上碰到烟囱清扫工，便预示着一天要交好运。在德国，星期天商店一律停业休息。在这一天逛街，自然难有收获。向德国人赠送礼品时，不宜选择刀、剑、剪刀、餐刀和餐叉，以褐色、白色、黑色的包装纸和彩带包装、捆扎礼品，也是不允许的。与德国人交谈时，不宜涉及纳粹、宗教与党派之争，在公共场合窃窃私语，德国人认为是十分无礼的。

4. 意大利的沟通礼仪

意大利的全称是意大利共和国。意大利的主要宗教是天主教。根据 1929 年意大利政府与罗马教廷签订的《拉特兰条约》的规定，天主教为意大利的国教。官方语言是意大利语。在个别边境地区，也有一些人讲法语和德语。

意大利人的时间观念极为奇特。在外人眼里，他们似乎来去匆匆，却又不很守时，至少在社交活动中是这样的。一般来说，与别人约会时，许多意大利人都会晚到几分钟。据说，意大利人认为，这既是一种礼节，也是一种风度。意大利人在正式社交场合一般是着西式服装，尤其是参加一些重大的活动十分注意着装整齐，喜欢穿三件式西装。意大利人说话时喜欢靠得近些，有时几乎靠在一起。他们不喜欢在交谈时别人盯视他们，认为这种目光是不礼貌的。他们喜欢用手势来表达个人的意愿。意大利人在社交场合与宾客见面时常施握手礼，亲朋好友久别重逢会热情拥抱，平时熟人在路上遇见，则招手致意。意大利人请客吃饭，通常是到饭馆里去，有时也会在家中宴请亲朋好友。他们请客时往往茶少酒多，在正式宴会上，每上一道菜便有一种不同的酒。

5. 英国的沟通礼仪

英国是近代工业革命的发源地，全称为"大不列颠及北爱尔兰联合王国"。英国居民大多数信奉基督教。一些英国人还信奉罗马天主教、伊斯兰教、佛教、印度教、锡克教和犹太教等。

英国人不善于夸夸其谈，感情不大外露，也不喜欢在公共场合引人注目。在交际应酬中，他们不会轻易与别人一见如故，更不会立即称兄道弟，推心置腹。与外人交往时，英国人一般都非常善解人意，懂得体谅人、关心人、尊重人。在一般情况下，他们都不爱跟别人进行毫无意义的争论，而且极少当着外人使性子、发脾气。

英国人待人十分客气。"请"、"谢谢"、"对不起"、"你好"、"再见"一类的礼貌用语，他们是天天不离口。在进行交谈时，英国人，特别是那些上年纪的英国人，喜欢别人称呼其世袭爵位或荣誉的头衔。至少，也要郑重其事地称之为"阁下"或是"先生"、"小姐"、"夫人"。在交际活动中，握手礼是英国人使用最多的见面礼节。在一般情况下，与他人见面时，英国人既不会像美国人那样随随便便地"嗨"上一声作罢，也不会像法国人那样非要跟对方热烈地拥抱、亲吻不可。英国人认为，那些做法，都有失风度。

13.4.3　其他国家的沟通礼仪

1. 埃及的沟通礼仪

埃及的全称是阿拉伯埃及共和国。埃及由阿拉伯人、科普特人、贝都因人、努比亚人等多个民族所构成。埃及的主要宗教是伊斯兰教。阿拉伯人普遍信奉伊斯兰教。国语是阿拉伯语。

在人际交往中，埃及人所采用的见面礼节，主要是握手礼。与其他伊斯兰国家的人士打交道时的禁忌相同，同埃及人握手时，最重要的是忌用左手。在社交活动中，跟交往对象行过见面礼后，双方往往要互致问候。为了表示亲密，埃及人只要当时有时间，问候起交往对象来，往往会不厌其烦。除了个人隐私问题之外，当时所能想到的人与事，他们几乎都会问候一遍。他们的这种客套，有时会长达几分钟，甚至十几分钟。跟埃及人打交道时，除了可以采用国际上通行的称呼外，倘若能够酌情使用一些阿拉伯语的尊称，通常会令埃及人更加开心。

2. 澳大利亚的沟通礼仪

澳大利亚的全称是澳大利亚联邦。其人口主要是外国移民的后裔。在外国移民后裔里，欧洲各国的移民后裔，尤其是英国移民的后裔，又占绝大多数。澳大利亚的主要宗教是基督教。官方语言是英语。

澳大利亚人在第一次见面或谈话时，通常互相要称呼为先生、夫人或小姐，熟悉之后就直呼其名。人们见面时喜欢热情握手，并喜欢和陌生人交谈。澳大利亚人言谈话语极为重视礼貌，文明用语不绝于耳。他们很注重礼貌修养，谈话总习惯轻声细语，很少大声喧哗。在他们的眼里，高声喊叫是一种不文明的粗野行为。在澳大利亚，要注意使自己的穿着打扮得体。在一般场合，不必西装革履或浓妆艳抹，只要穿一些便服即可。但在诸如典礼、仪式、宴会、婚礼、剧院等正式场合，却非着西装不可。初次见面不要直接询问个人问题，如年龄、婚姻、收入等。特别不要问原国籍的问题。澳大利亚人还有个特殊的礼貌习俗，他们乘出租车时，总习惯与司机并排而坐，即使他们是夫妇同时乘车，通常也要由

丈夫坐在前面，妻子独自居后排。他们认为这样才是对司机的尊重，否则会被认为失礼。他们的时间观念非常强，对约会是非常讲究信义的，有准时赴约的良好习惯。

3. 南非的沟通礼仪

南非的全称是南非共和国。南非的主要宗教是基督教。白人、有色人的绝大多数和大约60%的黑人，都信仰基督教。官方语言为英语和南非荷兰语。

南非曾一度为英属殖民地，当地种族观念根深蒂固，礼仪也因此而不同。白种人的社交礼仪基本是英国社交礼仪的延承，见面握手，尊称"先生"、"夫人"、"小姐"，这些已被世人所熟知。而在一些黑人的部族中，则保留着当地特殊的礼仪，比如以鸵鸟毛或孔雀毛赠与贵宾，贵宾要立即把这些珍贵的羽毛插入头发或帽子，以示回礼。官方或商务交往时，需着样式保守、颜色偏深的套装或正装，以表尊重。做客于南非人家，当地人会盛情地拿出家中自制的啤酒招待客人，客人需多喝，最好能一饮而尽，以表谢意。

4. 新西兰的沟通礼仪

新西兰的全称即为新西兰。新西兰的畜牧业极度发达，国民经济以其为主，因此，新西兰又有"畜牧之国"、"牧羊之国"之称。新西兰由欧洲移民后裔、毛利人、华人等民族构成。新西兰的主要宗教是基督教和天主教。新西兰的通用语为英语，但毛利人依然习惯于讲本民族的语言——毛利语。

在新西兰社会中，欧洲移民的后裔，其中特别是英国移民的后裔，不仅占人口的绝大多数，而且其待人接物的具体做法也居于主导地位。握手礼是新西兰人所用最多的见面礼节。不过与新西兰妇女握手时，必须由妇女首先伸出手来。新西兰人在向尊长行礼时，有时会采用鞠躬礼。他们行鞠躬礼的做法与中国人鞠躬时低头弯腰有所不同，新西兰人鞠躬时是抬着头，挺着胸的。新西兰人路遇他人，包括不相识者时，往往会向对方行注目礼，即面含微笑目视对方，同时问候对方。在普通的交际场合，新西兰人非常反对讲身份、摆架子。在新西兰，各行各业的人都会对自己的职业引以为荣，并且在彼此之间绝对不分三六九等。称呼新西兰人时，直呼其名常受欢迎，称呼头衔却往往令人侧目。

思考与练习

1. 不同的民族有不同的文化，跨文化沟通的难点就是解决文化冲突，试举例说明东西方文化的差异。

2. 根据你所学的跨文化沟通知识，找机会同外教及外国留学生进行交流，切实提高自己的跨文化沟通能力。

3. 结合下面的一则案例，谈谈在跨文化沟通中了解和尊重对方文化及禁忌的重要性。

一次，恰逢旅游旺季，某旅行社英语导游短缺，于是从某外国语学院请来一名口才不错的在校生充当临时导游，接待的是一个泰国旅游团。该导游的服务热情周到，在带团初期，一切状况良好，但后来却发生了一件不愉快的事而招致客人的投诉。原因是团内有一

对夫妇的小孩子长得十分可爱，导游忍不住在男孩的头上摸了一下，这种在中国人看来最平常不过的举动，却触犯了泰国人"重头轻脚"的禁忌，男孩的父母当即就把脸沉了下来，只是没有当场发作。但导游却不懂得察言观色，后来又忍不住摸了一下小孩的头，这下男孩的父母再也控制不住愤怒，当场与导游吵了起来，进而导致最后的投诉。

4. 仔细阅读下面的一则案例，说说案例中的中国同事和美国同事都感到失望的原因，并从邀请与拜访的角度分析中美文化的差异。

一位美国教师在中国任教，中国同事总是对她说："有空来坐坐。"可是，半年过去了，美国同事从来没有上过门。中国同事又对她说："我真的欢迎你来家里坐坐。如果没空的话，随时打电话来聊聊也行。"一年下来，美国同事既没有来电话，也没有来访。可奇怪的是，这位美国人却常为没人邀请她而苦恼。

5. 语言障碍是跨文化沟通的障碍之一，试结合下面的一则案例，谈谈在跨文化沟通中如何有效地克服彼此的语言障碍。

有一个外国人跟他的一个中国朋友一起去参加一个饭局，饭局刚刚开始，请客的人突然内急，于是对这位外国人抱歉地说："对不起，我得去'方便'一下"。这位外国人中文不太好，就问他的朋友"方便"是什么意思，他的朋友告诉他"方便"就是上厕所的意思。请客的人回来后大家一番吃喝，酒足饭饱后，请客的人客气地对这位外国人说道："不好意思，粗茶淡饭，招待不周，改天你'方便'的时候，我再好好请你吃一顿大餐"。这位外国人当时就急了，说道："对不起，我们在'方便'的时候，从来就不吃饭。"

第 14 章　化解沟通难题

在人际沟通的过程中，我们难免遇到一些难办的事和难应对的人。这种情况下，我们是选择撕破脸皮、两败俱伤还是动动脑筋，用"妙计"来把事情办好呢？聪明的人当然选择后者。

要想有效地化解沟通中的难题，就要学会通融。所谓通融，就是融合通达之意。只要练好了人际沟通的基本功，并进一步掌握人际沟通的通融之道，那么也就掌握了化解沟通难题的艺术。作为当代的大学生，一定要在不断的沟通实践中，学会如何应对难沟通的人，如何办好难办的事，学会怎样求人办事以及怎样避开沟通中的"沼泽地"。

通过本章的学习，应懂得如何恰当地选择沟通的地点和时间；掌握应对难沟通的人的方法和技巧；学会应对各种难处理的事；在不断的实践锻炼中，切实提高自己的人际沟通能力，使自己成为一名能应对各种场面的高素质的人才。

14.1　沟通地点与时间的选择

14.1.1　沟通地点的选择

不管是对于两个初次见面、不太熟悉的人，还是原本就很熟悉的朋友，选择沟通的地点都是必需的，而这个地点选择是否合适，直接说明了你是否有交往的诚意。所以，这个沟通地点的选择，并非是越贵越华丽的地方就越好，而关键是要看这个地方是否适合，对方也能从中看出你的用心和善意。

任何沟通活动都必须有一个沟通地点为载体，而沟通地点又无时无刻不在影响着沟通活动的成败。但是沟通地点的选择，也是沟通中一个不大不小的难题。以约会的男女青年为例，约会地点的选择直接关系到对方对自己的印象，能够体现出自己是否真的重视这个约会，乃至会影响后来两人的关系是否可以更进一步。那么如何选择这个约会地点，则常常是让我们头疼的问题。

仔细观察一下，其实青年男女的约会地点也是有迹可循的，例如以下地点就是他们最常选择的约会地点。

公园：游公园是青年伴侣谈恋爱最常见的方式之一。每个年轻人都具有一颗童心，到孩子们游玩的地方走走，可以借此谈谈自己的童年等，也容易与对方产生共鸣。

马路：就是在马路上散步，即人们俗称的"压马路"或是"量马路"。散步的时候可以天南地北地闲聊，以加深彼此的了解。当然最浪漫的，是走在洒满月光的安宁小马路上，二人尽可能地将步调保持一致。

运动场所：可以选择保龄球、射击、击剑、羽毛球、乒乓球、网球等运动场所，最好挑一样自己最擅长的，这样不但能充分体现你的矫健，也能玩得尽兴。

电影院：电影院历来是青年男女约会的地盘，不过对电影进行选择也是必要的，应多考虑一下对方的意愿。

餐厅：女孩子一般都比较喜欢格调高雅而整洁的小餐厅以及有异国情调的西餐厅，或者你也可以约她到高楼大厦的顶楼餐厅。

博物馆：如果你的朋友文雅沉静，则可以考虑和她一起去逛逛博物馆，可能会意外地产生良好气氛。

游乐场：游乐场容易使人处于兴奋状态，适合制造一种坦率而开放的气氛，可说的话自然也会多起来，身体也会自然地靠近起来。

其实不单单是约会，在其他的各类沟通中，地点的选择也是组织沟通活动的必备要素，也是有一定规律的，如洽谈商务通常会选择比较高级的酒店，好朋友聚会常常会选择比较热闹繁华的地段。也就是说，要根据所安排的沟通活动选择好沟通地点，这一点不容忽视。沟通地点的选择的确是人际交往中的一道难题，那么，我们怎样选择合适的沟通地点呢？

1. 选择的沟通地点最好是自己所熟悉的地方

一般来说，沟通地点最好选择在自己所熟悉的地方。因为人们通常在自己熟悉的地方与人交往没有什么拘束感，在心情上也能感到放松，容易获得主动权，也能够充分地向对方展示和推销自己，并在沟通活动中占据有利地位。曾有实验表明，与同一个对象谈话，人们在自己的客厅里会比在别人的客厅里表现得更自如流畅，同样的道理也更容易说服对方；反之，改变环境到自己不熟悉的地方，而又恰好是对方所熟悉的地方，这样便会引起恐惧感，从而影响沟通的成败。

当然，有一种情况比较特殊，如男女第一次约会，这时候地点的选择则要更加慎重，最好是选择在女方比较熟悉的地方。如果女孩本身爱看书，可以相约到书店淘书，之后吃甜点。

2. 要选择二人之间的一个中间点

有时候，两人的距离相距较远，那么，可以取两人之间的一个中间点。将沟通地点选择在一个相对两人来说都能较快到达的地方，这样彼此都会比较方便，更便于沟通活动的展开。

3. 选择地点要因人、因事、因时而异

不同的事、不同的时间，可供选择的地点也不尽相同。它的选择是有条件的、辩证的、可以变化的。如果双方的身份对等，可以像前面说的那样选择自己熟悉的地方进行交往，这样选择的地点不至于让对方造成屈就感和压抑感。但如果对方是老人、长者或女士，从情理上讲，让对方选择或是选择对方熟悉的地方，更能体现诚意和尊重，这也是良好沟通的开端。

虽然说选择合适的沟通地点是道难题，但是只要平时多加留意，学习选择沟通地点的各种技巧，这一问题也就能迎刃而解了。

14.1.2 沟通时间的选择

在商业上,人们常常用"时间就是效率,时间就是金钱"来形容时间的可贵,殊不知,时间在人际沟通上的作用也是如此。沟通与时间密切相关,这不仅是因为任何的沟通都必须在一定的时间内进行,而且更因为能否恰当掌握沟通时间对交往效果有着重要的影响。因此,想要进行成功的人际沟通,就要善于安排沟通时间。

人际沟通中的沟通时间对交往的影响首先表现在守时上。因为这不仅关系到个人是否守信的品质问题,而且还关系到我们是否尊重对方的礼貌问题,虽然这个问题看上去很细小,但很可能直接影响到彼此的交往情绪和气氛。

例如,德国哲学家康德是一个十分守时的人,他认为无论是对老朋友还是对陌生人,守时都是一种美德,代表着礼貌和信誉。

1779 年,他打算去一个名叫珀芬的小镇拜访他的一位老朋友威廉先生,事前,他给威廉去了封信,说明自己将会在 3 月 5 日上午 11 点钟之前到达那里。于是,在 3 月 4 日,康德就到达了珀芬小镇,威廉先生住在一个离小镇十几英里远的农场里,康德打算第二天一早乘马车过去。次日,他就租了一辆马车赶往威廉先生的家,但小镇和农场之间隔着一条河,刚好这天桥坏了,过不了河,再往前走很危险。康德只好从马车上下来。

此时正是初春时节,河虽然不宽,但河水很深。这会儿已经 10 点多了,离约定的时间没有多长时间了。于是康德焦急地问车夫:"附近还有没有别的桥?"车夫回答:"有,先生。在上游的地方还有一座桥,离这里大概有 6 英里。"康德问:"如果我们从那座桥上过去,以平常的速度多长时间能够到达农场?""最快也得 40 分钟。"车夫回答。这样康德先生就赶不上约好的时间了。

康德发现附近有一座破旧的农舍,于是跑过去问主人:"请问您这间房子肯不肯出售?"农妇很吃惊:"我的房子又破又旧,而且地段也不好,你买这座房子干什么?""你不用管我有什么用,你只要告诉我你愿不愿意卖?""当然愿意,200 法郎就可以。"

康德毫不犹豫地付了钱,又对农妇说:"如果您能够从房子上拆一些木头,在 20 分钟内修好这座桥,我就把房子还给你。"农妇再次感到吃惊,但还是把自己的儿子叫来,及时修好了那座桥。

马车终于平安地过了桥。10 点 50 分的时候,康德准时来到了老朋友威廉的房门前。一直在门口等候的老朋友看到康德,大笑着说:"亲爱的朋友,你还像原来一样准时啊。"

也许许多人认为,威廉与康德是老朋友,他们之间的约会大可不必如此煞费苦心,即使晚一些,威廉也会谅解的,而康德为了准时到达而买下房子、拆下木头修桥是完全没有必要的。但是,在人际沟通中,守时是必需的礼貌,不管是对老朋友还是陌生人。康德也因为他的绝对守时而得到人们的尊重。

与人交往,时间的遵守是必需的。此外,由于现代社会中,人们的交往量日趋增加,对沟通时间的需求也相应地增多。而每天的时间是有限的,因此能否恰当掌握沟通时间对交往效果有着重要的影响。那么,如何能在日常人际沟通活动中选择最佳时间呢?

1. 周密安排，提高沟通质量

做好交往前的准备。事前要明确这次交往的目的、应该交谈的问题、交谈的方式、可能遇到的问题以及是否要有物质上的准备等。最好提前与对方约定好聚会时间，不然，贸然登门多有不便，甚至可能使对方感到不愉快。如果是你上门拜访，一定要准时到达，不要迟到。

2. 掌握沟通时间的最佳度

与人交往，见面时的问候寒暄是不可少的，但也不宜过多，应及时转入正题，要掌握好这个度。这是因为，在一定时间范围内，人们的头脑清晰，注意力集中，反应灵活，这时的效率也最高；超出了一定的时间范围，便会筋疲力尽，效率下降。

例如，美国著名管理学家彼德·F.杜拉克在给一家大银行担任顾问时，银行的总裁会每月约他交谈一次该银行的管理问题，但规定每次交谈时间为一个半小时。时间一到，总裁便握手告别。为何会有一个半小时的限制呢？这位总裁说："原因很简单，我的注意力只能维持一个半小时，研究任何问题，超过了这个限度，我就会重复谈话内容。而且，如果时间太短，时间便不够，我恐怕会掌握不住问题的重点。"

这位总裁很善于把握交谈时间的度。当然，也有另外一种情况，如谈判中的双方故意拖延时间，使对方疲惫放松，以便有机可乘。

3. 及时结束沟通活动

如果客人确有告辞之意，不必为了显示热情而拼命挽留对方。否则，一旦对方不好意思立刻离开而留下来，再开始的谈话也很难有实质性的意义了。

4. 运用同时与多人沟通的技巧，浓缩交往活动

有时候，为了高效率地利用交往时间，可以把交往目的、内容相同的交往对象聚在一起。几个人聚在一起，容易使气氛活跃、话题广泛，有利于节省时间、提高效率。不过，这样也会给主人增加接待难度，因此要提前做好准备，避免到时手忙脚乱，顾此失彼，招待不周。

5. 充分运用现代沟通工具

在现有的条件下，打电话就能完成沟通目的、能达到理想效果的，就不必亲临现场，这样就节省了往返时间。此外，还可以利用传真、电子邮件等节省时间。即使必须出行，利用不同的交通工具也可达到节约时间的目的。

综上所述，沟通中的守时问题、时间安排问题是我们在平常交往中经常遇到，又容易出问题的难题，所以，在交往不断扩大的今天，正确掌握运用沟通时间的技巧，合理安排沟通的时间，对于提高沟通效率和沟通质量，都起着不可忽视的作用。

14.2 应对难沟通的人

14.2.1 滴水不漏应对笑里藏刀的人

生活中不乏笑里藏刀的人，他们平时对你"甜哥哥""蜜姐姐"地叫着，等取得你的信任，当你放松戒备的时候，他们会在暗处狠狠地捅你一刀。

在办公室里，笑里藏刀是小人常用的计谋。小人在和同事交往过程中，显得温和谦恭，很是大度，但实际上并非如此，他们大都心胸狭窄、喜欢猜忌、阴险狠毒。总之，小人们利用此计，目的是想让对手服从自己，在自己设计好的圈套里行事，以此达到获得利益的真正企图和目的。

例如，上司最近不断找小张谈话，准备委派给他一项重要工作，这意味着上司对小张的赏识或者他马上就可以升职。消息不胫而走，很多人对小张羡慕不已。但事隔几日，他感觉周围的气氛开始有些异常，大家都在悄悄地议论着什么。当了解到真相时，他的怒气简直要冲破天。原来不知是谁无中生有地传播了许多对他不利的谣言，诸如"道德败坏"、"虐待妻子"等，上司在"舆论"的影响下决定收回成命，改派另一个人去做那份工作。小张的解释显得苍白无力。其实，这就是笑里藏刀的人在背后给了他一刀，结果本来属于小张的机会被别人用这种方式夺走了。

应对笑里藏刀的人，最好的办法是表面上跟他维持友好关系，暗地里却要防范他，一切与他有关的决策、汇报均要召开会议，并请来有关人士出席，其他公事上的情报则一律避而不谈。同时与他的交往只限于公事，对个人隐私及其他同事的是非一概守口如瓶。只要你能做到滴水不漏，他就对你无可奈何了。

14.2.2 沉默应对清高傲慢的人

生活中自视清高、目中无人的人并不少见，他们总是表现出一副唯我独尊的样子。与这种举止无礼、态度傲慢的人打交道，实在是一件令人难受的事情。这种人常常有以下几种特征。

(1) 高傲自大，目中无人。清高傲慢者自以为本事大，有一种至高无上的优越感，总以为自己很了不起，别人都不如自己。他们说话常常语中带刺，做事我行我素，表现出自信和自负心理，对别人则是不屑一顾。

(2) 孤芳自赏，固执己见。清高傲慢的人往往性格孤僻，喜欢自我欣赏。他们往往听不进别人的意见，凡事都认为自己做得对，对别人持怀疑与不信任的态度。

(3) 自命清高，眼高手低。清高傲慢者多自命不凡、好高骛远、眼高手低，自己做不来，别人做的他又瞧不起。

应对这种人，虽然可以故意怠慢他，但这种办法不利于继续交往，对双方都不利。所以，我们应该从如何使自己办事成功出发来选择自己的行为方式。

(1) 表示信赖。一般情况下，对待清高傲慢的人，就是要相信他们，对他们表示信赖，并在适当的时候、场合给他们一点取胜的机会，让他们把自己的自信心充分建立起来，帮助他们改变盛气凌人的傲慢态度。

(2) "当头一棒"。有的人傲慢骄横，自以为自己的地位、学识、年龄等都处于优势，很可能蔑视他人，或者大肆地攻击他人。这种人无论到什么地方，都认为"人不如我"，因此总将自己的傲气潜藏在虚伪的谦和之中。那么，怎样应对这样的人呢？对这种人，赞美他不免是件危险的事，因他自命不凡，一经抬高，他就会跌得粉碎。狠狠地当头一棒，也许是良策益方。那就给他"当头一棒"吧！

(3) 有意为难一下。对这种清高傲慢者，你不妨有意制造一些麻烦，为难他一下。你可以邀请这种人从事一些无法摆谱的活动。例如，请他去跳跳舞，聊聊家常，上 KTV 唱唱歌等。而当对方在你面前表现出其生活的原色之后，在以后的交往中，他一般不会再对你傲慢无礼，这样你就可以从容地与他共事了。

与这种人谈话时，应该简洁明了，切忌拖泥带水。这样会让对方感到你是一个很干脆且很少有讨价还价余地的人，因而也会收敛起自己的傲慢。

14.2.3 远离搬弄是非的人

喜欢搬弄是非的人，每天总是挖空心思打探别人隐私，东家长西家短地在背后说别人的坏话，通常表现就是无事生非，故意找借口与人争执。

搬弄是非的人和自私自利者一样，喜欢把自己的利益放在第一位，但其思想非常狭隘，有幸灾乐祸的病态心理。他们常以挑起事端为己任，在别人的分歧之间谋取个人利益。他们往往主观臆断、妄加猜测；他们叽叽喳喳，不负责任地传播小道消息；他们幸灾乐祸，干涉别人的隐私。他们在搬弄是非的同时嘟嘟囔囔，似乎对什么都不满意，无论大事小事，都是牢骚满腹。

搬弄是非的人最明显的特征就是油嘴滑舌。他们表面上很会说话，很会套近乎，很通情达理，与一般人接触、交往也很讲感情，在短时间内比较有好的人缘，所以人们有时会把心里话告诉他，甚至把对第三者的褒贬评价和是非好歹也倾囊而出。但是用不了几天时间，此话便被张扬出去，弄得人们的关系越来越紧张。你因一言之失，不只得罪了一两个人，也会使更多的人对你顾忌重重。那么，怎样应对这种人呢？

首先，保持沉默。与好搬弄是非的人相处时，涉及他人是非的话不说，关系到自己利害的话不说，不给挑拨离间者留下"做错"的把柄和作料，让他无处下手。如果是工作关系，你可多谈积极的，少谈或不谈消极的，或你与此人也许有工作上的合作关系，这也是很好的话题，谈一谈工作上的进展和工作方法，不牵连任何人际关系。

其次，挺身而出。背后议论别人是一种不道德的行为，不能迁就，必须站出来，帮助议论者改正不良习惯。帮助搬弄是非者改正恶习，行之有效的办法是：尊重对方，以朋友式的态度进行善意的规劝；同时，巧妙地引导对方获得正确认识人的方法。比如，当对方谈论他人时，可以先顺着对方的话题，谈谈这个人确实存在的缺点，然后再谈这个人的长处，从而形成一个正确的结论。

最后，掉头就走。如果对方搬弄是非已成为他的性格特征，那就干脆不加理睬。"走

自己的路，让别人说去吧！"千万不可一听到搬弄是非的话，就立即去找那人对质，这样会使大家都很难堪，而解决不了根本问题。更不要一时性急，去找那人算账，那样会更难堪。

谁人背后不被人说，谁人背后不说人。人生在世难免被人议论，我们要努力做一个为了自己的理想而活着的强者，而不要做一个被议论所左右的弱者。

14.2.4 宽容对待贪便宜的人

无论走到哪儿，都难免遇见几个贪小便宜的人，这种人只做对自己有利的事，心中只有自己，并且喜欢斤斤计较，再小的事也想从别人那里占点便宜。日常生活中，如果不得不与他们打交道，我们应该如何应酬呢？

与喜欢贪小便宜的人交往时，要按捺住自己的厌恶之情，尽量宽容些。当他发现自己所强调的利益被肯定了，自然就会表示满意。

一些人贪小便宜的毛病是受社会环境(尤其家庭环境)的影响而形成的一种生活习惯。这种人往往缺乏远大的理想，胸无点墨，生活作风随便，得过且过，不求上进。这种人一般心眼不坏，而且性格外向，毫无忌讳，容易深入了解。同这种贪小便宜者打交道，要注意正面批评，引导他们在学习和工作上下功夫，以提高其理想层次。其理想层次提高了，自尊的要求就会随之增长，贪小便宜的毛病便会相应得到克服。对这类人贪小便宜的毛病，切不可姑息，对他们的姑息，只会加重这种不良生活习惯。另外，也不可对他们进行讽刺挖苦，因为讽刺挖苦会影响其自尊。

还有一种贪小便宜的人，他们的行为是受一定意识形态支配的，其贪小便宜的行为反映着其生活观念。这种人，往往具有比较特殊的生活阅历，在生活中受过磨难，人生观常常表现为以"自我"为中心。

同这类贪小便宜者打交道，采取一般化的说教方法，是无法解决其观念形态的问题的，应真诚地与之相处，用自己的博大胸怀去感化他。在工作、学习、生活中，我们应真诚地、无微不至地去帮助他们，使他们因自己的行动而感化。比如，外出时，热情地拉着他，坐车、吃饭、看电影、逛公园争着付钱，而对他从不表现出一点儿不满和鄙视。平时，讲一些他所钦佩的人的宽宏大度、不计个人得失的事例，使他逐渐意识到自己的不足。

贪小便宜不管源于哪一种心理状态，冰冻三尺，非一日之寒，要他们一下改掉并不现实，只能潜移默化，而且允许出现反复。如果一个人去感化犹嫌力量不足，可动员几个要好的朋友来共同感化他们。当贪小便宜者真正理解你的真诚后，他是会永远感激你的，由此所建立起来的友谊，也一定是纯洁的、牢固的。换个角度看问题，贪小便宜的人往往有自己的特点，那就是精打细算，如果能正确引导，让他们把这种特点加以深化，比如让他们做财务类工作，也未尝不是一件好事。

14.2.5 热情对待性格孤僻的人

性格孤僻的人大多性格内向，而且整日郁郁寡欢、焦躁烦恼，缺乏生活乐趣。就算你很客气地和他打招呼、寒暄，他也不会做出你所预期的反应来。他通常不会注意你在说些什么，甚至你会怀疑他听进去没有。

和这种人交往，刚开始多多少少会感觉不安，但这实在是没办法的事。

譬如，当你遇到 J 先生时，直觉马上告诉你："这是一个死板的人。"此人体格健壮，说话带有家乡口音，至于他是怎样的一个人，你却不太清楚。除了从他的表情中可以察觉些许紧张之外，其他的一点也看不出来。

遇到这种情况，你就要花些工夫注意他的一举一动，从他的言行中，寻找出他所真正关心的事来。你可以随便和他闲聊一些中性话题，只要能够使他回答或产生一些反应，那么事情就好办了。接下去，你要好好利用此类话题，让他充分表达自己的意见。

譬如，当你们聊到有关保龄球时，J 先生的话就多了起来，这表示他对这种球很感兴趣。他很起劲地谈到打球的姿势、球场的情况和自己最近的成绩等，原来死板的表情被眉飞色舞所取代。

每一个人都有他感兴趣、关心的事，只要你稍一触及，他就会开始滔滔不绝地说，此乃人之常情，因此你必须好好掌握话题内容并利用这种心理。

性格孤僻的人，往往缺乏亲情、友情或爱情。不管性情孤僻者的孤僻源于什么，我们与之相处，都应给予温暖和体贴，让他们通过友谊体验人间的温暖和生活的乐趣。因此，在学习、工作和生活的细节上，我们要多为他们做一些实实在在的事，尤其是当他们遇到自身难以克服的困难时，更应主动站出来，帮忙解决。实践证明，只有友谊的温暖，才能消融他们心中的冰霜。性格孤僻的人，一般不爱说话。有时候尽管他们对某一事情特别关心，也不愿主动开口。不谈话，是难以交流思想感情的，因此，我们与之相处交谈时，既要主动，还要善于选择话题。一般来说，只要谈话的内容触到他们的兴奋点，他们是会开口的。

性格孤僻的人，往往喜欢抓住谈话中的细节进行联想，胡乱猜疑。一句非常普通的话，有时也会使他们不高兴，并久久铭记于心，以致产生很深的心理隔阂。而这种隔阂，他们又不直接表露，而是以一种微妙的形式加以反映，使当事人难以察觉。因此，我们与之交谈，要特别留神，措辞、选句都要细加斟酌。

在与性格孤僻的人有了初步的交往后，我们就应多引导他们读些对他们有益的书籍，帮助他们树立正确的世界观、人生观和社会观，并在此基础上建立正确的友谊观、爱情观、婚姻观和家庭观，逐步和谐人际关系。

多引导他们参加一些活动，使他们从自己的小圈子里解脱出来，这样他们的性格也会随之开朗起来。在活动时，最好让他们选择一些轻松愉快的主题，如听听轻音乐、唱唱歌，看看喜剧、体育比赛，游一游名胜古迹等。

性格一旦形成是很难改变的，因此，与性格孤僻的人打交道，要有耐心才能打开他的心锁。

14.2.6 冷静迁就脾气暴躁的人

有的人脾气暴躁，思想比较简单，做事时往往欠考虑，喜欢感情用事，以致许多人都不愿意和他们交往。其实，只要对这种人采取冷静迁就的态度，他们也是很好相处的。

第 14 章　化解沟通难题

如遇到脾气暴躁的人冒犯你，不可严肃对待，一定要保持头脑清醒，可以暂时置之不理，有时瞪他一眼就足够了，对他的发火不予理睬，随他自便。如果与之相持不下，切忌火上浇油，否则你无法避免与之争吵的尴尬局面。

脾气暴躁的人，容易兴奋，容易发怒，自我控制力差，动不动就发火。但这种人往往比较直率，不会搞什么阴谋诡计，而且他们重感情、重义气，如果对他们以诚相待，他们便会视你为朋友。

那么，应如何对待脾气暴躁者的急躁与粗暴呢？

和脾气暴躁的人相处，可以采取宽容态度。当他对你发火时，可以置之不理或一笑了之，不要在气头上与他争吵。例如，歌德有一次在公园散步，迎面碰到一个曾对他的作品提出尖锐批评的批评家。那位批评家性格急躁，他对歌德说："我从来不给傻子让路！""而我相反！"歌德幽默地说。于是一场无谓的争吵避免了。

一句幽默的话语，一个微笑，也许是与脾气暴躁的人相处的一个很好的武器。同时，赞扬也可以助你一臂之力。这种人一般比较喜欢听奉承话，听好话，因此，我们要不失时机，恰如其分地表扬他。与之交往，宜多采用正面的方式，而谨慎运用反面的、批评的方式。

第一，宽宏大量，一笑了之。遇到脾气暴躁的人冒犯你时，你一定要保持头脑冷静，置之不理，或者瞪他一眼，或者一笑了之。这种"一笑了之"的笑，可以是泰然处之的微笑，可以是表示蔑视的冷笑，也可以是略带讽刺的嘲笑……最好的是泰然处之的微笑，它不仅可以使自己摆脱尴尬的局面，还可以让对方知难而退，避免事态恶化。

第二，暂时忍让，避开锋芒。当脾气暴躁者冒犯你时，如果你自己也是个急躁的人，急躁碰上急躁，针尖对麦芒，很容易着火。你应当压住心头的火，暂时忍让，避开锋芒。待对方锋芒锐减时，再充分地、轻言细语地说服对方，也可讲事实、摆道理，消除对方的误会。

第三，开阔胸怀，宽容大度。只要你有宽广的胸怀，你就会对别人的态度不加计较，对自己的行为勇于承担责任。他吵，你不吵；他凶，你不凶；他骂，你不骂；这样就吵不起来了。"宰相肚里能撑船"，只要你有温和的态度、宽广的胸怀，就会使本来发火的对方火气消减，自感无趣，从而更加收敛。

第四，察言观色，防患于未然。脾气暴躁的人，当他着火时，最容易对周围的一切人"发泄"，这时你就迁就一下。如果你与他计短长，就会成为他的出气筒。所以，你一定得察言观色，揣摩对方的心理状态，先退一步，待他情绪稳定下来时，再进一步向他说明一切。

14.2.7　宽厚平和对待尖酸刻薄的人

尖酸刻薄的人，往往爱取笑和挖苦别人，挖人隐私不留余地，冷嘲热讽无所不知，直到对方颜面丢尽才肯罢休。所以，在一个单位或集体中，他们是很少有人愿意与之交往的一族。

与刻薄的人交往，唯一的方法就是以宽厚来对待他，一笑了之。一般来说，有以下几

种技巧可供使用。

1．用微笑化解"刻薄"

遇到尖酸刻薄的人，最好别把他的话当真，一笑了之是最好的办法。比如，有人嘲笑一位农民说："你这条裤子好像是在旧货市场买来的。"这位农民笑着说："你的眼光可真准，我是走了好几家旧货市场才挑了这么一件上等品。"把机智派上用场，持开玩笑的态度，的确是应对刻薄者的有力武器。同时，还应尽量和他保持距离，不要惹他。万一吃亏，听到一两句刺激的话或闲言碎语，就装作没有听见，千万不能动怒，否则可能惹祸上身。

2．勇敢面对

尖酸刻薄的人，天生一副伶牙俐齿，得理不饶人。对于你来说，能够勇敢地对抗别人的侮辱而又不至于引来反唇相讥，实在不是一件容易的事。一个有效的办法是不要回避，而采取直截了当的反问；另一个办法是要求对方解释他的话，一旦嘲弄你的人知道你看穿了他，也就自觉无趣，不会再骚扰你了。

3．顺着说下去

对待尖酸刻薄的人，有一个办法是他说什么你不必动怒，反而顺着他的意思说下去，这也是一种抗拒之法。如他说："你怎么今天穿得花里胡哨的。"你可以这样笑着回答："我想做个小妖妹，你看好吗？"像这样的应对，既显出你的修养和素质，对方也不能得寸进尺地伤人了。

4．宽恕之心

当听到尖酸刻薄的话时，虽然你知道那话是冲着自己来的，但如果你告诉自己，那句话实际上与你无关，你也就自然能平心静气地对待了。记住，有一颗宽恕之心是重要的生存之道。

5．脸皮不妨厚点

谁都无法也不可能避免尖酸刻薄话的侵犯，就是最好的朋友，有时也可能因各种原因说一些伤人的话。在这种情况下，最好学着脸皮厚一点，既然人人都有这种缺点，又何必去计较呢？

14.2.8　大度忍让心胸狭窄的人

心胸狭窄的人，往往生性多疑，容不下人和事，嫉妒比自己强的人，却又看不起不如自己的人。那么，如何应对心胸狭窄的人呢？

我们不妨学习先贤诸葛亮对待心胸狭窄之人的智慧。三国时，周瑜是东吴的都督，诸葛亮是西蜀的丞相。他们为了抵抗曹操百万大军的南下，共商大计。周瑜见诸葛亮处处高自己一筹，便妒火中烧，屡次加害，诸葛亮则处处从联合抗曹的大局出发，不计较个人的得失与荣辱，从而保证了吴蜀的军事联盟，打败了曹操 83 万大军，为"三分天下"奠

定了基础。

所以，与心胸狭窄的人相处应做到以下两点。

1．要有大度的气量

与心胸狭窄的人相处，肯定会发生一些不愉快的事，如果缺乏气量，与之斤斤计较，就无法相处。相反，如果大度些，胸怀开阔些，就会使那些不愉快的事化为乌有。

诸葛亮之所以能对周瑜的嫉妒和迫害毫不计较，是因为他目光长远，时刻想的是如何联合东吴打败曹操，保卫蜀国。所以，他能从个人的思想中解脱出来，重事业，轻小侮。朋友之间也应如此。如果对方因心胸狭窄做出有损自己利益的事，我们应从有利于工作和友情的大局出发，能谅解的就谅解，能忍让的就忍让，不应为个人而斤斤计较，耿耿于怀。

2．要有忍让的精神

若朋友因心胸狭窄，做出了对不起自己的事，我们不妨忍让一点。忍让，绝不是软弱，而是心胸开阔、人格高尚的表现。忍让，并不意味着放弃原则。

一个人之所以心胸狭窄，关键是他习惯于孤立地、静止地看问题，因而目光短浅，不能认识事物的多维性。比如周瑜，他只看到诸葛亮的雄才大略，如果帮助刘备强大起来，将威胁到东吴称霸，而没有认识到面临曹操的百万大军，如果嫉贤妒能，破坏了蜀吴联盟，只能被曹军各个击破。诸葛亮却清醒地认识到了这一点，才一方面"大人不计小人过"，另一方面巧妙地同周瑜周旋，使他破坏联盟的计划无法实现。由此可见，心胸狭窄的人极容易错误地估计形势，错误地对待人和事。因此，对心胸狭窄的人忍让，绝不意味着迁就他的错误。

大度对待心胸狭窄的人，并不是说对他们的错误思想和行为一味迁就，而是要把握与之相处的分寸。

14.3 应对难处理的事

14.3.1 巧妙避开左右为难的选择

两难问题就是不论你回答"是"或"否"，都可能给你带来麻烦。回答这类问题必须用心。很多时候，问这种问题的人总是别有用心，如果问题来自你不能得罪的人，或者在公众场合被问到，更会让你的回答难上加难。所以，在回答此类问题时要有适当的方法。

1．回避正题

在那些不宜完全根据对方的问题来答话的场合，可采取回避正题的模糊回答，它能让你巧妙避开对方问题中的确指性内容，让对方感觉到你没有拒绝他的问题，但又不是他期望的答案。

2．假装糊涂

两难问题中有一种复杂问语,是指利用"沉锚效应",隐含着某种错误假定的问语。对这种问语,无论采取肯定还是否定的答复,结果都得承认问语中的错误假定,从而落入提问者的圈套。如一个人被告偷窃了别人的东西,但他又死不承认偷过。这时审问者便问:"那么你以后还偷不偷别人的东西?"无论其回答"偷"还是"不偷",都陷入审问者问语中隐含的"你偷了别人的东西"的这个错误假定中。对于这类问题,不能回答,只能反问对方,或假装糊涂,不明白别人的意思。

3．自嘲圆场

有时一些两难问题被问及,无论怎样回答都会让人觉得颜面无光。此时不妨自嘲一下,给自己圆圆场。

例如,某先生酷爱下棋,但又死爱面子。一次与一高手对弈,连输三局。别人问他胜败如何,他回答道:"第一局,他没有输;第二局,我没有赢;第三局,本是和局,可他又不肯。"乍一听来,似乎他一局也没有输:第一局他没输,不等于我输,因棋还有个和局;第二局我没赢,也不等于我输,还有和局嘛;第三局也不等于我输,本是和局,可他争强好胜,我让他了。

4．迂回出击法

在现实生活中,对于一些不能得罪的人提出的难题或者无理的要求,不要急于做出正面反击。可以采取迂回的方法,避免与对方发生正面冲突,在抓住对方漏洞的前提下,不动声色地反击,从而反败为胜。

5．巧用对比

有些问题如果直接回答,无论是哪种答案都不妥,这时,巧用对比不失为一个解脱的好办法。最好能选用一些人们熟悉的事物进行对比,重要的是这些事物恰恰包含或说明了自己的观点或态度。

6．以相似问题反击

面对别人的刁难,面对两难问题,有时不必去冥想苦思,只要采用与他相似的问题进行反击,以其人之道,还治其人之身,就可使自己轻松得到解脱。

对于非"左"即"右"的问题,切忌在对方问题所提供的选择中做单一选择,因为无论是"左"还是"右",都正中了对方的圈套。

14.3.2 机智应对别人的有意刁难

人生在世并非所有的事都称心如意,在为人处世过程中,难免会碰到一些刁钻古怪之人,他们会在一些正式或非正式场合对你进行有意刁难。如果你恼羞成怒,对刁难者进行指责,就会激起对方的反唇相讥,由此陷入进一步的言语大战。但也不能表现得过于温和,这样会让对方觉得你是一个软弱可欺的人,没准还会找机会再刁难你。

面对别人的有意刁难，既要保住自己的面子，又不至于因回敬过头而显得无礼，做到这一点是很难的。所以，我们可以采取恰当而有效的应对措施。

1．请君入瓮

生活中，当对方蓄意刁难，说出令人难堪窘迫的话时，最好的解脱方法是采用请君入瓮的方法，巧用话语把对方也引入这种局面中，让对方作茧自缚、自食恶果。

2．以相同思维反击

当别人有意刁难，你不能直接回答时，不妨采用与对方一样的思维，照他那样的逻辑方式，如法炮制地再设一个相同句式的问题来反问对方，这样就巧妙地把球踢还给了对方。

3．大智若愚

在日常生活和工作中，如果有人在非大是大非的原则问题上刁难你，大可一笑了之，全当不懂对方的话，而让对方自讨没趣。

例如，1992年的美国大选，克林顿的对手在电视竞选上，攻击他不过是夫人的一个木偶，言外之意是克林顿做不了一家之主，更不够格做一国之主，这句话无疑潜伏着杀机，可谓刁难至极。克林顿回答："不知你是竞选总统还是竞选克林顿夫人？"一句妙答，让故意刁难他的人无言以对。

克林顿这种带点傻气的话，其实是大智若愚的表现，既回避了他人对自己的年龄太轻不能胜任一个大国总统的怀疑，又回应了对方对其夫人干政的攻击。

4．巧用反问

巧用反问是应对有意刁难之人的一个普遍、实用的技巧。当对方的问题很难回答或发问的角度很刁钻，你回答肯定、否定都可能出差错时，那就不要回答，你可以把问题再还给对方，巧用反问，将对方一军。

5．化被动为主动

先有意放松、解除对方的戒备心理，为能牢固地把握主动权打好基础，等到对方上钩了，再予以反击，使对方措手不及。这在应对别人有意刁难时不失为一个好的办法。

14.3.3　及早逃离苦恼的是非之地

不管你是个怎样的人，都不要轻易惹是非上身，因为一旦惹上了，可能想甩都甩不掉。万一不幸卷入是非之境，就要明智地采取相应的应对措施，及早脱身离开，以免祸及自身。远离是非之地，设法脱离困境以保护自己，可以采用以下策略。

1．适可而止，全身而退

工作中各级平行领导之间，有太多的微妙关系存在，大部分是亦敌亦友的，无论私交如何要好，在上级领导面前，他们还是有数不完的斗争。今天，两人像最佳搭档，在办公室成了铁哥们，但很有可能几天后反目成仇。

某些人可能为了某些目标，希望化干戈为玉帛，以方便日后做事，但亲自出面又太唐突，于是便找你来做"和事佬"。本来使人家化敌为友是一件好事，但做好事之余，你得做些保护自己的工作，也就是说要适可而止，给自己的行动划定一个界限，使自己最终能全身而退。

你最好是对双方的对与错，不予置评，更不宜为某人解释，告诉他俩"解铃还须系铃人"，你的义务到此为止。

对领导不满、对单位不满的，大有人在，遇到有同事来诉苦，指责某人有意为难他，或单位某方面对他不公平，你既要做到关心同事的利益，又要适可而止，置身事外，让自己在卷入是非旋涡前全身而退。

2．区别对待，步步为营

如果平日很要好的两个人，分别在你跟前数落对方的不是，而两人表面上依然友好，这时候，你该怎么办呢？两头为难是一方面，除此之外，你更应小心，因为有一种可能是，两人是在试探你。

有些人心胸狭窄，十分小气，又善妒，所以因为某些问题发生矛盾，这是不足为奇的，但在表面上又不愿翻脸，故向较亲近者倾诉心中不悦，是自然不过的事。

这时，你这个"夹心人"并不难做，可用冷淡的态度对待两人，当对方发现没有人同情时，必然不是滋味，就会掉头另找他人，那么你就自动脱身了。

如果对方的动机不良，你亦不必过分慈悲，不妨还以颜色，分别跟他们说："对不起，我不愿听你说朋友的坏话，因为我根本不想评论你俩！其实，我的看法对你们并不重要呀！"利用这一招，他们必然会知趣而退。

3．走为上计

不惹是非最有效的策略莫过于"走为上计"。我们知道，"走"不是消极逃跑，而是主动脱离一种极为尴尬的是非处境，待时机成熟，情况有所转机后，再去积极处理，以图重新打开自己的人生局面。任何是非都会让你受累，而如何彻底摆脱它，则是做人的学问。

面临是非之境，逃离是最佳之策。切忌老是充当"和事佬"和"夹心人"，若不幸充当了这一角色，也要谨慎行事。

14.3.4　不失礼节地拒绝他人的请求

在日常生活中，我们在向别人提出要求时，都有被拒绝的时候，那种感觉当然不好受。同理，我们拒绝别人也是一个难题。如果应酬得巧妙，则可以使自己不陷入两难的境况；如果应酬得不好，则可能导致被人嫉恨等负面影响。因此，需要掌握一些拒绝他人的技巧，做到有效拒绝他人且不失礼节。

第14章 化解沟通难题

1. 献可替否，转移重心

"献可替否"是一个成语，意思是用可行的去替代不该做的。当对别人所求的事不能帮忙时，应在讲明道理之后拒绝，然后想一些别的办法作为替补。因为一般每个人都会有一种补偿心理，如果你想的办法不是很理想，而你已经尽自己的力量，对方的情感也会得到满足，并在一定程度上减少失望感。如果你的办法帮助他解决了问题，他会更感激你。

2. 巧设"圈套"，诱导否定

我们还可以巧妙地把对方设置在同样的情景，以此来引诱对方作出判断，从而让其明白自己的处境或意思，以巧妙地拒绝其要求。

例如，有一次，一个人问艾森豪威尔将军一个有关军事机密的问题，艾森豪威尔将军做耳语状说："这是一个机密问题，你能替我保密吗？"于是那个人就连忙说道："我一定能的！"艾森豪威尔将军则回答道："那我同样也能！"

3. 模糊语言，含糊回避

模糊语言，含糊回避是一种有效拒绝他人的方法，也是一种最常见的方法。它是在不便明言回绝的情况下，含糊回避他人。这样既给对方保留了面子，又不会显得自己是个不肯帮忙的人。

4. 分析利害，以理服人

当别人的请求确实不适合自己甚至有悖自己的原则、有悖法律规范时，哪怕对方是关系再好的朋友或者对方的态度诚恳至极，你也不能支支吾吾、半推半就，而应当讲明事理，彻底打消对方的念头。

在日常生活中，有许多人不明白其中的利害关系，更有一些人为了眼前的一点小利，不顾后果。最后，遭到报应的还是自己。因此，在平时办事时要有长远眼光，要学会说"不"，同时也要顾及别人的面子，对其晓之以理、动之以情。

5. 以守为攻

在对方提出一些要求之前，我们已经通过别的途径得知此事或在谈话中已经知道对方的目的，但是自己无法做到。这时就可以采用这种以守为攻的办法来拒绝对方的要求。如有熟人找你借钱，但对方做的是一些不正当的事情(如赌博)，这个时候你可以在对方说出请求之前率先提出自己的要求："这么巧呀！正好碰到你，我正准备去找你借点钱……"对方如果听到你这么说，自然就不会再向你开口借钱了。

6. 自我贬低

生活中我们一直为一些既没有什么实际意义又浪费时间与精力的社交活动而烦恼，对拒绝参加这类活动也不是件易事。对此，我们可以采取自我贬低的方式，在玩笑的氛围中拒绝他人，从而使自己全身而退。比如说，如果朋友想邀你一起去游戏厅玩，你就可以说："我们都是好朋友了，说出来不怕你们笑话，我学了几年一直玩得不像样，你们看了都会觉得扫兴，为了不影响你们的兴致，我还是不去为好。"

拒绝他人时，切忌用借口来拖延说"不"的时机。有些人觉得不便说"不"，便随便找些不值一驳的理由来搪塞对方，以求得一时的解脱，但如果对方死缠烂打，那你最终很可能还是会答应。

14.3.5　用策略打破谈判中的僵局

在谈判中，要试探对方的实力和决心，利用僵局可能是一种不错的办法，但是大部分的人仍不希望有僵局产生。

其实谈判者怕僵局也是有道理的，特别是当他们在一家大公司工作时，一个坏的合约总比破裂的谈判易于向上司交差。更糟的是，当别的竞争者只要再稍作让步，就可能抢走生意时，僵局的压力就变得更大了。

若要打破谈判中的僵局，可以采用以下办法。

1．巧用幽默

利用幽默能减少人与人之间的紧张对立。因为分别代表各自利益的双方，很难轻易地让步、求和，彼此间必有一番唇枪舌剑的苦战，有时甚至到了剑拔弩张的地步。这时，如果某一方代表说句幽默的话，或讲个小笑话，大家一笑，紧张的气氛就可能化解，谈判得以继续下去，直至取得成功。

2．抓住要害

打蛇要打七寸，才能给蛇以致命一击；反之，不得要领，乱打一气，会被蛇紧紧地缠住，结果会消耗更多的时间、精力和体力，甚至赔上自己的性命。

把这一思想运用到谈判中，就是要善于拨开笼罩在关键问题上的迷雾，找出问题的症结所在，抓住要害进行突破；否则，无休止地在表面问题上争执，既伤了双方和气，又使问题变得更加复杂，如果不小心，还会被对方抓住破绽，使自己陷入极其被动的境地。

3．求同存异

这种办法是指双方在某一问题上争执不下时，提议先讨论另外一个容易达成一致意见的问题。例如，双方在价格条款上僵持住了，可以把这个问题暂时放下，转而就双方易于沟通的其他问题交换意见。事情常常会这样，当另一些条款的谈判取得了进展以后，如双方在付款方式、技术等方面得到了优惠，再回到价格条款上来讨论时，双方的态度、方法都发生了根本性的变化，谈判中商量的气氛也就浓厚起来。

4．迂回攻击

谈判时，避开对方正常的心理期待，从一个以为不太可能的地方进行突击，这就可以让对方的思维、判断脱离预定轨道。等到对方的心理逐渐适应你的思维逻辑，再转而实施正面突击，这样常常会出现转机。

5．利用矛盾

谈判者要善于抓住谈判对手阵营中的矛盾，把矛盾作为谈判僵局的突破口。有时僵局

倒不是双方协调不够，恰恰是对方自身内部矛盾的后果。这时"以子之矛攻子之盾"，就会使对方陷入进退两难的尴尬境地。利用对方内部矛盾进行巧妙的谈判与斗争，使对方不得不付出造成谈判僵局的代价。突破僵局的责任要由对方来负，就会促使对方寻找突破口，这样无形之中，僵局就会被慢慢地"消化"掉。

6．忍者为勇

谈判时发生意见分歧、一时难以达成一致时，不要急于达成协议。这时要善于忍耐。忍耐可以避免谈判中的直接冲突，不致因意见分歧、争论不休而伤了感情。此时便要暂停一段时间，给对方留出一些适应时间，以便对方能对你的意见慎重考虑。

如果你急于达成协议，而对方掌握了你的这种心理，就可能提出苛刻的条件；反之，你不急于要求达成协议，看来好像无所谓的样子，对方反而有可能降低要求。

14.3.6　沉着应对别人的指责

在社交场合，难免会和别人发生不愉快。当遭遇别人指责、抱怨的时候，是件极不愉快的事，有时会使人觉得很尴尬，我们如何去应对呢？这是个无法避免的社交难题。

因为很少有人能够真正了解自己，也很少有人能够坦然地面对错误，所以在面对指责时，我们通常都会下意识地为自己辩解，这样就容易造成冲突。有的人总是忍受不了别人的指责，别人的指责稍不中听就会恼羞成怒，和别人闹得不愉快。

其实，对别人的指责应该理性地分析，首先要明白别人的这些指责也并非全都是出于恶意。即使对方的指责是错误的，也应该给别人说话的机会，理清思路再说话，以展现自己的社交风度。更何况，别人善意的指责对你来说是一笔宝贵的财富。所以，面对别人指责时首先要做到的一点就是"保持冷静"。

被人指责总是不愉快的。面对使你十分难堪的指责时要保持冷静，不管你是否赞同，都要待听完后再作分辨。因对方的一两句刺耳的话，就按捺不住，激动起来，和对方硬碰硬，不仅解决不了问题，还容易将问题搞僵，将主动变为被动。

例如，麦金莱任美国总统时，曾因一项人事调动而遭遇许多议员、政客的强烈指责。在接受代表质询时，一位脾气暴躁的国会议员粗声粗气并且十分难听地讥骂总统。但麦金莱这个时候充分地显示了他的社交风度，在整个过程中他都非常冷静，听凭这位议员大放厥词，而他却一声不吭。直到议员说完后，他才用极其委婉的口气说："你现在怒气该消了吧？照理你是无权力责问我的，但现在我仍愿意详细解释给你听……"听到此话，那位气势汹汹的议员羞愧地低下了头。

面对别人的指责时，一般应做到如下几点。

1．学会倾听

不管别人的指责是否正确，你都要耐心地倾听。尤其是当别人在情绪很差的情况下，千万不要抢着和他说话，那样很容易激起更大的争端。如上例的麦金莱总统，在别人对他极为无理地指责的时候，他很耐心地等待别人把不满都发泄出来。当然，倾听并非只是让人把话说完就够了，在倾听的过程中，还应该将重点问题记在心里，这样你才能在事后整

理好语言对他进行解释。在面对别人指责的时候，一定要学会倾听别人的不满所在；否则，你不知道别人的真正意图，自然也不能做出合理的解释，这样反而会加深彼此的矛盾，影响双方的交往。

2．注意自己的行为举止

在受到别人指责的时候，要注意自己的行为举止，让自己保持一个清醒的状态，不要表现出困倦或像是醉酒未醒的样子。在交谈中保持和讲话人目光接触，不要做过多的小动作，因为这时候可能你的一点不敬都会让对方更加恼火，更降低他对你的评价。因此，在面对他人指责的时候，要态度谦虚，且在自己的举止方面要更加注意。

3．消除对方的怒气

受到指责，特别是在你确实有责任时，不要计较对方的态度好坏，最好听完对方的话并表示你也赞同他的指责。这样，你能从中受益，而对方也能消除自己的怒气。即使当你确信对方的指责并非正确，在你对其表示赞同时也能使对方消除怒气。之后，待对方冷静下来，再找机会解释，从而消除隔阂、猜疑和埋怨。

4．平静地给恶意中伤者以回击

当然，并不是说所有的指责我们都一笑置之、一味地忍让，必要时也要予以回击。如果我们确认对方是出于不可告人的目的而对自己进行恶意中伤、寻衅挑战时，就应该坚定地表示自己的态度，不能迁就忍让不予回击，而应该果断地予以回击，摆事实、讲道理，站出来澄清事实。这样，会使你显得更有气魄，更有力量。

总的来说，我们在社交中难免会遇到别人的指责，这时候一定要保持冷静，沉着应对，以解决这个社交难题。

14.3.7 恰当地安慰失意者

人生的道路不平坦，我们常常会遇到这样或那样的困难。当我们看见自己的朋友痛苦无语时，该如何安抚他的苦痛与焦虑？如何安慰他们让他们重新振作？这不仅是个沟通难题，也是做人的一大难题。

给予不幸者以安慰，是为人处世的一种美德。对许多人而言，目击别人的伤痛与不安是件很痛苦的事，我们经常会想采取某些措施，帮助他们振作起来。当亲朋好友遭受不幸时，及时送上真诚的安慰，更是你应尽的责任。但是有些人则为了避免说错话，宁愿选择什么都不说，而错失表达关心的时机。

在人失意的时候给他以安慰，不仅能获得对方的感激和好感，最重要的是可以巩固双方的感情，使大家的友谊更进一步，也更加有利于双方的交往。可是，在朋友失意的时候，要如何安慰呢？

1．倾听对方诉说苦恼

当你试图去安慰一个人时，首先要理解他的苦恼。安慰人，听比说更重要。倾听不是

简单地沉默，而是用真诚的态度全身心投入、无条件提供帮助。这样，被安慰者才会对你产生信任，感觉温暖。而且谈话的过程中，尽量不要插话，一定要让他将情绪全都宣泄出来。实际上，在安慰人的过程中，所提供的任何解决方法都很可能会失灵或不适用，令对方再失望一次，故而不加干预、不给见解，倾听、了解并认同其苦恼，是安慰人的最高境界。所以，不要追问事情的前因后果，也不要急于作判断，要给对方空间，让他能够自由地表达自己的感受。

一般情况下，人们容易在倾听的过程中产生共鸣或抗拒时，迫不及待地提出自己的见解。其实这种做法是很不合适的，因为对方需要的往往仅仅是让你当他们的"共鸣箱"，且能不厌其烦地供其反复使用。另外，对于被安慰者所讲的内容，全部要用支持性的话语，默认他说的全部是对的，错的地方也要不加理会。在倾听过程中，如他主动问到，你可以讲讲自己的经历。当然，一定要简短。而且你所讲的内容一定要比他的境遇更差一些，"我曾经……也慢慢过来了。"你如果能成功地让他说上两个小时，那就基本没事了。

在安慰别人的过程中，听比说更重要。

2．陪对方走一段路

有时候，陪对方走一程也是一种安慰。对方会在你的陪伴下，觉得安全、温暖，于是开始向你倾诉痛苦、诉说愤恨、自责、后悔，说出所有想说的话。当他经历完"暴风雨"之后，内心逐渐平静下来，坦然面对自己的遭遇时，他会真心感谢你的陪伴，也觉得是靠自己的力量走过来的。

3．转移对方的注意力

有些人在遇到挫折后，会采取压抑的方式，他会把所有的不如意压抑在潜意识中，自己想办法消化。如果积压太久，可能会让他的心理形成极大的负担。所以，面对这种朋友，可以通过转移他的兴趣来打开话匣，介入其中，这是至关重要的第一步。如果他喜欢唱歌跳舞的话，可以一起去泡吧；如果他喜欢文学艺术，可以通过看书、看碟，转移他的注意力。另外，陪他做一些户外运动对身体也有好处。总之，你要懂得转移他的注意力。

4．不需"指教"他应怎么做

给予安慰并不是告诉别人"你应该觉得……"或"你不应该觉得……"就可以了，因为我们不是去帮他解决实际问题，而只是帮他解决心理上的感觉问题。所以我们所做的是要帮他调节情绪，让他不要耿耿于怀。

在安慰他人的过程中，用开放式的提问是非常重要的。认识到他的弱点的时候，你可以采用从侧面提问的方式，"你觉得你的水平是怎样的？"那么他可能会认识到要调整自己。让他满怀信心地走出阴影，这是我们的最终目的。

5．帮对方体验自己的成功

人的一生中都会有成功的时候。你要让他回顾成功的体验，使他知道一次的失败并不能代表所有的失败，也不能泛化到所有的事情上。如果你知道他以前唱歌比较好，则可以说："听说你以前唱歌……你当时是什么感受？"让他讲述，这样就可能使他慢慢把不愉快的事忘掉，他又会觉得自己还是很优秀的。不能让暂时的迷雾蒙住双眼，扰乱前进的方向，你要帮助他体验曾经的成功，重新树立自信心。

虽然"塞翁失马，焉知非福"的道理是显而易见的，但身处逆境中的朋友往往暂时看不到。你要帮助他意识到这个道理。也就是说，我们安慰身患重病的不幸者时，不必过多谈论病情，因为谈及过多势必会让对方的心理包袱加重。而应该多谈谈病人关心、感兴趣的事，以转移对方的注意力，减轻其精神负担。对于因生理缺陷或因出身、门第被人歧视的不幸者，劝慰时应多讲些有类似情况的成功事例，鼓励对方不向命运屈服，抵制宿命论的思想影响。安慰丧亲的不幸者，不要急于劝阻对方的恸哭，而应让其宣泄、释放出来，反而会有利于对方较快恢复平静的状态。

当然，也不是说一定要在对方情绪激动的时候去安慰，如果他的情绪处于失控的情况下，任何的安慰都是难以入耳的。可以等他冷静下来，恢复了理智后再同他交谈。不管怎么说，安慰人是有技巧的，不然，不但难以化解这道沟通难题，还会让朋友的情绪越来越糟，所以，一定要学会安慰别人的技巧，这对于我们的人际沟通是很有帮助的。

14.3.8 严格控制自己的情绪

在人际沟通活动中，我们可能会遇到各种各样的情况，我们的情绪也很可能因此产生很大的波动，如果不善于控制情绪，就会使沟通失败。

一般情况下，你以什么态度对待别人，别人就会以相同的态度对待你。而急躁冲动容易打乱人的正常思维，不利于正确地解决问题。在日常的人际沟通活动中，会遇到千奇百怪的事情，出现各种各样的矛盾、各种各样的问题。遇到问题时，要善于控制情绪，如果失去控制，矛盾会变得更尖锐。所以，不管遇到多恼火的事，情绪要冷静、镇定，才能处理好矛盾。

良好的情绪状态能让我们显得更加自信，同时，它也是保证我们人际沟通活动正常进行的必备条件。举止得体、情绪稳定的人，似迎面春风般让人感到易于接近、容易沟通；反之，完全不能自制的情绪必然会成为沟通的绊脚石，没有人愿意靠近一个喜怒无常的人。

控制情绪是人际沟通中一门相当高超的学问，但如果有心，也是可以习得的。下面是一些克服、处理并控制情绪的方法。

1. 学会主宰自己

控制自己的情绪，要经过一个崭新的思考过程。也就是说你必须相信自己能够在一生中的任何时刻都按照自己选定的方法去认识事物，只有这样，才能做到主宰自己。

2. 善于为自己的情绪找到适当表现的机会

当发现自己的情绪不佳的时候，一定要找到合适的方法将它发泄出来；否则，如果在别人面前将这种强烈的情绪反映出来，说不定会伤害到彼此的情感。如有的人在激动的时候，会去做些消耗体能的活动或运动，这可使因紧张而生出的情绪获得一个发泄的机会；有的人在情绪不安的时候会去找要好的朋友谈谈，倾吐胸中的抑郁，把话说出来以后，心

情也会平静许多;还有的人借"远遁"来使自己离开那容易引起激动的环境,避免心理上的纷扰,等到再归来时,心情不复紧张,同时时过境迁,原有的问题或许也已显得微不足道,不再为之烦心了。

3. 切勿故作深沉

人际沟通是一种思想交流活动,本该真诚相待,畅所欲言。如果深藏不露,会叫人觉得你城府太深;如果与人相处,处处不露心迹、守口如瓶,那么会让人觉得你不可捉摸、难以沟通,无形中拉远了心理距离。

4. 切忌喜形于色

如果你表现得眉飞色舞、洋洋自得,还不时对别人的事指指点点、指手画脚,那么只会引起别人的反感,损害自己的形象和威信。与人交往时应保持一种平常的心态,不能面无表情,但也不能在取得成绩或有高兴的事时,就沾沾自喜、得意忘形。

在人际沟通中,有时候要完全控制自己的情绪是很困难的,但是能够主宰自己、控制自己情绪的人,往往会在人际沟通中受到人们的敬重。因为他们懂得如何在失意中寻找快乐,他们不以解决问题的能力来衡量自己是否聪明,而能不受情绪的影响,理智地对待问题。

总之,遇到任何事都要能控制自己的情绪,保持一种平和心态。自己的喜怒哀乐要表现得自然、不做作。分寸一定要有所把握,否则只能给人一种喜怒无常的印象,最终只得自食苦果。

思考与练习

1. 任何人际沟通都离不开一定的地点和时间,而地点和时间的选择又直接或间接地影响到沟通的效果。举例说明如何恰当地选择沟通的地点和时间,才能保证沟通顺利而有效地进行。

2. 在生活中,难沟通的人有各种不同的表现,试分别说明如何应对搬弄是非的人和性格孤僻的人。

3. 阅读下面的一则案例,分析小李性格上的弱点,并谈谈如何应对这类无能而又欺软怕硬的上司。

某员工小李,一直待人都谦虚有礼,因此就算他的上司有些什么不可理喻的吩咐他还是会不抗议地执行。但他觉得很奇怪,他有一个上司调到了另外一个部门,可还是找他帮忙做事,因为他的这位上司做人失败找不到别人,也不找他的另外一个同事,那个同事性格比较强硬,曾经对他的这位上司经常不理不睬。

小李现在的上司也跟第一位差不多,就算有时候他被小李的另一位同事快给气死了,但好像平常却有意无意想讨好他似的。而小李平常在上司面前表现得很谦虚有礼,反而上司好像对他有点不以为然的态度,这让小李非常疑惑和苦恼。

4．阅读下面的一组"批评与回答"的对话，说说面对别人的批评或指责，应该如何镇定而得体地应对。

批评："知道吗，小李，昨天会上你说话有点过分了。"

回答："是吗？我真不知道，我得好好想想了。谢谢你这么关心我，真让我很感动。如果是你，你该怎么处理这个问题呢？"

批评："小吴，这套衣服穿在你身上有些别扭。"

回答："谢谢你这么直率，许多朋友都不愿意告诉我这一点，他们怕我会生气。你的穿着就不错，你是从哪儿学会这些时尚装扮的？"

批评："小丽，我知道你正在减肥，那你怎么还吃这些东西？"

回答："你真好，还记得我的饮食，真不知道应该怎么感谢你。但我就是控制不住自己，你怎么就有那么强的意志力，你可得告诉我。"

5．结合下面的一则案例，谈谈当面对别人的突然发问或有意刁难时，应该如何自如地加以应对。

一次，乾隆皇帝突然问刘墉一个怪问题："京城共有多少人？"刘墉虽猝不及防却非常冷静，立刻回了一句："只有两人。"乾隆问："此话何意？"刘墉答曰："人再多，其实只有男女两种，岂不是只有两人？"乾隆又问："今年京城里有几人出生？有几人去世？"刘墉回答："只有一人出生，却有十二人去世。"乾隆问："此话怎讲？"刘墉妙答曰："今年出生的人再多，也都是一个属相，岂不是只出生一人？今年去世的人则十二种属相皆有，岂不是死去十二人？"乾隆听了大笑，深以为然。确实，这刘墉的回答极妙。面对皇上的发问，不回答显然不好；答吧，心中无数又不能乱侃，这才急中生智，转眼间以妙答趣对皇上。

参 考 文 献

[1] 拓跋一世. 鬼谷子心理说服术[M]. 北京：中国华侨出版社，2010.
[2] 马银春. 搞定人，摆平事[M]. 北京：中国商业出版社，2010.
[3] 常桦. 成功潜规则：中国式人脉网[M]. 武汉：武汉大学出版社，2010.
[4] 裘沛然. 人学散墨：论做人，谈养生[M]. 上海：上海辞书出版社，2010.
[5] 张笑恒. 左手心眼，右手手腕[M]. 北京：北京工业大学出版社，2010.
[6] 刘汉. 玩转职场的10条社交策略[M]. 北京：中国华侨出版社，2010.
[7] 金海民. 心理学的诡计：人际交往中的心理策略[M]. 北京：西苑出版社，2010.
[8] 夏浩. 人脉心理学[M]. 长春：时代文艺出版社，2010.
[9] 张兵. 人脉战争[M]. 北京：化学工业出版社，2010.
[10] 麻友平. 人际交流与沟通实务[M]. 北京：中国石化出版社，2006.
[11] 宇琦，柯亮. 心理学与心计的距离[M]. 北京：中国华侨出版社，2010.
[12] 钱瑛. 身体语言的N种密码[M]. 北京：中国纺织出版社，2009.
[13] 王宇. 人际关系操纵术[M]. 北京：中华工商联合出版社，2010.
[14] 孙颢. 你的谈吐错在哪里[M]. 北京：中国华侨出版社，2010.
[15] 孙和. 打动人心的160个口才技巧[M]. 北京：北京工业大学出版社，2009.
[16] 钱俊伟. 拓展训练知识手册[M]. 北京：中国工人出版社，2011.
[17] 姚宾宾，李建勇. 职场成功直通车[M]. 北京：金盾出版社，2011.
[18] 尹泰翼. 职场浮沉记[M]. 千太阳，译. 北京：北京理工大学出版社，2011.
[19] 高志鹏. 做人道法术[M]. 北京：新世界出版社，2010.
[20] 麻友平. 普通话与口才实训教程[M]. 北京：中国石化出版社，2010.
[21] 余长保. 让领导放心[M]. 北京：中国纺织出版社，2009.
[22] 林伟宸. 朋友圈：让朋友遍天下的人脉经营术[M]. 北京：中国华侨出版社，2011.
[23] 张振刚. 好朋友不如好同事：处理好中国式同事关系的16条"潜规则"[M]. 北京：新星出版社，2011.
[24] 秋雨. 说话有效，办事有方[M]. 沈阳：沈阳出版社，2011.
[25] 植西聪. 职场心理控制术[M]. 张哲，译. 北京：中国人民大学出版社，2010.

参考文献

[1] 石国兴. 地谷下心理危机干预[M]. 北京：中国书籍出版社，2010.
[2] 马建青. 第七人：咨客事典[M]. 北京：中国商业出版社，2010.
[3] 郭念锋. 高级心理咨询师[M]. 北京：北京大学出版社，2010.
[4] 张海音. 个案督导[M]. 上海：上海译文出版社，2010.
[5] 宋宝萍. 心理健康[M]. 北京：北京工业大学出版社，2010.
[6] 郑日昌. 高校师生的10个热门论题[M]. 北京：中国华侨出版社，2010.
[7] 岳晓东. 心理学的故事：人际交往中的心理咨询师[M]. 北京：西苑出版社，2010.
[8] 夏浩. 人格心理学[M]. 长沙：湖南文艺出版社，2010.
[9] 张宏. 人格障碍学[M]. 北京：化学工业出版社，2010.
[10] 傅文青. 人际交流与沟通艺术[M]. 北京：中国石化出版社，2006.
[11] 季建林. 咨询心理学[M]. 北京：中国科技出版社，2010.
[12] 郑晓边. 青年问题百问[M]. 北京：中国劳动出版社，2009.
[13] 王岁. 人际关系沟通术[M]. 北京：中央工商联合出版社，2010.
[14] 李晓瑞. 你可以不抑郁的道理[M]. 北京：中国华侨出版社，2010.
[15] 余琳. 扑灭人心的160个小小方格技巧[M]. 北京：清华大学出版社，2009.
[16] 张德芬. 与自己和解[M]. 北京：中国工人出版社，2011.
[17] 傅安球. 实用咨询心理学[M]. 北京：华夏出版社，2011.
[18] 宋雪妮. 心理学的哲学[M]. 王大鹏，译. 北京：北京师范大学出版社，2011.
[19] 胡志海. 自人际沟通[M]. 九江：湖北美术出版社，2010.
[20] 张天宁. 普通心理学（第二版）[M]. 北京：国家行政出版社，2010.
[21] 俞元贵. 日常生活心理[M]. 北京：中国医药出版社，2009.
[22] 杜林致. 两性之间[M]. 认识关系的大学生爱情观[M]. 北京：中国华侨出版社，2011.
[23] 张杰等. 对抗及不当关闭行为 — 浅论中国式国家关系的16条"潜规则"[M]. 北京：群言出版社，2011.
[24] 赵旭东. 书品启发. 书本育人[M]. 西南：花间出版社，2011.
[25] 桂西鹏. 临床心理学概论[M]. 张厚，等. 北京：中国人民大学出版社，2010.